以美为鉴

注意美国立国原则的是非未定之争

America As a Mirror

刘小枫 著

华夏出版社

注意美国立国原则的是非未定之争

Notes on the Unresolved Quarrel concerning the Founding Principles of American Regime

目　录

弁　言 / 1

引　言 / 1

一　"马基雅维利时刻"与美国政制 / 3
  1. 美利坚立国与马基雅维利主义 / 6
  2. 美国公民施特劳斯的"刺刀" / 20
  3. 伯林如何为马基雅维利辩护 / 31
  4. 伯林与剑桥学派 / 41

二　公民美德与古今之争 / 49
  1. 波考克如何反驳施特劳斯 / 54
  2. 波考克如何伸张历史主义 / 61
  3. 破旧立新的思想史方法论 / 78

4. 波考克如何打造公民共和主义传说 / 99
　　5. 公民共和主义的哲学理据 / 112
　　6. 公民共和主义的统治哲学 / 124

三　自由教育与美国政制 / 140
　　1. 政治哲学与公民视角 / 144
　　2. 施特劳斯的公共言论一例 / 153
　　3. 自由教育与美国大学的政治学专业 / 160
　　4. 自由教育与美国的代议制 / 170
　　5. 自由教育在民主政制中何以可能 / 182

四　施特劳斯和他的美国弟子 / 211
　　1. 施特劳斯的美国忠诚问题 / 212
　　2. 古典如何返回现代 / 218
　　3. 施特劳斯弟子与美国政制危机 / 231
　　4. 美国革命与古今之争 / 249
　　5. 与剑桥学派驳火 / 266
　　6. 施特劳斯弟子如何为老师辩护 / 288

五　剑桥学派与"纯粹民主" / 305
　　1. 斯金纳为何重申"造反有理" / 307
　　2. 自由的权利如何成为公民的美德 / 317
　　3. 斯金纳怎样为激进乌托邦辩护 / 339
　　4. 斯金纳所理解的马基雅维利自由理论 / 352
　　5. 作为道德哲学家的斯金纳 / 378

结语　历史意识与学人心性 / 397
1. 历史主义的词源和语义 / 399
2. 德意志思想与历史主义 / 404
3. 历史主义与马基雅维利时刻 / 411
4. 如何克服历史主义 / 419
5. 学人心性的古今对决 / 425
6. 我们的历史时刻 / 431

文献年表 / 433

弁　言

近些年来，笔者一直在学习如何从政治哲学角度理解西方文史上的"普遍历史"论，本稿属意外的副产品。

按照"普遍历史"论的晚近显论，美国政制是"普遍历史"已然"终结"的标志，因为它历史地证明全人类有了值得追求的最佳政制的实际楷模。笔者与业界诸多同仁一样，一直以为这种说法无可辩驳。在考察西方文史上的"普遍历史"论时，当笔者看到自新中国成立迄今，围绕美国立国原则的是非之争在英语学界不仅相当热闹，而且"是非未定"，才猛然想到"历史终结论"是欺世之言。

这场涉及"普遍历史"的大是大非之争的要害在于：美国政制是否真的有"美德"，抑或其立国原则带有天生的道德缺陷。按照近半个世纪以来流行的"公民共和主义"或"大西洋共和主义"的观点，"个体公民的自由"与"自由的国家"相互紧紧依靠，才应该是美国立国原则的真义。据说，自由主义仅仅强调"消极的"个人自由，共和主义则首先强调"自由的国家"，从而要求个体公民积极参政的美德，否则，一个自由民主的国家不能算有"美德"的政治体。美国立国时的真精神本来是共和主义，不幸后来成了追求不受干涉的个人权利的自由主义，而且迄今如此。让笔者感到费解的是，当今的"公民共和主义"者宣称,他们的观点基于马基雅维利的"共和"思想。笔者不免想起,一百年前,著名的政治地理学家麦金德恰好对无论"个体公民的自由"还是"自由的国家"观念都提出了挑战,并毫不掩饰地宣称,"大西洋共和主义"的实际政治原则只能是马基雅维利主义。倘若如此,同一个马基雅维利主义为何刚好形成一对矛盾,深深镶嵌在英美政制的躯体中?

写作本稿的三个月里,笔者常常想起友人向东和小强。两友虽然见识不合,却都集聪明睿智、为公精神和坚忍热忱于一身,天各一方勤勉为国操心。他们与生俱来的公共德性促使笔者在写作时反复思考一些重大问题,而非仅仅评述这场旷日持久且"是非未定"的他国论争。本书不便献给他们(因为谦虚品德使他们未必肯接纳),但值得感谢他们以身作则。

十五年前的仲春时节,上海世纪出版集团在沪上组织过一次"理论务虚"性质的研讨会,与会者大多是京沪两地的青年学人。研讨会虽然没有明确主题,实际上大家主要围绕如何理解施特劳斯的政治哲学展开热烈讨论。与三十年前的"文化:中国与世界"编委会相比,这群与会者并没有民间学术共同体的外在形式,却明显更多具有精神共识,尽管这不等于学问路径乃至思想观念上的共识。多数与会者意识到,探究最为严肃的问题,不像任何其它学问那样,一朝而成便可厮守终身:我们被要求勇于回到起点,"再次从头开始"(again from the start)。为了缅怀这次纯属历史偶然的研讨会,笔者不揣冒昧,谨将本稿献给每位与会者。

刘小枫

丙申年腊八日

引　言

在我们常人眼里，美国政制是当今天下的最佳政制。理由很简单：那里的人民生活得最为富足和自由，每个人享有充分的自然权利，国家还如此强大。即便在受过大学教育的绝大多数中国人甚至各行学者眼里，这一点也毋庸置疑。

在美国同样如此。与我们不同的是，在美国学界，从事政治哲学研究的极少数业内人士心中有数：关于美国立国原则的政治哲学探究所引发的历史性争议是非未定，以至于美国政制的德性品质是优是劣，迄今尚无定论。在我国学界，也有极少数人觉得，美国政制并非当今天下的最佳政制，却未必清楚问题究竟怎么回事。本稿尝试考察英美学界半个多世纪以来围绕美国立国原则的持续论争，以便我们对这个问题本身也有所认识。

施特劳斯学派与剑桥学派的对峙，是这场持续论争的集中体现，迄今仍是引人注目的学术大事件。施特劳斯筚路蓝缕的政治哲学史研究取向，回到苏格拉底问题从头开始，力图在古典哲学的基础上捋清整个西方政治思想史的来龙去脉，重启"古今之争"，由此切入美国政制问题。剑桥学派以倡导政治话语史研究对抗施特劳斯派的政治哲学史研究，从近代西方的革命造反精神出发，致力打造一种名为"新古典共和主义"的现代政治思想传统，挑战美国立国原则的正统解释，并在现实层面积极推动公民参与式的直接民主。奇妙的是，剑桥学派宣称，他们提倡"公民共和主义"其实是在复兴一种被历史湮埋的"古代人的自由观"，从而也是在重启"古今之争"。

无论施特劳斯学派还是剑桥学派，都不是没有大政治关切的实证式的思想史研究。晚近十五年来，这两派的主要文献已经陆续译成中文，有目共睹，却未引起学界足够关注。究竟什么是"古今之争"？美国的立国原则与"古今之争"是什么关系？我们不应该觉得这样的问题事不关己。毕竟，我们不仅置身于自己的"古今之争"，而且同样面临两种精神品质的人文学问的"选边站"，除非我们不理会随着"改革开放"的深入必然会出现的情形："自上而下的启蒙"与"自下的政治自由"的赛跑正在加速。本稿将以施特劳斯学派与剑桥学派在解释美国立国原则的德性基础时的尖锐对立为观察点，展示双方在涉及西方政治思想史的性质、目的和方法等方面所呈现出来的精神品质差异。

一 "马基雅维利时刻"与美国政制

让我们从剑桥学派代表人物波考克的《马基雅维利时刻:佛罗伦萨政治思想和大西洋共和主义传统》说起。① 这部大著在2013年译成中文,依据的是2003年新版,长达六百多页(按中译本计)。翻开目录我们会看到,第一部分(含三章,近90页篇幅)旨在提出"大西洋共和主义"在历史中偶然形成所引发的政治哲学问题,随后两个部分则从思想史角度论证这一"主义"在形成过程中所经受的历史考验。第二部分(约250页)和第三部分(约230多页)虽然章节数和篇幅相若,所论涉的历史时段却差异很大:第二部分涉及的思想史时段仅为1494至1530年的大约35年,第三部分则大约从1640年代的英国共和革命时期至18世纪末,长达一个半世纪。

---

① 波考克,《马基雅维利时刻:佛罗伦萨政治思想和大西洋共和主义传统》,冯克利、傅乾译,南京:译林出版社,2013(以下凡引此书简称《时刻》,并随文注页码)。

与一个半世纪相比,三十年只能算历史中的一个"时刻"(moment)。对波考克来说,这个时刻具有划时代意义,因为,它孕生了一种可以名为"大西洋共和传统"(the Atlantic Republic Tradition)的政治观念。① 这一政治观念还有"公民人文主义"或"新古典共和主义"等名称,就准确表达这种政治观念的实质含义而言,最为恰切的名称当是"公民共和主义"(Civic Republicanism)。因为,这种政治主张的基本意涵是:一个政治共同体的所有公民当享有参政决策的平等权利,公民具有这种权利意识才算具有"公民美德"。② 如波考克所说,虽然"总会有人反对说,人文主义并非总是公民的",但是,"古典共和主义的主张中总是有人文主义的东西;它肯定了当一个人(homo)生活在积极状态中时,他就自然地成了一位公民"。③ 这无异于说,一个人只有积极地参政决策,才算得上真正的"公民"。

作者在第三部分让我们看到,这种共和主义式的"公民美德"观在英国共和革命时期经受了磨砺,最后一章题为"美德的美国化"(The Americanization of Virtue),言下之意,这种源于意大利文艺复兴时期的共和主义"公民美德"观落脚在美国。这部大著的目录让我们得知,作者的抱负是勾勒并复兴一种在他看来被历史尘埃埋没的政制理想。用波考克自己的话说,这种政制理想作为一种政治

---

① 参见 J. G. A. Pocock, "Civic Humanism and its Role in Anglo-American Thought"(1968),收入 J. G. A. Pocock, *Politics, Language, and Time: Essays on Political Thought and History*, New York, 1971,页 80–103。

② 佩迪特,《共和主义的政治理论》,应奇、刘训练编,《公民共和主义》,北京:东方出版社,2006,页 39。

③ 波考克,《德性、权利与风俗:政治思想史家的一种模式》,应奇、刘训练编,《公民共和主义》,前揭,页 39。

思想传统"可以从佛罗伦萨一直延伸到费城"(《时刻》,页 606)。据说,这种共和主义式的"公民美德"与古希腊罗马和基督教的政治观念这两大西方文明传统所推崇的政治美德绝然相异。由此,我们中国学人不难想到,它也会与儒家思想传统所推崇的政治美德绝然相异。倘若如此,《马基雅维利时刻》所要张扬的"公民共和主义"的政制理想明显带有现代革命性质。

问题来了。从历史上讲,无论古希腊罗马文明还是基督教文明,都可以用地中海作为符号。史学大师布罗代尔的名作《地中海考古》,以"君士坦丁堡的建立和基督教的闯入"收尾。① 如果说西方有一种"大西洋共和主义"政治思想传统,它一定是现代的,从而与西方古典的地中海传统形成对立。既然波考克所说的"马基雅维利时刻"发生在地中海西北端的意大利半岛,为什么他要用"大西洋共和传统"来命名肇始于马基雅维利的政制理想呢?波考克可能会说,他要追溯的这种"公民共和主义"政制理想虽然肇始于地中海文明圈,但这种政制理想毕竟首先在"大西洋群岛"(Atlantic archipelago,即习称的 British Isles[不列颠群岛])成为政治现实,并由英国殖民者带到美洲,最终成了美国的立国原则。即便如此,我们仍然会问:美国的立国原则与发生在地中海西北端的"马基雅维利时刻"怎么会扯上思想史关系呢?别说佛罗伦萨的"马基雅维利时刻",美利坚合众国在立国之初甚至刻意要与大西洋彼岸的政治纠纷撇清关系,波考克为何要给以费城制宪会议为标志的美利坚时刻贴上"大西洋共和主义传统"这个标签,甚至与"马基雅维利时刻"扯上关系?

---

① 布罗代尔,《地中海考古:史前史和古代史》,蒋明炜等译,北京:社科文献出版社,2005,页 284 - 286。

美利坚合众国不仅是一个崭新的国家,而且是人类历史上第一个凭靠一套政治观念来建立的国家。对于有古老文明政制传统的欧洲人来说——更不用说对同样有古老文明政制传统的我们中国人来说,美利坚究竟凭靠何种政治观念建立起一个如此伟大的国家,迄今仍是极富吸引力的思想史问题。波考克的《马基雅维利时刻》会给我们带来怎样的新鲜见解呢?让我们从澄清这个困惑开始:波考克如何让美利坚的费城时刻与佛罗伦萨的"马基雅维利时刻"扯上关系。

1. 美利坚立国与马基雅维利主义

18世纪下半叶,英属美洲殖民地爆发独立革命,建立起一个崭新的国家。在此后的一百多年里,美国的立国原则问题一直是欧洲思想家断断续续关注的话题。这个问题主要有两个方面:首先,美利坚的殖民者脱离宗主王权建立独立国家是否具有合法性;第二,通过武装斗争获得独立之后,美利坚的智识超拔者们凭靠自由民主观念设计出一套政制,这种政制的德性是否称得上最佳。不过,即便出现了托克维尔的《民主在美国》这样的大著,① 由于当时整个欧洲已经陷入法国大革命引发的巨大动荡,美国的立国原则问题并未成为大西洋彼岸的欧洲思想界关注的焦点。与此同时,立国后的美国也在竭力与大洋彼岸切割关系。1796年9月17日,华盛顿发表演说向国人告别时,提出了美国与大西洋彼岸相分离的原则,非常著名:

---

① 托克维尔对美国国体的透视相当著名,不等于他对美国立国原则的理解没有问题。参见 Thomas G. West, "Misunderstanding the American Founding",收入 Ken Masugi 编, *Interpreting Tocqueville's Democracy in America*, Lanham, 1991,页155–177。

> 欧洲自有一套基本利益,我们则没有,或关系甚疏远。因此,欧洲必定经常忙于争端,其起因实际上与我们的利益无关。因此,在我们这方面通过人为的纽带把自己卷入欧洲政治的诡谲风雨,与欧洲结谊或敌对冲突,都不明智。①

华盛顿将军的意思是,凭靠大西洋这一自然屏障的地缘优势,独处天涯的美利坚"为什么要摈弃如此得天独厚的有利条件呢?"他甚至提出,美国"没必要拥有过分庞大的军事建制",否则"不利于[个人]自由",拥有足够防御的军事力量即可(同上,页299)。这种说法不仅没有波考克所说的那种"公民共和主义"精神,甚至还与此精神背道而驰。

华盛顿的"告别演说"由汉密尔顿执笔,从而反映的并非是华盛顿将军的个人看法。② 这种与大西洋彼岸切割关系的宣称,既出于国家尚未站稳脚跟需要自我保护的考虑,也与殖民拓荒时代养成的"孤立主义"(isolationism)心态有关。早期殖民者多是基督教小宗派群体,他们在本土受到国家宗教迫害,殖民移居为的是逃避"国家权力"。③

不过,分离原则与"孤立主义"不是一回事:"孤立"心态是消极

---

① 《华盛顿选集》,聂崇信等译,北京:商务印书馆,2012,页309。

② 直到今天,美国人还能听到回归这种华盛顿传统的呼声,尽管因时代的意识形态差异,其理据看起来有所不同。比较瑞恩,《道德自负的美国:民主的危机与霸权的图谋》,程农译,上海:上海人民出版社,2008,页11-12。

③ 参见 Eric Voegelin, *The New Order and Last Orientation*, University of Missouri Press,1989,页90(以下简称《新秩序》,随文注页码)。直到20世纪的二战结束之后,这种"孤立主义"的习惯仍然有很强的声音,美国史研究的开拓者之一比尔德批评罗斯福总统违背传统,就是典型例子。参见 Charles A. Beard, *American Foreign Policy in the Making: 1932-1940*(Yale University Press,1946)和 *President Roosevelt and the Coming of the War*(Yale University Press,1948)。

逃避大西洋彼岸的"国家权力",分离原则却是要把欧洲的"国家权力"赶出美洲。这说起来颇富戏剧性,毕竟,"新大陆的殖民化很大程度上也是欧洲冲突的延伸"。直到18世纪初,英格兰的北美移民还因欧洲各王国之间争霸的紧张局势"越来越意识到他们的共同身份和利益安全问题,他们与英国政府相配合,与法国争夺殖民地",甚至"将北美战场看作英法两国在欧洲争霸的一个分战场"。亚当斯(1735—1826)明确说过,"北美人民独立和革命的最重要原因"之一,是为了"保卫我们自己不受法国侵犯"。然而,一旦闹起脱离宗主国的分离革命之后,北美殖民地的智识超群者就看到,若要立国就得利用欧洲大陆的国际政治原则,搞合纵连横,从而有富兰克林(1706—1790)出使法国,以及派使节去维也纳,拉拢君主制的哈布斯堡王朝。结果是英格兰王国败得很惨,不仅被迫承认十三个殖民地州从王国分离出去,还让法国和西班牙两个王国夺走了大片美洲殖民地。① 富于戏剧性的是,美国立国后马上就以国家姿态宣称,要与欧洲切割关系。

美利坚要切割与大西洋彼岸的关系并不容易,因为,十三个殖民地州联合起来闹独立时,其"领土"仅仅是东部沿海地区,在独立战争中才夺取了部分中部地区。独立战争之后,中西部仍然属于西班牙王国和法兰西王国,北面还在英格兰王国手中。从战略处境上讲,襁褓中的美利坚合众国并不安全。毕竟,"英、法、西在北美建立的殖民地还紧紧地包围着美国,对美国的安全构成不小的威胁"(《争霸之途》,页122)。如果说分离主义性质的独立革命起源于马基雅维利式的"公民共和主义"精神,那么,这种精神不转化成一种

---

① 西姆斯,《欧洲:1453年以来的争霸之途》,孟维瞻译,北京:中信出版社,2016,页28、45、96、114、119(以下简称《争霸之途》,随文注页码)。

国家主义,就会在不远的将来断送革命成果。毕竟,所谓"美国革命"这个名称是后来追加的,当初不过是一场"叛乱",而且差一点儿就被成功镇压。① 显然,仅靠《邦联条例》无法形成一个国家,必须在一定程度上建立中央集权性质的政体,才能建立统一军队,有效捍卫甚至扩张领土。富有戏剧性的是,凭靠分离原则获得独立并立国的美利坚,如今也得面对自身的分离倾向问题:1806 年,美国一位前副总统布尔(Aaron Burr),据说因密谋将路易斯安那从联邦分离出去,被控叛国罪(《争霸之途》,页 153)。另一方面,英格兰王国还没有完全咽下美利坚分离出去这口气,在北美与美利坚为争夺五大湖展开血战,以至于"合众国内部产生了巨大的分裂"(《争霸之途》,页 161)。美利坚再次赢得与宗主国的分离性战争,以欧洲国家式的身份与英国签订《根特条约》(1814),史称"具有革命性意义"的事件。因为,这是"美国独立以后第一次与一个欧洲大国"的战争,结束战争的方式也是欧洲式的订立双边条约。不仅如此,美国还趁欧洲忙于收拾拿破仑战争残局之机,加紧巩固北方边界,并决定"抓紧一切机会扩展领土",抵御欧洲列强的干涉:1816 年,国会通过法案扩大海军力量(《争霸之途》,页 164 – 166)。②

直到 19 世纪上半叶,美利坚都在为实现与欧洲的分离而扩张领土,以致一再引发分离原则与孤立原则的内部分歧。南北战争的起因不仅是蓄奴问题,还有是否进一步扩张领土的分歧。看来,美利坚的政治人中一直有一批深谙马基雅维利之道的智识超拔者,他们懂得国内分歧与国际性地缘政治的关系。南北战争期间,英国为

---

① 埃利斯,《革命之夏:美国独立的起源》,熊钰译,北京:社会科学文献出版社,2016,页 114 – 139。
② 章骞,《不列颠太阳下的美国海权之路》,上海:上海交通大学出版社,2016,页 134 – 155。

南方军队制造的巡洋舰曾让北方军队遭受重创。可见,干涉别国内政属于欧洲政治传统。战后美国要求英国赔偿,1869年,参议院还否决了英美两国政府签订的妥协协定,"甚至要求英国放弃在北美的殖民地"(《争霸之途》,页217)。

如果将美利坚的立国与马基雅维利时代的意大利对比,那么,人们兴许可以说,两者之间断难找到可比性。意大利处于破碎的城邦状态,即便君主国也受西班牙王国或法兰西王国或神圣罗马帝国钳制,何况还有教宗国在搅和。美利坚则不同,其地缘政治处境简单得多,即便最初被英法西三大王国紧紧包围。但是,马基雅维利所思考的问题,又的确与美利坚面临的问题在根本上有一致之处:这就是如何才能创建一个新国家。为了让意大利成为一个统一的主权国家,马基雅维利从历史上总结出一整套实际政治经验,诸如必须有自己的武装、会搞阴谋诡计、必要时残酷无情、非做坏事时得把坏事做绝,等等等等。对于美利坚的智识超拔者来说,为了创建美国,值得用上这套"马基雅维利主义"。于是,"自建国以来,伴随着铁与血、谎言与欺诈、金钱与背叛,美国人成功将自己的领土从大西洋沿岸的细小长条,扩展到大半北美,以及海外的部分地区"。①

由此引出的问题是,波考克所谓"美国的美德化"究竟连接的是哪种马基雅维利主义?是"公民共和主义"还是非道德的马基雅维利之道?如果这两种马基雅维利主义有内在关联,那么,具体来讲,这种关联会是怎样的呢?波考克的六百页大著没有关注这样的问题,他仅仅关注马基雅维利式的"公民共和主义"与美国的关系。

问题还在于,16世纪初的所谓"马基雅维利时刻"发生在地中海文明圈,它标明的首先是西方政治观念中一场影响至为深远

---

① 张津瑞、林广,《地图上的美国史》,上海:东方出版中心,2016,页61。

的古今裂变,以至于需要区分古典的和现代的地中海政治观念。事实上,"马基雅维利时刻"所引发的这场政治观念的古今裂变,历时差不多两个世纪,在这期间还经历了一场重大的内在转变:从君主共和论转向民主共和论。毕竟,马基雅维利至少表面上主要推崇君主共和论,尽管其中蕴含着民主共和论的一些重要要素。他的首要关切是,四分五裂的意大利如何成为统一的君主国,而非仅仅关切佛罗伦萨共和国。作为政治思想史家,沃格林喜欢关注政治观念与现实地缘政治状况的关系,他说得有根有据:"马基雅维利把君主描绘成救世主,他能把意大利变成另一个法国"。①

　　生于"马基雅维利时刻"之后的博丹(1530 - 1596)的君主论更能说明这一点。他敏锐地感觉到,传统的欧洲基督教政治观已经无法适应新的政治现实,必须全面改塑欧洲的传统政治观念。换言之,博丹的政治理论无疑具有现代性质,因为他力图"在马基雅维利非系统、非哲学的政治学之上"赋予政治科学以一种新基础。② 但他致力论证的同样是君主共和政体,而非民主共和政体。1606年,博丹的《国是六书》首次译成英文,书名 De la république 被译作 Six Books of a Commonwealth[共富国六书]。直到今天,思想史学界的业内人士还没有摆脱博丹笔下的 république[共和]这个语词所造成的语义困难:所谓"共和"是君主治下的共和,而非民治的共和。③

---

　　① 沃格林,《革命与新科学》,谢华育译,上海:华东师范大学出版社,2009,页93;亦参沃格林,《宗教与现代性的兴起》,霍伟岸译,上海:华东师范大学出版社,2009,页23 - 24。
　　② 沃格林,《宗教与现代性的兴起》,前揭,页215。
　　③ 伍顿编,《共和主义、自由与商业社会:1649 - 1776》,盛文沁、左敏译,北京:人民出版社,2014,页5。

即便剑桥学派的殿军人物塔克(Richard Tuck)也承认,

> 《国是六书》开篇即攻击亚里士多德学说,尤其是亚里士多德在城邦或政治共同体与其他团体如家庭之间所作的区分……他对民主制、贵族制或君主制一视同仁。不过,毋庸置疑,他更倾向于类似一个孤立家庭中父亲的个人统治,也就是世袭的、合法的绝对君主制。①

总之,就致力于脱离古典的地中海政治观念传统而言,博丹属于"马基雅维利时刻"范畴。然而,17世纪的英国共和革命以及这一时期崛起的基于新自然科学的政治观念,很快就抛弃了博丹的"绝对"君主制理论,由此才开始形成所谓"大西洋"政治观念。因此,沃格林说,博丹是现代式地中海政治观念的最后一位大思想家:

> 他属于地中海的现代文明(the Mediterranean modern civilization),该文明在15和16世纪兴盛繁荣,并在博丹之后那一代人中崩溃了。从17世纪开始,政治和文明的首创精神明确地转移到了大西洋地域,与此同时,开始了自然科学的兴起。这种在文明区域和问题之重要性上的双重转换,已经如此彻底地改变了现代性的面貌,以至于较早的地中海阶段看上去似乎很奇怪,几乎令人迷惑。②

即便在17世纪的霍布斯(1588-1679)那里,那时"新的物质主

---

① 塔克,《哲学与治术:1572-1651》,韩潮译,南京:译林出版社,2013,页28-29。亦参威尔逊,《王权君主制:〈国是六书〉中的"绝对"主权》,娄林主编,《博丹论王权》,北京:华夏出版社,2015,页3-30。

② 沃格林,《宗教与现代性的兴起》,前揭,页217。

义的形而上学已经完全废除"地中海古典文明的"智识遗产",他所致力于打造的也还是"绝对王权"论,而非人民参政的民主论。甚至在早期洛克那里,共和式议会也与任何君主一样具有"同样专断的权力"。① 按照实证的历史社会学的看法,近代西方国家问题的出现,是所谓"领土国家"突破基督教的帝国观念。但是,由于各政治体自身的传统特性以及所处的地缘政治位置不同,实际的政治体在现代式的新自然政治原则影响下追求实现现代式的国家形态时,仍然可以见到不同的政体类型。即便在英国革命时期——那时"克伦威尔武装力量对苏格兰、爱尔兰和荷兰的节节胜利发挥着重要作用,可以在政府官员的思想中和普通民众中建立一种联系",英国最终走向的也是所谓"官僚宪政",而非民主宪政。②

波考克所谓的"大西洋共和主义"作为一种民主共和论,严格来讲诞生于17世纪的英国共和革命时期,算得上是特殊历史时刻或非常时期的政治理论。哈灵顿(James Harrington,1611－1677)是标志性人物,波考克说"他实现了公民人文主义思想与英格兰政治和社会意识的综合,实现了马基雅维利的武装理论与普通法对自有地产之重要性的理解的综合"(《时刻》,页3)。看来,波考克想要凸显作为某个非常时期的政治理论的历史意义,以便强调,伴随英国共和革命的是一场民主共和论与君主共和论的血腥对决:"共和主义者"意味着"弑君者",他们反对任何形式的君

---

① 施特劳斯,《"权威论者"洛克》,见施特劳斯,《苏格拉底问题与现代性》(增订版),刘振、彭磊等译,北京:华夏出版社,2016,页446(以下凡引此书简称《问题》,随文注页码)。

② 艾特曼,《利维坦的诞生:中世纪及现代早期欧洲的国家与政权建设》,郭台辉译,上海:上海人民出版社,2010／2016,页210－212。

主制。既然如此，人们就应该说："大西洋共和主义传统"实际上诞生于离"马基雅维利时刻"已有一百多年的"哈灵顿时刻"（《时刻》，页401－418）。① 又过了一百多年之后，法国的弑君式革命，尤其英属美洲殖民地脱离君主王权的革命，不过是为这一新共和论的诞生加盖历史印章。② 当然，反过来说也不会错：若非后来的法国革命尤其英国殖民地的独立革命，甚至若非这个独立后的美国在19世纪成功地扩张领土，并在美洲清除掉欧洲式的地缘政治状态，然后自20世纪以来重新介入欧洲冲突，成为世界性强权国家，那么，如今人们将很难谈论什么"大西洋共和传统"，整个人类也仍将在黑暗中摸索何谓最佳政制。因此，人们的确有理由问，这种共和"传统"与16世纪初的"马基雅维利时刻"有什么关系？波考克为何认为，他把佛罗伦萨时刻与费城时刻连成一线，堪称思想史上的创见？

在立国之后的最初大半个世纪里，美国最为担心的事情是，欧洲强国仍然染指大西洋彼岸的陆地。1823年12月，门罗（Monroe）总统在国会咨文中宣布：美国将承认西半球既有的强权分配状况，不会干预任何欧洲国家既有的殖民地或属地，但也不允许任何欧洲国家（实际指当时的英国以及俄、普、奥三国的"神圣同盟"）干涉美洲事务。这"并不意味着美国奉行孤立主义政策，也不意味着美国只关注西半球"，相反，美国仍然感到，"欧洲发生的

---

① 参见 Jonathan Scott, *Commonwealth Principles: Republican Writing of the English Revolution*, Cambridge University Press, 2004。

② 伍顿编，《共和主义、自由与商业社会：1649－1776》，前揭，页2－3。亦参 John G. A. Pocock, "Political Thought in the English－speaking Atlantic, 1760－1790", 收入 John G. A. Pocock 编, *The Varieties of British Political Thought: 1500－1800*, Cambridge University Press, 1996, 页246－319。

任何事情都会对美国的安全造成深远的影响"(《争霸之途》,页173)。"南北战争"之后,这个合众国开始越来越像个现代欧洲式的"领土国家":不断扩张自己在美洲的地盘,同时向太平洋沿岸扩张。"西进运动"完成时,美国领土基本上已经扩张到太平洋沿岸,"因此美国开始重新将注意力转向了国外"(《争霸之途》,页242)。1898的美国-西班牙战争,以及美国夺取古巴、波多黎各、菲律宾等行为让世人看到,美国的反帝原则及其"不干涉主义",不过是权宜之计。1899年,美国国务卿照会英、法、德、日、意、俄,承认这六大国的在华势力范围,但申明美国在这些势力范围内享有同等的通商自由、平等税率以及所有其他特权。国务卿海伊把话说得很明:"世界的风暴中心已经转移到了中国,谁了解了那个帝国……谁就握有开启未来五个世纪的世界政治大门的钥匙"(《争霸之途》,页246)。显然,这个时候的美国已经有更为强烈的马基雅维利式政治意识:凭靠自己所处的地缘政治优势,获取更大的战略空间。

我们不应该忘记:对于美国在这个"门户开放"宣言中要求与列强平等享有"利益均沾"的权利,当时的诸列强根本不予理睬。直到第一次欧洲大战之后的华盛顿会议(1922)签署《九国公约》,诸列强才正式承认美国参与"利益均沾",这显然是美国参与欧洲战争换来的"权利"。1933年4月,刚上任的罗斯福总统在演说中说:门罗主义的目的过去是、现在仍然是,反对任何欧洲国家以任何方式在美洲攫取新领土。但是,这时的美国开始感到自己真正有力气擎起独立革命时亮出的自由民主理想的大旗,自觉担当起在世上所有地方实现这一理想的历史使命。用施米特的话说,"原初的和真正的门罗原则"变成了"门罗主义",其实际政治目的在于,把"美洲的空间思想变成一个超国家、超民族的世界意识形态":"门罗主义"成了盎格鲁－撒克逊人和美国人"以资本统治世界市场的工具"。① 由此来看,所谓"大西洋共和主义传统"真正得以开始落实,当始于1946年的第二次世界大战之后——或者说始于"冷战"爆发。如果要说美国承继了一种"大西洋共和主义"传统,那么,这个传统不可能与马基雅维利的地缘政治之道没有干系,也不可能与欧洲殖民主义的历史没有干系。②

对于现代式地中海政治观念史中民主共和论与君主共和论的历史性对决,波考克了如指掌。③ 对于近代以来的政治史,他当然也很熟悉——考虑到这一点,他将现代民主共和论的源头溯源到马基雅维利,还用主要篇幅来凸显"马基雅维利时刻"的"公民共和主义",无论如何令人费解。不过,一旦我们明了作者的写作意图,这种做法就不难理解。《马基雅维利时刻》第一部分首先挑明这样一个论点:古希腊罗马思想和基督教思想所代表的古典地中海政治观念传统,理应遭到历史遗弃。波考克不是要书写教科书式的西方现代政治观念形成史,而是要论证现代式地中海政治观念同古典式地中海政治观念决裂的正当性。在此基础上,现代式地中海政治观念从君主共和向民主共和转变的正当性,才能站稳脚跟。毕竟,若非先讲清楚弑君革命之前西欧政治观念的古今之变的道理,那么,要论证弑君革命之后民治－民享的政治原则的正当性,实际上相当

---

① 施米特,《以大空间对抗普世主义:论围绕门罗主义的国际法斗争》,见施米特,《论断与概念》,朱雁冰译,上海:上海人民出版社,2015,页396。

② 比较布劳特,《殖民者的世界模式:地理传播主义和欧洲中心主义史观》,北京:社科文献出版社,2002,页228－258。

③ 波考克很清楚,在英格兰的思想传统中,"自由"和"公共利益"之类的政治概念的含义,并不属于民主制,而是属于君主制。参见 Donald R. Kelley, "Elizabethan Political Thought", 收入 John G. A. Pocock 编, *The Varieties of British Political Thought*:*1500－1800*,前揭,页49。

困难。

《马基雅维利时刻》第一部分的每章标题都是"问题及其模式",仅副标题各不相同。第一章讨论古希腊政治观念模式及其问题,第二章讨论基督教政治观念模式及其问题,第三章阐述肇始于"马基雅维利时刻"的"共和主义"政治观念模式。这三章的标题看似把整个西方的古今政治观念一视同仁地归纳为三种基本"模式"(Modes),其实,波考克让我们看到,他以战斗姿态展开了一场现代政治观念"模式"与古典政治观念"模式"的优劣对错之争,进而阐明前者取代后者的正当理由。不仅如此,《马基雅维利时刻》的最后一章题为"美德的美国化",这意味着波考克要强调:凭靠革命立国的美国政制的"美德",来自"马基雅维利时刻"孕生的共和式"公民美德"。按照以往的权威观点,美国的立国原则来自洛克、孟德斯鸠和卢梭,波考克将美国的立国原则经"哈灵顿时刻"溯源到16世纪初的"马基雅维利时刻",显得刻意要绕开洛克及其理论先辈霍布斯,径直追溯到文艺复兴时期人文主义的共和政治理想。

《马基雅维利时刻》初版于我们的"文化大革命"最后一年(1975),作者时年51岁。三年之后(1978),也就是我国改革开放那年,时年38岁的斯金纳出版了《现代政治思想的基础》。① 随后,波考克和斯金纳的大著双双被视为如今早已声誉显赫的剑桥学派的扛鼎之作:《马基雅维利时刻》甚至被视为这个学派的"史学写作方法的示范"(《时刻》,页581)。我们以为,斯金纳的《现代政治思想的基

---

① 斯金纳,《近代政治思想的基础》,奚瑞森、亚方译,北京:商务印书馆,2002。这是第二个中译本,第一个中译本出现在我国改革开放之初(《现代政治思想的基础》,段胜武译,北京:求实出版社,1989)。一部今人之作在很短的时期内有两个中译本,我国学界并不多见。

础》可以为我们认识西方近代政治思想史提供详实客观的描述,其实,与波考克的《马基雅维利时刻》一样,斯金纳也力图通过政治思想史研究来论证"大西洋共和传统"的正当性。斯金纳显得谦虚地说,剑桥学派的诞生标志是邓恩(John Dunn)在1969年出版的《洛克的政治思想:对〈政府论〉的一种历史解释》,①不过"波考克超越了所有人",因为他"引导我们开始思考,政治理论史并非仅去研究公认的经典文本,还应更宽广地探究每个社会都在谈论的并不断变化着的政治语言"。② 事实上,波考克、斯金纳、邓恩堪称剑桥学派三剑客。波考克年长斯金纳和邓恩十多岁,但斯金纳的名气与波考克相比,不遑多让。③

《马基雅维利时刻》甫一出版就引发争议。④ 时隔三十年之后(2003年),波考克借《马基雅维利时刻》重版之际,写了长篇"跋"记(约33页)。为了不让自己继续"被人误解"或告诉读者"应该如

---

① 参见 John Dunn, *The Political Thought of John Locke:An Historical Account of the Argument of the Two Treatises of Government*, Cambridge University Press, 1969。就复兴"大西洋共和传统"而言,真正的开山之作应该是巴隆(Hans Baron)的两卷本大著 *The Crisis of the Early Italian Renaissance*(Princeton University Press,1955)。毕竟,文艺复兴时期人文主义的共和政治理想被剑桥学派视为"大西洋共和传统"的基础。巴隆最早对马基雅维利的公民政治观的论述,见 Hans Baron,"Machiavelli:the Republican Citizen and the Author of *The Prince*",刊于 *English Historical Review*,76(1961),页217-253。

② 斯金纳,《自由主义之前的自由》,李宏图译,上海:上海三联书店,2003,页74(以下凡引此书简称《自由》,随文注页码)。

③ 就复兴所谓"古典共和主义"理想而言,按博耶的说法,三剑客的第三名不是思想史学家邓恩,而是哲学家佩迪特。参见博耶,《论古代共和主义的现代意义》,见应奇、刘训练编,《公民共和主义》,前揭,页10。

④ 参见满云龙,《共和修正派与美国当代思想史学》,载《历史研究》,1990年第4期,页189-191。

何理解"自己的这部大著,波考克在"跋"中特别谈到,他的"写作意图"是为"政治和历史中的一股新的主导力量"的历史正当性提供思想史证明(《时刻》,页599)。《马基雅维利时刻》写作耗时长达近十年,为什么波考克要耗费如此心血来提供这种证明?他要证明的"一股新的主导力量"又是什么呢?波考克在重版"跋"中告诉我们,这与美国政治学界关于美国立国原则的论争相关。简单来讲,波考克认为,美国的立国理念是"共和主义",而非人们通常认为的"自由主义"。

> 有关《马基雅维利时刻》的争论所要论证的是,共和国是以"共和主义"原则为基础,还是以另一些原则——如洛克式的、"自由主义的"或"现代"的原则——为基础。对于这个问题,我不想给出非此即彼的回答,我只想说,美国的建国引发了我所说的"古代"自由观与"现代"自由观之间的争论和冲突,也许这一争论永远无法最终解决。我在这里肯定冒犯了美国的建国理论:共和政体已经建立,建国确实关系到原则的正当性,把它描述成是非未定的(unresolved)"马基雅维利时刻",是一种挑衅行为。(《时刻》,页611)

波考克自己十分清楚,他的"马基雅维利时刻"研究让美国建国的理论研究问题"是非未定",这也意味着美国政体的德性品质问题是非未定。不过,美国的立国原则究竟是洛克式"自由主义"还是源于马基雅维利的"共和主义",波考克在《马基雅维利时刻》中其实已经给出过"非此即彼的回答":美国的立国者们摆脱英帝国的支配,不是为了自私自利的"个人自由",而是为了实现"古典意义上的共和"理想。毕竟,"不存在一个洛克式共和国的蓝图,洛克关心的是政府的起源和终结,而不是它的结构和运作"(《时刻》,

页610)。这意味着,英属美洲殖民地独立革命的正当性,不是洛克式强调个人自由的权利美德,而是一种古典的"共和美德"——美利坚立国者们从马基雅维利、哈灵顿和孟德斯鸠那里学到了这种美德。①

这样一来,美国政体的"美德"因与西方古典文明中的一个隐而未明的古老观念链接,骤然变得丰满起来。因此,波考克说,要搞清美国立国的政治观念的真正来源,就必须"超越洛克"。

2. 美国公民施特劳斯的"刺刀"

为什么必须超越洛克?洛克不也是现代共和主义思想传统中的重要人物吗?也许可以这样说:如果洛克是美国立国原则的奠基者,那么,美国政制的道德品质就有问题。新中国成立那年,刚到芝加哥大学任教的施特劳斯所做的六场系列讲演,已经挑明了这个问题。四年后,讲稿以《自然正确与历史》为名正式出版。② 如今,这部论著不仅已成为西方现代学术思想划时代的里程碑,就我们眼下关切的问题来说,尤其重要的是,它还悄然挑起了一场检审美国立国原则的

---

① 比较波考克,《众国、共和国与帝国:早期近代视野中的美利坚立国》(1987),见任军锋主编,《共和主义:古典与现代》,上海:上海人民出版社,2006,页49-51。

② 施特劳斯,《自然权利与历史》,彭刚译,北京:三联书店,2003(以下简称《自然》,并随文注页码。凡有改动,依据芝加哥大学出版社1953/1965年版,不一一注明)。中译本将原文书名的 natural right 译作"自然权利",本稿认为译作"自然正确"更恰切。为了与所讨论的问题相一致,本稿提到此书时一律称为《自然正确与历史》。

政治哲学诉讼。直到今天,这场诉讼依然没有最终定论。①

19世纪末20世纪初,美国开始以大国姿态介入国际竞争。与此相应,美国学界开始出现塑造美国政制传统的学术论述。首先值得提到贝克尔(C. Becker,1873－1945)在第一次世界大战结束后(1922)出版的《论〈独立宣言〉:政治思想史研究》,②接下来是比尔德(C. A. Beard,1874－1948)与其夫人在1927年合作完成的两大卷《美国文明的兴起》。③ 第二次世界大战前后的十多年间,战火没有烧到美国本土,不过,就如何认识美国历史以及美国政制的性质等涉及国家自我认识的大问题,美国知识界产生了严重分歧,论争相当激烈。④ 霍夫施塔特(R. Hofstadter,1916－1970)在1948年出版

---

① 关于施特劳斯对美国立国原则的哲学挑战,参见 Thomas G. West,"*Leo Strauss and the American Founding*";Christopher Bruell,"*A Return to Classical Political Philosophy and the Understanding of the American Founding*";刊于 Kenneth L. Deutsch / Walter Nicgorski 编,*Leo Strauss:Political Philosopher and Jewish Thinker*,Lanham,1993,页309－324,325－338。2001年4月,密歇根州立大学举办了为期三天的《自然正确与历史》专题学术研讨会,会议主题就挑明了《自然正确与历史》与"现代民主制"的关系:"Leo Strauss's *Natural Right and History*:A Reassessment——The LeFrak Forum and the Symposium on Science,Reason and Modern Democracy"。

② 贝克尔,《论〈独立宣言〉:政治思想史研究》(彭刚译),见贝克尔,《18世纪哲学家的天城》,何兆武译,北京:三联书店,2001,页159－347(以下凡引此书简称《天城》,随文注页码)。在此之前,贝克尔已经出版《美国人民的开端》(*The Beginnings of the American People*,1915)、《革命前夕》(*The Eve of the Revolution*,1918)和《合众国:民主试验》(*The United States:An Experiment in Democracy*,1920)等著。

③ 比尔德,《美国文明的兴起》,两卷,许亚芬译,北京:商务印书馆,2011。比尔德在第一次世界大战之前(1913年)曾出版《合众国宪法的经济解释》(*An Economic Interpretation of the Constitution of the United States*),但直到1950年代才引发热议。

④ 参见 Kent Blaser,"The Rise of American Civilization and the Contemporary Crisis in American Historiography",刊于 *History Teacher*,(1992)26,no.1,页71－90。

《美国政治传统及其缔造者》试图平息论争,没想到却让论争升级:具有基督教会背景的政治思想家尼布尔(R. Niebuhr)在1952年出版的《美国历史的反讽》就是例子。①

让今天的我们感兴趣的是,1950年代初美国学界关于美国史研究的论争,与当时学界有人为"资本主义"恢复名誉有关:因为,自1930年代以来,美国的文化思想界逐渐形成了一个"反资本主义"的"思想传统"。比尔德的美国史研究受到批评,原因之一即是据说他带有"反资本主义成见"。正是基于这一理由,当时有论者提出,应该重新审视美国革命刚刚结束后那些年的历史。② 1956年,米塞斯发表了名噪一时的小册子《反资本主义的心态》,他抱怨说,"知识分子反资本主义的成见",在美国"要比在欧洲表现得更普遍、更严重"。③ 正是在这一时期(1955),马尔库塞出版了《爱欲与文明:对弗洛伊德思想的哲学探讨》,此书在随后的1960年代成了激进学生运动"反资本主义"的思想武器。④ 由此看来,早在1950年代,美国就出现了资本主义与反资本主义的"两条路线斗争"。值得引起我们注意的是,这场思想斗争在一开始就与美国的立国原

---

① 霍夫施塔特,《美国政治传统及其缔造者》,崔永禄、王忠和译,北京:商务印书馆,2010。Reinhold Niebuhr, *The Irony of American History*, Charles Scribner's Sons, 1952/ University of Chicago Press, 2008;亦参 Harry R. Davis/ Robert C. Good 编, *Reinhold Niebuhr on Politics*: *His Political Philosophy and Its Application to Our Age as Expressed in His Writings*, Charles Scribner's Sons, 1960。

② 哈克尔,《美国历史学家的反资本主义成见》,见哈耶克(F. A. Hayek)编,《资本主义与历史学家》(1954),秋风译,长春:吉林人民出版社,2003,页50-52,54-58。

③ 米塞斯,《官僚体制/反资本主义的心态》,冯克利、姚中秋译,北京:新星出版社,2007,页124。

④ 马尔库塞,《爱欲与文明:对弗洛伊德思想的哲学探讨》,黄勇、薛明译,上海:上海译文出版社,1987。

则问题相关。

如果说施特劳斯的《自然正确与历史》赶上了一个时代的热门论题，那只能说是历史偶然。因为，《自然正确与历史》的中心论题是彰显古典的"自然正确"观与现代的"自然权利"观的对峙，或者说重新挑起古典与现代的政治观念"模式"的对错之争。施特劳斯首先考察古典的"自然正确"观在现代学术处境中如何遭到"以历史名义"展开的"历史主义"式攻击（第一章），随后讨论被现代社会科学视为圭臬的韦伯社会理论如何在重大而且根本的问题上悬置价值判断（第二章），以此揭示在"历史主义"兴盛之后，西方思想不得不逃向"价值中立"，悬置善恶、好坏、对错的区分。接下来，施特劳斯分别论析了古典的"自然正确观念"（第三至四章）和现代的"自然权利论"及其问题（第五至六章）。最后一章（第六章）的章题"现代自然权利论的危机"耐人寻味，显然，在施特劳斯看来，西方现代政治思想用"权利"取代"正确"，不过证明整个西方文明已经陷入了严重"危机"。

《自然正确与历史》带有很强的哲学思辨性，看起来与美国政制没什么关系，事实上也很少提到美国。然而，这部论著的简短"导言"却以这样的言辞开头：美国的《独立宣言》表明，人所享有的包括"生命、自由和追求幸福"在内的"不可剥夺的权利"，是美国立国的自然法依据——"毫无疑问，献身于这种命题的这个国家，部分正是由于献身于这一命题，现在已经成了这个大地上最为强大繁荣的国家"（《自然》，页1）。我们应该问：这部政治哲学史论著为什么要以美国的《独立宣言》开头？或者说，美国的立国原则与古今之争有什么关系？

表面看来，施特劳斯似乎担忧，《独立宣言》所持有的"信念"正逐渐变得不再受人"珍视"，或不再被人视为"自明"的真理——似乎洛克式自由主义信条是"自明"的真理。可是，在"导言"前面，施特劳斯给出了两段出自希伯来圣经的题辞：前一段题辞说，富人因拥有财富而往往品德坏，后一段题辞则让人思考，把祖先留下的家业变换成商品来买卖对还是不对。显然，这两段题辞直接挑战了让美国成为"最为强大繁荣的国家"的"信念"。按照西方的古典文明传统，商业文明激发出低劣的人性品质。"导言"临近结尾时，施特劳斯明确说："如果仅仅把人看作由欲望和冲动所支配的话，好像就不可能对人类的目的加以适当的考虑"（《自然》，页8）。

题为"现代自然权利论"的第五章主要讨论霍布斯和洛克的自然权利观，但在一开始，施特劳斯就说，"所有现代自然权利论的导师中，最为著名和影响最大的是洛克"（《自然》，页168）。如果与"导言"开篇有关《独立宣言》的说法联系起来看，《自然正确与历史》实际上以节制但又并不含糊的方式表明，"自然权利"论作为美国政制的哲学基础颇成问题，从而重新挑起了自洛克和孟德斯鸠以来长达两个世纪的论争：政制的基础应该是自然欲望还是自然美德。① 在《论〈独立宣言〉：政治思想史研究》中，贝克尔曾用三十多页篇幅讨论《独立宣言》自公布以来所遭受的攻击，以及宣言对西方政治思想史所产生的巨大冲击。尽管贝克尔明显带倾向性地描述了《独立宣言》在19世纪欧洲学界引发的论争，结尾时他还是明确宣称："要问《独立宣言》中的自然权利学说是对还是错，并无任何意义"（《天城》，页345）。贝克尔没想到，三十年后，施特劳斯的《自然正确与历史》使他的这一宣称变得"并无任何意义"。

《自然正确与历史》出版那年（1953），施特劳斯在芝加哥大学做了四次关于马基雅维利的讲座，五年之后（1958），讲稿以"关于

---

① 比较赫希曼，《欲望与利益：资本主义胜利之前的政治争论》，冯克利译，杭州：浙江大学出版社，2015。

马基雅维利的思考"为题正式出版。① 这部著作在施特劳斯一生的所有著述中篇幅最大,也最受争议。施特劳斯力图表明,西方现代政治思想背弃古典的"自然正确"观始于马基雅维利,这样一来,为美国的立国原则奠基的洛克思想就被溯源到了马基雅维利。不难设想,如果有谁要回击施特劳斯,那就"必须超越洛克",直面马基雅维利问题。

其实,《自然正确与历史》的"导言"已经提到马基雅维利,说他既给僭主(tyrants)也给"自由的诸民族(free peoples)提供咨询"(《自然》,页4)。② 在随后的论述中,施特劳斯又多次提及马基雅维利,其中有两次的论述位置因涉及霍布斯—洛克与马基雅维利的内在关联而颇为关键。第一处出现在阐述古典的"自然正确"观临近结尾的地方,施特劳斯在那里说,"马基雅维利否认自然正确",其基本理据是,在政治的极端状态时刻——比如政治体面临外部或内部危险时,政治家不仅不可能也不应该恪守古典的"自然正确"(《自然》,页164)。

与后来的波考克要伸张的问题相关,施特劳斯在接下来第五章论及现代的"自然权利"观时说:"马基雅维利对于政治事务的研究充满了为公精神","作为一个充满公共精神的哲人(a public spirited philosopher),他延续着政治的观念论传统",同时也背弃了这一

---

① 施特劳斯,《关于马基雅维利的思考》,申彤译,南京:译林出版社,2003。以下凡引此书简称《思考》,随文注页码。

② 这句话结束时,施特劳斯下了一个长注,引用现代实证法学大师凯尔森的一大段话,暗示这位自由主义法学家的观点与马基雅维利有思想渊源。施特劳斯早年有一篇文章专门讨论凯尔森,标题却是"一部计划写的关于霍布斯的书的前言"。见施特劳斯,《霍布斯的宗教批判》,杨丽等译,黄瑞成校,北京:华夏出版社,2012,页9–25。这似乎暗示,凯尔森的法学观是马基雅维利–霍布斯思想的结果。

传统，以"纯粹的政治德性取代人的卓越（human excellence），或者更具体地说，取代道德德性（moral virtue）和沉思的生活"，从而"有意降低了[人的生活的]最终目标"。"古典政治哲学以探讨人应该怎样生活为己任"，马基雅维利却删除了人的生活的应然问题，仅仅"探讨人们实际上怎样生活"（《自然》，页181–182）。

施特劳斯继续说，马基雅维利虽然积极"反思公民社会的种种基础"，但他"丢弃了好社会或好生活的本来含义"。在这里，施特劳斯把"公民社会"与"好社会"（the good society）作为两个对峙概念，显得意味深长。我们会想当然地以为，"公民社会"即是"好社会"，其实未必。"好社会"基于"道德目的"，马基雅维利所思考的"公民社会"则基于生存的"必然性"（环境所迫）：

> 因此，公民社会甚至不能指望自己是纯然公正的。一切正当性（legitimacy）的根据都在于非正当性；所有社会秩序或道德秩序都凭靠道德上成问题的手段来建立；公民社会的根基不在于正义，而在于不义。（《自然》，页182）。

我们不妨想想，如果美国政制所建立的公民社会的确基于马基雅维利的公民哲学论，那么，这样的社会就在"道德上成问题"（morally questionable），不能称为"好社会"。《自然正确与历史》的思考明显以美国《独立宣言》为问题背景，且有长达五十页篇幅讨论洛克思想（《自然》，页206–256）。而《关于马基雅维利的思考》全书仅四处提到霍布斯，提到洛克则仅有一处（《思考》，页58），看起来似乎与美国的立国原则问题没什么关系，其实不然。事实上，《关于马基雅维利的思考》也以美国的立国原则问题开头：施特劳斯在"引言"临近结尾时提到潘恩，后者曾在其《人权论》中说，"美国独立"和美国政体的基础是"不可剥夺的天赋权利"（《思考》，页7）。

表面看来,施特劳斯在这里说,"为了达到好的目的可以不择手段的马基雅维利原则"是美国立国原则的对立面:"我们不懂得与之对立的马基雅维利主义,就不会懂得美国主义(Americanism)"。可是,施特劳斯紧接着又说,"问题其实比它在潘恩及其后续者的表述中所显明的要更为错综复杂":

> 马基雅维利兴许会争辩说,美国的伟大不仅归功于它习以为常地坚守自由和正义的原则,而且也归功于它偶尔背离这些原则。(《思考》,页7)

施特劳斯让自己充当"美国主义"的辩护人,让马基雅维利来反驳自己——这样的障眼法蒙骗不了稍微细心的读者。《关于马基雅维利的思考》篇幅最长的第四章长达约215页(按中译本计算),共87个自然段,没有划分小节,有如卢梭《爱弥儿》的卷四或卷五,让人不仅容易把脑子读晕,也难以经受其绵密思考的折磨。尽管如此,哪怕最为粗心的读者也能看到,作者绵密且精深的思考不仅明显围绕马基雅维利如何背离圣经教诲和柏拉图以及亚里士多德的教诲,而且是非分明:马基雅维利标志着西方哲人品质的蜕变。十分清楚,施特劳斯将马基雅维利置于这样一个决定性"时刻":西方政治哲人背弃习传的"自然正确"的开端。

《关于马基雅维利的思考》与《自然正确与历史》一样思考精深,相隔却仅仅五年,明显有备而来。《关于马基雅维利的思考》接踵而至,不仅深化而且强化了古典"自然正确"观与现代"自然权利"观的对峙。更为重要的是,美国立国原则的是非对错问题,不仅再次被提上政治哲学史的议事日程,而且达到了罕见的思考深度。毕竟,贝克尔已经提到过,19世纪不断有人指出,《独立宣言》听起来冠冕堂皇,其实,"在新大陆,是靠了武力,而不是靠了国会辩论中温和的说理,才使自由及于奴隶之身"(《天城》,页344)。

　　回想波考克的《马基雅维利时刻》,可以说,此书既是针对施特劳斯《关于马基雅维利的思考》的有力抗辩,又是对《自然正确与历史》的铮铮回击。波考克仿佛直面施特劳斯说:没错,马基雅维利的确背弃了西方政治思想的古典传统,但这是正确的背弃!

　　《马基雅维利时刻》出版时,施特劳斯刚过世两年,他的学生正陆续发表纪念文章。就在这一年,波考克发表了一篇长文,抨击施特劳斯的私淑弟子曼斯菲尔德的纪念文《施特劳斯的马基雅维利》,①还捎带着抨击了施特劳斯的著名弟子布鲁姆。波考克的文章题为《先知与宗教大法官,或曰:建在刺刀上的教堂不能长久屹立不倒》,所谓"先知"指曼斯菲尔德唯马首是瞻的老师,"宗教大法官"(inquisitor)这个语词通常指"审判异端的宗教裁判所法官",这里喻指曼斯菲尔德替施特劳斯充当佩带"刺刀"的护卫,施特劳斯的学生们供奉教主的教堂,就建在这"刺刀"的尖儿上。② 看来,施特劳斯的学生们对老师不断歌功颂德,让波考克实在看不下去。

　　施特劳斯在《关于马基雅维利的思考》中说,《君主论》通篇充满"冷酷无情的忠告建议",但这本小册子"与其说是写给并不需要这些忠告建议的君主们看的,不如说是写给企冀理解社会本质的'年轻一代'看的"。可是,要接受马基雅维利的这类教诲,需要年

---

　　① 参见 Harvey C. Mansfield, "Strauss's Machiavelli", 载 *Political Theory*, Vol. 3, no. 4(1975), 页 372 - 384(中译见刘小枫选编,《施特劳斯与现代性危机》,上海:华东师范大学出版社,2010,页 148 - 164)。

　　② 参见波考克,《先知与宗教大法官,或曰:建在刺刀上的教堂不能长久屹立不倒》,见刘小枫／陈少明主编,《马基雅维利的喜剧》,北京:华夏出版社,2005,页 119 - 137(以下凡引此文简称《先知与宗教大法官》,随文注页码);原刊 *Political Theory*, Vol. 3, no. 4(1975), 页 385 - 401。

轻人有"介于懦弱与鲁莽之间的勇气"。① 施特劳斯原话如下：

> 一个由于后天培育或先天禀赋而胆怯畏缩的人，除非他有意识地使得自己臻于鲁莽蛮横，否则他就不可能获得勇气，获得介于懦弱与鲁莽之间的勇气。同样地，马基雅维利的学生们为摆脱自己的柔弱畏怯起见，也需要首先经历一个致使自己臻于严酷无情的炼狱洗礼。换句话说，一个人研习劈刺武功所选择使用的器械，应该比实战武器沉重得多。（《思考》，页109）

这段话是说，马基雅维利的《君主论》未必只有谏劝君主的含义，毋宁说，其意图更在于打造青年才俊的政治素质，使之习得投身政治所必不可少的"勇气"。② 波考克并没有看到施特劳斯话中的这个政治哲学问题，他仅仅看到：马基雅维利时代已经发明"刺刀"了吗？虽然施特劳斯在这句话结尾时下注提到马基雅维利的《论战争艺术》，波考克却认为自己逮着了一个可笑硬伤，讥笑施特劳斯缺乏历史常识，甚至在学问上是个"稻草人"：

> 我应该尝试着思考，我从施特劳斯弟子手中拯救了施特劳斯；但我不希望只谴责曼斯菲尔德是一个普通的"忠诚下属"，一个正统学说的神职卫士，以宗教审判官的角色护卫他的先知，而是要使他相信，如果与施特劳斯的对话是可能的，那么，关于施特劳斯的对话也是可能的。也就是说，我希望能够恢复施特劳

---

① "介于懦弱与鲁莽之间的勇气"这个表达式，浓缩了柏拉图的《普罗塔戈拉》中最后一场论辩的主题。参见刘小枫编／译，《柏拉图四书》，北京：三联书店，2016，页154-160。

② 比较迈尔，《政治哲学与启示宗教的挑战》，余明峰译，北京：华夏出版社，2014，页42。

斯对他同行的好心情,并且以大约相同的手段,恢复我自己对他的好心情。对于施特劳斯的俏皮话——他需要"练习使用刺刀……为了把这些沉重的武器挥向无力抵抗(或至少在任何时刻都是无辜)的受害者",尽管我意识到这句话可能是对马基雅维利的反讽,我仍然表示强烈异议。这不仅因为我惧怕这个武器的利刃和刺戳,而且因为我憎恶稻草人的角色——不属于这座庙宇的所有施特劳斯研究者都被强加了这一形象。但是我毫不怀疑,曼斯菲尔德在心里宁愿被(尽管意见相左的)同行包围,而不愿自己身边都是稻草人;我希望,通过使他相信自己有同行,说服他再次如同行那般行动。(《先知与宗教大法官》,页121)

曼斯菲尔德回应说,波考克"篇幅冗长的新书《马基雅维利时刻》"不敢哪怕在参考书目中提一下施特劳斯的书,可见他何其"恐惧"施特劳斯。这种说法其实不对,波考克并不恐惧施特劳斯。毋宁说,波考克对施特劳斯怀有由衷的厌恶:因政治观念和哲学观念乃至个体的性情德性相左而产生的厌恶。波考克对曼斯菲尔德纪念施特劳斯的文章"大动肝火"还让我们看到,美国学界围绕马基雅维利的思想之战何其硝烟弥漫。① 四年之后(1979),与波考克相

---

① 冯克利教授看到施特劳斯一派与剑桥一派"分别以返回语境和反语境为分野,虽然都回望历史,但看待既往的眼光却大相径庭。这也是他们之间有时大动肝火的原因"。冯克利,《波考克和他的思想史研究》,见波考克,《德行、商业和历史:18世纪政治思想与历史论辑》,冯克利译,北京:三联书店,2012,中译本导言,页1-2。在注释中,作者为"他们之间有时大动肝火"提供的说明是,"例如施特劳斯的大弟子曼斯菲尔德与波考克的辩论"。作者没有提到波考克的发难文(长达约17页),仅提到曼斯菲尔德的回应。其实,两人之间并无辩论,曼斯菲尔德仅仅简短(三页多一点儿)回应了波考克的主动攻击。见刘小枫/陈少明主编,《马基雅维利的喜剧》,前揭,页137-140;原刊 *Political Theory*, Vol. 3, no. 4(1975),页402-405。

差仅八岁的曼斯菲尔德出版了解读马基雅维利《李维史论》的大著,并高调声称,自己就是要亦步亦趋地跟随施特劳斯。①

3. 伯林如何为马基雅维利辩护

施特劳斯对马基雅维利提起道德诉讼,为什么会引起波考克反感甚至厌恶?在如今的社会中,一个人若还有常识性的道德意识,可能会受到嘲笑,被认为脑筋不开化,但还不至于让人反感甚至厌恶吧。如今的学者甚至哲学教授为什么会反感一个人有道德常识,这肯定是值得思考的事情。

《马基雅维利时刻》是在《关于马基雅维利的思考》问世十七年之后作出的回击,当时施特劳斯已经过世两年。其实,《自然正确与历史》问世那年,伯林(1909 – 1997)就在"政治研究协会英国分会"做了题为"马基雅维利的原创性"(The Originality of Machiavelli)的学术报告(1953),为马基雅维利提出辩护。当时,伯林因小册子《刺猬与狐狸》已经一举成名。这篇报告并非意在针对施特劳斯,但伯林在差不多二十年后正式发表这篇报告时(1972)扩写原稿,增加了特别针对施特劳斯的内容。② 伯林的文章首先梳理了四百多

---

① 曼斯菲尔德,《新的方式与制度:马基雅维利的〈论李维〉研究》,贺志刚译,北京:华夏出版社,2009,页9。曼斯菲尔德随后重新翻译了马基雅维利的三部要著:《君主论》(1985)、《佛罗伦萨史》(1988)和《李维史论》(1996,中译本见冯克利译《论李维》,上海:上海人民出版社,2005)。

② 中译见伯林,《反潮流:观念史论文集》,冯克利译,南京:译林出版社,2002(以下凡引此文简称《反潮流》,必要时仅随文注页码)。伯林在文中引用的最近文献是波考克在1972年发表的一篇长文(《反潮流》,页42注57),这篇文章很可能是波考克当时正在撰写的《马基雅维利时刻》的一个章节。

年来马基雅维利所遭受的各色评议,并以自伊丽莎白时代以来诸多西方思想者加诸马基雅维利的恶名结尾,还提到"最晚近"的反马基雅维利者是天主教背景的哲学家马利坦和施特劳斯(《反潮流》,页43)。言下之意,对马基雅维利的道德指控实属食古不化的老派做法,这样的道德学究如今已所剩无几。尽管伯林清楚知道,"《君主论》显然还让过去四个世纪、尤其我们这个世纪的某些最可恶的实干家击节赞赏",墨索里尼甚至将《君主论》视为"政治家的袖珍指南"(《反潮流》,页40、42),但他仍然选择为马基雅维利辩护。

伯林告诉我们,历来为马基雅维利辩护的理由其实也不少。比如,说他具有学术理性,开创了客观的社会科学,或者说他具有"爱国主义"情怀,甚至把他"描述成一个积极的共和主义者"。① 伯林对这些辩护理由照单全收,同时认为,自己还可以提供更具原创性的辩护理由。

伯林说,马基雅维利并非如谴责他的人们所"普遍认为"的那样,"把政治从道德中分离了出来",或者说"把政治学从伦理学中解放出来"。毋宁说,马基雅维利看到了"两种不可调和的生活理想的差异"(a differentiation between two incompatible ideals of life)或"两种道德"的区分,而非区分了"道德特有的价值和特有的政治价值"。我们必须记住,伯林在这里说的是"两种不可调和的生活理想"或"两种道德"(two moralities),即古希腊罗马人的"异教徒世界的道德"和与之"截然对立的"基督教道德,这是伯林所说的马基雅维利思想具有"原创性"的基本论点。由于前者看重"勇气、活力、百折不回、公共秩序"等等,而后者重怜悯、"宽恕敌人、轻蔑现世的

---

① 伯林,《反潮流》,前揭,页40注49,亦参页67注92。

幸福",因此两者"显然水火不容"。① 伯林凭此为马基雅维利辩护说:我们不能因为他选择了"特有的政治价值"(specifically political values)就说他不讲"道德"。马基雅维利为了爱国而崇尚"尚武的世界观,使人们变得勇武坚忍,忠诚而有公共精神",从而拒绝基督教的阴柔道德,有什么不对呢(《反潮流》,页57)?

  伯林早年的修习时代伴随着分析哲学的兴起,他与艾耶尔、奥斯丁一度曾是密友。尽管后来他远离了这个圈子,分析哲学式的思维方式还是在他身上留下了浓重的痕迹。1940年6月,德军突破法国防线逼近巴黎时,几个剑桥的分析哲学家聚在一起搞哲学会饮,听伯林做有关了解他人内心思想状态的学术报告。维特根斯坦也在场,他相当粗暴地打断了伯林的陈述,直指其简单的逻辑毛病。不过,在起身离开时,维特根斯坦夸奖了伯林的思辨不乏机智。②笔者提到这段轶事意在表明,伯林早年曾有一阵子迷醉分析哲学,他应该懂得表述的明晰和准确。他应该懂得,基督教重怜悯、"宽恕敌人、轻蔑现世的幸福",与其说证明了基督教不涉政治,不如说证明了基督教对现世政治持有一种宗教伦理式的态度,否则,又该如何看待奥古斯丁和圣托马斯以及其他基督教思想家的政治著作呢?即便从历史上看,西方的拉丁基督教会也从未脱离现世政治,否则马基雅维利何以会那么憎恨教宗国的政治行为呢?他还应该懂得,古希腊罗马人重现世政治,同样并不等于不讲政治的道德。伯林两次提到,马基雅维利以腓力王为例,说明政治事业难免采用"残酷手段",但博览群书的伯林应该知道,第一个为腓力王立传的古希腊史

---

① 伯林,《反潮流》,前揭,页54-55,参见页56-57,64。
② 伊格纳季耶夫,《伯林传》,罗妍莉译,南京:译林出版社,2001,页104-116,124。

家忒俄鹏普斯在其《腓力史》中就对腓力提出过道德批评。① 无论如何，伯林说马基雅维利选择了"特有的政治价值"，无异于承认马基雅维利把政治事业不可避免的"残酷手段"视为"特有的政治价值"。与此相反，无论古希腊罗马人还是基督教，都并不认可"残酷手段"若是为了帝国事业，也就成了一种"价值"，哪怕是"特有的政治价值"。

伯林接下来的说法则力图证明"特有的政治价值"的价值。在他看来，马基雅维利的教诲不过表明，"冲突的双方"是基督教道德与古希腊罗马人看重的"政治的必要性"，这两者"不可调和"：道德这个"以追求终极价值本身为目的的领域"，与政治这个"用手段达到目的的技艺"之间的冲突不可调和。前者是私人生活所追求的领域，后者则涉及人类群体的"共同生活"。凭靠自己建立起来的这个论点，伯林进一步说，马基雅维利不是在比较作为两个"独立的"行动领域的"道德"和"政治"，"而是拿自己的'政治'伦理同支配着他不感兴趣的那些人的伦理观进行对比"。因此，马基雅维利才拒绝"基督教伦理学"，赞成"另一个道德世界"——比如伯利克勒斯或腓力或斯基皮奥的世界（《反潮流》，页64-65）。按照这种说法，"不可调和的"冲突体现为"道德"（= 追求价值目的）与"政治"（= 群体生活的"技艺"）的对立。

伯林起初说的不是"两种不可调和的生活理想"或"两种道德"的差异吗？怎么这里变成了"目的的领域"与"达到目的的技艺"之间的差异，或"私人生活所追求的领域"与涉及人类群体的"共同生

---

① 伯林，《反潮流》，前揭，页70-71,92注108。关于忒俄鹏普斯，参见刘小枫，《亚历山大与西方古代的"大一统"》，刊于《海南大学学报》，2017年第2期，页29。

活"的差异?"目的的领域"与"达到目的的技艺"难道不能恰切地结合起来?基督徒所追求的生活是"私人生活所追求的领域"?我们是否可以说,伯林在这里转换(不便说"偷换")了概念,把"两种不可调和的生活理想"之一,即政治这个"用手段达到目的的技艺",视为一种"生活理想"或"道德"了呢?倘若如此,施特劳斯说马基雅维利把"手段"当作了"目的",就没错。再说,如果有人把追求群体生活的"技艺"本身当作自己的"生活理想",那么,这个人会不会是普罗塔戈拉那样的智术师呢?

伯林不动声色地把两种不同"道德"的对立或冲突变换成"道德"(=追求价值目的)与"政治"(=群体生活的"技艺")的对立或冲突,是为了引出这样的结论:

> 任何思考好与坏、腐败与纯洁这些中心概念的人,心中都会有一个据以作出道德褒贬的伦理尺度。马基雅维利的价值不是基督教的,但它们也是道德价值。(《反潮流》,页67)

我们是不是能够说,把常识道德认为的"坏"视为"好",把常识道德认为的"腐败"视为"纯洁",也是正确的,也是一种"伦理尺度",①只不过不是基督教的"伦理尺度"?如果是的话,那么,施特劳斯说马基雅维利背离基督教传统,难道说错了?伯林甚至还说:

> 就像亚里士多德或西塞罗的道德观一样,马基雅维利的道德观是社会的,而非个人的,但这也是一种道德观,与前两者相比丝毫不缺少什么,它不是一个超越了善恶的非道德领域。

---

① 比较《韩非子·六反》,亦参刘小枫,《共和与经纶:熊十力〈论六经〉〈正韩〉辨正》,北京:三联书店,2011,页160-161。

(《反潮流》,页 67–68)

凭靠形式逻辑的常识我们也可以问:难道由于马基雅维利关切政治共同体的福祉,他的道德观就与"亚里士多德或西塞罗的道德观一样"了吗?无论在西方还是中国的历史上,所有政治思想大家的关切无一例外都"是社会的,而非个人的",难道我们因此就可以说,他们的道德观都一样,相互比较的话都"丝毫不缺少什么"吗?在比较历史上的政治哲人时,难道不需要细看某人是否缺少了作为哲人应该具有的某种品质?伯林不仅认为可以和不需要,而且进一步推论说,马基雅维利的"道德理想"是"祖国的福祉",因此他为此付出"再大的牺牲也值得":

> 我愿意再重复一次,马基雅维利的价值,不是工具性的,而是道德的和终极性的(ultimate),他呼吁人们为了这些价值作出重大牺牲。为此他才拒绝了对立的一方——基督教的惰怠和顺从原则,不是因为它们本身有什么缺陷,而是因为在现实生活的条件下它们不可行。(《反潮流》,页69,比较页71)

伯林刚刚还说,马基雅维利的道德观与"亚里士多德或西塞罗的道德观一样",我们禁不住会问:亚里士多德和西塞罗会把"祖国的福祉"视为"道德的和终极性的价值"?为了雅典或为了罗马的福祉,他们认为自己付出"再大的牺牲也值得"?马基雅维利为了意大利的福祉不惜付出"再大的牺牲",这难道不恰恰牺牲的是古希腊罗马哲人也强调的政治道德?

如果有人选择了"第一好的方式"(the "first good way"),那么他大概必须放弃一切雅典人和罗马人的希望,放弃对高贵、荣耀的社会的全部希望——在这样的社会里,人们朝气蓬

勃、高傲、聪明并繁荣兴旺。(《反潮流》,页71)

伯林终于直面数百年来马基雅维利所遭到的最具常识性的谴责,即所谓马基雅维利原则就是"为了达到好的目的可以不择手段"。伯林在前面的一系列论证,不外乎是为了回答这样一个问题:为了实现一个"高贵、荣耀的社会",是否可以不择手段? 伯林的回答是:当然啊,这是一种"道德"! 伯林指点我们,马基雅维利主张,"残忍手段是必须的——为提供好的结果所必须,但这不是基督徒所说的好,而是从世俗的、人文主义的和自然主义的道德观所说的好"(《反潮流》,页71-72)。斯金纳后来把这种辩护表达得更为直白:对马基雅维利来说,"为了保护自由共同体的生活与自由,往往不得不使用残酷手段,并且总会得到谅解"。在斯金纳看来,应该把马基雅维利式的如下观点视为一种"美德"观:"只要是为增进共同利益所必需,我们就应具备一副铁石心肠,甘愿鄙弃正义的要求,行动起来冷酷无情、背信弃义。"①由此来看,美国在历史上乃至今天的一些所作所为,又有什么不好理解呢? 施特劳斯借马基雅维利之口说,"美国的伟大不仅归功于它习以为常地坚守自由和正义的原则,而且也归功于它偶尔背离这些原则",又错到哪里去了?

伯林当然知道,这也不是亚里士多德或西塞罗更不是柏拉图所说的"好"——他紧接着就说:

> 存在着不止一个世界,不止一套美德:混淆这两者是灾难性的。由于忽视这一点而引起的主要幻觉之一,是柏拉图-希伯来人-基督徒的观点(the Platonic - Hebraic - Christian

---

① 斯金纳,《消极自由观的哲学与历史透视》,见达巍等编,《消极自由有什么错》,北京:文化艺术出版社,2001,页116-117。

view),即有美德的统治者创造有美德的人。按马基雅维利的看法,这是不真实的。(《反潮流》,页72)

以思辨明晰著称的伯林在这里把柏拉图这个人与"希伯来人—基督徒"相提并论,并与马基雅维利的立场对峙。我们记得,他在前面一直说,马基雅维利的"道德"显明了古希腊罗马人的政治伦理与基督教伦理的对立,而现在呢,伯林让我们看到的是古希腊罗马和基督教的政治伦理与马基雅维利式"世俗的、人文主义的和自然主义的道德观"的对立。换言之,伯林第二次转换概念,用"世俗的、人文主义的和自然主义的道德观"替换了古希腊罗马人的"道德观"。

应该说,这次转换概念是对的,毕竟,马基雅维利的"道德观"可以说是文艺复兴时期"世俗的、人文主义的和自然主义的道德观"最为出色的表达。多少有些搞笑的是,伯林似乎忘了柏拉图是古希腊人,忘了亚里士多德是柏拉图的学生,也忘了西塞罗曾坚定地宣称"宁可跟柏拉图一起犯错,也不与那帮人一起正确"。他仍然侃侃而谈古希腊罗马人的政治伦理与基督教伦理的对立,继续强调两者不可调和,甚至认为这正是"马基雅维利的论点的伟大原创性和其悲剧涵义"。[①] 其实,伯林让我们看到的不过是:马基雅维利"论点的伟大原创性和其悲剧涵义"在于,毅然与整个西方文明传统的政治伦理对立。伯林的论证充分证明,施特劳斯说得没错:马基雅维利的确背弃了西方政治思想的古典传统。与施特劳斯的不同仅在于,伯林认为,这是正确的背弃!这难免让我们会想:波考克的类似立场是不是伯林教出来的?

---

① 伯林,《反潮流》,前揭,页73、77、81、92。

伯林修习过分析哲学，但他这篇长文中的诸多表述，恐怕经不起分析哲学的语词辨析。不过，无论伯林在阐释马基雅维利的"原创性"时出现了多少语词含混或调换概念的情形，都不会损害到他的写作意图。因为，伯林这篇文章的意旨不是阐释马基雅维利，而是企望用马基雅维利来印证出于他自己的哲学观的"一个最重要的结论"：

> 从原则上说，如下信念是不现实的：对于人应该如何生活的问题，可以找到一个正确的、客观上有效的解决方法。这是一个真正"令人震怵的"命题。让我来尝试一下，将它纳入其适当背景之中。
>
> 西方政治思想最深刻的假定之一，是一个在漫长的流传过程中极少受到质疑的信条：存在着某个唯一的原则，它不仅规定着日月星辰的运行，而且为所有的生物决定了正确的行为……自柏拉图以来，这种信条以这样或那样的表述方式，一向支配着欧洲人的思想……
>
> 正是这块为西方人的信仰和生活提供了基础的岩石，事实上被马基雅维利打破了。这样一次大颠覆的行为，当然不能归因于单独一个人的行动。若是社会和道德秩序稳定，它也很难找到立足之地。……
>
> 柏拉图和廊下派，希伯来的先知和基督教的中世纪思想家，自莫尔以降的乌托邦作家，都有一种关于人们缺少什么的观点。他们声称有能力填平现实和理想之间的沟壑。但是，如果马基雅维利是正确的，那么这个传统——西方思想中居于核心位置的主流——便成了一派胡言（fallacious）。（《反潮流》，页82-84）

我们有充分理由说，这段从三页篇幅中抽取出来的引文，是伯林对施特劳斯的《自然正确与历史》以及《关于马基雅维利的思考》掷地有声的回答。施特劳斯说，"古典政治哲学以探讨人应该怎样生活为己任"，马基雅维利则删除了人的生活的应然问题，仅仅"探讨人们实际上怎样生活"——伯林说：一点儿没错，但这是正确的！马基雅维利了不起，就因为他一脚踢开了"我们一直被教导应视为正常的知识前提"。说到底，伯林与其说是在论证马基雅维利观念的"原创性"，不如说是在用马基雅维利来论证他自己的"价值多元论"的"原创性"。

> 我的意思不是说，马基雅维利曾明确宣布，存在着一种价值多元论或甚至必须从中作出自觉选择的价值二元论（a dualism of values）。但是，从他对自己所褒贬的行为作的对比中，就会产生出这样的认识。（《反潮流》，页 92）

看得出来，《马基雅维利的原创性》越到最后，越有许多话是针对伯林指斥的"狂热的一元论者"施特劳斯说的。文章快到结尾时，伯林宣称：

> 如果马基雅维利的信念为真，它便瓦解了西方思想的一个重要假设：无论过去还是未来，今生还是来世，在教堂还是实验室里，在形而上学家的思想或社会科学家的发现之中，或在那些单纯的好人尚未腐败的心中，对人应该如何生活这个问题，总可以找到最后的答案。如果这是错误的（如果对这个问题能找出不止一个正确的答案，那也是错误的），则唯一真实的、客观而普遍的人类理想这种观念便崩溃了。（《反潮流》，页 93）

受过分析哲学训练的伯林竟然会用"如果信念为真"（If what

Machiavelli believed is true)这样的表达式,并凭此作出涉及最重大的问题的推论,这显然是其性情德性而非理智德性所致。由此也可以理解,他为何会为"唯一真实、客观而普遍的人类理想这种观念"的崩溃感到庆幸:人类终于走出了自我欺骗!

伯林对施特劳斯的反驳逻辑可以这样来概括:施特劳斯说,现代西方的政治思想抛弃了西方古典的"自然正确"观——伯林则说,西方古典的"自然正确"观根本是错的,因为并没有这样的"自然正确"。① 倘若如此,伯林的反驳就实实在在地证明而非反驳了施特劳斯的如下三个论断:首先,现代西方政治思想的确抛弃了西方古典的"自然正确"观;第二,美国政制的"美德"的确来自马基雅维利,这个国家的"朝气蓬勃、高傲、聪明并繁荣兴旺"凭靠的是波考克所谓的"马基雅维利时刻";第三,具体到马基雅维利而言,既然道德价值与政治价值两者"极端排斥",既然马基雅维利选择了政治价值,他当然也就排斥了道德价值。

4. 伯林与剑桥学派

我们已经看到,伯林与施特劳斯一样承认,马基雅维利标志着西方政治观念史上一次根本性的观念转变,两人不可调和的冲突在于对这一转变的评价。在伯林看来,马基雅维利超越自己的时代,带来了史无前例的观念革命,标志着西方思想的洗心革面,即不再受永恒的问题困扰。伯林力图让我们看到,四百多年来,西方众多思想头脑被"马基雅维利的原创性"震惊得要么不知所措,要么发

---

① 参见伯林,《反潮流》,前揭,页85,比较页91。

作道德-宗教的歇斯底里式狂吠。其实,施特劳斯在《关于马基雅维利的思考》"引言"结尾处的说法,恰恰体现出哲人式的冷静。他说,用马基雅维利的"新异问题"一劳永逸地勾销"永恒问题"看起来似乎有道理,然而,

> 它只不过证明:永恒的问题,并不像有些人所确信的那样容易接近,那样容易触及,或者说,并不是所有的政治哲人都能面对和正视这些永恒的问题。(《思考》,页8)

对比施特劳斯和伯林的说法,我们能够体会到,二人的分歧最终在于对政治哲人的理解不同。从古典的观点来看,这涉及到如何区分真假政治哲人,或者说区分苏格拉底式的政治哲人与智术师。伯林应该知道,他所主张的"价值多元论"并不具有"原创性",因为,古希腊的著名智术师普罗塔戈拉早就提出过"价值多元论"。至于人因现实政治环境所迫(马基雅维利所谓的"必然性")而没法做"好人"的道理,柏拉图笔下的诗人西蒙尼德斯也已经讲得很清楚了。① 何况,伯林也并非第一个看到马基雅维利主义的要害在于区分政治伦理与道德伦理。他应该知道,韦伯在《以政治为业》(1919)的著名讲演结尾时,已经把马基雅维利主义表述为两种伦理的冲突和相互排斥,甚至还提供了世界宗教史式的证明:真正彻底的马基雅维利主义早已"典型地表现在印度的文献"之中。②

发表《关于马基雅维利的思考》之前,施特劳斯在一次题为"社会科学与人文学问"的公共讲座(1956)中已经揭示,"价值多元论"

---

① 柏拉图,《普罗塔戈拉》,334a3-c6,345a1-347a5,见刘小枫编/译,《柏拉图四书》,前揭,页99-100,122-127。
② 韦伯,《学术与政治》,冯克利译,北京:三联书店,1998,页111。

具有"相对主义"(relativistic)性质。① 施特劳斯明确表示担忧:如果美国政制的哲学基础最终可以经洛克-霍布斯追溯到马基雅维利,那么,"相对主义"在美国的哲学-社会科学界成为主流意识,就不会是不可思议的事情;如果一个国家的学术意识以"相对主义"为基础,这个国家就必然走向"道德虚无主义"(moral nihilism),以至最终"无力采取一个立场以支持文明并反对野蛮"(《重生》,页50)。施特劳斯把问题提得相当尖锐,毫不躲闪地要与美国学界的"相对主义"趋向作斗争,明确称其为自己在《自然正确与历史》中所表达观点的"极端对立面"(《重生》,页49)。事实上,若按照伯林所称赞的马基雅维利的观点,柏林将没有理由谴责纳粹为了"祖国的福祉"所采取的"残酷手段"。

中国即将开始"大跃进"的那年(1958)真是个不寻常的年份,三位犹太裔哲人亮出了自己最拿手的作品:施特劳斯出版《关于马基雅维利的思考》,阿伦特出版《人的条件》,②伯林则在牛津作了闻名遐迩的题为"自由的两种概念"的教授就职演讲。③ 仅仅两年多后(1961),施特劳斯就发表了《"相对主义"》一文,④毫不客气地纠弹伯林的"两种自由观",尽管几年前(1955)伯林应邀到芝大讲学时还拜访过施特劳斯。从晚近刊布的一份文献来看,伯林似乎一直没有读到施特劳斯这篇指名道姓批评他的文章,而到整整三十年后

---

① 中译见施特劳斯,《古典政治理性主义的重生》,潘戈编,郭振华等译,叶然校,北京:华夏出版社,2011,页43-54。以下凡引此书简称《重生》,随文注页码。

② 阿伦特,《人的条件》,竺乾威等译,上海:上海人民出版社,1999。

③ 收入伯林 *Four Essays on Liberty*, Oxford University Press, 1969, 中译本见伯林,《自由论》,胡传胜译,南京:译林出版社,2003。

④ 施特劳斯,《古典政治理性主义的重生》,前揭,页55-71。

(1992),他才从施特劳斯的弟子雅法那里得知有这回事。伯林在给雅法的回信中为自己辩护说,自己"既不是一个相对主义者,也不是一个历史主义者……尽管后者尚可争议,但是对我来说这毫无争议"。① 如果伯林的说法是诚实的,那么,他在1972年扩写的《马基雅维利的原创性》一文便能够证明,他回击的是施特劳斯的《关于马基雅维利的思考》,而非《"相对主义"》一文。问题在于,《马基雅维利的原创性》能够证明他"既不是一个相对主义者,也不是一个历史主义者"?② 在给雅法写这封回信时,伯林想起过自己二十年前长达七十多页的《马基雅维利的原创性》吗?

眼下值得我们关心的是另一个问题:剑桥学派与伯林的关系。整个1960年代,伯林都在美国的常春藤大学巡回讲学,传授他的"价值多元论"和"消极自由论"。波考克后来回忆说,正是在这个时候,"《马基雅维利时刻》与伯林爵士的著作相遇,两者密切相关"。伯林的一系列文章让波考克看到:

> 首先,马基雅维利表明了政治生活要面对各种不同的价值体系,它们之间不可能有最终的和解;其次,只要断定它们最终无法调和,政治哲学的解释就必须继续存在;第三,存在着两种自由观:一为积极自由,它导致每个人的自决权,并且他要面对同样行使自决权的其他人;一为消极自由,它仅仅导致在社会活动的实践中不受妨碍,在这些活动中,跟其他个体的相处形式多

---

① 马华灵,《伯林致雅法书信》,刊于《读书》,2017年第3期,页73-82,引文见页74。

② 至于伯林是不是个"历史主义者",他在1960年发表的《历史是科学吗?》可以作证。见伯林,《历史是科学吗?》,贺照田主编,《并非自明的知识与思想》,长春:吉林人民出版社,2003,页331-380。

种多样,可以通过法律、政府和教化加以管理。(《时刻》,页584)

前两点清楚表明,波考克显然同意伯林对马基雅维利的"原创性"的解释,即同意伯林的"价值多元论"。在波考克阐述其思想史研究方法论时,伯林的"价值多元论"成了他的哲学理论基础。① 波考克甚至凭此建立起一种所谓思想史研究的"范式",把"价值多元论"引入中国先秦的老庄学说。据说,

> 想确立"道"的界说,而尝试经由构成的形象去缔结社会,或去构想政治为一项人际之间,对于不同有关"道"的概念,从中作一抉择,都是纯粹荒谬的举动。②

不过,波考克在结尾时又自相矛盾地说:

> 希腊及古典西方政治理论跟中国分野的地方,在其拥有多元性的政治形式、多元性的社会和其他价值,以及一套希冀使这多元性不致失去的道德哲学。希腊及古典西方亦注意到,在自然理论和政治理论间,有很深的不同地方,至于其所服膺的生活方式,是使公民在决策上所作的抉择,成为衡量他在社会中的地位之标准,这在他的性格上构成一项具有塑造性的影响。(同上,页373)

波考克的逻辑让笔者搞不懂,他究竟认为"价值多元论"自古

---

① 波考克,《语言及其含义:政治思想研究的转向》,见丁耘主编,《什么是思想史》,上海:上海人民出版社,2006,页75,76,78,79,80,84,92。
② 波考克,《礼、文与权:通论中国古代政治思想》(江金太译),贺照田主编,《颠踬的行走:20世纪中国的知识与知识分子》,长春:吉林人民出版社,2004,页361-362。

就是普世的真理，还是认为这仅是西方文明的伟大传统。

对于伯林的第三点主张即"消极自由论"，波考克明确表示不敢苟同。在他看来，马基雅维利断乎不会认同"消极自由"。沿着历史时间的脉络，我们眼下需要看到，发表于1972年的《马基雅维利的原创性》，实际上与正在崛起中的剑桥学派一起在高擎马基雅维利式的"公民共和主义"这面大旗。伯林写到，马基雅维利"所承认的自由只有政治自由，免于专横暴君统治的自由，即共和主义"；"他知道了人需要一个坚定而有效能的公民政府"，从而"有理由偏爱自由和共和制度"，尽管他也知道，"对于一个虚弱的共和国来说，强有力的君主更为可取"。① 剑桥学派将不会同意这样来理解马基雅维利的"公民共和主义"，即不会同意把"政治自由"仅仅理解为"免于专横暴君统治的自由"；剑桥学派也不会同意伯林所说，马基雅维利的意义在于告诫我们，"人们必须作出选择：选择一种生活方式，就要放弃另一种。这是问题的关键"，"或者是美好而有德性的私生活，或者是一种美好而成功的社会存在，但不能两者兼得"（《反潮流》，页81，87）。

尽管如此，波考克与伯林这位前辈至少在三个方面保持一致。首先，他会与伯林站在一起，旗帜鲜明地拒斥施特劳斯竭力维护的西方"伟大传统"，为马基雅维利式"公民共和主义"这一新传统辩护。在修理曼斯菲尔德的那篇长文中波考克说：

> 至于反共和的阐释，除了施特劳斯关于马基雅维利的人民不"施行统治"但"分享权力"（《关于马基雅维利的思考》，页260）的断言，什么也没留下。在共和传统的所有历史中，这两

---

① 伯林，《反潮流》，前揭，页45，49，73，74。

个术语都可以互换。在这一点上,施特劳斯不过是出色的政治哲学家,而非政治理论家。但是,如果曾经可以说共和传统是一种真正的道德但与启示宗教不相容,这是因为曾经总有这样一些人,对他们来说,"伟大传统"绝不是一个自然的联合。我们可以将马基雅维利看作奥古斯丁的新-异教对手,对后者来说,两个城(two cities,[译按]当指"上帝之城"和"人之城")不相容。(《先知与法官》,前揭,页135)①

第二,《自然正确与历史》开篇就攻击"历史主义",波考克则会与伯林站在一起,为"历史主义"在"马基雅维利时刻"的出场辩护。伯林已经提到,马基雅维利尤其难能可贵的是,他摆脱了同时代"非常世俗化的人文主义者"著作中所"遗留的传统的历史形而上学"(the traditional metaphysics of history),其出发点是"我们所了解的人类,即由历史和观察提供了例证的、混杂着情感、智慧和生理特征的人类"。②

第三,波考克与伯林一样,对施特劳斯采取战斗姿态,异口同声地斥责施特劳斯以道德先知的姿态看待马基雅维利。斯金纳同样如此,他在1981年出版的普及性小册子《马基雅维利》开篇就说,"马基雅维利的政治远见"富有"原创性"(originally composed),甚至是"非凡的原创性"(the extraordinary originality)。正因为如此,斯金纳认为,有必要为马基雅维利洗清罪名:什么"凶残的马基雅维利"啊(莎士比亚语)、什么法国大革命"民主暴政"的奠基人啊(柏克语)、什么马基雅维利主义者是"扼杀民主力量"的刽子手啊(马

---

① 波考克在文章中征引伯林关于马基雅维利的观点并深表赞同,见波考克,《先知与宗教大法官》,前揭,页132。
② 伯林,《反潮流》,页45,48-49;46,69。

克思／恩格斯语）云云,统统不过是加诸马基雅维利的不实之辞。①全书结尾时,斯金纳终于忍不住斥责施特劳斯及其门生"至今仍固守传统的观点",把马基雅维利视为"邪恶的教诲师"。②

施特劳斯在《关于马基雅维利的思考》的"引言"开篇就说,谁在今天还坚持"马基雅维利传授邪恶这个老派的简朴观点",谁就会受到"嘲讽"(《思考》,页1)。我们已经看到,施特劳斯因坚持这个"简朴观点"而受到的远不只是"嘲讽"。尽管如此,关于马基雅维利的这个"老派的简朴观点"依然挥之不去。斯金纳的普及性小册子《马基雅维利》自1981年出版以来多次重印,迄今已被译成二十多种语文。由此看来,为了彻底清除具有常识道德的老派观点,"大西洋共和传统"的政治思想家们还需要花费更多口舌。

---

① 斯金纳,《马基雅维利》,王锐生等译,北京:中国社会科学出版社,1992,页2,5。

② 斯金纳,《马基雅维利》,同上,页139。政治思想史家沃格林也提供过一份扼要的马基雅维利评传,与斯金纳的这部马基雅维利小传对比阅读,我们就有机会学习如何分辨思想眼界的高低乃至问题意识的深浅。参见沃格林,《文艺复兴与宗教改革》,孔新峰译,上海:华东师范大学出版社,2016,页29–102。

二　公民美德与古今之争

无论伯林还是波考克和斯金纳都清楚，把马基雅维利视为"邪恶的教诲师"并非施特劳斯发明的观点，而是自16世纪直到20世纪不断有西方思想者所持有的老派观点。要彻底扭转这种出自道德常识的观点，就得坚持不懈地提供富有学理的说服教育。这类说服大致有两种方式：要么是哲学辩驳式的说服——比如伯林的《马基雅维利的原创性》，要么是史学叙述式的说服——比如波考克和斯金纳的思想史论著。比较而言，后一种说服方式有效得多。毕竟，一般智识人的思辨兴趣和智识能力远不像人们估计的那么高，史学叙述更能引人入胜，而且让人觉得自己是被"史实"说服。马基雅维利以及孟德斯鸠的主要著作都带有这样的史述性质，从而使得他们所要传达的政治观念显得具有史实式的说服力。① 用我们的俗话说："事实胜于雄辩"。

---

① 参见刘小枫，《孟德斯鸠与普遍历史》，刊于曹卫东主编，《跨文化研究》（第一辑），北京：社科文献出版社，2016。

由此可以理解，斯金纳在普及性小册子《马基雅维利》结尾斥责施特劳斯及其门生时，何以特别补充说："史学家的职分（the business of the historian）理应是做记录天使（a recording angel），而非执行绞刑的法官（a hanging judge）。"①言下之意，施特劳斯及其门生的思想史研究撇开历史的具体语境，把自己的哲学观念"私货"塞进历史中的思想"语言"，有违"史学家的职分"。相反，斯金纳自己以及波考克这样的思想史家，才是忠实记录史实的天使，他们的使命仅仅是"重新揭示过去"（to recover the past）。

何谓"史实"？波考克崇拜吉本（Edward Gibbon），②吉本则把伏尔泰视为自己的史学导师。正是这位伏尔泰说过，史料杂乱无章，唯一"连贯清晰的图画"是"关于艺术和科学的史料"以及关于国家治理的史料。"连贯清晰的图画"其实是史学家自己头脑的产物，或者说需要史学家放进史料中去的"图画"。任何史学都得凭靠一种"方法"，即史学家按照自己的"文明"观或政治信念来组织史料，没有"观念"也就没有"方法"。从而，所谓"史学方法"，不外乎是一种按自己需要看到的东西来组织史料的"技艺"。③

波考克的史学"技艺"以"历史语境"分析法著称，与伏尔泰一样，他希望用这种"技艺"组织史料，以便看到自己需要的东西：他需要制作一种公民人文主义"理想"，及其在"盎格鲁－美利坚政治

---

① 斯金纳，《马基雅维利》，前揭，页139。这句话应该让我们想起波考克抨击曼斯菲尔德的那篇文章的标题"先知和宗教大法官"。

② Pocock, "Between Machiavelli and Hume: Gibbon as Civic Humanist and Philosophical Historian", 刊于 *Daedulus* 105:3(1976)，页153－169；波考克，《吉本的〈罗马帝国衰亡史〉和启蒙运动晚期的世界观》，见波考克，《德行、商业和历史》，前揭，页208－228。亦参 John G. A. Pocock 编，*Edward Gibbon: Bicentenary Essays*, Voltaire Foundation, 1997。

③ 伏尔泰，《风俗论》，梁守锵译，上册，北京：商务印书馆，2013，页3－4。

思想"中发扬光大的历史传说。① 19 世纪初的基佐史学曾制作出西方追求民主"代议制"的历史传说,19 世纪末的阿克顿史学制作出西方自古追求"自由"的历史传说,波考克的思想史研究正是此类史学的进一步深化:他要制作西方自古就有"公民共和主义传统"的历史传说。②

波考克的思想史研究并非来自施特劳斯的激发,而是缘生于他所在的史学专业。二战之后,随着美国崛起为世界性强国,英美史学界兴起了关于美国立国的思想史研究,波考克的研究就来自这一"专业"领域。③ 然而,写作《马基雅维利时刻》的过程长达将近十年,施特劳斯的《自然正确与历史》,尤其《关于马基雅维利的思

---

① 波考克自己对其思想史研究"技艺"的阐述,见波考克,《德行、商业和历史》,前揭,页 3-52;波考克,《语言及其含义:政治思想研究的转向》,前揭,页 64-92。比较 David Boucher, *Texts in Context. Revisionist Methods for Studying the History of Ideas*, Dordrecht: Martinus Nijhoff, 1985; D. N. DeLuna 编, *The Political Imagination in History. Essays Concerning J. G. A. Pocock*, Baltimore: Owlworks, 2006。

新世纪之初,我国学界已经有学者提出,波考克的思想史方法"亦可用于中国近、现代思想的研究"。见杨贞德,《历史、论述与"语言"分析:波卡克之政治思想研究方法述要》,贺照田主编,《并非自明的知识与思想》,前揭,页 458。又过了差不多十年,冯克利教授在为波考克的《德行、商业和历史》中译本所写的长篇导言《波考克和他的思想史研究》中敏锐地指出:波考克让英国共和革命时期哈灵顿等人的"带有乌托邦色彩的共和主义又焕发出新的生命","至今它仍然是美国政治辩论中不可忽视的因素"。见波考克,《德行、商业和历史》,前揭,页 40。

② 波考克,《古典时期以降的公民理想》,刊于许纪霖编,《知识分子论丛》(第二辑),南京:江苏人民出版社,2003,页 30-51(J. G. A. Pocock, "The Ideal of Citizenship Since Classical Times",载于 *Queen's Quarterly*, No. 1, Vol. 99 (1992),页 35-55。

③ 最早引介波考克的中国学人即出自美国史研究的业内人士,参见张执中,《从哲学方法到历史方法:约翰·波科克谈如何研究政治思想史》,载《世界历史》,1990 年第 6 期,页 114-118。

考》,显然是立在波考克面前的巨大绊脚石。从波考克的《先知和宗教大法官》一文可以看到,他对施特劳斯就马基雅维利所下的历史评判,早已感到是可忍孰不可忍,因此才接受斯金纳建议的"马基雅维利时刻"这个颇具应战性的书名(《时刻》,"导言",页4)。聪明的斯金纳想出这个书名,正是刻意针对施特劳斯。因为,施特劳斯在《自然正确与历史》中说,历史主义的核心观点是:"思想彻底地依赖于命运",一切思想都"具有历史性"。

> 在历史进程中有着某个得天独厚的时刻、某个绝对的时刻,在这一时刻,一切思想的根本性都暴露无遗。为了使自己逃避它自身的诫命,历史主义就声称它仅仅是反映了历史现实的性质,或者说是忠实于事实。(《自然》,页30)

"历史中的绝对时刻(an absolute moment in history)"这一假设,"对历史主义来说是本质性的"。不仅如此,施特劳斯已经指明,这个"时刻"就是现代自由主义诞生的时刻或马基雅维利"时刻":由于"将自然法移植到马基雅维利那一层面",霍布斯开启了以"权利"取代"义务"的自由主义(《自然》,页185)。斯金纳让波考克对施特劳斯摆出针尖对麦芒的强硬立场,让我们中国人作为旁观者看着实在过瘾。毕竟,他直接挑明了施特劳斯并未明言的问题:如果老派西方人认为马基雅维利"刻意传授邪恶"(《思考》,页2)的观点没有错,那么,美国的立国原则就与"邪恶的教诲"有着隐秘的思想史关联。

其实,波考克的这部大著全书十五章,仅两章专论马基雅维利。如果说伯林凭靠其"价值多元论"为马基雅维利提供哲学辩护,那么,剑桥学派则力图为马基雅维利提供"历史主义"的哲学辩护。在斯金纳看来,波考克的《马基雅维利时刻》出色地完成了这一使命,他替波考克取《马基雅维利时刻》这个书名,正是为了挑明这部大著的矛头所向:回击施特劳斯对马基雅维利的历史评判。如斯金纳所说,他自己和波考克都致力于"使马基雅维利回复到他的观念起初形成的那个世界"。① 换言之,为了更为有效地为马基雅维利洗脱道德"污名",就要通过重写思想史来展示马基雅维利身处的"历史语境"。就此而言,相较于伯林《马基雅维利的原创性》的哲学式辩驳,波考克《马基雅维利时刻》的"历史语境"式辩驳,至少看起来显得有分量得多。

波考克凭靠其"古典共和主义"政治信念,建构起马基雅维利的"历史语境"或"时刻",这首先而且尤其体现在《马基雅维利时刻》第一部分。如其标题所示,这部分讨论的是"特殊性与时间:概念背景"。既然《马基雅维利时刻》已经被视为剑桥学派"史学写作方法的示范"(《时刻》,页581),我们便应该认真阅读这一部分。坦率地说,波考克所讲的道理并不深奥,本来不难明白,但他的表述实在有些艰涩。波考克很可能力图让自己这部思想史的史学论著同时具有哲学品质,或者说让自己显得具有哲学思辨能力。波考克曾经表示,自己不愿被称为 intellectual historian[思想史学家],他宁愿称自己为 historian of political thought[政治思想的史学家]。② 言下之意,他并不甘于做"记录"史实或展示"历史语境"的"天使",而是要做有自己的"政治思想"的史学家。因此,波考克在《马基雅维利时刻》第一部分努力让自己显得更多是个哲学家,而非史学家。

探究哲学或政治思想问题,一定要把表述搞得像黑格尔哲学那样艰涩吗?柏拉图的哲学思考不可谓没有品质,但他却主要通过苏

---

① 斯金纳,《马基雅维利》,前揭,页7。
② 满云龙,《共和修正派与当代美国思想史学》,前揭,页180-181。

格拉底这个人的具体生活方式来展示自己的思考。这让笔者想到：苏格拉底不是也有其"历史语境"或历史"时刻"吗？马基雅维利和苏格拉底仅仅由于各自"历史语境"或历史"时刻"的特殊性或偶然性，才有了截然不同的政治思想吗？政治思想大家的思想及其"特殊性"，究竟是因为"历史语境"或历史"时刻"不同，还是因为个体性情德性的差异呢？带着这样的问题来阅读《马基雅维利时刻》的第一部分，我们说不定会有额外收获。

1. 波考克如何反驳施特劳斯

《马基雅维利时刻》开篇第一句就挑衅性地针对施特劳斯：

> 本书贯穿始终的意图是，在一种正在形成的历史主义语境中（in the context of an emerginghistoricism）描绘现代早期的共和主义理论。（《时刻》，页3）

波考克把"现代早期的共和主义理论"（early modern republican theory）与"历史主义"的"形成"绑在一起，似乎两者相互支撑，或者说，"历史主义"的正确将证明马基雅维利式共和主义的正确，反之亦然。

波考克知道，"公民共和主义"是一种政治理论。① 既然是"理论"，当然就是观念性的东西。用观念来"对待特殊和偶然的事件、对待作为偶然事件之维度的时间"，可以说是人类的一种习惯。不过，这种习惯难免带有一个内在矛盾或困难："观念"寻求普遍性，

---

① 波考克，《德性、权利与风俗：政治思想史家的一种模式》，应奇、刘训练编，《公民共和主义》，前揭，页37–58。

但"观念"本身却来自特殊的生存处境,而且,提出"观念"是为了解决特殊处境的生存问题。换言之,波考克想要凭靠特殊的生存处境来证成某种"观念"的普遍有效性。因此他说,作为一种政治"观念"的"共和"论,指推崇"共和政体或亚里士多德式的城邦"。这种"观念"既具有"普遍"(universal)性质——因为"它的存在可以为其公民实现人们在现世生活中能够实现的全部价值",同时又置身于变动不居的充满"特殊和偶然事件"(particular and contingent events)的历史处境之中(《时刻》,页3-4)。这些说法表明,波考克凭靠的哲学与其说是"观念论",不如说是"经验论"。我们知道,近代西方哲学的"观念论"与"经验论"之争,迄今没有决出胜负。胡塞尔(1859-1938)强硬地提出"现象学观念",矛头直指"文艺复兴时期欧洲人以哲学观念的新设想建立的自主"以来的"新科学",力图克服由此导致的"西方科学的危机",就是充分证明。[①] 由于波考克并未在哲学"观念"的根基问题上狠下思考功夫,而是径直把"经验论"的哲学观用于研究历史中的政治思想,"共和主义"与"历史主义"在他那里才成了可以相互证明甚至二而一的东西:历史主义的形成就是现代共和主义观念的形成。[②] 因此,波考克说,"可以称

---

① 胡塞尔,《欧洲科学的危机与超验现象学》,张庆熊译,上海:上海译文出版社,1988,页7-17。

② "历史主义"的语义颇为含混,有论者区分了三种不同的含义:1,"史学研究中具有实践性的、人文科学上的实证主义"态度;2,"以所有概念和规范在历史上的易变性和相对性为由,拒绝认同科学的或哲学的世界阐释中那种普遍、永远有效的系统性"的思维方式;3,"使对自然的理解摆脱形而上学的思维方式","试图从自然本身出发来理解自然"的一种"世界观"。参见施耐德尔巴赫,《黑格尔之后的历史哲学:历史主义问题》,励洁丹译,杭州:浙江大学出版社,2014,页13-14。这三种含义或用法尽管有所不同,但并非相互排斥,实际上往往兼蓄并用。比如,波考克所使用的"历史主义"概念就是如此。

共和理论为历史主义的早期形式"(to call republican theory an early form of historicism,《时刻》,页4)。

由此可以理解,《马基雅维利时刻》的"第一部分"为何题为"特殊性与时间"(particularity and time)。显然,波考克打算从"特殊性与时间"出发,检验西方历史上曾经有过的种种政治观念的有效性。对于波考克来说,政治"观念"的实际有效等于正确。这不仅是马基雅维利"主义"的要核之一,也是"经验论"哲学观念的反映。换言之,"共和主义"作为一种"普遍的"政治价值,其正确性仅仅来自特殊的历史处境,而非来自哲人所构想的某种自然法则观念或神学家们所信靠的上帝观念。可以说,施特劳斯对马基雅维利背弃古希腊哲学传统和基督教神学传统的指控,波考克照单全收,并对施特劳斯说:没错啊,但这恰恰表明马基雅维利正确!毕竟,古希腊哲学和基督教神学的传统观念不能让人应对"特殊和偶然的事件",或者说不能恰当"对待作为偶然事件之维度的时间"。这就好像日常生活中可能有人对我们说:你满脑子的"做好人观念",但它在实际生活中完全不管用,到处都会偶然遇到特殊的险恶之人——扔掉你的"做好人观念"吧。

"作为偶然事件之维度的时间"这个哲学化的表达式听起来有些儿抽象,其实,波考克指的就是我们所谓的"历史"。只不过他强调,"历史"是充满"特殊和偶然的事件"。按照日常理解,所谓"历史"指世上曾经发生过的事件,或具体的人类政治共同体曾经有过的生活经历——无论"事件",还是"生活经历",都处于时间之中,而且都发生在具体的地缘处境,从而无不具有"特殊性"。可是,波考克告诉我们,"历史"这个语词的传统含义竟然庶几等于"习惯""神意""命运"等等(《时刻》,页4)。换言之,西方古代的传统思想习惯于按不受时空限制的普遍范畴来理解"历史",无视"历史"即充满"特殊和偶然的事件"这一经验事实。据说,直到中世纪晚期甚至文艺复兴时期,西方智识人才觉察到,"特殊要比普遍更难以理解、更不合理"。毕竟,"历史"是"特殊现象、时间中的特殊事件",人们只能"把偶然性的领域视为历史"(《时刻》,页9)。这无异于说,"马基雅维利时刻"在哲学上的历史意义首先在于:它让西方人第一次看到,何谓真正的"历史"。

在波考克看来,基督教神学与亚里士多德哲学结合而成的经院学派,堪称典型的排斥特殊和偶然现象的思维方式。波考克没有考虑到,他的这一论断来自教科书式的哲学史,从而可能被深入"历史语境"的那些专搞观念史的史学家挑毛病:关注特殊和偶然的新"历史"意识,其实恰恰源于经院哲学。①

观念史上的专业纰漏应该算是疏忽,但波考克毫不犹豫地把中世纪经院哲学直接等同于原本的亚里士多德哲学和基督教神学本身,却不能算学理疏忽,毋宁说,他是在大起胆子置换概念。他告诉我们,亚里士多德的"思维方式完全排除特殊事物,超越于它之上,进入对普遍范畴的思考"。波考克随手引用了亚里士多德《物理学》中的一大段原话,然后凭此断言,"希腊智识人(the Hellenic intellect)撰写历史,但并未使历史在哲学上变得可以理解"(《时刻》,页5,7)。如此大口气的论断粗疏得让人吃惊:波考克怎么可以如此单单摘取亚里士多德的一段语录就得出如此大而无当的结论,其

---

① 参见克努(M.-D Chenu),《[中世纪]神学与新的历史意识》(Theology and the New Awareness of History),见刘小枫编,《西方古代的天下观》,杨志城、安蕾等译,北京:华夏出版社,2018。原刊 M.-D Chenu, *Nature, Man and Society in the Twelfth Century: Essays on New Theological Perspectives in the Latin West*, Etienne Gilson 作序, Jerome Taylor / Lester K. Little 选编及英译, 1997, 页162-201。

逻辑推论哪里像是一个史学家应有的"职分"。同样,波考克仅引用了《旧约·诗篇》中的几句言辞来描述基督教神学的历史观——即便是这几句言辞,也辗转引用自某二手文献所引用的奥古斯丁的话,似乎他凭靠的是思想史的奥古斯丁研究的权威成果。

  波考克对古希腊罗马和基督教"历史观"的评说,就算不能表明他在这方面学有不逮,那也至少表明,他对古典思想缺乏最起码的尊重史实的严肃态度。比如,从哲学概念上讲,"特殊"与"普遍"相对,历史中所发生的事情无不具有"特殊性",但从中是否还能看出某种"普遍性"的东西呢? 这是修昔底德已经提出过的问题。面对修昔底德自称"永世瑰宝"的伟大作品,波考克恐怕没理由说大而无当的话:"希腊智识人撰写历史,但并未使历史在哲学上变得可以理解"。波考克至多有理由说,为了凸显马基雅维利的原创性,他不得不对修昔底德视而不见——毕竟,马基雅维利的思想与修昔底德的关系,一直是思想史学界甚至古典学界的话题。①

  《马基雅维利时刻》"第一部分"第一章的副题或实际章题为"经验、习惯与审慎",严格来讲,这个标题完全可以用作讨论修昔底德或色诺芬这类古希腊史家的论文的标题。② 笔者感到诧异的

---

  ① 伯林的《马基雅维利的原创性》避免提及修昔底德,波考克的《马基雅维利时刻》全书仅一处附带提到修昔底德(《时刻》,页102)。关于马基雅维利与修昔底德,参见维拉莫维茨最得意的门生、著名古典学家莱因哈特的长文《修昔底德与马基雅维里》,见刘小枫/陈少明主编,《修昔底德的春秋笔法》,北京:华夏出版社,2006,页155-199。迈内克研究所谓"国家理由"的大著,在论"马基雅维里"一章的首页就提到修昔底德。迈内克,《马基雅维里主义》,时殷弘译,北京:商务印书馆,2008,页81。

  ② 比较施特劳斯,《古希腊史家》,见施特劳斯,《苏格拉底问题与现代性》,前揭,页433-444。此文原刊 *The Review of Metaphysics*,1968,vol. 21,波考克不可能看不到这篇文献,如果他有意与施特劳斯争辩的话。

是,波考克竟然堂而皇之用这个标题来反驳西方的整个古典传统。这一章有两个小节(没有小节标题),第一小节短短七页,旨在扼要阐述题为"特殊性与时间"的整个第一部分的主题,从而堪称第一部分的总论。在波考克看来,西方古典传统观念的根本缺陷是:不能理解特殊事件和现象在时间中的相续发生,或者说不能理解作为"特殊和偶然事件"的"历史",而仅仅关注普遍和永恒的东西。鉴于波考克在"第一部分"头两章中反驳西方古典传统时所采用的"史学写作方式",我们兴许可以说,波考克的反驳其实是对施特劳斯在《关于马基雅维利的思考》"引言"结尾处下面这句话的强硬回答:

> 我们时代的很多人认为,不存在永恒的问题,因而也就不存在永恒的抉择。他们会争辩说,恰恰是马基雅维利的学说,为他们否认永恒问题的存在提供了充分的证据:马基雅维利的问题,是一个新异的问题;它与此前政治哲学所关注的问题根本不同。(《思考》,页8)

波考克用他的《马基雅维利时刻》第一部分的头两章对施特劳斯说:没错,我就是这样的人!不仅如此,第一章的实际标题"经验、习惯与审慎"很可能还直接针对《关于马基雅维利的思考》第二章"马基雅维利的意图:《君主论》"的开篇。在那里,施特劳斯说,《君主论》初看上去划分为两个部分:

> 第一部分陈述君主政体的科学或技艺,第二部分探讨关于技艺或审慎的局限性这个年湮代远的古老论题,或者说探讨关于技艺或审慎与偶然机遇之间的关系这个论题。(《思考》,页67)

就我们感兴趣的问题来说,值得注意施特劳斯在这里还提到:
《君主论》的结尾"酷似具体特殊时代的宗教传单"。从而,这部小册子"既是学术专著,又是特殊时代的宣传品"。施特劳斯紧接着还说,"这样的政治哲学经典著作"并非孤例,"我们只需要提到霍布斯的《利维坦》和洛克的《政府论》就够了"(《思考》,页 67 - 68)——这是《关于马基雅维利的思考》全书唯一一次提到洛克。这不仅暗示了《自然正确与历史》中已经提到过的霍布斯—洛克与马基雅维利的关联,重要的是,施特劳斯清楚看到马基雅维利的"学术专著"与具体特殊时代的关联。

就特殊时代的特殊政治问题发表看法,这并非哲人的缺陷,施特劳斯不止一次称赞的柏克就是证明:

> 柏克没有就政治原则写过单独的理论著作。他所有关于自然正确的议论都是 ad hominem[就事论事]的,直接服务于具体的实际目标。相应地,他关于政治原则的陈述,很大程度上也随着政治情势的变化而变化。(《自然》,页 301)

问题在于,无论身处多么特殊的时代,面对多么偶然的政治事件,哲人的视角总离不开"永恒的问题",否则,哲人何以堪称热爱智慧之人?施特劳斯对作为哲人的马基雅维利提出质疑,正是因为他作为哲人在思考特殊或偶然的时代问题时删除了永恒维度。波考克并没有反驳这一点,而是针对施特劳斯强硬地宣称:马基雅维利在思考政治问题时删除永恒维度是正确之举!这样一来,波考克需要论证的其实是:马基雅维利在思考政治问题时删除永恒维度之后依然是哲人,或者说哲人在思考特殊或偶然的时代问题时应该删除"永恒问题"的视角。因此他说,马基雅维利时代的智识人面临着这样的"时刻":从仅仅思考永恒问题转向仅仅思考特殊或偶然的时代问题。倘若如此,无论波考克的结论如何,他的思想史探究的一个基本前提就已然错了。因为,古典政治哲人从未仅仅思考永恒问题,睁大着一双眼睛仅仅凝视太阳,或盯住一泓湖水观照自己。波考克的思想史式的哲学思考从马基雅维利开启的视野出发,仅仅表明他宁愿做马基雅维利的学生,也不愿做柏拉图的应声虫。他压根儿不屑于学习古典智慧,而非因"专业"限制或没有时间才没有学习古典智慧。

2. 波考克如何伸张历史主义

波考克在《马基雅维利时刻》第一部分力图论证的哲学主张如下:哲人若要面对特殊或偶然的时代问题,就不仅必须而且应该删除"永恒问题"的视角。我们不妨细看他如何论证,更重要的是,看他是否证明了正确的道理。

《马基雅维利时刻》第一章第二节长达21页,在这一节里,波考克将15世纪的英格兰法律人福特斯库(John Fortescue,1390 - 1479)的《英格兰法律颂》作为史学个案,以此证明,亚里士多德哲学教人"进入对普遍范畴的思考",为害智识人的头脑。

福特斯库一生从事具体法律事务,但在七十多岁时写了一本小册子,劝说正在流亡的威尔士亲王研究一下自己打算统治的这个国家的法律。① 波考克选中福特斯库作为史学个案想必有三个原因:

---

① 福特斯库的生平和思想,参见斯金纳的学生洛克伍德为新编福特斯库文选所写的"编者导言",见福蒂斯丘爵士,《论英格兰的法律与政治》,洛克伍德编,袁瑜琤译,北京:北京大学出版社,2008,页6 - 30。

首先,福特斯库是个"业余哲学家"(amateur of philosophy);第二,他"像首席法官一样写哲学";第三,他写书劝导君主(《时刻》,页10)。看得出来,波考克希望读者能够将福特斯库与写《君主论》的马基雅维利作比较:福特斯库虽然是个"业余哲学家",却满脑子专业哲学家才有的"演绎哲学"及其原理,而他本来是长期"浸淫于习惯法实务"的法官!这样的脑筋怎么可能教君主掌握英格兰的法律呢?所以,"福特斯库的意图似乎从一开始就陷入了矛盾"(《时刻》,页12)。波考克想要说:经院哲学传统实在害人,一个即便长期与"习惯法实务"打交道的人的脑子也被搞得来不谙实务。

显然,波考克要让福特斯库充当反面教材,以此反衬同样是业余哲学家、同样曾长期浸淫于政治实务、同样写书劝导君王的马基雅维利何以不同凡响。通过分析福特斯库这个史学案例,波考克力图表明,对于"把智识应用于社会"(the application of intellect to society),时代已提出了迫切要求:需要具备实践政治经验的人来"写哲学",而这"相应地也就鼓励着不同的社会哲学"(different social philosophies)。这时,波考克提高语调说:应该抛弃"演绎哲学"转向"社会哲学",此乃他这部论著"第一部分"的主题所要阐明的"核心哲学问题"(《时刻》,页10-11)。我们必须注意:波考克说的是"哲学问题"。

我们应该感到奇怪:难道西方政治思想史学界的业内人士竟然不知道,西方历史上早就有过具备实践政治经验的人"写哲学"?修昔底德和色诺芬不就是先打过仗才"写哲学",而且写的是"社会哲学"?① 除非波考克认为,谈论共和主义才算"社会哲学"甚至"哲

---

① 比较塔图姆,《色诺芬的帝国虚构:解读〈居鲁士的教育〉》,上海:华东师范大学出版社,2017。

学",他才能自圆其说。就算经院哲学把15世纪英格兰智识精英的脑子搞得不谙实务,也显然不能凭此史学个案就说,从"演绎哲学"转向"社会哲学"是西方思想史上的第一次伟大转折。否则,我们该如何理解青年苏格拉底有过的"再次起航",以及西塞罗所谓"苏格拉底把哲学从天上拉到了地上"的著名说法呢?即便亚里士多德的哲学充满"演绎"知识,也不能说他对实际经验视而不见。为了伸张"历史主义",波考克不至于连思想史常识也不顾吧。我们应该动脑筋想想:凭靠福特斯库这个史学案例,波考克试图在第一章第二节证明古希腊罗马智识人的脑筋对实际经验视而不见,这是否符合思想史的史实?毕竟,古希腊罗马哲人绝非满脑子"演绎哲学"——这是思想史的史实。

波考克在第一章结束时明确表示,他所说的"核心哲学问题",就是他在开篇提到的"历史主义"问题,其含义是,扭转传统的古典哲学仅仅关注普遍和永恒的偏颇,从实际生活出发:"社会哲学"的出现就是"历史主义"诞生的时刻。但是,这一章的实际标题为什么是"经验、习惯与审慎"呢?原来,波考克凭靠福特斯库这个史学案例不仅要揭古希腊罗马哲人的短,他还要揭传统君主制的短,从而引出"共和"政治问题。因此,波考克在开篇就说,他的意图是,通过描绘历史主义在特殊历史语境中的形成,"描绘现代早期的共和主义理论"。不过,波考克对"历史主义的形成"的描绘,主要见于头两章,第三章才着重描绘"现代早期的共和主义理论"。为了更好地理解波考克的哲学主张,我们需要分别考察他如何描绘"历史主义的形成"和"现代早期的共和主义理论"。

针对古希腊罗马哲学,第一章第二节的史学个案彰显了"演绎哲学"与实际经验的对立。在接下来的第二章里,波考克意在反驳古典政治思想传统的另一基础——基督教教义,因此,他进一步利用史学个案来彰显上帝的"时间"与作为"特殊和偶然事件"的世俗"时间"的对立。值得注意，第二章的实际标题为"神意、命运和美德"。我们将会看到，波考克在这一章里还会彰显"神意、命运"与政治哲人的"美德[德性]"的关系问题。然而，彰显命运与个人德性的关系是什么意思呢？无论如何，这种关系的确是极有意义的哲学问题。

第二章没有划分小节，看似一贯到底，其实隐含着一个三段论式的结构。首先，波考克以奥古斯丁（公元354-430）为例，扼要阐述了基督教教义与"历史"的关系，至于是否准确，且按下不表。接下来，波考克以晚于奥古斯丁一个世纪的波厄修斯（约480-525）这位古罗马帝国晚期的哲人作为史学个案，以此证明基督教教义如何使得政治哲人陷入矛盾境地，就像古希腊式的"演绎哲学"使得15世纪的福特斯库陷入矛盾境地一样。波考克希望由此得出的结论是：一种摒弃迂腐的古典传统的新政治观念何以会历史地出场。

波考克首先说，"古希腊罗马智识人"（the Greek and Roman intellects）的脑子信奉"循环再生论或机运至上论"（doctrines of cyclical recurrence or the supremacy of chance），不会去"期待未来"发生什么，从而也就不可能形成一种历史观，但这"却为对政治和军事现象十分敏锐的研究留下了空间"。波考克在这里为他所理解的"历史"增加了一个新的要素，即对"未来"的期待，而此前他强调，"历史"是在时间中相续发生的特殊而且偶然的事件和现象。不过，这句表述会让我们感到诧异：波考克刚刚才把几乎所有古希腊智识人都说成亚里士多德式的演绎哲学脑筋（第一章第二节），怎么这里又说希腊智识人"对政治和军事现象十分敏锐"？难道这类现象不是作为"特殊和偶然事件"的"历史"？政治和军事现象最为充满特殊性和偶然性，这是常识。波考克所谓的"时间"当然指历史中的特殊和偶然现象,否则就是一个空洞的概念,由此,波考克说古希腊罗马智识人"对政治和军事现象十分敏锐",也就等于说他们对历史中的特殊和偶然现象"十分敏锐"。既然如此,他何以又可能说,"古希腊罗马智识人"因为相信"循环再生论"而没有形成"历史观"呢?

看来,为了让古希腊罗马智识人与信奉基督教的智识人对比,波考克才这样说,或不惜自相矛盾,因为他说,与古希腊罗马智识不同,基督教的救赎教义关切未来,从而"最终使得历史观成为可能"。可见,期待"未来"乃是历史意识的重要要素。但波考克紧接着又说,基督教自相矛盾,因为基督教教义"数百年来一直要否认这种历史观(the historical vision)的可能性"。这无异于说,基督教教义尽管期待"未来",仍然没有形成历史意识,因为,基督教教义"对时间作了重要的组织和改造,使之成为有着永恒意义的事件的一个方面"(《时刻》,页33)。

究竟是基督教教义自相矛盾,还是波考克自相矛盾?波考克的逻辑究竟是怎样的呢?除了刚才他已经让我们看到的自相矛盾,这里还有两处说法难以自圆其说。第一处涉及波考克对"古希腊罗马智识人"的评判:一方面他说,尽管他们"对政治和军事现象十分敏锐",甚至有"十分敏锐的研究",却又无视"历史",因为他们相信"循环再生论或机运至上论"。对于这样的"学说"(doctrines)而言,时间中相续发生的特殊且偶然的事件和现象,根本就没有自己的位置。另一方面,波考克又说,是否看到"历史",要害在于是否有对"未来"的期待。可以理解,这种期待意味着我们身处"现在",并曾经有"过去",从而意味着有了"时间"感。就此而言,古希腊智识人的"循环再生论"就算不上是一种"时间"感。可是,为什么非得是"期待未来"的线性时间感才是"时间"感?我们中国古人三千年来没有线性时间感,难道可以说我们的古人没有"时间"感甚至没有"历史观"? 洛维特(Karl Löwith)在1949年用英文出版的《历史中的意义》是探讨线性历史观问题的权威性著作,波考克不大可能没读过,毕竟此书属于思想史专业的经典。① 不仅如此,沃格林在1957年发表的《城邦的世界》(《秩序与历史》卷二)的"导论:人与历史"中,也对唯"直线式的历史"观作出过富有哲学思辨深度的批判。② 既然波考克立志不仅要做"思想史家",也要做"政治思想的史学家",那么,这些关于"历史"观的思想史名著,他总应该读过。

第二处难以自圆其说涉及基督教教义与历史观的关系。波考克一方面说,基督教关切"未来",所以能形成一种"历史观";另一方面又说,由于基督教信仰重新"组织"和"改造"了"时间",让"时间"属于"有着永恒意义的事件的一个方面",以至于"时间"根本不再是"时间"。倘若如此,历史观的根本要素就不是对"未来"的期待,而依然是时间中相续发生的特殊且偶然的事件和现象。毕竟,尽管基督教的救赎教义使得历史观成为可能,但历史中的特殊和偶然现象仍然没有获得自身本有的意义,从而等于否认了"历史观的可能性"。可是,基督教教义对"未来"的期待真的不可能形成一种"历史观"吗?波考克在这一章快结束时谈论到"千禧年主义"或约阿希姆主义,说"他们都要取消'永恒的当下'而赞成末世说",并且承认,这种把期待中的"千禧年或'第三世代'的变化延续至那个无尽头的世俗未来"的学说,正是一种"前现代的历史观"(《时刻》,页

---

① 中译见洛维特,《世界历史与救赎历史》,李秋零、田薇译,北京:三联书店,2002;亦参拙文,《洛维特论世界历史》,载于《安徽大学学报》,2015年第6期。

② 沃格林,《城邦的世界》,陈周旺译,南京:译林出版社,2009,页72-74,83-84。

48–49)。笔者实在搞不懂,在波考克看来,基督教教义难道不是业内人士耳熟能详的基督教"历史观"?①

再说,基督教教义否认历史中的特殊和偶然现象吗? 的确,无论就奥古斯丁还是约阿希姆而言,置身于特殊且偶然的历史语境中的基督教神学"对时间作了重要的组织和改造,使之成为有着永恒意义的事件的一个方面",但这并不等于取消了历史中的特殊和偶然现象。毋宁说,正是基于耶稣-基督事件这一历史中的特殊和偶然现象,基督教历史神学才得以成立。② 何况,基督教三一论式的历史神学也建基于上帝在以色列人身上的"预表",而以色列人对"启示"的理解,则是凭靠自己所经历的特殊和偶然现象。③ 如果波考克非要说,从"永恒视角"来看待历史中的特殊和偶然现象,等于否认这类历史现象,那仅仅表明他持有如下信仰:惟有且仅有"俗世视角"的"历史观"才正确。

倘若如此,波考克展示给我们的就是他自己的"信仰",而非哲学思考。否则,笔者实在难以理解,波考克的哲学思辨何以会这样。但若按照波考克的"信仰",他的思考理路就并非不可以理解。在波考克看来,"古希腊罗马智识人"由于相信"循环再生论",所以即便他们"对政治和军事现象十分敏锐",也不等于对历史中的特殊和偶然现象十分敏锐;而基督教用上帝的"永恒视角"看待一切,导

---

① 参见丹尼尔,《约阿希姆:〈启示录〉中的历史模式》,收于刘小枫编,《西方古代的天下观》,前揭。

② 关于奥古斯丁的历史神学,参见吴飞,《心灵秩序与世界历史:奥古斯丁对西方古典文明的终结》,北京:三联书店,2013;关于约阿希姆的"三一论历史神学",参见拙文,《约阿希姆的"属灵理解"与"历史终结"论》,载于《海南大学学报》,2016 年第 1 期。

③ 参见沃格林,《以色列与启示》,霍伟岸、叶颖译,南京:译林出版社,2009,页 180–200。

致历史中的特殊和偶然现象必然遭到扭曲,从而不再是其自身。换言之,只要有"循环再生论"和上帝的"永恒视角"这两种观念中的任何一种,人们就不会看到真正的、作为特殊和偶然现象的"历史"。由此看来,波考克在这里拿古希腊罗马智识人"对政治和军事现象十分敏锐"的德性对比基督教的救赎教义,就类似于伯林将古希腊罗马智识人的政治伦理与基督教道德对比。两者的论辩策略如出一辙,其目的不外乎力图将古希腊政治哲学中的政治维度与施特劳斯所说的"恒久问题"(permanent problems)割裂开来。

波考克以奥古斯丁为例试图具体说明,以偶然和特殊现象为特征的"历史",在基督教神学中仅仅是"通过服从终末论而获得意义",这等于没有获得意义。随后,波考克让古罗马哲人波厄修斯现身说法,以他的《哲学的安慰》为例,讨论哲人在特殊命运中的"德性"问题。什么样的"德性"问题?波考克说,波厄修斯本来是个罗马贵族,由于为入侵罗马的哥特人国王效力,"他丢了权力,被投入牢房",并"很可能是在狱中"写下了《哲学的安慰》(《时刻》,页38)。通过波厄修斯的个人困境这个史学案例,波考克要揭示这样一个"德性"难题:一个有理智天赋的人,如果他的脑子受基督教教义或某种哲学支配的话,那他何以可能"继续做公民,密切关注政治史中的事件"?看得出来,波考克在这里再次暗示,我们应该想起马基雅维利,因为他也曾"丢了权力,被投入牢房"。不同的是,马基雅维利出狱后写了《君主论》,而非《哲学的安慰》。可以断定,与福特库斯一样,波厄修斯是波考克用来证明"马基雅维利时刻"的又一个反面教材。

波考克想要我们思考:尽管遭遇大致相似的特殊而又偶然的个人命运,何以马基雅维利能通过写《君主论》"继续做公民",而波厄修斯却不能,只能逃向"哲学的安慰"?波考克很快就让马基雅维利现身了。他说,"《哲学的安慰》不是政治哲学著作,但它是一个政治人的哲学"(the philosophy of a political man)。《君主论》不也是"一个政治人的哲学"吗?波厄修斯与马基雅维利一样有理由抱怨自己的"命运","抱怨自己丢了权力",毕竟,"他自认为一直在用它做好事"(《时刻》,页38)。"命运"(Fortuna,如果其希腊语的对应词是tyche,就当译作"机运")是特殊且偶然的现象,或者说具体落在某人或某个政治体身上的"偶然",是否能够把握"命运"而非被"命运"把握,就显出一个人的"美德[德性]"。

我们知道,"命运"与德性[美德]的关系,是马基雅维利《君主论》中的关键主题之一。① 对于既有参与政治生活的抱负、又有理智天赋的人来说,遇到"恶劣命运"的话,该用怎样的"美德"来对抗呢?波考克写到,波厄修斯遇到"恶劣命运"固然不幸,但更不幸的是,他的思想带有"柏拉图式和新柏拉图主义"的"品质"(the quality)。笔者搞不懂,波厄修斯的思想何以可能同时具有"柏拉图式和新柏拉图主义"(Platonic and neo-Platonist)这两种不同的思想"品质";波考克也没有交代一下,在当时的历史语境中,这两种思想"品质"有何差异。波考克的意思倒不难理解:总之是柏拉图这个家伙使得波厄修斯把德性与命运视为"两极对立"(the virtus – fortuna polarity)。波厄修斯的德性欠缺在于:他不是积极投身"命运"的漩涡,而是去找寻"哲学的安慰"(《时刻》,页40)。

波考克在这里首次阐述了他对《马基雅维利时刻》中的关键词之一"美德"的理解:virtue这个语词在罗马人那里首先是一种积极的不屈从"命运"的英勇品质。

---

① 傅乾,《马基雅维利的virtu》,载于韩潮主编,《谁是马基雅维利》,上海:上海人民出版社,2010,页103 – 141。

"美德"和"命运"——转化成英语是 virtue 和 fortune——经常被当作一对反义词,对抗恶劣命运的英勇果敢的品质变成了改变运气的神授的"幸运"。(《时刻》,页 39)

不仅如此,virtue 在很大程度上还"是表示一个政治和军事统治阶层(ruling class)的精神品质部分(part of the ethos)的概念"。波考克随即把这个概念引申为"公民的优秀品质"(civic excellence):virtue 并非少数人才拥有的品质,而是共同体的每个公民都应该而且能够拥有的品质。笔者颇感吃惊,因为,这种说法表明,波考克具有这样一种政治理想:让每个公民具有传统上属于"统治阶层的精神品质部分"。用波考克自己的话说,virtue 指"使个人或团体在公共环境中有效行动的能力","使人在城邦或世间成为其所应是的优秀品德"。笔者尤其惊诧于波考克说,将这种本来是"政治和军事统治阶层"才有的 virtue 转换成"公民优秀品质",靠的是"苏格拉底和柏拉图的加工"。更妙的是,他随后又稀里糊涂说,波厄修斯恰恰是被自己思想中的"柏拉图式和新柏拉图主义"思想害惨了。其实,波考克当然知道,苏格拉底和柏拉图并没有这样"加工",否则,他一定会把苏格拉底和柏拉图称为共和主义式公民"美德"观或"公民式共和主义"的鼻祖。

当然,波考克未必知道,苏格拉底和柏拉图甚至不相信,伯利克勒斯可以让自己的儿子习得他天生就有的"精神品质"。[1] 波考克接下来的说法倒没错:这种"美德"观是"马基雅维利时刻"给西方思想带来的决定性转变——"在围绕着马基雅维利这个人物写出来的任何一本书中,该词都有着显而易见的重要性"(《时刻》,页 40)。

---

[1] 柏拉图《普罗塔戈拉》319e1-320c1,刘小枫编/译,《柏拉图四书》,前揭,页 65-66。

既然如此，波考克把"政治和军事统治阶层"才有的 virtue 转换成"公民优秀品质"说成苏格拉底和柏拉图的"加工"，只会是信口开河。差不多二十年后，波考克重版《马基雅维利时刻》时在"跋"中再次谈到这个话题（《时刻》，页 586－587）。看来，由于混淆视听地胡扯古希腊罗马的"德性"观，波考克遭致太多批评，甚至学品也让人轻蔑，以至于他不得不为自己辩解。我们应该理解，波考克必须把 1960 年代激进民主的"公民美德"观放进古希腊罗马人嘴里，否则，他没法把古典共和主义"美德"观的历史传说编圆。至于学理上的麻烦，他的史学方法论可以轻而易举地化解。

为了让"共和主义"与"历史主义"紧密勾连在一起，波考克从波厄修斯的"美德"缺陷引出共和主义式的公民"美德"观，与伯林转换概念的做法异曲同工：无论波厄修斯作为政治人的个人德性有怎样的缺陷，或者马基雅维利作为政治人有怎样优异的德性，都还不能推导出这样的结论：每个公民都拥有"在城邦或世间成为其所应是的优秀品德"。除非我们假定，每个公民都可能具有波厄修斯或马基雅维利从娘胎带来的罕见的性情德性和理智德性。在讨论民主的共和主义问题时，关于是否每个公民都能够具有政治人"所应是的优秀品德"，无论如何是个极为棘手的重大难题。① 波考克自视为"政治思想的史学家"，竟然没把这视为一个问题——遑论重大难题，实在令人费解。

波考克没有具体告诉我们，波厄修斯在《哲学的安慰》中究竟

---

① 参见特雷安塔费勒斯，《美德可教吗？——政治哲学的悖论》，刊于刘小枫／陈少明主编，《美德可教吗？》，北京：华夏出版社，2005，页 2－23；比较施尼温德，《自律的发明：近代道德哲学史》，张志平译，上海：上海三联书店，2012。

思考了什么,以及怎样思考。① 在前面,他借福特库斯"陷入了矛盾"来攻击亚里士多德主义,并随之将"亚里士多德主义"等同于亚里士多德本人;在这里,他借自己所构造的波厄修斯困境来攻击"柏拉图式和新柏拉图主义"的思想品格,并随之将"柏拉图式和新柏拉图主义"思想等同于柏拉图本人,把波厄修斯陷入德性困境归咎于柏拉图。他一方面说,波厄修斯"在政治上更投入",另一方面又说,波厄修斯在"思想上有更多柏拉图倾向(more Platonic in his thinking)"(《时刻》,页40)。读到这里,笔者才明白,波考克为何会说,波厄修斯同时具有"柏拉图式和新柏拉图主义"这两种"品质"不同的思想——不这样说,他就不方便让柏拉图本人为波厄修斯陷入德性困境承担思想罪过。因此,他接下来就说:

> 如果在以权力为中心的人类关系的世界中发生的事情,是所有事情中最不可预测的,而它们又是我们最希望能够预测的事情,那么,"命运"这个政治象征符号就能够代表柏拉图的现象世界(Plato's phenomenal world),即我们的感官和欲望所创造的幻象,我们从中只看到特殊事物一个接一个相续发生,却看不到给予它们真实性的超时间的原理。柏拉图在《理想国》中没有使用"命运"(tyche)这个象征符号,但是,从波厄修斯所使用的"命运"中,我们看到它是西方世界观深刻的政治性质的一部分,在这种世界观里,感觉和幻觉的现象世界也是人类城邦的政治世界。(《时刻》,页41)

---

① 《哲学的安慰》中译,见波爱修斯,《神学论文集/哲学的安慰》,荣震华译,北京:商务印书馆,2012;绎读见克利,《如何阅读〈哲学的安慰〉》,见刘小枫编,《古典诗文绎读·西学卷:古代编》,下册,北京:华夏出版社,2009,页303-355。

随后,波考克就凭靠他建立起来的波厄修斯困境这个史学案例,横扫"马基雅维利时刻"之前的古典思想传统。据说,这个"时刻"之前,整个西方政治思想传统的根本缺陷是:政治生活或处于道德生活核心位置的"积极生活"(vita active),要么被柏拉图式的向往"沉思生活"(vita contemplativa)的理想取代,要么被基督教的上帝信仰取代(《时刻》,页43)。随后我们就看到,接下来的第三章,实际标题是"积极生活和公民生活"(the Vita Activa and the Vivere Civile),也就是"大西洋共和主义"所推崇的政治美德。既然《马基雅维利时刻》最后一章题为"美德的美国化",那么,美国政制的"美德"也就成了"西方世界观深刻的政治性质的一部分"。这意味着,美国的立国原则本是作为"积极生活"的"公民生活"理想。读者不难推想出波考克在这里并未明言的推论:如果美国的现存政制背离了美国立国时的这一原初理想,那么,美国人民就应该积极行动起来改变现状。在1992年发表的《古典时期以降的公民理想》一文结尾,波考克毫不隐晦地表达了他复兴古希腊罗马的原初"公民美德"理想的现实意图:

> 在这种信息爆炸的状况下,既然我们仍处在古典理想的命令之下,我们就不得不去寻找确认自己是公民的方式:也就是确认我们是人,并把我们与其他人联系起来在创造世界之中发言和行动起来的方式。在一个后现代的政治建筑中,后工业市场力量的国际运作凌驾于公民的主权共同体之上,这第一步究竟是好的还是坏的,仍有待观察。①

现在我们可以理解,整个第二章的论证隐含着这样的三段式推

---

① 波考克,《古典时期以降的公民理想》,前揭,页57。

论:柏拉图式的哲学向往"沉思生活",这种理想排斥积极的公民生活(大前提),波厄修斯是个柏拉图式的哲人(小前提),所以,他无法成为马基雅维利那样的政治人或积极公民(结论)。① 表面看来,《马基雅维利时刻》头两章是在展示文艺复兴时期新兴政治思想所产生的思想史语境,即新思想如何摆脱中世纪经院哲学传统以及当时新柏拉图主义的支配,仿佛作者是个记录"史实"的"天使";其实,波考克让我们看到,他实实在在并非斯金纳所说的忠实记录史实的"天使",而是对西方古典传统"执行绞刑的法官"。

这倒不难理解,因为,波考克的思想史无意于效忠史学专业的学品,而是效忠马基雅维利主义。在我国学界,类似情形让人见怪不怪:由于选择了现代的自由民主"信仰",对中国古典思想的表述极为随意,明显不是那么回事。笔者万万没想到,西方学界也有这种人,而且还扛着剑桥学派这杆大旗。

波考克对西方古典政治思想信口乱说堪称触目惊心。比如他说,"叙事仅仅是讲故事而已,按亚里士多德的思想,它不如诗学,正像诗学不如哲学,因为它在揭示事件的普遍意义上是低级的,做到后一点的最佳思维方式是完全抛开特殊事物"(《时刻》,页5)。亚里士多德在《诗术》中的原话是:纪事家与诗人的差别在于,前者"言述曾经发生的事",后者"言述可以期待会发生的事"。诗和纪

---

① 马基雅维利是否真的否弃"沉思生活",是个悬而未决的问题。按照迈尔的释读,施特劳斯在《关于马基雅维利的思考》中的分析力图揭示,马基雅维利排斥"沉思生活"仅仅是他的双重言辞的一面而已。参见迈尔,《政治哲学与启示宗教的挑战》,前揭,页34 - 47。在迈尔看来,施特劳斯对霍布斯的看法同样如此,参见页34注20。不过,这会引出一个完全不同的问题:哲人的"沉思生活"与启示宗教的关系。如果仅仅强调这个问题,甚至意图用这个问题来勾销马基雅维利乃至霍布斯在政治构想方面的问题,未必符合施特劳斯的马基雅维利研究以及霍布斯研究的意图。

事[史书]都涉及特殊的事情,但"诗作比纪事更为热爱智慧、更为严肃。因为,诗作更多言述普遍的东西,纪事则言述个别的东西"(《诗术》,1451b1-5)。亚里士多德并没有说"诗学不如哲学",反倒说,由于诗通过言述特殊和个别来"言述普遍的东西",才比仅仅言述个别和特殊的"纪事[史书]更为热爱智慧[哲学]"。《诗术》中的这段著名说法明摆着表明,亚里士多德并非如波考克所说,其"思维方式完全排除特殊事物,超越于它之上,进入对普遍范畴的思考"。

更为触目惊心的是,波考克说"柏拉图在《理想国》中没有使用'命运'(tychē)这个象征符号"(《时刻》,页41)。我们有理由怀疑,波考克是否把《理想国》读完过。① 因为,苏格拉底在"夜间谈话"临近结尾对格劳孔讲述俄尔神话时,三次用到"命运"这个语词。苏格拉底说,有人"以为自己不是一切祸患的根源,根源在于 τύχην [命运]和各种精灵"(619c5),"这人属于从天上下来的那批,他生前曾生活在一个治理有条的城邦体系中,曾只靠习俗而非热爱智慧占有过美德"。苏格拉底又说,许多"从大地而来的人",并不迫不及待地选择自己的生活方式,因为他们的生活方式往往是"靠签牌给他们的 τύχην [命运]"(619d9)。随后,苏格拉底还说到,"由于凭靠 τύχην [命运]"(620c4),奥德修斯的灵魂对自己的生活方式作出了正确选择。②

波考克用波厄修斯的"命运"这一历史个案来反驳柏拉图式的"沉思生活"理想,他自己却不敢面对苏格拉底这一历史个案。在

---

① 论析福特库斯时,波考克已经用这一个案来质疑柏拉图的《理想国》(《时刻》,页21-23),因问题涉及君主制与民主制的优劣,后文另行讨论。

② 柏拉图,《理想国》,王扬译,北京:华夏出版社,2012,页391-393。

柏拉图的《斐多》中,斐多一开始就说,苏格拉底"碰上了某种 τύχη [偶然]"(58a5)。随后,斐多连续三次用到"偶然"这个语词,以解释苏格拉底由于什么原因多了几天生命时间。① 苏格拉底这时已经"被投入牢房",我们有理由问波考克:苏格拉底在狱中没有"继续做公民"?他读过柏拉图的《克力同》吗?在"继续做公民"的同时,苏格拉底放弃了自己所爱欲的"沉思生活"理想?

我们恐怕有理由说:正因为波考克选择了偏爱马基雅维利式的灵魂,他才没有把《理想国》读完,从而也就看不到灵魂类型的差异与选择生活方式之间的关系,看不到苏格拉底在"继续做公民"的同时仍然爱欲自己所选择的"沉思生活"。这也反过来提醒我们:《理想国》结尾的俄尔神话,恰恰是在教我们学习如何认识自己的灵魂类型,否则我们就不会有能力辨识,波考克的灵魂属于什么类型。由此可以理解,在施特劳斯那里,苏格拉底问题为何成了挑战现代历史主义的"刺刀"。②

如何理解这一点呢?施特劳斯在《修昔底德:政治史的意义》中写道:"修昔底德的智慧引发了政治史学,柏拉图的智慧则引发了政治哲学",两者"在特定的道德评判和政治评判方面具有一致性";而且,"柏拉图的对话与修昔底德的史书有一个最重要的共同点:两者都呈现了与特殊事件密切相关的普遍真理"(《重生》,页156)。③ 柏拉图的"对话"作品虽然不是史书,却与修昔底德的史书一样,是从普遍和永恒的视角来看待特殊、具体、偶然的事件。这一

---

① 刘小枫编/译,《柏拉图四书》,前揭,页406-407。
② 施特劳斯,《苏格拉底问题》,见施特劳斯,《苏格拉底问题与现代性》,前揭,页455-472。
③ 修昔底德与柏拉图的对比研究,参见古典学家格瑞纳的《古希腊政治理论》,戴智恒译,北京:华夏出版社,2014。

点波考克并非真的不知道,因为他在讨论福特库斯这个史学案例时就已经说过:

> 我们迟早要面对柏拉图提出的问题,即如何能使普遍适用于特殊,我们必须在得不到柏拉图式哲学家——他对特殊及其性质拥有直观的和完美的知识——帮助的情况下面对这个问题。哪一类有关特殊的知识是可能的?用什么样的理智手段能够使普遍和特殊相互协调?(《时刻》,页23)

这段话表明,波考克对施特劳斯反驳历史主义的核心要点心知肚明。因此,他在这里的论述应视作他为捍卫历史主义而对施特劳斯作出的反击,并让人们看到他如何面对柏拉图提出的这个问题。施特劳斯在三十多岁时已经看到,哲学转向史学是西方政治哲学在16世纪"向历史的根本性转向"所导致的结果,而且他已经对此转向有过深刻思考:这种"转向"意味着"无须继续讨论准则","人不顺从规定,为此人们必须研究历史,以便培养实现准则的技能"。[①] 相比之下,波考克让我们看到,他不仅对西方古典政治哲学传统的说法极为随意,而且对哲人是否应该删除"永恒视角"、是否应该把生活目的建立在特殊且偶然的历史处境之上这样的严肃问题,缺乏严肃认真的深入思考。如果热爱智慧者值得人们敬佩,那么,值得敬佩的首先是他认真思考严肃问题的精神品质。热爱智慧者首先应该关切自己的德性,否则他没可能正确谈论公民美德。

---

① 施特劳斯等,《回归古典政治哲学》,朱雁冰译,北京:华夏出版社,2005,页240(以下凡引此书简称《回归》,随文注页码)。

3. 破旧立新的思想史方法论

波考克对历史主义的伸张倒也并非没有让我们学到一点儿东西：他毕竟让我们看到，对剑桥学派来说，他所倡导的"史学写作方法"究竟是怎么回事。通过建构自己需要的史学个案，波考克试图证明，智识人删除普遍和永恒视角不仅是正确之举，甚至是一种"美德"。尽管波考克的证明并不成功，他毕竟让我们看到，对剑桥学派来说，所谓"史实"其实是史学家用史料语言建构出来的。如果历史上留下的文献——比如福特斯库或波厄修斯留下的文字——就是思想史的史料，那么，用这些史料来建构什么样的"史实"，就纯属语言的实际用法问题。即便如此，波考克也得承认：语言的实际用法是人的灵魂德性的反映，史料的实际语言用法必然反映出语用者的灵魂形相是优是劣。毕竟，历史文献可以被不同德性的学人用来建构不同效用的"史实"。

波考克曾说过，"在方法论仍然混乱不堪的情况下，优秀作品的产生在某种程度上取决于机遇，或者要看德性与机运的巧合"。① 如果《马基雅维利时刻》堪称"优秀作品"，那么，它的产生取决于何种"机遇"，波考克自己的"德性与机运的巧合"又是怎样的呢？在阅读《马基雅维利时刻》第三章之前，我们不妨来了解一下，这部"史学写作的示范"所凭靠的方法论原则究竟是什么。

1971年，正在精心写作《马基雅维利时刻》的波考克出版了一

---

① 波考克，《语言及其含义：政治思想研究的转向》，前揭，页70（以下凡引此文简称《转向》，随文注页码）。

部自选文集，题为《政治学、语言和时间：政治思想与史学论集》，时年波考克 47 岁。文集共收八篇文章，六篇系旧文，两篇新文：置于文集之首的《语言及其含义：政治思想研究的转向》和置于文集末尾的《论诸范式的非革命性特性》，均涉及史学理论的性质和方法论问题。《语言及其含义》详细阐述了《马基雅维利时刻》所采用的"史学写作"方法，还预告了这部正在写作中的"优秀作品"的主题：它要勾勒"从佛罗伦萨到英国直至美国语境的整个变迁历程的方方面面"（《转向》，页 93）。这篇论文肯定会让我们看到，波考克的个人性情的"德性与机运的巧合"究竟是怎样回事。

论文开篇就说："在过去十年里"，西方的政治思想研究学界发生了一场"革命"。按该文写作时间推算，"过去十年"指 1960 至 1970 年，与我们经历过的从"大跃进"到"文革"的历史时刻大致同时。按著名的激进民主政治理论家佩特曼勾勒的发展线索，"激进民主"理论形成于 1954 至 1966 年间。① 因此，波考克所说的这场政治思想研究领域的"革命"动向，承接的是 1950 年代中后期开始出现的激进民主理论。② 波考克让我们注意到，分析哲学用"语言分析摧毁政治哲学"，为这场"革命"作出过不可磨灭的贡献。他提到

---

① 佩特曼，《参与和民主理论》，陈尧译，上海：上海人民出版社，2006，页 5－15。这是佩特曼在 1970 年出版的一本小册子式的激进民主论代表作，致力于普及"参与式"（participatory）直接民主观，在随后三十多年里印行二十多版次，几乎每隔一年多重印一次。

② 我们所熟悉的标志性论著有：达尔在 1954 年出版的《民主理论的前言》（顾昕、朱丹译，北京：三联书店，1999），马尔库塞在 1955 年出版的《爱欲与文明：对弗洛伊德思想的哲学探讨》（前揭），阿伦特在 1958 年出版的《人的条件》（前揭），伯林在同年出版的《两种自由的概念》（前揭），阿伦特在 1963 年出版的《论革命》（陈周旺译，南京：译林出版社，2007），马尔库塞在 1964 出版的《单面人》（左晓斯译，长沙：湖南人民出版社，1988）等。

1956年创刊的《哲学、政治学与社会》丛刊(《转向》,页71及注释5),则让我们应该注意到,在1950至1960年代,西方学界陆续出现了各种带有激进政治取向的学术期刊。

波考克说,由于"革命"这个语词在这一时期"使用过于频繁",他宁可用"剧烈变化"、"变革"或"转型"(transformation)来界定这场"十年"学界动荡。波考克还告诉我们,史学家和哲学家"处于这场变革的中心":虽然政治理论、文学批评乃至社会学等学科"也被卷入其中",但最为重要的"转型"却是"史学与哲学的结合方式"。波考克说,自己"长期以来一直关注这一转型",因此他希望通过眼下这部文集揭示这场学界"革命"的性质(《转向》,页64)。

其实,波考克并非仅仅"一直关注这一转型",早在1965至1969年间,他就与当时年仅二十多岁的斯金纳一起,热情投身于这场政治思想的"革命"。历史的巧合是,当时我国"文革"正处于疾风暴雨时刻。波考克在1965年发表《马基雅维利、哈灵顿与十八世纪的英国政治意识形态》,1968年发表《公民人文主义及其在盎格鲁——美利坚思想中的作用》;① 斯金纳则在1965至1966年间发表了两篇关于英国共和革命时期的思想史论文,和一篇关于思想史方法论的论文。②

---

① 见 J. G. A. Pocock, *Politics, Language and Time*,前揭,页 80 – 147。
② 两篇关于英国共和革命时期的思想史论文是:1, Quentin Skinner, "History and Ideology in the English Revolution",刊于 *Historical Journal*, 8(2), 1965,页 151–178; 2, Quentin Skinner, "The Ideological Context of Hobbes's Political Thought",刊于 *Historical Journal*, 9(3), 1966,页 286 – 317(此文经修订后改题为"The Context of Hobbes's Theory of Political Obligation",收入自编文集: Quentin Skinner, *Visions of Politics. Vol.* 3, *Hobbes and Civil Science*, Cambridge University Press, 2002,页 264 – 286)。关于思想史方法论的论文是, Quentin Skinner, "The Limits of Historical Explanations",刊于 *Philosophy*, 4(1966),页 199 – 215。

波考克在1970年撰写此文时清楚意识到,这场"革命"还没有结束,或者说"革命"尚未成功,他满怀豪情企望用自己这部文集推动"革命"继续发展,直到把"革命"进行到底。事实上,这部文集也确实起到了承前启后的"革命"作用。文集问世后,仅仅在1970年代就两次重印(1974/1978),至1989年印行五版,那时,"革命"终于显见成效。如果罗蒂说得没错,即美国1960年代激进运动最为激烈的斗争时期是在1964至1972年间,[1]那么,波考克和斯金纳都恰好是在关键时刻投入了这场"革命"运动。

既然是"一场革命",就得有"革命对象"。不言而喻,社会革命的对象是旧的政治体制,而政治思想的革命对象是旧的思想观念。波考克把这场政治思想的革命对象说成一般而言的"方法论或叙述手段",我们切莫以为,他针对的仅仅是单纯的学术性问题,毋宁说,他要谈论的是类似于"文化革命"的问题。波考克紧接着就把"以往"以研究历代"正典"(canon)为基础的政治思想研究的"学术传统"直接称之为"混乱":政治思想领域晚近"十年"来的革命不是"混乱",基于研读历代经典的"学术传统"反倒是"混乱"。波考克甚至说,经过近十年"革命",如今才终于"隐隐约约出现了一种有关'古典传统的崩溃'的言论"(《转向》,页65)。

由此我们得知,波考克参与的这场政治思想"革命"的革命对象是"古典传统"。波考克用政治思想领域的"转型"或"变革"之类的术语,听起来很学术化,用我们熟悉的语汇来说,其实就是破旧立新。因此,波考克谈论的政治思想史研究的所谓"范式转换",绝非单纯的学术问题,毋宁说,它事关从思想上彻底砸烂表征旧世界的

---

[1] Richard Rorty, *Achieving Our Country: Leftist Thought in Twentieth-Century America*, Harvard University Press, 1999, 页68。

"古典传统",为迈向新的政治制度铺平道路。他在文中甚至用富有修辞色彩的笔调写道:"佛罗伦萨的外交官",以及英国共和革命时期"从走廊向外窥视克伦威尔的士兵"的那个读书人,已经尝试过这种破旧立新的史学写作(《转向》,页66)。显然,波考克指的是马基雅维利和哈灵顿。不过,在波考克看来,这两位"人文主义者"受时代限制,其史学写作"用当代的语言重述古人和先辈的思想,借以发现他们在当代问题上的主张",以至于他们"宁肯从亚里士多德那里而不是行为科学那里了解政治"。波考克告诉我们,对于1960年代的人文主义者来说,这种做法显然过时了,他们"并不愿意将自己视为站在巨人肩上的侏儒",不想再假装"从传统中提取概念框架,而宁愿建构自己的框架"(《转向》,页68)。

波考克在此显然指那些当时战斗在思想斗争第一线的哲学家们,但他表示,自己虽然与这类激进哲学家站在同一战壕,享有共同的理想,但出于专业训练上的原因,他的志向是在思想史研究领域闹"革命",即掀起一场针对"古典传统"的史学"革命"。过去的政治思想史研究"把传统转化为史学",如果要让激进哲学进入思想史研究,就必须首先纠正"史学与哲学之间关系的失调",通过新的研究方法让史学为"古典传统"的崩溃彻底扫清道路。

由此可以理解,波考克首先抨击思想史研究中的"连贯性"观念,即否认历史上的政治思想传统或某个经典作家的思想具有"连贯性"。波考克宣称,思想史研究在这种虚拟的"连贯性"观念支配下解释历史上的经典,"都可能是非史学的陈述"(《转向》,页66-67)。打破思想史研究中的所谓"连贯性"观念,为的是打破"古典传统"的霸权,毕竟,"传统"这个观念本身就意味着某种"连贯性"。波考克让自己的"革命"思想披上"纯学术"的外衣,以追求真"史学"的名义向以研读经典为基础的"学术传统"发难,让人以为他捣毁"古典传统"凭靠的不过是一个学究式的理由：过去的政治思想史研究根本没有搞清楚，何谓真正需要去研究的"历史现象"。他郑重地告诉学界同仁，唯有他自己发明的"一种真正独立的方法"，才能"将政治思想现象视为严格意义上的史学现象，而且，由于历史涉及正在发生的事情，所以，政治思想现象甚至被视为历史事件"（《转向》，页70）。

  幽灵依然在战场上徘徊；我们仍然要认真地提出如下问题：政治思想史是否包括研究古典文本或某些恒久的问题，是否要在唯心论与唯物论解释之间进行选择。但我们已经看到曙光；我们业已强调指出，先前的迷惑很大程度上源自史学家和哲学家职责上的混淆，因此我们完全可以说：哲学分析是一种推动力，它促使史学家寻找自己特有的方法。（《转向》，页70）

  凭靠这个理由，波考克甚至质疑，"政治哲学这样的东西是否真正存在过，哲学家的事务是否应当仅仅局限于探索和澄清那些由他人在某些具有政治性的主题上的论述"（《转向》，页71）。波考克不仅要求搞史学的人改弦更张，而且要求搞哲学的人也改弦更张，革命气魄不可谓不小：他不仅重新定义何谓"历史"以及"史学"，还要重新定义何谓"哲学"。

  史学家以及哲学家应该怎样改弦更张呢？在1970年这个疾风暴雨的历史时刻，波考克首先提到，库恩在1962年发表的《科学革命的结构》提出的"范式"论及其历史转换的论说，堪称这场思想"革命"已经取得的"最有价值的贡献"。不过，波考克随后仅仅把"范式"概念用作盛放他自己革命性思想的箩筐（《转向》，页72及73注6）。"剧烈变化"或"变革"也好，"转型"或"革命"也罢，都可以称为"范式转换"，问题在于：从何种"范式"转向何种"范式"？如果按照"学术传统",历代经典乃是思想史研究的基本对象,那么取代这一"范式"的基本对象是什么呢?波考克告诉我们,是"社会语境及其历史具体性"——用他发明的智术化术语来说,是"概念世界与社会领域互为文脉(context)"的语言系统。这个系统"也可被视为一种历史事件",亦即"概念世界与社会领域"相互作用的历史"时刻",因此它也是思想史研究的基本对象(《转向》,页73)。如果说传统学问以阅读历代经典为基础,那么,经过革命性的"范式转换",学习哲学或研究思想史就应该把目光转向"社会语境及其历史具体性",关注"概念世界与社会领域"相互作用的历史"时刻"。

波考克还说,"范式"概念包含政治"权威"含义。这无异于告诉我们:按照过去的学术传统,古典传统对学人共同体具有统治权威,经过革命性的"范式转换"之后,具有统治权威的应该是"社会语境及其历史具体性"或历史"时刻"。学人共同体仅仅是作为政治共同体的社会领域中的诸多共同体之一,虽然唯有这个共同体掌握着"概念世界",但"概念世界与社会领域"相互作用才会起实际作用。因此,学人共同体"作为政治共同体的一员在共同体的语境下思想",才称得上真正在思想。这意味着,政治思想家,甚至热爱智慧者[哲人],都得用自己的"同胞公民公开认可的价值和权威范式"与政治共同体中的其他成员交流——波考克甚至说,苏格拉底就是如此(《转向》,页74-75)。如果说古典政治哲学强调热爱智慧者与常人的差异,那么,波考克的"范式转换"则首先要求热爱智慧者这样改弦更张:与普通公民打成一片。

波考克在这里对热爱智慧者提出的其实是道德要求,但他的表述方式十分智术化。他借用分析哲学的语言理论来建构一种他所理解的社会实在或历史现实,即他所谓的"政治言说"(political speech)构成的实在。据说,"修辞尤其是政治修辞的目的在于,调和那些从事不同活动、有着不同目标和价值观的人们之间的关系";在这样的"社会语境及其历史具体性"中,"一种言说往往同时发挥着多种语言功能"(《转向》,页75)。这意味着,必须把"人类社会和生活的政治结构"理解为即时性的"政治言说",而这种"有着复杂修辞的言说在语义上有着复杂的历史"(页76)。凭靠这种对"人类社会和生活的政治结构"的理解,波考克提出了"改变政治哲学与政治思想史之间的关系"的诉求,其要点在于:"哲学只不过是专业思想活动的一部分,它源自语言的讨论和探索,而这种语言正是政治得以清晰表述的载体"(《转向》,页77)。

> 一个复杂的多元社会所使用的语言也是复杂和多元的,每一种专门化的语言都在权威的范围和配置方面具有自己的倾向,由这样的语言构成的多样性,共同构成了一种高度复杂的语言,在其中,许多范式性的结构同时并存,它们彼此之间始终存在冲突,每个术语和概念时常从一种结构转移到另一种结构,某些含义被改变,而另一些含义则得以保持。(《转向》,页79)

在现实的学术语境中,某个思想者一旦擎起一面学术旗帜,马上会受到学人共同体关注,甚至吸引学人追随。更为重要的是,如波考克所说,思想者的"言说"行动还会形成一种具有"权威"的范式。倘若我们自己正在学习如何成为"学人"或进入学人共同体,那么,我们必须审视这类正在建立或已经建立的学术"范式",而非不假思索地用这种"范式"来装备自己的头脑,进而用这种"范式"来想问题。波考克凭靠分析哲学的语言理论来摧毁"学术传统"的"范式",并建立一种新的学术"范式",让我们获得了一次学习思考的机会:通过对比两种学术"范式",我们首先需要看清波考克作为学人的德性。在20世纪以来的西方学术语境中,林林种种的新理论层出不穷,而波考克选取了分析哲学的语言理论,此乃他个体性情的"德性与机运的巧合"的证明。

基于分析哲学的语言理论所建构的社会实在,波考克提出了政治思想史研究的史学对象或"历史现实",他称之为"范式性的文本纹理"(paradigmatic texture),这既是"历史的实在",也是"史学的实在"。用易于理解的语言来表述:历史上的某个政治言说"无法完全控制他人"对这种言说的理解。从而,任何政治言说或经典文本都"将会有一种多重的历史",而"这样的历史将包括某些关键时刻"(《转向》,页80)。政治思想史研究的"范式"转换,意味着从关注"古典传统"的历代经典本身,转向关注历史上的政治言说或经典文本的"多重历史"或"时刻"。这不等于不再研读古传经典,毋宁说,我们在研读古传经典时,无需费脑筋去思考文本作者的所思所想,而应当从"范式性的文本纹理"来确认文本的"言说意涵"。如果说古传经典中有"恒久的问题",那么,在"文本纹理"的历史现实中,这些问题统统不见了。毕竟,经典作家写下的文本,"无法完全控制他人"对这种文本言说的理解。这会让我们想起苏格拉底在《斐德若》中表达对成文言说的不信任时所讲的道理,差异在于:苏格拉底担心思想者的文字进入杂众语境后会遭到曲解,波考克的意思则相反,思想史研究恰恰应该按杂众的视界来理解思想者。所以他说,"研究某一思想家,就是考察他借助语言的所作所为",这意味着史学家的方法可以揭示这种"文本纹理"的"存在和性质"(《转向》,页83–85)。

波考克进一步告诉我们,由于任何"文本纹理"都有"其经历的任何时刻,其所呈现的意涵和参与的历史都不止一种,[所以]我们只是被迫作出选择,并宣称我们就是选择那种我们觉得值得讲述的历史"(《转向》,页85)。波考克让我们看到,他的哲学——史学观的理论资源,除了分析哲学的语言理论之外,还有伯林的"价值多元论"。因此,思想史研究首先不是要思考历史上的思想者在思考什么,而是重构历史上的思想者"所处的范式情境"(paradigm - situation)——多元的政治言说处境,然后选择其中的某种"政治言说",以此作为自己的思想史研究的对象。至于我们从过去的历史语境或"范式性文本纹理"中选择何种"政治言说",则取决于我们当下在同样是多元的政治言说处境中的政治选择。

> 我们会认为,自己只是进行了上述那种历史重构,揭示了一种新的范式纹理,说明其以前曾存在过。我们会认为,自己树立了一种新的范式结构,它将意味着对作者思想的一种新的解释……(《转向》,页88)

在论文结束前,波考克强硬地宣称:他不怕因此有人指责他是"唯心论",或指责他"在建立一种反形而上学"。若有人指责他"走向'抽象化'",他则会回答说,自己"所研究的正是抽象概念即系统性思维的历史"(《转向》,页91-92)。的确,波考克这篇关于政治思想史研究"范式转换"的论文虽然写得来委实颇为"抽象化",但其基本主张并不难理解:他不外乎提倡用"历史语境"或所谓历史"时刻"取代"古典传统"。思想史研究的地平线是各种历史"时刻",今人有今人的历史"语境"或"时刻",古人也有古人的历史"语境"或"时刻"。今人研读古书是为了解答今人身处的历史"时刻"所面临的问题,因此需要从自己的历史"时刻"出发,去选择"我们觉得值得讲述的历史[时刻]"。比如,在激进民主运动时代,人们需要造反理论,于是,政治思想史的使命就是从思想史中发掘出被涅埋的造反论。历史上"值得讲述"的东西，是波考克这个激进头脑觉得值得讲述的东西。波考克自己让我们看到的一个例子是：他从亚里士多德的《政治学》中"特意选出一些段落"，以此构成其共和主义式"公民美德"论的基础——"做出决定时有平等的发言权"的政治平等，因为他"从这种亲密的平等中看到了所有关于公民美德的想象的基础"。倘若有人批评这种"史学方法"是对亚里士多德的断章取义，波考克则会回答说，"政治文本在历史上"发挥作用的方式，未必是基于对亚里士多德文本的整体性或系统化理解（《时刻》，页585）。

　　思想史研究的从业者记叙自己"觉得值得讲述"的东西，非常自然。问题在于，什么是"值得讲述"的东西，恰恰需要经过思想上的甄别。毕竟，历史上的思想人物有性情德性和智识德性上的高低优劣之分。波考克的主张彻底勾销了这些差异，也取消了思想甄别必须付出的道德和智识上的巨大努力。如果古典传统尚有政治权威，那么，谁若在古典文本中找不到自己觉得"值得讲述"的东西的依据，他就还不至于忘乎所以地声称，自己讲述的东西依托的是古典文本。波考克的主张不仅使得这种情形成为可能，甚至自己以身作则。自视为哲人的波考克与公民大众合流的个人"德性"恰好巧遇"十年"思想动乱的历史时刻，于是有了《马基雅维利时刻》这样的"优秀作品"。由此来看，尼采不仅认为思想上的平等诉求荒谬透顶，而且对此深恶痛绝，甚至不惜有损自己的哲人姿态破口大骂，就并非不可理解了："这难道是你们的手能做的事么！你们把我最美的玉石都乱雕乱刻成了什么！"①

---

　　① 尼采，《善恶的彼岸》，魏育青等译，上海：华东师范大学出版社，2016，页89，比较页134-135，142-146。

二 公民美德与古今之争 89

在这篇关于方法论的论文中,波考克并没有让我们看到,他提出的思想史研究的新"范式"与其身处的革命性历史"时刻"之间,究竟有着怎样的关系。波考克发表这篇论文之前两年,斯金纳已经发表了《观念史中的意涵与理解》一文(长达 50 页),与邓恩在同年出版的《洛克的政治思想》配成理论与实践的双刃剑,时年斯金纳才 29 岁。①

斯金纳在文章开篇就宣称:西方学术的观念史"传统"将是他破旧立新的"革命"对象,因为,这种"传统"认为:

> 观念史家的任务应是研究和诠释经典文本。书写这种历史的价值在于:那些涉及道德、政治、宗教以及其他类型思想的经典文本包含着表现为"普遍观念"的"经得起时间检验的智慧"。(《意涵》,页 95)

波考克的文章在关于破除思想史研究中的"连续性"观念方面着墨不多,乃因为斯金纳两年前发表的这篇文章已经详加辩驳。波考克的文章也很少指名道姓打击思想史研究的前辈学者,这并非因为他厚道,而是因为斯金纳的文章已经几乎无一遗漏地指名道姓打击了所有必须打倒的前辈学者。表面看来,洛夫乔伊(Arthur

---

① 斯金纳,《观念史中的意涵与理解》,见丁耘主编,《什么是思想史》,前揭,页 95 – 135(以下凡引此文简称《意涵》,随文注页码)。关于斯金纳的思想史研究方法,参见帕罗内,《昆廷·斯金纳思想研究》,李宏图、胡传胜译,上海:华东师范大学出版社,2005。我国学人对斯金纳的思想史研究的介绍,见李宏图教授的长篇"译后记"《在历史中找寻自由的定义》,斯金纳,《自由主义以前的自由》,前揭,页 109 – 156。若将此文以及帕罗内的专著与佩罗 – 索希内的《语境中的斯金纳》(见郝兆宽主编,《逻辑与形而上学》,上海:上海人民出版社,2008,页 211 – 232)对照阅读,将会是一次难得的学习如何甄别思想德性品质的机会。

O. Lovejoy)是主要打击对象,因为他在1933年出版《存在的伟大链条:观念史研究》,确立了思想史研究的范式。① 实际上,斯金纳心里清楚,思想史学界"革命派"的最大敌人是施特劳斯,因为他说:施特劳斯尤其强调思想史研究"应当关注某些恒久的或至少传统的'真正标准'",他的政治哲学史研究是"一种鬼魔学版本(而且影响相当大)"(《意涵》,页105)。斯金纳以红小将式的语调宣称,他不仅要"质疑和批评"这种思想史研究的"预设",而且要"使其名誉扫地",以便让思想史研究转向,"去考察经典文本赖以产生的社会条件或知识语境"(《意涵》,页96)。

斯金纳告诉大众知识人,思想史上有"恒久的"和"持久的"问题这样的学术传统"预设",不过是一种学术"神话",不破除这类"神话",人们就"根本无从(更不用说论证)将伦理或政治思想史描绘为或者说成是各种可辨认的活动的历史"(《意涵》,页97)。斯金纳让自己显得是在代表真正科学的史学与旧传统的神话式史学决一死战,因此,他花了两节篇幅来破除以往思想史家们"制造的这样一个根深蒂固的神话",历数诸多前辈如何徒劳无功从而可笑地"力图在经典文本中找寻自己所期待的某些学说"(《意涵》,页99,101)。据说,思想史的"连贯性"神话体现在两个方面:要么认为,思想史上有某些从古到今都恒久不变的"问题",这些问题把历史上的思想家栓在了一起;要么认为,历史上的某个思想大家一生

---

① 洛夫乔伊,《存在巨链:对一个观念的历史的研究》,张传有、高秉江译,南昌:江西人民出版社,2002/北京:商务印书馆,2015重版;洛夫乔伊,《观念史论文集》,吴相译,南京:江苏教育出版社,2005。思想史或哲学史研究出现于19世纪,在20世纪逐渐成为显学,洛夫乔伊在思想史研究形成史中的位置和影响,参见曼努艾尔,《洛夫乔伊再回顾》,载于贺照田主编,《并非自明的知识与思想》,前揭,页468–488。

中翻来覆去都在想某个思想主题。比如说，施特劳斯的《自然正确与历史》就把马基雅维利-霍布斯-洛克-卢梭栓在了一起，然后再把他们与柏拉图-亚里士多德-阿奎那栓在一起，以此显示应该思考的"恒久问题"。不仅如此，在研究马基雅维利或霍布斯或卢梭时，施特劳斯也关注这些哲人在其一生中所思考的"恒久问题"。因此，在这篇显得横扫千军如卷席的战斗檄文中，斯金纳特别提到施特劳斯的马基雅维利研究，指责施特劳斯把马基雅维利视为"不道德的和非宗教的"思想家。斯金纳告诉大众知识人，由于施特劳斯的研究"范式决定着整个史学研究的方向"，"只有抛弃这一范式本身，我们才能对历史重新作出诠释"（《意涵》，页105）。

斯金纳以宣战式的语调说，"西方的道德、社会以及政治哲学长期以来"具有连续性，这体现为"长期使用""许多关键概念和论证模式"，但"我们有充分理由停止围绕这样的连续性研究去组织我们的史学"（《意涵》，页131）。理由在于：

> 试图以是否能够为那些经典文本中所谓的"恒久问题"提供答案作为这一学科的基础，完全站不住脚，若从这样的角度研究这一学科，我认为将使这一学科变得极其幼稚。任何言说必然是特定时刻特定意图的反映，它旨在回应特定的问题，是特定语境下的产物，任何试图超越这种语境的做法都必然是天真的。（《意涵》，页133）

29岁的青年才俊说这种话，不知道"极其幼稚"的其实是自己，完全可以理解。不过，我们读到的文本可不是斯金纳29岁时发表的文本，而是2003年已经六十多岁的他出版其三卷本文集时经过修订的文本，还补充了1980至1990年代的文献。与波考克两年后发表的文章相比,斯金纳在论述思想史研究应该转向"经典文本赖以产生的社会条件或知识语境"这一道理时,缺了几分理论的"抽象化"深度,但他明确说到了波考克没有明言的东西——思想史研究的如此转向与1960年代的激进民主"革命"运动的现实相干性。

> 在我看来,经典文本关心的是他们自己而不是我们的问题,这本身就体现了经典文本的"相关性"和当下的哲学意义。……与其他社会一样,我们的社会同样也有自己的信仰以及社会和政治生活安排,仅仅认识到这一点,就已经获得了一种全新的、更为有益的视角。对这些观念的历史的把握,能够使我们知道自己常常接受的那些"永恒"真理,实际上只不过是我们自己的历史和社会结构的随机性结果。从思想史中我们可以发现,事实上并不存在这样的一成不变的概念,有的只是与不同社会相伴随的形形色色的概念。这一发现不仅关乎过去,而且是关乎我们自身的真理。(《意涵》,页134)

给这段宣言式的文字贴上历史主义、相对主义、多元主义等等标签,都不会不贴切,但最恰切的标签莫过于"激进民主主义"。因为,我们值得关心斯金纳说的"我们"是谁。无论是谁,总之是大学生或愿意成为学人之人,否则,他阅读甚至研究思想史干什么呢?那么,斯金纳要"我们"关心的问题又是什么呢?斯金纳告诉我们,比如"投票和决策,以及更为一般的公共舆论在整个政治理论中的地位问题。在晚近的民主理论中,这些问题获得了核心地位,但在现代代议民主制建立之前,这样的问题则很少进入当时理论家们的视野……"。又比如,"政治权力在多大程度上被操纵在社会特权者手里这样的问题","对那些并不关心大众意志的理论家来说,这样的问题并不能激起他们的兴趣"(《意涵》,页107)。斯金纳让"我们"看到,他颇为自豪地显示自己是"关心大众意志"的思想史家。正因为如此,他才会认为,"恒久问题"范式会严重误导思想史研究。他举例说,在理解和评价"17世纪中叶英国革命的激进政治思想"时,"恒久问题"的思想史范式会"使得解释平等派意识形态的某些最主要的特点变得尤为困难",激进平等派"对君主制的反感以及对宗教情感的诉求便显得无法理解"(《意涵》,页120)。这岂不是说,从1960年代的革命性历史"语境"或"时刻"出发,今天的学人应该成为17世纪中叶英国共和革命时期的激进平等派吗?

由此可见,斯金纳与波考克联手倡导的思想史研究"范式"的政治理论来源是激进民主的"公民共和主义"。波考克在其文章中说,"我们只是被迫作出选择,并宣称我们就是选择那种我们觉得值得讲述的历史"——现在我们得知,所谓"我们觉得值得讲述的历史",指激进民主人士觉得值得讲述的历史。如今的大学生也好,搞史学的专业人士也罢,都被迫作出选择:要么跟随旧的学术传统,通过学习经典文本并思考其中的"恒久问题",让自己的德性向人类历史上的优异德性看齐,要么跟随剑桥学派倡导的"转向",通过学习剑桥学派所解释的马基雅维利式的"公民哲学"和英国革命的激进政治思想,并深入思考反"社会特权者"的现实斗争,让自己的德性向"大众意志"看齐。所谓"被迫作出选择",近似于我们曾经有过的经验:不是做造反派就是做保皇派。斯金纳的学生塔利在晚近写给中国读者的"《论财产权》中文版前言"中说:

> 剑桥学派进路的贡献在于,提醒人们不可用一个镜头将所

有的文本与语境解释为某一单线的历史发展故事(无论它是进步的、自我毁灭的,还是辨证的),以此来回答这个历史的重大问题。这一进路试图通过在文本的智识性与实践性语境中来阅读文本,以揭示被现代化的宏大叙事所遮蔽的、我们变动不居的当下历史的复杂性与偶然性。正如福柯和斯金纳所言,如此一来,这种方法能够揭示出,当下的历史并不是那么普遍化、那么整体化、那么不可避免,而是更为新近的、更为非系统化、更为偶然的,因此更有可能被此时此地的不同思考和行动所改变。我们比我们自己所认为的要更为自由。①

塔利的说法不仅让我们能够更好地理解波考克在文章中颇为"抽象化"地表达的观点,而且让我们看到,剑桥学派如何与同时代的其他激进理论(如福柯理论)携手。显然,不砸烂历代经典文本和观念史式的思想史研究共同构筑的旧思想世界,大众民主的激情和意志就不可能获得"自由"。

在1960年代末那个激进民主运动的历史"时刻","剑桥三剑客"——波考克和斯金纳以及邓恩——所推动的思想史研究的革命性"范式"转换,不过是要让哲人的思想史转换为公民大众的思想史,这当然堪称一场史无前例的思想革命。我们很难断定,"剑桥三剑客"究竟是自己从哲人心性转换成了大众心性,还是他们的天性本来就是大众心性。可以断定的是,在他们所倡导的思想史研究"范式"引领下,政治思想史研究不仅会呈现为一派激进民主景象,而且会把一届又一届大学生培育成激进民主人士。

笔者终于释解了一个困惑:在波考克和斯金纳的马基雅维利研

---

① 塔利,《论财产权:约翰·洛克和他的对手》,王涛译,北京:商务印书馆,2014,页39。

究中，为何从未出现过马基雅维利与色诺芬的关系问题。色诺芬既是政治人又是哲人，既追求沉思德性也追求实践德性，从而是马基雅维利的最大绊脚石。为了"详尽地反驳这位与其政治观点极其相近的古典作家"，色诺芬成了马基雅维利在其政治史学中关于古典德性的传统来源"举出的唯一例证"。不仅如此，在马基雅维利时代，色诺芬也是当时好些人文主义者最喜爱的古典作家。无论就马基雅维利与色诺芬的关系而言，还是色诺芬在文艺复兴时期作为经典作家的地位而言，如果要用意大利人文主义者来反驳古典传统，就得面对色诺芬。波考克和斯金纳提倡的思想史研究方法宣称注重历史"时刻"或"语境"，但他们所重构出来的文艺复兴的历史"时刻"或"语境"，却彻底删除了这块最大的绊脚石。① 如有谁研究马基雅维利时揪住君主问题不放，波考克和斯金纳就会说，这种研究不是真正的史学研究，方法上大有问题。毕竟，马基雅维利所考虑的君主德性是马基雅维利的问题，不是"我们的问题"。波考克和斯金纳面临的"问题"是"公民德性"问题，因此他们便致力于重构马基雅维利的"范式性文本纹理"。

笔者现在才明白，施特劳斯为何恰恰在1970年这个历史时刻发表《马基雅维利与古典文学》。这篇文章看起来像是演讲文，是否出自1960年代末的一次公开讲座，已经无从查考。可以肯定的是，施特劳斯对学界思想动态洞若观火，他一定看到，激进民主思潮已经从哲学领域漫延到史学领域。这篇演讲文的主题是马基雅维利的政治史学与"古典文学"的关系，这里的所谓"古典文学"实际指古希腊罗马的经典作家。施特劳斯以沉静的语调和

---

① 纽维尔，《马基雅维利和色诺芬论君主的统治：一个双重的碰撞》，见韩潮主编，《谁是马基雅维利》，前揭，页255。

平实的言辞告诉人们,哲人马基雅维利"以人实际如何生活作为自己的[思想]方向",彻底背离了古典作家的伟大传统。但是,施特劳斯特别提到,马基雅维利对古典作家"发出这种挑战或挑衅之前",首先称赞了色诺芬,似乎色诺芬是他的榜样或先驱,因为色诺芬撰写史书,从实际出发,关切现实政治问题。施特劳斯随即指出:

> 色诺芬并不是一位马基雅维利之前的马基雅维利:色诺芬的道德世界有两端,伟大的政治人物居鲁士指向其中一端,色诺芬所敬重的老师苏格拉底则指向另一端。但在马基雅维利的道德世界里,并没有苏格拉底的位置。要从色诺芬横渡到马基雅维利的思想,就必须与苏格拉底的思想一刀两断,必须发现一块道德的新大陆。①

施特劳斯揭示的问题是:为了实现某种现实政治理想(意大利成为一个统一的王国也好,共和政体成为名副其实的公民自治政体也罢),智识人是否有理由不再关切自己的德性问题。面对学界汹涌澎湃的激进民主思潮,施特劳斯沉着镇静地仅仅提醒学人回想"苏格拉底问题",迄今发人深省。剑桥学派刻意屏蔽马基雅维利与色诺芬的关系,与马基雅维利刻意屏蔽色诺芬与苏格拉底的关系,虽然手法上如出一辙,但两者有一个本质差别:马基雅维利毕竟知道色诺芬的哲人面相,剑桥诸君则根本不知道马基雅维利的哲人面相。如果施特劳斯的这篇文章有意针对当时史学界的民主化动向,那么,今天的我们就应该意识到,剑桥学派

---

① 施特劳斯,《马基雅维利与古典文学》,见施特劳斯,《苏格拉底问题与现代性》,前揭,页477-479,引文见页479。

的所谓思想史方法论"转型",实质上是学人品质的公民大众化"转型"。

现在回过头来看,要说剑桥学派的思想史研究反"传统",那就错了。毋宁说,剑桥学派反的仅是古典传统,以及被他们视为误入歧途的另一种现代传统。所谓剑桥学派的贡献在于,"提醒人们不可用一个镜头将所有的文本与语境解释为某一单线的历史发展故事"——这一说法并不诚实。毕竟,剑桥学派致力于建构另一种据说完全被忽视了的现代"政治思想传统",即"文艺复兴时期的共和主义传统"。人们普遍以为,剑桥学派倡导的思想史研究方法是"让文本返回它最初的写作语境",波考克则在2003年的"跋"记中纠正说:《马基雅维利时刻》其实"是要探索文本的命运,探索它们在从一种语境到另一种语境——从16世纪到18世纪,从佛罗伦萨到英格兰、苏格兰和革命时代的北美——的旅程中传递的话语"。可见,波考克并不讳言他在打造一种政治"话语"的"传统"。他接下来还说,《马基雅维利时刻》致力于刻画"'共和政体'的形成或奠基成为可能的时刻",及其"在它所属的历史中引发危机的时刻"——"在这个时刻,共和政体深陷于由它所引起或是它必须面对的历史紧张或矛盾之中"(《时刻》,页582)。这听起来就像是说:人类的某种理想政制的实现,不经过一番艰苦卓绝的奋斗,哪有可能实现——我们在"文革"时期耳熟能详的农民起义史或者儒法斗争史,庶几类似于这样的史学。

在1990年发表的《共和主义的政治自由理想》一文中,斯金纳明确提出,"马基雅维利无疑是这一传统中最伟大的一个"。他还告诉我们,如今谁若以为,"限于当今政府在技术上的错综复杂和不可避免的秘密",复兴"马基雅维利的共和主义传统"不仅不可能,而且不合时宜,那就"错过了问题的关键"。

我之所以要重新审视共和主义的政治观,并不是因为它可以直接告诉我们如何建立一个真正的民主政体,在这种政体中,政府将因为实行民治(by the people)而实现民享(for the people)——这仍然需要我们去努力;而仅仅是因为它传达了这样一个警告——尽管它可能过于悲观,但却不容我们忽视:除非我们把我们的义务置于我们的权利之上,否则我们必定会发现,我们的权利本身将遭到破坏。①

这些说法让我们的确不能以为,剑桥学派提倡的思想史研究方法仅仅是纯学术问题,毋宁说,方法与政治上的革命是一回事。思想史研究应该关注客观的"历史语境"这一宣称的实际含义是:思想史研究应该关注眼下正在发生的"文化革命"。在 2003 年的重版"跋"中,波考克预告了他正在撰写部头更大的史书,要以"罗马帝国的衰亡"为主题赶超吉本。据说,史学撰述(historiography)作为"宏大历史叙事的建构"(the construction of grand historical narratives),不外乎"采用两种截然不同的路径:一是解释共和国如何变成了帝国;二是坚持'自由权'(libertas)和'治权'(imperium)既不可分割,又相互破坏"。② 波考克清楚告诉我们,这两种叙述其实反映了互不相容的"两种自由观"——"大体类似于伯林划分出的'消极'和'积极'自由两极"(《时刻》,页 588)。言下之意,针对种种妨碍公民共和主义理想的"宏大历史叙事",波考克必须为自己信奉

---

① 斯金纳,《共和主义的政治自由理想》,见应奇、刘训练编,《公民共和主义》,前揭,页 67 - 68,79 - 80。
② 中译本把 historiography 这个常用词译作"历史拟制",虽然与原义差得太远,但用来表达波考克的史学观点倒颇为恰切:对于波考克来说,史学撰述就是一种拟制。

的激进政治信念提供取而代之的"宏大历史叙事"。由此来看,如果我们被波考克或斯金纳所讲述的他们"觉得值得讲述的历史"迷住,以为如此学富五车的学问实在了不起,那只能表明我们自己缺乏起码的学术辨识力。

4. 波考克如何打造公民共和主义传说

在民主的多元语境中,是否选择跟随剑桥学派,属于学人自己的"德性与机运的巧合"问题,从而给每个学人带来"认识自己"的历史机遇。在此我们仅仅需要进一步考察:《马基雅维利时刻》在头两章拒斥"古典传统"之后,如何在接下来的第三章直接阐述共和主义"公民理想"(the ideal of the citizen)。波考克将让我们看到,他的思想史研究绝非要如实复原或"记录"过去的思想,而是要致力于打造具有现实意义的政治主张。与同时代的政治思想的弄潮儿不同,波考克不是要径直凭靠某种现代的哲学或社会理论来立论,而是要像意大利文艺复兴时期的"人文主义者"那样,"用当代的语言重述古人和先辈的思想,借以发现他们在当代问题上的主张"。

第三章的实际标题是"积极生活和公民生活",它暗示古典政治哲学无法为人类提供"积极生活和公民生活"。因此,波考克以这样的句子开始这一章:

> 公民理想意味着一种有关政治知识及行动模式的观点,它完全不同于我们前面所论述的经院学派——习俗框架中的隐含之义。(页53)

波考克已经让我们看到,他对"经院学派"观念模式的抨击,其实是在抨击整个西方古典传统——古希腊罗马哲学和基督教教义传统。因此,所谓"公民理想"不可能出现在"经院学派的框架"(the scholastic framework)中,是指这种理想不可能出现在西方的古典传统模式中。所谓"习俗框架"(the customary framework)则指传统式的等级社会观念,这种观念模式凭靠"不变的自然的永恒等级秩序",要求每一个人"守在他的个人天性(his individual nature)为他自己在社会和精神分类中安排的位置"。波考克是否想要说:每个人的"个人天性"若有差异,那其实是传统的哲学-宗教观念和社会观念造成的,从而,传统的"社会和精神分类"(Social and spiritual category)限制了每个人的"个人天性"?倘若如此,比如说,《庄子·天下篇》中的七品论按每个人的"个人天性"提出"社会和精神分类",就属于所谓"习俗框架"。显然,这样的"社会和精神分类"必然会限制"公民理想"。按照这两种传统的"分类"模式,每个人所运用的"经验",体现的仅仅是"传统行为久远的连续性,而且只允许他维持这种连续性"。由于这两种"分类"模式使得每个人缺乏"积极生活"的态度,因此,"一个传统社会"(a traditional society)中的每个人只能称为"居民"(the inhabitant),不能称为"公民"。幸好,"有时不期而至的特殊事件之流",会使得个人"面对十分独特的问题",无论演绎逻辑还是习传经验即传统,都使得个人无法解决自己面对的"十分独特的问题"。在这样的时刻,也"只有在这种时刻",个人才被迫成了"一个决策动物"(《时刻》,页53)。

波考克在第三章开篇就让自己成了一个当代现实中的政治思想家,而非忠实"记录"思想史"史实"的史学家,不足为奇。让人惊诧的是,波考克在前面反驳古典传统时,提供的史例是波厄修斯这个既热爱智慧又有政治抱负的才智之士,而非随便哪个常人——在这里,他调换了主词:起初用含混的"个人"(the individual)、后来明确用"每个公民"(every citizen)替换了有独特天赋和德性的波厄修斯(《时刻》,页71)。我们难道不应该问:"每个公民"个个天生就有波厄修斯那样的独特天赋和好智德性?如果没有,那么,"每个公民"会面临波厄修斯必须面对的那类"十分独特的问题"吗?

波考克没有问这样的问题,而是径直引出如下共和主义论述:

> 与自己的同胞一起不断参与公共决策的公民,肯定拥有一种知识储备,使他能够超越等级制度和传统的知识,使他有理由依靠自己及其同胞的能力去理解和回应发生在他们中间的事情。在永恒秩序的一个角落遵循习俗生活的共同体,并不是一个公民的共和国。假如他们坚信传统是对偶然事件的挑战做出的唯一恰当的回应,他们就不会运用他们集体的积极决策的力量;假如他们认为审慎是少数决策者对外部独特问题的回应,他们就会偏向于接受君主的"一人掌舵";假如他们认为普遍的等级制度是一切价值之所在,他们就不会有意为此而结合成一个独立的决策者主权团体。公民必须有一种知识理论,让他们能够在公共事件的公共决策上享有很大自由。(《时刻》,页53-54)

这是波考克在书中第一次对"大西洋共和主义"作理论性表述,他让我们看到,所谓"大西洋共和主义",其实就是我们耳熟能详的大众民主信仰:拒绝"一人掌舵"的君主制,拒绝"普遍的等级制度",公民个体结合成"独立的决策者主权团体"等等。波考克希望我们看到,他的公民共和主义论与当今占支配地位的自由主义共和论有所不同,这体现为如下三个要点。首先,波考克不是强调每个人都拥有诸如"自我保存"或私有财产之类的"自然权利",而是强调参政决策的"自然权利",这就有可能摆脱自由主义共和论以低俗的人性本能为前提的缺陷。毕竟,参政决策的自然权利与保存自我性命的自然权利相比,至少听起来要高尚得多。第二,波考克不是首先强调含混的"个人自由",而是具体强调每个公民有参与公共事务的平等权利的自由——积极自由。第三,波考克强调,"每个公民"都有自己的政治"知识储备",无需依赖传统政治哲学所谓少数优异者的"美德"(比如"审慎")——这让我们得以理解,波考克为何会用"每个公民"的概念理所当然地替换波厄修斯这个德智超群的贤人。

对波考克来说,以往的自由主义共和论的重大缺陷是,从"自然状态"假设得出自私的"自然权利"和"个人自由"观念。的确,一个人若一心想着个人性命的"自我保存"或自己的私有财产,那可算不上有"美德"。美国的立国原则若是基于这种"自然权利"和"个人自由",如施特劳斯在《自然正确与历史》中论证的那样,那么,美国的立国原则就有天生的道德痼疾。波考克的"大西洋共和主义传统"提法企望纠正自由主义共和论:与其说民主政制的美德是"个人自由"和"自然权利",不如说是"共和美德",即公民"在公共事件的公共决策上享有很大自由"。这样一来,我们就没有理由说,自由民主政制有什么道德缺陷,也没有理由谈论古典的政治观念在今天还有什么价值。

在头两章揭示传统的"永恒秩序"哲学的缺陷时,波考克已经同时铺设了另一条论证线索:"永恒秩序"哲学不仅排除特殊和偶然的历史现象,还推崇这样一种"统治哲学",即要么德智超群的个人(君王)施行统治,要么"由经验、由漫长的习惯和当时的审慎来形成"的法律施行统治。凭靠一位现代的政治思想史学者对福特斯库晚年写的那本小书的解释,而非凭靠柏拉图本人的作品,波考克说,柏拉图在《理想国》中提出的问题是:"城邦应该受法律的统治,还是应当受理想的统治者不受约束的智慧的统治"。柏拉图"决定赞成哲人王不受限制的权威",因为,哲人"既能直觉地把握他所看到的普遍,同时又能直觉地把握每个特殊案件的本质特定"。换言之,柏拉图的哲人王用来把握特殊事物的"普遍",要么是纯粹形式的"理式",要么是"一系列从经验中归纳出来的通则"。比如在《法义》中,柏拉图认为,哲人王"应该让他的决定服从法律的约束,因为这些通则能够建立在比他一个人的理智可能提供的更广泛的基础上"(《时刻》,页 20 – 22)。

波考克仅仅凭靠一位现代的思想史学者对柏拉图－亚里士多德的解释,就以为自己已经驳倒古典政治哲学,这样的做法是否有效,或者说从学问上讲是否踏实,姑且存而不论,以免我们陷入三流论争。重要的是,波考克的辩驳直接指向了古典传统的"统治哲学"的两个要点:既信靠"一位智力大大高于常人的哲学家",也信靠作为"习俗"的法律。毕竟,"习俗"作为法律是无数资质平平的众人在长期的历史经验中积累起来的聪明才智,现代保守主义理论所谓的"通过等待民众形成习惯而立法"——波考克在此引证了柏克(《时刻》,页 24 – 25)。为了证明人人参政决策的公民共和主义式"美德",波考克提出了这样的反驳性论点:无论"一人掌舵"的统治,还是"习俗"的法律统治,都仅仅涉及统治秩序的"管理","而非法律的创立"(《时刻》,页 30)。因此,真正的"立法"行为还需要一种共和理论:

在国王或人类共同体能够完全主张实在法的立法权力之

前，必须先有一种理论，它赋予人们在世俗历史领域创设新秩序的能力。(《时刻》，页32)

如果说霍布斯－洛克的"自然状态"赋予了人们"创设新秩序的能力"，那么，波考克则让"世俗历史领域"取代"自然状态"来赋予人们这种能力。我们知道，在西方近代思想史上，维科和赫尔德曾不约而同先后致力于用"世俗历史领域"抵制"自然状态"假设，从而开启了历史主义思路。尽管如此，维科和赫尔德并没有因此排除古典传统的"永恒视野"：维科不仅是坚定的天主教信徒，还是个新柏拉图主义者；赫尔德则是新教神学家、牧师。从而，他们的"世俗历史领域"论证与霍布斯－洛克的新自然法学说的轩轾，并非在于是否排除"永恒视野"，而在于如何看待"永恒视野"以及"创设新秩序的能力"所凭靠的基础。换言之，这个基础要么是新形而上学所设立的自然状态，要么是人类诸民族的自然历史。沃格林在谈到维科所继承的意大利人文主义"语文学"传统时已经指出，对于维科来说，

> 思考性的、笛卡尔式的方法得出的是有关人的错误构想，它把人看作是理性的存在者，这个存在者通过契约进入社会。把我们这个时代思考性的符号化过程投入过去，通过这种方式我们不可能理解历史。相反，我们应该求助于历史，把历史作为符号化表述的领域，在这里，我们能直接了解到人类思维中未经思考的本质。①

---

① 沃格林，《革命与新科学》，前揭，页 109 – 110。维科阻击霍布斯政治哲学的基础——笛卡尔的科学主义，凭靠的是新柏拉图主义，即"使用笛卡尔主义介入之前已经提出的知识工具，以解决新的问题"。沃格林同书，页 115 – 117。

以维科的历史思想作为史学案例，我们可以体会到，思想史上的具体问题错综复杂。严格来讲，历史主义的真正鼻祖是马基雅维利，以至于沃格林以及迈内克（又译梅尼克）这样的思想史大师都认为，维科的思路承接马基雅维利。① 可是，马基雅维利排除"永恒视野"，维科则保留"永恒视野"。维科甚至慧眼独到地把霍布斯和马基雅维利都视为伊壁鸠鲁的门徒，因为他们都追随相信"偶然机运"（caso）的伊壁鸠鲁。② 这个例子让我们看到，由于受激进民主政治信念支配，波考克的思想史视角其实相当狭窄。他在强调回到"马基雅维利时刻"的历史主义时，同时强调排除"普遍秩序和特殊传统的认识论"对"公共生活"的限制，旨在跳过霍布斯—洛克基于"自然状态"强调"个人自由"的自然权利论，以彰显激进民主的共和主义式"公民美德"。不仅如此，波考克还说："马基雅维利时刻"标志着"摆脱"受"普遍秩序和特殊传统的认识论"限制的"历史"，但也"只是部分地摆脱"了这些限制（《时刻》，页54）。这就为后来他要论述的英国共和革命时期的"哈灵顿时刻"埋下了线索，并最终引出"大西洋共和传统"的政治思想谱系。

公民共和主义是一种政治观念，历史主义则是一种哲学观念，波考克在这里让我们看到，这两种"主义"何其紧密地粘在一起。为了更好地理解这一点，我们值得回想一下，早于波考克半个世纪之前，思想史大家迈内克如何看待马基雅维利式政治观念与历史主义兴起的关系。

魏玛民国初期（1924年），迈内克完成了其大著《国家理由观

---

① 迈内克，《马基雅维里主义》，前揭，页180，370；维科与波考克所谓的"马基雅维利时刻"的关系，参见沃格林，《革命与新科学》，前揭，页92-93。

② 参见维科，《新科学》，朱光潜译，北京：人民文学出版社，1986，页574，亦参页6；维科指责霍布斯的自然状态论，见页97，139，270。

念》,三十多年后译成英文时(1957年),书名改作"马基雅维利主义"。这种意译未必不恰切,毕竟,德意志地区的统一和德国作为帝国的崛起,需要马基雅维利式的"国家理由",迈内克撰写这部大著,意在为这一观念提供思想史证明:意大利或英格兰或法兰西崛起为"强权国家",不都凭靠这种观念吗?然而,马基雅维利式的"国家理由"政治论明显违背欧洲的传统政治道德,为了名正言顺地倡导这种新政治观念,就需要用历史的经验事实来扫清思想道路,并为之提供哲学支撑。因此,马基雅维利在建立其只看重实际的政治理论时,已经同时发展出历史主义原则。换言之,为了让"国家理由"政治论摆脱道德指控,就得有历史主义的哲学观垫底。于是,在德意志第三帝国初期(1936),迈内克出版了同样是大部头的《历史主义的兴起》,为德意志的崛起需要"历史主义"提供思想史证明:18至19世纪的德意志学界兴起强大的"历史主义"思潮,因为,德意志的统一和成为英法那样的"强权国家",需要这样的"历史意识"——否则,俾斯麦怎么可能出现或受到称赞呢。①

可是,马基雅维利式的"国家理由"政治论始终没有摆脱"邪恶教诲"的谴责。就我们眼下关切的问题来说,最值得注意启蒙时代的普鲁士君王弗里德里希二世(Friedrich II von Preußen,1712 – 1786)提出的谴责。这位君王取得的历史事功相当惊人,以至于康德也愿意把启蒙时代称为 Jahrhundert Friedrichs[弗里德里希世纪]。在内政方面,他推行全方位改革,剪除封建势力,推行中央集权式的绝对王权制;对外则积极用兵,拓展普鲁士王国的生存空间

---

① 参见梅尼克,《历史主义的兴起》,陆月宏译,南京:译林出版社,2009。比较施特劳斯在《关于马基雅维利的思考》第四章开头的两个注释,见《思考》,前揭,页267。亦参拙文,《马基雅维利与现代哲人的品质》,见刘小枫,《比较古典学发凡》,上海:复旦大学出版社,2015,页73 – 85。

(西里西亚战争)。尤其是以普鲁士一小国之力独抗法俄奥三大强国的"七年战争",弗里德里希几度险遭灭国之运。用德意志史学大师兰克的话来说,凭靠堪称伟大的政治德性和天才的军事才干,弗里德里希不仅最终赢得战争,让普鲁士在德意志神圣罗马帝国内部获得了领导权,而且跻身欧洲大国之列,为普鲁士以强力统一德意志打下了基础。①

波考克肯定知道:弗里德里希28岁登基之前,这位黑格尔后来赞颂的"哲人王"就写下《反马基雅维利:或驳马基雅维利的君主论》(1774),送给自己私拜的哲学老师伏尔泰指教。② 弗里德里希处身特殊且偶然的历史处境,他用自己的思考表明:无论为了摆脱列强的宰割,还是为了祖国的崛起,都未必非得接受马基雅维利式的"邪恶教诲",即为达好的目的不择手段——尽管这并不意味着不讲究政治和军事斗争的策略和技艺。在西里西亚战争期间,弗里德里希指挥索尔战役时,采用自己亲自设计的斜线式战术,创造了史上的一次经典战例。在后来的"七年战争"期间,弗里德里希再次演示斜线战法,指挥更为得心应手,展示出挥洒"大战术"的军事

---

① 弗里德里希的政治和军事事功,参见 C. W. Ingrao, *The Hessian Mercenary State. Ideas, Institutions and Reform under Federick II 1760 – 1785*, Cambridge, 1987; O. Büsch, *Military System and Social Life in Old Regime Prussia 1713 – 1807*, Atlantic Highlands, 1997; P. H. Wilson, *German Armies: War and German Politics 1648 – 1806*, London, 1998; Gunther Lottes 编, Vom"*Kurfürstentum*"zum"*Königreich der Landstriche*". *Brandenburg – Preußen im Zeitalter von Absolutismus und Aufklärung*, Berlin, 2003。

② Friedrich II, *L' Antimachiavel ou Réfutation du Prince du Machiavel / Der Antimachiavel oder: Widerlegung des Fürsten von Machiavelli*,见《弗里德里希大王全集波茨坦版》(Die Potsdamer Ausgabe der Werke Friedrichs des Großen)卷六: *Philosophische Schriften / Œuvresphilosophiques*, Anne Baillot / Brunhilde Wehinger 编,Berlin, 2007,页 45 – 259。

天才风范。①

弗里德里希大王是"一人掌舵"的君王,按波考克的史学原则,不属于他值得记叙的对象。波考克尤其应该感兴趣:弗里德里希大王还是哲人、诗人甚至史书作家,就文治武功而言,哪方面都可圈可点。②

---

① 西里西亚战争结束后,弗里德里希用法文写了《战争通则》(*Die General Principia vom Kriege*),总结自己的军事指挥经验,译成德文发给普鲁士将级军官,并规定不得外传。1760 年(七年战争期间),奥地利人从一位被俘的普鲁士少将那里得到此书,1762 年流传到伦敦后公开出版。见《全集波茨坦版》卷十/十一: *Militärische Schriften / Œuvres militaires*, Bernhard Kroener 编, Berlin(编辑中)。

所谓"大战术"概念是弗里德里希的发明,相当于如今军事学中的战役学。当时的欧洲军事学只有战略学和战术学之分,没有"战役"这个中间概念。弗里德里希确立的"大战役"指挥原则,如"保护自己的侧翼和后方,迂回敌人的侧翼和后方","始终应该注意的是敌人军队的动向"等等,直接成了拿破仑的战役指挥原则。

军事指挥是一门特殊艺术,与任何艺术一样,真正的艺术品质都来自天赋,很难设想会成为"每个公民的优秀品质"。弗里德里希甚至写诗讴歌《战争艺术》(*Die Kriegskunst. Gedicht / L' art de la guerre. Poème*),见《全集波茨坦版》卷七:J. Overhoff / V. de Senarclens 编, Berlin, 2012, 页 407 – 501。我国的粟裕大将军没念过弗里德里希的《战争通则》,却同样创造了好几个经典战役,一个比一个规模大,发展出一套杰出的战役学原则。参见军事科学院科研指导部编,《粟裕军事指挥艺术与现代战争理论研究》,北京:军事科学出版社,1998;寿晓松,《粟裕军事指导艺术》,北京:军事科学出版社,2007。

② 弗里德里希的史书类作品在《全集》中占五卷之多,他甚至亲自撰写普鲁士崛起的历史。弗里德里希对德意志的民族文学和艺术批评,也有多方面贡献,见《全集波茨坦版》卷九: *Literatur – und kulturkritische Schriften / Critique littéraire et écrits sur la culture*, Manuela Böhm / Joachim Gessinger 编, Berlin(编辑中);亦参 Friedrich der Grosse, *De la litteratur allemande*, Christoph Gutknech / Peter Kerner 编注, Hamburg 1969。研究文献参见 Brunhilde Wehinger 编, *Geist und Macht. Friedrich der Große im Kontext der europäischen Kulturgeschichte*, Berlin, 2005。

即便如此,这样一个政治人也不会成为波考克的绊脚石,或让他的史学个案失效,因为,他的史学原则足以排除任何不利于他证成"公民美德"的史例。这位君王并非满脑子传统哲学观念,倒是有满脑子新派的启蒙哲学理想。可是,弗里德里希在年轻时就反感马基雅维利笔下的王公都是"一些跨于君王和平民之间的两性人似的角色",亦即反感马基雅维利的《君主论》带有民主共和论色彩。①尤其让人刮目相看的是,尽管当时非常年轻,弗里德里希却能意识到——而且是作为储君自觉意识到,马基雅维利的学说"邪恶",必须将其"逐出世界",以免毒害自己的灵魂。迈内克也不得不承认,在《反马基雅维利》一书中,

> [弗里德里希]将一大剂道德原则与冷静的现实主义政治家的大量异议混合起来。正是由于他自认为能在马基雅维利身上看到他自己目前做法的恶魔般的缩影,因而有可能在他心中燃起一股正义的怒火;他必定觉得,必须用他那个时期能够提供的最有力的伦理武器来攻击马基雅维利。(同上,页417-418)

不妨想想,尤其是在特殊而且偶然的地缘政治处境中,所有公民参与决策,能够代替弗里德里希这类天才人物的思考和道德感觉吗?②

---

① 迈内克,《马基雅维里主义》,前揭,页398-401。
② 沃格林曾将意大利半岛的政治状况与德意志的政治状况加以比较:两者走向民族国家的步伐同样迟缓,现代革命的节奏颇为相似,尽管德意志地区并没有那类在意大利相当发达的城市型国家。参见沃格林,《革命与新科学》,前揭,页91-92。关于西欧各王权国家走向民族国家时的地缘政治状况的宏观描述,参见伯克,《文明的冲突:战争与欧洲国家体制的形成》,王晋新译。上海:上海三联书店,2006,页124-151。

非常有意思的是，波考克的思想史研究与迈内克其实有间接关系。迈内克的学生巴隆（Hans Baron, 1900－1988）自1930年代开始致力研究文艺复兴时期的意大利城邦共和国，接续了布克哈特的经典研究。他在1955年出版的两卷本《早期意大利文艺复兴的危机》（*The Crisis of the Early Italian Renaissance*），被剑桥学派视为扭转近代国家研究方向的重要著作：即不再关注霍布斯和黑格尔所推崇的现代式君主政体，转向关注近代意大利以及后来的荷兰城邦共和国，并把后者视为真正的现代国家模式。据说，布克哈特的《意大利文艺复兴时期的文化》之所以赞美早期意大利文艺复兴时期的城邦国家，是意在抵制黑格尔、兰克、德罗伊森鼓吹的现代式绝对君主政体。但是，布克哈特对意大利城邦共和国的态度具有两面性，他"坚持认为，近代国家的形成释放了令人厌恶的和迄今无人知晓的非道德，让人本性中的罪恶力量获得了自由"。布克哈特一方面赞美意大利人文主义，称之为"奇妙的佛罗伦萨精神"，另一方面也告诉人们，那个时代的人文主义者们并非仅有光辉的一面，他们贪婪、淫荡、自私自利、渴望权力、放肆地作恶，为现代人树立了坏榜样。20世纪初，迈内克在布克哈特的影响下迷醉于马基雅维利主义，但他大大削弱了布克哈特对意大利人文主义的负面看法，而且扭转了布克哈特的关注方向：不是把城邦式共和国而是把霍布斯式的绝对王权国家视为最早的现代型国家。据说，巴隆的文艺复兴研究的意义就在于，他让史学的目光再次回到马基雅维利的城邦式共和国理想。① 这无异于说，巴隆与布克哈特相比，可谓完全丧失了

---

① 格尔德伦，《近代早期欧洲国家及其竞争对手》，见斯金纳／斯特拉思主编，《国家与公民：历史、理论、展望》，彭利平译，上海：华东师范大学出版社，2005，页97－98, 110。

"道德意识",对意大利人文主义者的丑恶一面视而不见,以至于波考克和斯金纳得以大模大样夸赞他们。

回到波考克的文本,我们倒是可以理解,他把"马基雅维利主义"的内涵由"国家理由"修改为"公民共和",毕竟得以避开"国家理由"论会带来的道德哲学审查。① 可是,在二战结束后的历史语境中,施特劳斯重新挑起对马基雅维利的道德审查,已经把问题彻底推进到了涉及整个西方文明的道德问题层面:为了澄清当今的政制争议,必须重新挑起"古今之争"。施特劳斯的挑战不可谓不成功,毕竟,波考克被迫在"古今之争"的层面应战。

波考克在头两章中已经让传统的等级秩序社会观念与传统的"永恒秩序"哲学绑在一起,这意味着,共和主义的"公民社会"理想要取代传统的"等级制社会",必须首先废黜"永恒秩序"哲学。波考克的"大西洋共和传统"论用"公民美德"代替"自然权利",以此对抗古典的"自然正确",无异于让现代式"公民美德"哲学挑战古典哲人的"统治哲学"。可是,如我们已经看到的那样,虽然波考克不得不涉足"古今之争",但他在为现代式共和主义原则辩护时,并没有认真对待(遑论理解)古典传统的智慧,并没有直接与柏拉图和亚里士多德展开论辩,甚至没有重述马基雅维利对色诺芬的回应。我们难免会感到好奇:波考克究竟是不屑于还是不敢真正涉足施特劳斯重启的古今之争呢?

---

① 有意思的是,英国的思想史学者斯塔克在为《马基雅维利主义》写的"英译本编者导言"中说:德意志第三帝国覆亡后,迈内克才在1946年出版的《德国的浩劫》(何兆武译,北京:商务印书馆,1991)中后悔地认为:要是德意志帝国像瑞典和荷兰那样,虽然"一度满怀称雄欧洲的大抱负",但在崛起之初就成了被"拖垮的破车",就会"比先前任何时候都更快乐"(见迈内克,《马基雅维里主义》,前揭,页47)。

两种情形都不是,还有第三种情形:凭靠历史主义原则,波考克会认为,根本无需面对施特劳斯重启的古今之争,而是需要拟制出另一种古今之争。由此可以理解,波考克为何必须让他的"公民共和主义"传统神话与历史主义的出场死死绑在一起:毕竟,历史主义已经一劳永逸地勾销了古典的"自然正确"视界。

5. 公民共和主义的哲学理据

波考克说,共和主义式"公民美德"是佛罗伦萨智识人提出的政治主张或希望打造的政治"美德"。显而易见,"公民共和主义"本身也是一种"统治哲学",它要取代古典哲人在普遍秩序和永恒视野下构造的"统治哲学"。施特劳斯关注的问题是,马基雅维利作为哲人在看待政治问题时废黜古典的永恒视野是否正确。波考克把这个问题变成:在14至15世纪的历史处境中,佛罗伦萨政治思想家所追求的共和政制及其"公民理想"是否正确。换言之,只要证明了共和主义式的"公民理想"本身正确,就能证明古典哲人不正确。但是,施特劳斯的问题具有这样一个前提:假如马基雅维利不是一个热爱智慧者,而仅是一个在实践智慧方面极为聪明的公民,那么,他看待政治问题时废黜永恒视野是否正确,这个话题其实可以免谈。无论柏拉图还是亚里士多德,都从未要求雅典公民在看待政治问题时得有哲人的永恒视野。既然如此,波考克即便证明了共和主义式"公民理想"观正确,也不等于能证明古典哲人不正确。

尽管如此,为了提高自己作为"公民"的政治辨识力,我们仍然有必要耐下心来,看看波考克在第三章中写得实在有些艰涩的"公民共和主义"论证。他首先提供的是他所建构的史学案例,但这次不是福特斯库或波厄修斯那样满脑子传统哲学观念的政治人,而是佛罗伦萨的"公民",或者更为准确地说,是佛罗伦萨的智识人:在特殊甚至偶然的历史处境中,他们提出了"爱[城市共和]国主义"及其"公民美德"观。波考克按照自己在前两章中的论述作出推论:这种共和主义是一种比古典的"统治哲学"优越的政制模式。因为,按照历史主义原则,判定某种政治理论是否正确,得凭靠其所产生的特定历史处境,而非任何"自然秩序"或"永恒价值"。

> 新的观点宣布,佛罗伦萨共和国是一个高贵的理想,然而它存在于当下和它自身的过去之中,这个理想只归属于另一些共和国和存在着共和国的既往时代的某些时刻。共和国不是超时间的,因为它不反映与自然的永恒秩序的简单一致性;它有另外的组织方式,将共和国和公民身份视为首要现实的人,会不明言地对政治秩序和自然秩序进行区分。共和国有更多政治的而不是等级制的特点;其组织方式使它能够肯定它的主权和自治,从而肯定它的个性和特殊性。当佛罗伦萨的思想家准备同意对佛罗伦萨的忠诚是一个有别于自然秩序及其永恒价值的概念时,我们即可知晓佛罗伦萨广为流行的一种说法的基本含义:爱自己的国家,更甚于爱自己的灵魂;这里暗含着一种区分和冲突。(《时刻》,页57-58)

"爱自己的国家,更甚于爱自己的灵魂"其实是后来的德意志人为马基雅维利辩护时的一种说法,这话模仿的是马基雅维利在《佛罗伦萨史》中说的科西莫·美迪奇受到的一句谤议:"热爱此岸世界甚于热爱彼岸世界。"①18世纪的德意志爱国者用这句话为马基雅维利辩护,实际上是为自己辩护。国难当头,"爱国"德性当然是一

---

① 参见施特劳斯,《关于马基雅维利的思考》,页267-268。

种美德。问题在于,这种在特殊的政治处境中堪称应然的美德是否成了人世间唯一的美德,以至于应该勾销苏格拉底在"夜间谈话"结尾时提出的"公民美德"问题,即每个人应该关切自己的"灵魂"。

从历史来看,佛罗伦萨共和国的形成的确处于一个特殊甚至偶然的历史时刻。从地缘政治角度来讲,当时的意大利不仅处于封建分裂状态,而且自身就是多种外部势力冲突交织的破碎地带。在当时的意大利,除佛罗伦萨共和国外,主要的政治单位是米兰公国、威尼斯共和国、那不勒斯王国和教宗国。这些各自为政的城邦式政治单位分割了整个意大利半岛:那不勒斯王国占据南部,佛罗伦萨共和国和教宗国占据中部,米兰公国占据北部,东部则是威尼斯共和国的势力范围。在这五个城市型国家身边,还"残剩着不少较小的政权,其领地犬牙交错,其中一些还占据相当重要的地位",比如控制半岛西部的热那亚共和国,以及一些实行寡头政治的独立城市和小封建领主的独立地盘。长期以来,各主要政治单位为着扩张自己的地盘,凭靠雇佣军互相征伐,直到1454年才缔结"洛迪条约"。①可以说,佛罗伦萨这样面积极小的城市共和国的自治,很大程度上有赖于整个半岛的割据状态。

除了自治,城市共和国还有一个重要特征:生活方式以商业活动为主导。比如,阿马尔菲(Amalfi)、比萨、热那亚和威尼斯这四个面积极小的城市共和国都在沿海,大多以防御性城堡发展而来的城市为基础,其自治诉求与维护以商业活动为主导的生活方式密不可分。这些政治单位之所以商业发达,同样出于特殊而且偶然的历史

---

① 萨尔瓦托雷利,《意大利简史》,沈珩,祝本雄译,北京:商务印书馆,2013,页266;波特主编,《新编剑桥近代世界史卷一:文艺复兴》,中国社会科学院世界历史研究所组译,北京:中国社会科学出版社,1988,页485-517;布克哈特,《意大利文艺复兴时期的文化》,何新译,北京:商务印书馆,1979。

原因。首先，商业的发达最早与十字军东征相关：利用拜占庭和穆斯林的东方世界与拉丁－日耳曼的西方世界的冲突，威尼斯成功获取了地中海地区的贸易优势。① 随后，由于奥斯曼帝国的崛起和西扩，欧洲与亚洲之间传统的商业通道中断，意大利的城市成了欧洲与亚洲之间的新商业通道。②

这里值得提到一个著名的历史事件：1348 年，意大利地区爆发灾难性的淋巴腺瘟疫（俗称 Black Death[黑死病]，最早叫作 atra mors[恐怖死神]），短短三年内迅速传播到整个欧洲大陆，至 1351 年，已有三分之一的欧洲人因此丧生。与我们关注的问题的相干性在于，据说，意大利商船是这场瘟疫的主要传播渠道。这种淋巴腺病菌原发于中亚地区贫瘠的平原，主要靠老鼠传播，因此也称为"鼠疫"。14 世纪中期，染上这种疾病的蒙古人西侵攻打黑海边上的卡法（Kaffa）城时，疾病使其被迫退兵。但是，带病菌的老鼠并没有一同回撤，它们躲在卡法城生意人的货物中被带到君士坦丁堡，接着又躲在货物中被热那亚商船带到西欧。半个世纪前的 13 世纪末（1291 年），热那亚水手刚为意大利商船开启直布罗陀海峡航线；14 世纪初，意大利商船改进主桅的配帆装置，使得风帆增加到三张，能更好地利用风力，即便在冬季时节，威尼斯和热那亚的商船也可以沿大西洋海岸航行。1347 年秋，躲在货物中的带病菌的老鼠被热那亚商船带到墨西拿，然后又带到西西里，两地随即爆发疫情。1348 年初，威尼斯和热那亚疫情严重，并很快从比萨港向南蔓延到罗马，向东蔓延到佛罗伦萨及整个托斯坎尼地区。暮春时节，德意

---

① 尚洁，《中世纪晚期近代早期威尼斯贵族政治研究》，武汉：武汉大学出版社，2013，页 20 – 21。

② 沃格林特别强调了这一所谓"亚洲因素"对意大利文艺复兴时期政治思想的影响，参见沃格林，《文艺复兴与宗教改革》，前揭，页 47 – 48。

志南部地区爆发疫情。法兰西王国当局惊恐万分,曾把一艘来自意大利的商船逐出马赛港,但为时已晚,带病菌的老鼠早已窜入城内,瘟疫随即在全城蔓延,并波及朗格多克和西班牙。1348年初夏,两艘意大利商船进入布里斯托尔海峡,接下来遭殃的是英格兰。①

现代式的商业贸易刚刚出现,就染上了这场历史性"鼠疫",让不少人觉得颇富思想史的象征意义。因为,一种以商业生活方式为基础的所谓"美德"在世界史上的传播,对不少人来说与"鼠疫"并无二致。意大利城市共和国的自治这一政治诉求,在波考克笔下看起来好像很崇高,其实,这一政治诉求是为了确保商业化城市的贸易机会:威尼斯共和国不过是"从法律上确立了一个封闭的商业贵族精英阶层对共和国的领导权"。② 然而,商业发达虽然使意大利城市产生了独立的政治单位诉求,但这些城市共和国却始终受到神圣罗马帝国、法兰西王国和教宗国钳制。毕竟,城市共和国或城市公国大多与如今我们的大学城规模差不多,其政治基础首先依赖于城市中的商业望族:佛罗伦萨有美迪奇家族,米兰有维斯孔蒂家族,威尼斯有史卡立格家族(House of Scaliger)。15世纪末(1494年),法兰西国王查理八世试图把整个意大利半岛纳入自己的势力范围,与正在崛起的哈布斯堡家族的西班牙王国遂起冲突,双方都想夺得

---

① Davis Herlihy,*The Black Death and the Transformation of the West*,Harvard University Press,1997;Samuel K. Cohn Jr. ,*The Black Death Transformed:Disease and Culture in Early Renaissance Europe*,London,2002。19世纪末(1894年),两位生物学家(一位法国人,一位日本人)分别发现,引起这种所谓淋巴腺瘟疫的病菌是芽孢杆菌,病理学上命名为"巴斯多菌"(以那位法国生物学家的老师的名字Louis Pasteur命名)。1943年底,日军久攻常德城未果,最后用轰炸机空投培植出来的带这种病菌的老鼠,妄图以此方式毒杀中国军人和城市平民。由于自然天性的差异,人世中总会有人好的不学,专学坏,世界上有的民族同样如此。

② 尚洁,《中世纪晚期近代早期威尼斯贵族政治研究》,前揭,页2及页67。

二 公民美德与古今之争 117

这片宝地。经过长达一百年的战争,1559年,西班牙王国最终以"卡托—康布雷齐和约"获得对米兰公国及那不勒斯王国的控制权。

可以看到,波考克所说的佛罗伦萨共和主义的"个性和特殊性",其成因主要有两个:首先,所谓"共和国"是极小的以城市为中心的政治单位(相对于拥有农村地区的王国或公国),这种政治单位是地缘政治冲突的结果;第二,城市共和国的出现,意味着凭靠商人和商业社会为基础的城市政治结构已开始脱离封建制度,所谓共和主义式"公民美德",乃是基于商业生活方式的尚商的个人"美德"。14世纪有位画家叫洛伦采蒂(1290 – 1384),他为自己的一幅油画所取的标题,看起来就像是一篇政治学论文的题目:《好政府与坏政府的寓意》(Allegory of Good and Bad Government,绘于1338年至1340年)。所谓好政府指民主制的城市共和国,坏政府指君主制的王国。[1] 对于商人而

---

[1] 斯金纳非常看重洛伦采蒂,两度撰文阐释这位画家兼"政治哲学家"。见 Quentin Skinner,"Ambrogio Lorenzetti: The Artist as Political Philosopher",刊于 *Journal of the Warburg and Courtauld Institute Proceedings of the British Academy*,72(1987),页21 – 56;后经修订,以"Ambrogio Lorenzetti and the Portrayal of Virtuous Government"为题,收入 Quentin Skinner,*Visions of Politics. Vol. 2, Renaissance Virtues*,Cambridge University Press,2002,页39 – 92;Quentin Skinner,"Ambrogio Lorenzetti's buon governo Frescoes: Two Old Questions, Two New Answers",刊于 *Journal of the Warburg and Courtauld Institute*,62(1999),页1 – 28;后经修订,以"Ambrogio Lorenzetti on the Power and Glory of Republics"为题,收入 Quentin Skinner,*Visions of Politics. Vol. 2, Renaissance Virtues*,前揭,页93 – 117。关于洛伦采蒂的这幅画的另一种解释,参见康托洛维茨,《国王的两个身体:中世纪政治神学研究》,上海:华东师范大学出版社,2017,页112 – 113;Nicolai Rubinstein,"Political Ideas in Siense Art: The Frescoes by Ambrogio Lorenzetti and Taddeo di Bartolo in the Palazzo Pubblico",载于 *Journal of the Warburg and Courtauld Institutes*,1958,21(3/4),页179 – 207。文艺复兴时期绘画与政治理论的关系,参见一篇精彩长文:布雷德坎普,《罪犯艺术家:近代法学与国家理论要素之一》,史竞舟译,见娄林主编,《诗艺与政治》,北京:华夏出版社,2012。

言,衡量政制优劣的标准,首先是有无尚商的自由。"爱自己的国家,更甚于爱自己的灵魂"——佛罗伦萨广为流行的这一说法的确有自己的特殊和偶然含义:"爱自己的国家"是因为这个国家可以让人自由经商。

为了把佛罗伦萨共和国的公民精神提升为一种"高贵的理想",波考克便凭靠自己发明的史学方法,突出所谓全体公民参政决策的一面,而刻意削弱其尚商的一面,甚至构造出一场关于尚商与"美德"的历史性论争(《时刻》,页 485 – 530)。不过这是后话,现在我们需要看清:波考克如何凭靠这一"特殊和偶然"的历史现象打造出一种具有普遍价值的"统治哲学"。

《马基雅维利时刻》第三章文分两节,在第一节里,波考克主要凭靠巴隆和加林(Eugenio Garin,1909 – 2004)这两位文艺复兴思想史专家的研究成果,旁衍发皇意大利人文主义的性质。巴隆提出"公民人文主义"(Civic Humanism)概念,在思想史学界引发了争议(《时刻》,页 62 – 64),但波考克的天性或"德性"却让他对这一概念如获至宝,马上把这个尚有争议的概念从"特殊和偶然"的语境提升到哲学的普遍高度。在阐述巴隆和加林的思想史研究之前,波考克先说了下面这段话:

> 自柏拉图和亚里士多德时代以来,一直断断续续讨论的问题是:投身于社会活动的生活——"积极的生活",和追求纯粹知识的哲学生活——"沉思的生活",两者之中哪一种更优越。就雅典人的思想而言,他们一方面相信,只有公民的生活是真正合乎伦理和人性的生活,另一方面却又相信,需要凝神静思的抽象世界才是真正可以理解的世界,对于他们来说,政治和哲学到底是否相互对立,一向是个痛苦的问题。

(《时刻》,页60)

波考克打算在这个问题意识引导下来描述"意大利人文主义"的性质。显然,他要让即便有争议的思想史概念服务于自己的激进民主理想。不过,波考克的以上说法既欠专业,也欠准确。"雅典人"若真的相信"需要凝神静思的抽象世界才是真正可以理解的世界",阿里斯托芬就不会在《云》剧中嘲笑苏格拉底了。再说,苏格拉底临终前讲过,自己年轻时曾"再次起航",在他那里并没有"政治和哲学到底是否相互对立,一向是个痛苦的问题"这回事。① 即便在狱中与苏格拉底讨论"灵魂不死"问题的好思辨的青年也知道,喜欢"凝神静思抽象世界"的人实属罕见(柏拉图,《斐多》76b10)。换言之,波考克把"雅典人"与"哲人"混为一谈。这种混淆在大众那里并不罕见,在思考哲学问题的人那里,就是非同小可的"错误"。②

看得出来,波考克想要针对施特劳斯所关切的何谓真正的"哲人"这一问题发难,但他表述得不准确。这倒无关紧要,重要的是,波考克相信,佛罗伦萨智识人主张的"积极生活"或"公民生活",能够解决"积极生活"与"沉思生活""到底是否相互对立"的难题。在加林的《意大利人文主义》一书中,有一个章节专门谈到"积极生活"与"沉思生活"的对立。加林说,斯佩罗尼"公开反对无论是来自柏拉图,还是来自亚里士多德所坚持认为的只有过隐修生活才是

---

① 刘小枫编/译,《柏拉图四书》,前揭,页505-507。
② 在1946年8月写给洛维特的信中,施特劳斯批评自己的这位老朋友:"您将希腊的市井小民(在我看来其中也包括诗人)与希腊的哲人混为一谈。尼采有时(并非始终)犯同样的错误"。施特劳斯,《回归古典政治哲学》,前揭,页333。

最高的善的学院派文化"。① 作为思想史学者,加林的表述本身就有问题:把某种基督教中世纪的"学院派文化",当作了柏拉图和亚里士多德本人"所坚持认为"的主张。从加林随后所引帕鲁塔(Paolo Paruta)《论完美的政治生活》中的话来看,意大利人文主义者明显攻击的是柏拉图主义或亚里士多德主义的基督教僧侣学人:

> 人应该在一起过公民生活,相互帮助。难道那些教育和开导我们如何约束自己、管理家庭和效忠祖国的哲学知识不是真正的哲学和崇高的知识吗? 因此,正如品达所认为的,那些塑造毫无感情的痴呆形象的理论不是哲学,而是笨拙的雕刻术。只有塑造那种能唤醒我们的精神并使我们更好地为公民事业效劳的理论,才是真正的哲学。②

意大利的基督教僧侣学人不顾共同体的政治安危在隐修院念经,与柏拉图和亚里士多德的哲人楷模苏格拉底如何生活,完全是两回事。因为,苏格拉底尽管喜欢凝神静观,却并没有拒绝城邦所要求的当兵打仗。③ 不仅如此,从柏拉图和色诺芬的记叙来看,苏格拉底的言行,恰恰是要"唤醒"雅典公民的共同体美德,甚至认为自己是在"更好地为公民事业效劳"。④ 帕鲁塔在特殊且偶然的历史政治处境中对僧侣学人的抨击,被加林大而化之而且张冠李戴地当作"公开反对无论是来自柏拉图还是来自亚里士多德所坚持认为的"哲学,恰恰证明了施特劳斯对19世纪以来开始流行的哲学史研

---

① 加林,《意大利人文主义》,李玉成译,北京:三联书店,1998,页173。
② 同上,页174 – 175。
③ 柏拉图,《会饮》220c3 – d4。
④ 柏拉图,《苏格拉底的申辩》28d – 31d,《高尔吉亚》521a1 – 521e5。

究的论断：

> 如果过去的哲人曾是史学家，那么就不会有哲学史。或者，反过来说，如果我们想要理解过去的哲人，那我们就必须以指导他们的那种基本兴趣为指导：这种兴趣是对真理、对关于整全的真理的兴趣，而不是历史的兴趣——对他人意见的兴趣。（《问题》，页72）

波考克凭靠未经审视的论断来证明他想要证明的东西时，说法更为夸张：公民式参与政治的"积极生活"庶几等于"沉思生活"，或者说在意大利的"特殊和偶然"的政治处境中，传统的"沉思生活"变成了公民式参与政治的"积极生活"。这意味着，西方古典意义上的热爱智慧者［哲人］在佛罗伦萨变成了政治人。在施特劳斯看来，热爱智慧者若变成彻底的政治人，恰恰是热爱智慧者的品质蜕变，因为，他不再关切永恒的问题，而仅仅关切实际的问题。波考克的针对性论点是：热爱智慧者不再关切永恒的问题，变成始终关切实际的、特殊且偶然的问题的政治人，才算得上热爱智慧者。持有古典观点的人会说：热爱智慧者具有天赋的特殊心性，波考克未必具有这样的心性，所以他才会这样认为。对此，波考克兴许会这样回答：公民共和主义的"统治哲学"的意义就在于，要让天赋的特殊心性在成为公民的政治过程中变成与公民大众一样的人。对正在学习成为热爱智慧者的每一位年轻人来说——甚至对正在搞哲学的教授们来说，这倒不失为一道很好的思考题：哪一种看法正确？

由此可以理解，凭靠巴隆和加林的观点，波考克为何能够把"意大利人文主义"的性质描绘为哲学的衰落或转型。比如他说，"意大利人文主义"让修辞学胜过了哲学，因为，修辞学"以公共行动作为价值"；哲学并不面对公共生活，"一个修辞学跟哲学平起平坐的世界，是一个面对面做出政治决定的世界"（《时刻》，页63）。对古典政治哲学稍有点儿常识的读者都知道，苏格拉底的哲学与智术师所倡导的修辞术何者更具政治品质，柏拉图、色诺芬和亚里士多德都有过明确辨析。波考克要么是对古典政治哲学缺乏常识，要么是以罕见的激进民主心态蔑视古典哲人。比如他还说，意大利人文主义者"能够赞扬史学高于哲学"，因为哲学"以真理观激励理智"，史学"却是用有关真理的具体事例启发整个心灵"（《时刻》，页68）。这类说法表明，波考克并没有读过色诺芬的《回忆苏格拉底》，也不知道柏拉图的对话作品带有史书性质。

更发人深省的是，波考克说：在人文主义者那里，沉思生活本身改变了性质，因为"沉思本身也变得具有社会性了"，亦即变成了公民式参与政治的"积极生活"。这无异于说，政治生活可以而且应该代替沉思生活。波考克为此提供的奇妙例证是：佛罗伦萨的人文主义智识人就当下的政治问题与同时代人和伟大的古人直接展开哲学对话（《时刻》，页68）。波考克总结说：

> 很明显的一点是，无论是作为语文学家、修辞学家还是共和国公民，人文主义者都深入参与到具体而特殊的人类生活之中，不管其重心是放在文学、语言上，还是放在政治和说服上。……因此，最高价值，甚至非政治的沉思的价值，也被视为只有通过交谈和社会合作才能获得。（《时刻》，页69）

波考克是否想要说：普通公民只要就共和国的政治问题展开"交谈和社会合作"，就等于过上了有品质的沉思生活呢？波考克难道没有让我们看到，他借用意大利人文主义诋毁古典政治哲学已经到了不知所谓的地步？在古典作品中浸泡过的人难道不可以问：柏拉图笔下的苏格拉底甚或亚里士多德的学问，没有"深入参与到具体而特殊的人类生活之中"？亚里士多德的《政治学》与"具体而特殊的人类生活"不相干？① 古典政治哲人的确不会同意，"只有通过交谈和社会合作才能获得""非政治的沉思的价值"，毕竟，"交谈和社会合作"仅仅在字面上就与"沉思"在性质上不同。施特劳斯从未否认哲学应该关切特殊和偶然的历史政治处境，而是认为，如果哲人在关切政治问题时删除永恒视野，那他就不再是哲人。波考克不仅没有驳倒施特劳斯，反倒证明了施特劳斯的论断正确。

波考克唯一可以争辩的是，他相信，哲人品质的基础应该是公民生活：热爱智慧者如何做公民的问题，变成了公民身份如何决定哲人品质的问题。倘若如此，波考克的理由又是什么呢？通过归纳研究文艺复兴思想史的现代学者的论述，波考克说，

> "公民生活"的哲学基础是这样一种观念：正是在行动中、在一切类型的劳作和行为中，人类生活上升到它所内含的普遍价值的层面。（《时刻》，页 69—70）

但是，波考克并没有在意大利人文主义中发现这种"公民生活"的"哲学基础"。因为他说，"共和国是致力于实现一切价值的全体人的合作关系"，是"一个普遍性的实体"，这就要求"共和国能够达成使每个公民的道德天性得以实现的权威分配"，或者说"公民人文主义者必须拥有一种同时也是哲学的政制理论体系"（《时刻》，页 71）。换言之，波考克显得认为，"公民生活"的"哲学基础"是一种"政制理论体系"，而这个东西还有待于他自己来提炼或建构。

----

① 比较潘戈，《亚里士多德〈政治学〉的修辞》，李小均译，北京：华夏出版社，2017，页 8—17。

6. 公民共和主义的统治哲学

果然,在接下来的第三章第二节,波考克转向了共和主义的"政制结构"问题。与第一节主要凭靠现代学者的思想史研究进入问题不同,波考克在这里直接讨论亚里士多德的《政治学》中"所包含的公民和政体的理论",尤其是关于"混合制政府"(the mixed government)的理论。波考克显得要现身说法地印证他刚刚提出的论点:就当下政治问题与伟大的古人直接展开哲学对话,意味着"沉思生活"变成了公民式参与政治的"积极生活"——与同时代人比如施特劳斯对话更是如此。既然如此,我们值得领略一下,作为有"政治思想"的史学家,波考克如何与"伟大的古人亚里士多德"直接展开哲学对话。

笔者首先会感到奇怪:波考克在一章二节已经通过抨击经院哲学的亚里士多德主义贬黜了亚里士多德本人的哲学,他现在又何以可能凭靠亚里士多德本人,去寻找"公民人文主义"所需要的"政制理论"?波考克自己不会感到奇怪,因为,只要凭靠自己的史学方法,把亚里士多德的《政治学》从其与《尼各马可伦理学》的紧密关联中抽取出来,他就可以实现自己的目的。我们知道,《尼各马可伦理学》开头和结尾都在讲政治学[城邦学],这就意味着,讨论公民的天生性情差异或灵魂差异的伦理学,乃是讨论政治学[城邦学]的前提。为了实现自己的目的,波考克必须删除这一前提,因为这一前提"肯定了伟大的自然法观点",并要求人们"在社会中追求""内在于自然的价值"。难怪我们看到,波考克在一开始就强调,阅读《政治学》有不同的"解读路径",亦即"也可以把《政治学》解读为一种有关公民与共和国的关系、有关作为一个价值共同体的共和国（或城邦）思想体系的原创之作"（《时刻》，页72）。

显然，波考克的解读路径是，从他所理解的"公民人文主义"出发，提取《政治学》中为他所需的东西。在长达六页多的解读中，波考克没有引用任何一篇二手文献，仿佛《政治学》中真的包含"公民人文主义"所需要的"政制理论体系"要核。其实，谁都看得出来，波考克不过是以任意诠释亚里士多德的方式，来表达他自己在时代处境中的政治诉求。比如，他用自己信奉的"公民人文主义"语言描述说，"公民身份是一种具有普遍性的活动（a universal activity），城邦是一个具有普遍性的共同体"（《时刻》，页73）。通过这种政治修辞，波考克凭靠《政治学》所追求的最高目的是城邦或政治共同体的"善"这一命题，把亚里士多德的《政治学》读作最早的共和主义理论。

波考克希望表明，他所践行的这种"解读路径"，就是意大利人文主义者所践行过的"复兴"古典文化的路径。即便如此，波考克仍然没法绕开一个难题。这个难题来自亚里士多德的《尼各马科伦理学》：亚里士多德认为，由于人的灵魂类型不同，对"善"或"幸福"的理解自然也会不同。波考克如何化解这一难题？他说，

> 但是，全体公民并不是一样的；他们有同样的公民身份，是具有普遍性的存在，但他们作为特殊的存在又不一样；每个人在选择自己追求的善时，都有自己的优先选项，每个人都发现自己同那些有一种、一些或全部优先选项与他相同的人属于特殊类型。因此，城邦要面对确定优先选项的问题，它要确定在特定时间哪些特殊的善应当被那些将其作为优先选项的人享有。解决这个问题显然是公民的任务，但亚里士多德并不认

为,以公民身份参与追求和分配共同之善这种普遍活动的个人,应该被认为是与致力于追求和享受他所选择之善这一特殊活动的同一个人脱离了关系。既然公民被定义为既统治又被统治,统治的活动肯定伴随着他的被统治的活动。普遍和特殊在同一个人身上相遇,假如公民由于追求、享受他所选择的特殊价值,并在获得这种价值上表现优异,从而具有了特殊的社会人格,这肯定会改变他参与旨在分配共同之善的决定这类普遍活动的能力。这时,城邦面对的问题就变成了,在对这种普遍职能的特殊运用进行分配时,要同公民因其个人的价值优先选项而呈现出的社会人格的多样性联系在一起。(《时刻》,页73-74)

这段论述尽管有些艰涩,却不得不完整引用,因为它可以让我们完整地理解,波考克如何借着与亚里士多德"对话",来表达他的"公民人文主义"的"统治哲学"及其"政制理论"。如果读者的脑筋没有被波考克的"公民人文主义"牵着鼻子走,或者已经信奉这种"主义",他就不难发现,波考克的论述与其说是在与亚里士多德"对话",不如说是在强暴亚里士多德的文意。比如,波考克的出发点是民治民享的民主政体,因为他说"公民被定义为既统治又被统治"(both ruled and was ruled),从而,所谓"统治"就是全体公民普遍参与选择共同体的"善"。可是,亚里士多德的《政治学》在讨论共同体的"善"如何可能时,是以民治民享的民主政体为前提的吗?波考克在这里大谈"特殊"与"普遍[价值]"的关系,也显得颇为奇怪,因为他在前面一再强调,特殊且偶然的历史处境对于政治理论具有首要规定性。看来,波考克还真没法否弃"普遍[价值]",否则他的"公民人文主义"就谈不上是一种"哲学"。波考克把"普遍[价值]"规定为"以公民身份参与追求和分配共同之善"的"普遍活动",可这是亚里士多德的看法吗？在前面一个自然段,波考克以"亚里士多德教导说"(Aristotle taught)的语式说：

> 参与到以所有特殊社团的善作为目标的社团之中,获得所有特殊的善,这本身就是一种境界极高的善——因为它是普遍的。在到达必须面对行动和沉思之间的选择的时刻之前,可以设想的最高的人生形态,是作为 oikos[家政]的首脑进行统治的公民,他作为平等的家长共同体之一员进行统治和被统治,做出对全体有约束力的决定。他参与确定普遍的善,亲身享受社会所能获得的价值,同时以他的政治活动对他人获得价值做出贡献。(《时刻》,页 73)

尽管波考克在这里下注指引我们看亚里士多德《政治学》的文本位置(卷三第 9 章,1280a – 1281a),但我们无需翻阅《政治学》原文,也能感觉得到亚里士多德断乎不会这么说话,不会用"作为平等的家长共同体之一员(as one of a community of equal heads)进行统治和被统治"这样的表述,即便这里是在讨论"平民政体"与"寡头政体"的差别。① 尤其是,既然在讨论平民政体,亚里士多德断乎不会谈到什么"必须面对行动和沉思之间的选择"(the choice between action and contemplation had to be faced)的"时刻"(the point),否则,这位古代伟人就跟波考克一样,实在太缺乏常识：平民会有这样的"选择时刻""必须面对"吗？何况,亚里士多德也

---

① 比较苗力田主编,《亚里士多德全集》,卷九,颜一、秦典华等译,北京：中国人民大学出版社,1994,页 89 – 92;在这个段落中,亚里士多德谈到对"公正"的不同理解,并提到自己的《伦理学》(页 89)。

不可能说,"获得所有特殊的善,这本身就是一种境界极高的善——因为它是普遍的"这类有逻辑毛病的话。亚里士多德肯定无法理解,全体公民获得各自欲求的"善"加在一起获得的"所有特殊的善"(all particular goods),怎么就成了"本身就是一种境界极高的善"(in itself a good of a very high),"所有特殊的善"怎么会摇身为"普遍的"(universal)善。显然,只有从波考克自己的"公民人文主义"逻辑出发,这里的说法才不会有逻辑毛病:所谓共同之"善",在于全体公民"参与追求和分配共同之善"的"普遍活动"本身。既然如此,波考克怎能好意思把自己的东西说成"亚里士多德教导说"呢?

鉴于美国是以自由平等为原则的民主政体,我们姑且把这段说法理解为,波考克在显明他与亚里士多德对话的特殊且偶然的政治处境。毕竟,按照历史主义原则,任何与古代伟人的交谈,都不能脱离自己的历史语境。既然如此,波考克就应该爽快地承认,他用"全体公民"参与选择的"普遍性"价值,取代了亚里士多德所肯定的"伟大的自然法观点",从而又用寻求共同体的"善"的"普遍活动"本身,取代了亚里士多德所要求的"在社会中追求""内在于自然的价值"。如果"内在于自然的价值"体现为好坏、对错、优劣、高低的区分,那么,波考克就得承认,"公民人文主义"所追求的政治价值并不讲究这些区分。毕竟,普遍参与的正确,已经等于参与选择共同之善的"普遍活动"时具体选择的正确。

如此一来,波考克马上又会遭遇常识的诘难。比如,在涉及针对某种行为的立法问题时,选择共同之善需要以辨识这种行为本身的对错好坏为前提;又比如,当选择涉及选举施行统治的总统时,也需要辨识竞选者的德性品质的好坏优劣。换言之,公民的选择无不依赖于自己的辨识能力,而辨识能力无不依赖于每个参与"普遍活动"的公民自身的德性品质。就此而言,我们难道不可以说,波考克的所谓普遍参与作为"公民人文主义"的政治"价值",其实是一种空洞的"价值"?难道一个公民只要参与公共活动,就等于他有"好品德"或有辨识好坏对错优劣的能力?波考克承认,"全体公民并不一样",公民身份虽然确定了"普遍性的存在",每个公民却是"特殊的存在",而且"追求、享受他所选择的特殊价值","从而具有了特殊的社会人格"。既然如此,他怎能无视亚里士多德对各种特殊价值的品质(好坏、优劣、高低)区分,而宣称每个作为特殊个体的公民一旦参与选择共同之善的"普遍活动",就"肯定会改变他参与旨在分配共同之善的决定这类普遍活动的能力"?波考克的"公民共和主义"强调,"公民美德"是所有"公民"积极参政的"美德",或者说"积极参政"本身就是"美德",却不问什么样的公民带着什么样的"欲望"或德性品质参政,这难道是在与亚里士多德"对话"?①

在一章二节,波考克曾说,"亚里士多德在《政治学》中发展了"一种"论证路线"(line of argument):施行统治的应该是法律而非智慧,除非"出现了一位智力大大高于常人的哲学家,就像常人的智力大大高于禽兽一样"(whose intelligence was as far above that of men as theirs was above that of beasts,《时刻》,页22)。这话至少意味着,热爱智慧之人与常人的智力不同,而且不可能指望出现很多的哲学家。既然如此,"参与旨在分配共同之善的决定这类普遍活动"时,

---

① 2006年,我国学界有学者开始积极引进剑桥学派的"公民人文主义"时,马上就有年轻学者看出,波考克以及斯金纳对亚里士多德的利用,是地道的歪曲。参见熊文驰,《城邦统治权之争与混合政制:兼论现代共和主义与亚里士多德的差别》,洪涛等主编,《经学、政治与现代中国》,上海:上海人民出版社,2007,页234-248。这个例子证明,只要认真读过古典作品,即便很年轻也不会受海外流行论说的欺骗。

是"哲学家"应该降低自己的"能力"呢,还是"常人"能够提升自己的"能力"？"参与追求和分配共同之善",显然需要先辨识什么是真正的"共同之善",每个公民"参与追求和分配共同之善"的能力,难道不取决于公民个人的"智力"能力？

不过,我们不能说,波考克完全排除了好坏对错的区分。毋宁说,在"全体公民"是否及如何普遍参与"普遍活动"这一点上,他讲究好坏对错的区分：公民不参与这种"普遍活动",就是政治不正确,从而就是"坏"公民甚至算不上公民。至于从政体角度看,全体公民如何参与这种"普遍活动"才算正确,在波考克看来,则涉及到相当复杂的制度设计问题。用波考克自己的说法,如何确定共同之"善"的优先选项问题,涉及哪些人或哪类人所追求的"善"才应该成为共同体值得追求的"善"。这样一来,波考克必然面临不同公民的特殊性或公民品质的分类问题。波考克说,亚里士多德曾提供过两种分类方式：要么依据人的品质优劣来分类,要么依据人的数量("少数"或"多数")来分类。凭常识来讲,品质优异的人总是少数,这是君主制或贵族政制的理论前提。因此,亚里士多德是否如波考克所说的那样,将优劣之分与数量之分区别开来,难免让人生疑。波考克说：

> 如果我们不固执而严格地提出"在什么事上最优"这个问题,那么,这种把数量和量化标准结合在一起的倾向,会使我们情不自禁地认为——就像亚里士多德本人有时谈论的一样——全体公民好像都能被分为少数和多数,可以把少数群体等同于属于不同的精英,可以把多数群体等同于不属于任何特殊的精英。(《时刻》,页74)

这段话表明,波考克自己都不敢说是"亚里士多德教导说"。

毕竟,他清楚知道,亚里士多德所认为的"精英"是"好人、智者、勇士、富人、世家子"(《时刻》,页74)。波考克让我们看到,他竭力想要取消哪些人或哪类人"最优"的问题,这也意味着同时取消哪些人或哪类人德性"最劣"或品质平平的问题。不仅如此,他把"少数与多数"或者说精英与非精英的区分用于"全体公民",这意味着,所谓精英与非精英,仅仅具有数量上的"少数与多数"的区别,没有德性品质上的差异。从而,对波考克来说,"全体公民"就不存在德性品质上的差异,或者说不能对"全体公民"作德性品质上的道德区分,否则就会损害"公民人文主义"原则。因此波考克说,由于"有多少能够从理论或传统上确认的、人们所偏爱并共同享有的价值,就有多少质量标准",所以,人们"只能用多重标准来"区分精英与非精英。据说,这里的关键是"数量和质量标准的混合"(the confusion of quantitative with qualitative criteria);所谓"数量标准",指"强调全体致力于追求善,不根据偏好或才能"来区分公民(《时刻》,页75)。波考克并不知道,古希腊的智术师已经发明过这种混合标准。在柏拉图的《普罗塔戈拉》中,苏格拉底与普罗塔戈拉讨论作为智术的"衡量术"时,展示了普罗塔戈拉如何把实质差异(如"正确选择快乐和痛苦")与数量差异(如"选择更多和更少、更大和更小")混为一谈。①

为了论证"平等"的政治权利,波考克可谓费尽心思:所谓"数量和质量标准的混合",其实就是用数量标准取代质量标准。可以理解,波考克力图抹平每个作为特殊个体的公民的德性差异,否则他很难为自己的"公民共和主义"找到"哲学基础"。我们值得回想起波考克在这一章开头说的那句话:传统的"习俗"社会凭靠"不变

---

① 参见刘小枫编/译,《柏拉图四书》,前揭,页150。

的自然的永恒等级秩序",要求每一个人"守在他的天性为他自己在社会和精神分类中安排的位置"。由此可以理解,波考克的"公民共和主义"的"哲学基础",仅仅是每个公民"参与旨在分配共同之善的决定这类普遍活动"的政治权利。毕竟,不抹去人在德性上的天性差异,波考克就没法摆脱传统政治观念按人的天生德性差异给每个特殊个体"在社会和精神分类中安排的位置"。

阐述了据说受亚里士多德启发得到的"数量和质量标准的混合"之后,波考克才谈"政体":

> 建立一个 politeia[城邦政体](这个词虽然可以译作"政制",但它指在一个全体公民都是参与者的普遍决策过程中决策权威的正式分配)的问题,就变成了看看如何为每个精英团体,包括非精英、"多数"或"全体公民"中的精英,在决策中安排一个角色,使之能够以最符合其性质的方式为获得特殊之善和普遍之善做出贡献的问题。(《时刻》,页75)

波考克让我们看到,他与其说是在描述亚里士多德的"城邦政体"观,不如说是在陈述他的"公民共和主义"。在亚里士多德那里,"城邦政体"与君主制(最优品质的人施行统治)和贤良制(少数品质优异的人施行统治)有别,却并不等于民主制(多数常人施行统治)。与此不同,波考克从民治民享的直接民主制原则出发来解释"城邦政制":既然"公民被定义为既统治又被统治,统治的活动肯定伴随着他的被统治的活动",那么,反过来说,被统治的活动就肯定伴随着统治的活动,即每个公民有"参与追求和分配共同之善"的政治权利。因此,波考克利用亚里士多德的"城邦政制"这一概念要论证的,不过是基于"全体公民"都有普遍参与选择共同体的"善"的自然权利原则。

politeia[城邦政体]由此成了一种社会范式,它的组织方式使得从理论上可以设想的任何团体都有机会以最适当的方式为决策做出贡献,同时任何公民个人都可以多次做出贡献,无论是作为他凭才能而享有资格的任何专业团体的一员,还是作为非精英的"民"(demos),即作为一个整体的公民团体中的一员。被一个人列为优先选项的任何价值,或是可以据以对他做出判断和评估的价值——甚至那种平等主义的价值,即不给予任何价值以优先性或利用它们对人进行区分——都可以成为他参与决定和分配普遍价值的一种模式。由此可以确立特殊价值和普遍价值之间的关系。(《时刻》,页76)

在这里多少有些藏着掖着的"那种平等主义的价值"(the egalitarian value)表达式,已透露了波考克的政治哲学的真实要核:无论"公民人文主义"还是"公民理想"抑或"共和国"的价值,其实都在于政治权利的"平等"。波考克的激进政治哲学的头等问题是,"每一个团体、具有团体成员身份(可以有很多)的每一个公民",都拥有权利追求自己所属团体的"特殊利益",并避免任何团体"对全体行使独霸权力"(exercise an unshared power over the whole)的"恶":

> 任何政体,如果把一个特殊团体的利益等同于对全体的利益,它就是专制政体(despotic),即使它的特殊利益本身可能是一种真正的善,或至少最初是善的;堕落的政府从本质上说,就是特殊对普遍行使独裁权力(dictatorial power),它导致具有独裁权力的善的腐化。(《时刻》,页76-77)

这里的要害在于,特殊公民的不同的"善"没有等级之分,所有的"善"都具有平等的权利,否则就会出现"善的或智慧的专制(a despotism of the good or the wise,或译[好人或智慧者的专制]），假如他们追求的善不是全体的善"（《时刻》，页77，比较页81）。波考克要说的其实是：即便特殊公民（智慧者或德性优异者）的道德德性或理智德性远远高于常人，他们所思考的"善"是真正的"全体[人]的善"（the good of the whole），那也不能具有支配全体的权力——否则他就自相矛盾了。显然，由于波考克宁可相信所有公民分享权力，也不相信好人或智慧者掌握权力，所以，他非要证明在哲学上没法证成的道理：所有公民参政等于追求"全体[人]的善"，好人或智慧者所追求的善未必是这样的善。为了实现自己的这一政治意愿，波考克已经到了如此地步：不惜糟蹋"好"或"智慧"观念本身。这样一来，政治生活中对"好"和"智慧"的个体性追求统统被勾销，因为，无论追求德性的好人或热爱智慧者付出多大的道德和智识上的努力，都不如所有公民参政更能实现"全体[人]的善"。

波考克还说到，亚里士多德"在区分好政体和坏政体时"，政体的三分法变成了六分法，每种政体都有其对立面：君主制与僭主制，贵族制与寡头制，"城邦政制与民主制"。在波考克看来，"最后一对政体最具理论意义"（《时刻》，页77）。为什么呢？这里的"城邦政制"的原文是polity（politeia），中译本译作"混合制"，尽管在字面上与原文不符，倒不失为传神意译。问题在于，为何"最后一对政体最具理论意义"？其实，波考克明明知道，在亚里士多德那里，政体的三分法变成好坏对比的六分法时，"最后一对政体"的对比是"民主制与暴民政制"（ochlocracy）。而且，波考克也知道，亚里士多德心仪的"政治体"（polity）是君主制、贵族制和民主制的"融合或平衡"，尽管他硬要说，亚里士多德是"根据数量来定义"（numerically defined）这三种政体形式的（《时刻》，页82）。既然如此，波考克为何要把"民主制和暴民政制"的对立替换成"城邦政制与民主制"的对立呢？可以推想：如果僭主制和寡头制是相对于君主制和贵族制的"坏政体"，那么，民主制就是相对于城邦政制的"坏政体"。在英美政治语境中，民主政制指代议制民主，波考克把"城邦政制"说成是"权力的行使由公民中所有类型的团体所分享的政体"（《时刻》，页77），不外乎要说，代议制民主政体其实是坏政体，所有人施行统治（参与决策全体的善）的直接民主政体才是好政体。言下之意，现在的代议民主制还不是真正的共和政体，需要推进更为彻底的全民民主才能实现"共和"真义。我们把波考克的这部大著仅仅视为政治思想史论著，而非激进民主论的论著，的确会辜负他的一片苦心。

波考克在第三章第二部分让人得到的最大收获是，我们充分领略了他如何与"伟大的古人"亚里士多德"对话"。他不时用到"亚里士多德教导说"，"亚里士多德评论了"，"就像亚里士多德本人有时谈论的一样"，"亚里士多德提出了"，"亚里士多德认为"，"亚里士多德很清楚"，"亚里士多德利用了"，"亚里士多德建构起"，甚至"亚里士多德预见到"……在所有这类提示下，我们看到的都是波考克"教导说"，波考克"很清楚"，波考克"利用了"，波考克"建构起"，波考克"预见到"。① 在这一章快要结尾时他说，亚里士多德的理论有"深刻的暧昧性"，"亚里士多德语言的宽泛性也是它的丰富性"。可以理解，波考克若不这样说，就没法说他的"公民人文主义"的政制理论是从"内在于亚里士多德的分析中"推导出来的（《时刻》，页78）。波考克自己一手制造了亚里士多德思想的"暧昧性"和语言的"宽泛性"，以便为自己创造修辞机缘，使得他可以说，"公民人文主义"的政治体（the polity）"既是制度结构，也是道德结构"，它旨在"解决一个极端复杂的问题"，即如何"协调只在其相互

---

① 波考克，《马基雅维利时刻》，前揭，页72,74,75,76,77。

关系中表现出道德的人们的活动"(《时刻》,页78)。这种说法看起来抽象,似乎有什么了不起的哲学思想,其实不过是在用伯林的"价值多元论"来论证他的"公民共和主义":

> 城邦政体是各种价值之间的关系,公民的利益——统治和被统治——存在于一个人自身的美德与他人的美德的关系之中。只有在这种美德的相互性和关系性中,政治动物才能成为真正的好人。(《时刻》,页79)

可是,常识告诉我们,每个人都置身于"美德的相互性和关系性中",却未见每个人都成了"好人",也并非每个人都因此而具有了区分对错好坏的能力。我们至多可以说,波考克的脑筋的确充满"公民人文主义"的理想。如他自己所说,经过这番与亚里士多德的"对话",他所发掘出来的这种政制理论,恰"是意大利城市和意大利人文主义者的政制理论的基本参照对象"(《时刻》,页79)。由于这种共和式的政治体"必须是全体公民和全部价值的完美伙伴关系","怀着公民理想的人文主义者"才把公民"作为一个道德人的未来,押在自己的城市的政治健康上",从而公民"必须赞同以下格言:人应该爱自己的国家,更甚于爱自己的灵魂"(《时刻》,页80)。

波考克没有想到,他的"公民共和理想"恰恰体现了西方现代政治哲学的危机——施特劳斯在题为《政治哲学的危机》的公共演讲(1962)中已经说过:

> 亚里士多德或许会问我们,一个城邦从高贵变得低贱或者从低贱变得高贵,还有比这种变化更重大的事情吗?(《问题》,页362)

这句话提醒我们,西方现代政治哲学的危机与其说出自波考克所说的"历史语境",不如说出自他这样的激进智识人的性情德性。

波考克最后还提到珀律比俄斯,如果我们对《罗马兴志》的问题意识不熟悉,就看不出波考克如何与珀律比俄斯"对话"。他首先不是提到珀律比俄斯著名的"混合政制"论,而是提到其"政制循环"论。显然,波考克的"公民共和理想"也得面对珀律比俄斯所说的历史"命运"难题。追随马基雅维利的说法,波考克把罗马人的"美德"说成"命运"的"正式对手","能让命运接受秩序和荣耀",然后再用他的"公民人文主义"式的共和美德概念替换罗马人的"美德"概念,亦即把体现为统治者德性的"美德"说成是"行使权力的各种美德之间的关系"。这意味着,"'美德'现在被政治化了;它不是统治者个人的英雄气概,而是公民在城邦中的伙伴关系"(《时刻》,页83)。波考克相信,通过如此替换概念,他已经让"公民共和理想"摆脱了"政制循环"的历史"命运"。这个时候,波考克才提到珀律比俄斯的"混合政制"论,并把这种政制模式说成是"能够逃脱变化循环的普遍形式(universal form)"的政体。显然,波考克说的根本不是珀律比俄斯笔下的"混合政制"论,而是他自己的"公民共和理想",即按数量来"混合或平衡"三种政制的理想(《时刻》,页84)。与前面谈论亚里士多德的"城邦政制"论一样,波考克不过是在借珀律比俄斯的话题,宣扬他的"公民共和理想"。临近结尾时,波考克甚至禁不住对自己的政制理想有过一番哲理式的抒情,宛若一曲"公民共和主义"制服历史循环"命运"的凯歌(《时刻》,页84,第一自然段)。

波考克披着亚里士多德和珀律比俄斯的外衣所阐发的"公民共和主义"的"统治哲学",完全符合施特劳斯在《自然正确与历史》中对马基雅维利作出的基本论断:背弃西方古典文明的政治观念传统,以"纯粹的政治品行取代人类的优异性,或者更具体地说,取代道德品行和沉思的生活"——马基雅维利虽然积极"反思公民社会的基础",但他"丢弃了好的社会或好的生活的本来含义"(《自然》,页 181–182)。波考克力图让我们看到,按照"公民共和主义"的观点,"好的社会或好的生活的本来含义"应该是:全体公民无论持有何种"特殊价值",都有平等的政治权利,而且有能力参与公共决策(立法)。因此,以"纯粹的政治品行取代人类的优异性"的理由在于,"公民生活"或"积极生活"应该取代"道德品行和沉思的生活"本身。无论这种主张是否经得起哲学思考的审辨,它都表明了西方智识人德性品质的蜕变。既然波考克宣称自己是哲人,他所追求的"公民共和主义"是一种"统治哲学",那么他也现身说法地证明了,施特劳斯关于现代哲人的品质蜕变的看法,对他完全适用。①

对每一个自认为热爱智慧的中国学人来说,性命攸关的问题来了:我们愿意被施特劳斯说服,还是被波考克说服?显而易见,波考克已经说服了不少中国学人信奉其"公民共和理想",而施特劳斯则很难说服我们中的大多数——这是为什么呢?

施特劳斯对此倒是早就心中有数,他在《论古典政治哲学》一文中说过:

> 古典政治哲学只限于对某些人言说,这些人因其自然性情

---

① 按斯金纳的"语境中的文本"研究方法来考察马基雅维利的 virtu[美德]观,也会撞上施特劳斯通过考察马基雅维利的政治哲学所得出的这一结论:马基雅维利体现了哲人品质的沦落。参见傅乾,《马基雅维利的 virtu》,韩潮主编,《谁是马基雅维利》,前揭,页 131–141。

和教养而视那些[日常生活中的]道德区分为理所当然。至于那些对道德区分及其重要性毫无"品味"的人们,古典哲学明白,也许能够令他们沉默,但无法真正说服他们……(《重生》,页108-109)

施特劳斯唯一想得不够周全的是:"对道德区分及其重要性毫无'品味'的人们",如今不仅不可能被说服,而且也不会"沉默",反倒会更加积极地生活。

三　自由教育与美国政制

通过复兴所谓意大利人文主义式的"公民哲学"，波考克让自己显得是个后现代的智术师，因为，他让自己所推崇的意大利人文主义者显得是智术师。不过，按照施特劳斯对"智术师"与哲人的异同的辨析，我们又应该说，波考克连智术师也算不上。在施特劳斯看来，哲人诉诸"常识"并凭此发现真理，但反对俗众满足于"常识"，智术师则鄙夷"常识"。因此，对真正的哲人来说，智术师既是"天敌"，也或许是"朋友"。毕竟，智术师"不同于俗众"（《问题》，页151）。

波考克的"公民人文主义"的哲学基础是阿伦特倡导的"公民哲学"，这种哲学明显致力于拉近哲人与俗众的关系。在《哲学与政治》一文中，阿伦特这样指摘柏拉图：

> 在洞穴喻中，令人颇感费解的是，柏拉图把其中的居民都描绘成呆木的人，他们被锁在洞壁前，绝无可能做任何事情，也

绝无可能相互交流。实际上,标志人类行为的两个最重要的政治词汇,即言(lexis)和行(praxis),显然在整篇叙述中都没有出现过。洞穴居民们唯一的工作就是注视洞壁;他们显而易见本身就喜好这种观看,而不是出于任何实际的需要。换句话说,洞穴居民被描绘成普通人,但却也和哲学家们具有同一种素质:他们被柏拉图描绘成潜在的哲学家,这些置身黑暗之中,对任何事情都一无所知的哲学家想要到光亮之处去,想要拥有丰富的知识。洞穴喻这样的一种构想,并没有怎么着力描绘如何从政治的角度看待哲学,而是描绘了如何从哲学的角度来看待政治这一人类事务的领域。①

随后阿伦特就说,哲人"和他的公民同胞们的区别,并不在于他拥有把大众排斥在外的特别的真理,而在于他始终准备着承受惊诧感,从而避免了仅仅是意见持有者的独断论"(同上,页364)。

由于"公民共和主义"以强调哲人的"公民身份"或要求哲人承担公民义务的公民哲学垫底,我们需要进一步面对的问题便是哲人的公民身份问题。② 如果说,苏格拉底与智术师的关系,是苏格拉底的学生柏拉图和色诺芬曾不得不面对的一大哲学问题,那么,热爱智慧者[哲人]与自身的公民身份的关系,也成了如今的我们必须面对的一大哲学问题。这个问题的典型表达式是:何谓公民哲人?当今的公民共和主义论者已经呼吁我们思考这样的问题:苏格

---

① 阿伦特,《哲学与政治》,贺照田主编,《西方现代性的曲折与展开》,长春:吉林人民出版社,2002,页359-360。
② 参见阿伦特,《真理与哲学》,贺照田主编,《西方现代性的曲折与展开》,前揭,页311,319。

拉底是公民哲人吗？① 据说，"苏格拉底毫不迟疑地喝下毒芹汁"这一行为本身，虽然"真实地反映了一种无私的公民身份"，但他"也感到有能力在最大程度上拥护一种相当于对人类自身的忠诚"，以至于如今应该把苏格拉底视为"世界公民"的最早典范。这位论者随后就说，"中国的孔子极力宣扬'大同'观念"，主张"恢复这个世界性的共和国"，不免让我们大吃一惊。更让人吃惊的是，凭靠柏拉图《普罗塔戈拉》中的智术师希琵阿斯的观点，这位论者甚至把苏格拉底和孔子说成与希琵阿斯是一路人。②

拿波考克转引过的意大利人文主义者帕鲁塔的话来说："只有塑造那种能唤醒我们的精神并使我们更好地为公民事业效劳的理论，才是真正的哲学"。熟悉柏拉图作品的人都知道，苏格拉底哲学正是这样的哲学，它"深入参与到具体而特殊的人类生活之中"，而且是在为自己所属的城邦效劳。问题在于：如何为城邦效劳？

苏格拉底和孔子分别是西方智识人和中国智识人的精神楷模，如何理解这样的精神楷模，关系到如今的智识人如何教育自己和型塑自己。"公民人文主义"把苏格拉底说成"世界公民"的最早典范，为的是实现其"公民共和理想"，这就需要驳倒西方古典的"伟大传统"，另立新的"传统"。波考克在《马基雅维利时刻》一开始不

---

① 参见维拉，《苏格拉底式公民身份》，张鑫焱译，北京：华夏出版社，2016。奇怪的是，这位作者没有讨论卢梭的例子。事实上，在现代政治和思想语境中，卢梭首先提出了哲人的公民身份问题。参见帕尔默，《公民哲人卢梭》，刊于刘小枫编，《古典诗文绎读·西学卷：现代编》，上册，北京：华夏出版社，页 627–645；亦参拙著，《设计共和》，北京：华夏出版社，2013，页 99–137。

② 希特(Derek Heater)，《公民身份：世界史、政治学与教育学中的公民理想》，郭台辉、余慧元译，长春：吉林出版集团，2010，页 13–14。

久就说：

> 在有人仍热衷于称为那种哲学的"伟大传统"中，政治共同体被视为一种符合人之天性的普遍现象。人们做过种种努力，阐述它的理念和形式，把它的原理同它作为其中一部分的普遍秩序的原理联系起来；而且由于显而易见的原因，这些努力倾向于把它从特殊性和偶然性的领域移出。（《时刻》，页9）

所谓"有人仍热衷于""伟大传统"指施特劳斯，因为，在美国的政制语境中，施特劳斯不遗余力地维护西方的"伟大传统"：《关于马基雅维利的思考》中多次出现"伟大传统"这个语词。如波考克所说，按照这个"伟大传统"，"政治共同体被视为一种符合人之天性的普遍现象"。的确，古典哲人对政制的理解基于他们对人之天性的理解，这种理解又与他们对普遍秩序的理解相关。波考克试图凭靠"特殊性和偶然性的[历史]领域"驳倒古典哲学的"伟大传统"，我们在前面已经看到，他的论证处处捉襟见肘。柏拉图和亚里士多德在思考政治共同体问题时，从未排除"特殊性和偶然性的领域"，倒是波考克在思考政治共同体问题时，不遗余力地要排除"普遍秩序"视野。如果波考克的哲学家天性具有理智的真诚，那么，他要反驳"伟大传统"的政治观，就应该而且必须直接反驳古典哲人对人之天性的理解。毕竟，"公民共和主义"是否站得住脚，取决于是否能够从哲学上彻底勾销"人之天性"差异。

我们值得用这个尺度来衡量施特劳斯：他是否"深入参与到具体而特殊的人类生活之中"，尤其是否以及如何为自己所属的美国效劳。

1. 政治哲学与公民视角

1968年,也就是我们的"文化大革命"正走向深入那年,施特劳斯出版了自选文集《古今自由主义》。在施特劳斯生前出版的文字中,这部文集最具现实相干性,尤其"前言"、第1–2章以及第8和第10章。① 施特劳斯为自己早年的德文著作《斯宾诺莎的宗教批判》英译本所写的长篇"导言"也收入其中,从中我们可以看到他早年的思想经历与魏玛民国的关系,或者说他的哲学爱欲与"具体而特殊的人类生活"的历史性关系。

《古今自由主义》的"前言"虽然很短,仅四页多一点儿(按中译本计算),却几乎通篇都在谈美国的意识形态状况,而且谈得坦率,实属罕见。美国政治思想界向来以自由主义与保守主义截然分明的对峙著称,但在施特劳斯看来,这种对峙其实仅仅是表面现象。自由主义追求普遍同质的国家理想,致力于实现自由民主的"普世主义"(the universalism);保守主义则认为,这种国家理想既不可欲也不可能,因为,民族文化"传统"多种多样,必须尊重文化的多样性。虽然如此,但美国的自由主义与保守主义有一个"共同基础",即"两者都基于自由民主制,都与共产主义敌对"。不过,自由主义与共产主义看似势不两立,却"似乎目标一致",即都追求实现一个"普遍的无阶级的社会",尽管实现目标的途径不同。自由主义者

---

① 施特劳斯,《古今自由主义》,马志娟译,南京:江苏人民出版社,2010(以下凡引此书简称《古今》,并随文注页码。凡有改动,皆依据芝加哥大学出版社1995年版,不一一注明)。

相信,自由民主制最终会在竞争中胜过共产主义,因为,自由主义国家的福利制度会越来越完善,而共产主义国家产生"对所有种类的消费品压倒一切的需求",是迟早的事情。说到底,这两种"主义"看似势不两立,其实是一对孪生的亲兄弟(《古今》,页1-2)。这样看来,意识形态的真实状况其实是,崇尚"传统"的保守主义与崇尚"进步"的自由主义及其孪生兄弟对峙。

施特劳斯紧接着又说,在美国,其实没可能用是否主张"必然的普遍性"(the necessary universality)来区分自由主义与保守主义。因为,美国诞生于"一场革命,一场暴力性改变或与过去的决裂",这意味着美国并没有自己需要"保守"的"传统",除非"保守"与过去决裂的革命传统。施特劳斯提到,保守主义在欧洲的最初含义是保守"王冠和宗教",而美国革命在一开始就打掉了这两种传统价值,因此,美国的保守主义不过是欧洲原初的自由主义。施特劳斯甚至由此推论,追根溯源到17世纪,保守主义与自由主义及其兄弟也有"共同根源"(《古今》,页3)。

施特劳斯一方面把自由主义与保守主义说成亲兄弟,另一方面又把两者的敌人(而且是外敌)说成它们的亲兄弟,不外乎提醒我们:意识形态领域中的三大"主义"长期以来相互斗争,看似互不相容,都是现代式的政治观念,或者说都是17世纪"古今之争"中的崇今派的嗣子。无论我们站在哪种"主义"的立场与另外两种"主义"展开思想搏斗,其实都是与自己的对手站在同一地平线想问题。只有当回归到古典政治哲学的立场,才真正超越了三大"主义"立足的地平线。

必须始终意识到,施特劳斯的这些话明显针对美国知识界自1960年代以来日趋激进的民主运动。施特劳斯既不站在激进民主一边,也不站在激进民主的敌人一边,而是彰显古今政治观念的对立。施特劳斯明显持有古典政治哲学立场,这意味着他在美国政治思想界没有立足之地。美国不像中国,即便新中国诞生于"一场革命,一场暴力性改变或与过去的决裂",儒家也始终是中国的古典政治传统。无论某些政治立场如何坚决反对或试图彻底革除这个传统,我们与这一"传统"的关系始终剪不断理还乱。与此不同,施特劳斯所持有的苏格拉底式古典政治哲学立场,并非美国的天然传统。问题来了:施特劳斯在美国如何才能做一个好公民呢?

施特劳斯并没有回避古典政治哲学与美国主流意识形态不合,但他说,前现代的"尤其古典的政治哲学是自由这个语词的原初含义"(is liberal in the original sense of the term)。中译本把这句话译作古典政治哲学的"原义是自由主义",明显是错译(《古今》,页4),让我们以为,施特劳斯的说法意在让古典政治哲学混入美国的主流意识形态。毕竟,自由主义是美国意识形态的标签。幸好,在这样说之前,施特劳斯首先说的是,"自由"(liberal)这个语词的"前现代"含义指"自由教育",它并非与"保守教育"对立,而是与"非自由的教育"(illiberal education)相对立(《古今》,页3)。

施特劳斯用"自由教育"来界定"自由",让我们多少会感到费解,甚至感到有些诧异:把"自由"理解为"自由教育"是什么意思?

施特劳斯说,"做自由人(to be liberal)的原初含义是践行有胸襟的美德"(to practice the virtue of liberality)。为什么要强调"原初含义"? 因为,"有胸襟"本身是一种高贵德性——这一说法其实来自苏格拉底-柏拉图的观点。然而,"做自由人"即"践行有胸襟的美德"是什么意思呢? 政治常识所确认的自然美德有多种,比如正义、虔敬、智慧、节制、勇敢。按照苏格拉底曾迫使著名智术师普罗塔戈拉承认的观点,只有当"所有这些美德"相互不可分离时,其中的任何一种美德才算完美。① 施特劳斯在这里说,"真正的自由人等于真正有美德的人"(the genuinely virtuous man),意思是说,真正追求美德的人才是真正的自由人。其中的道理在于:真正的"自由"意味着追求美德。如果唯有学习美德才是在追求美德,那么,"真正的自由"就并非意味着有实现自己的自然欲望或平等参政的自然权利,而是意味着追求学习美德。换言之,唯有把"自由"理解为朝向学习美德的道德热诚——孔子说的"好德","自由"本身才称得上是一种"美德"。

苏格拉底在临终前讲了一个大地神话,然后平静地走向自己的生命终点。当时他对身边那些追求智慧的年轻人说的最后一句话是:应该"热切追求涉及学习的快乐,用灵魂自身的装饰而非不相干的装饰来安顿灵魂,亦即用节制、正义、勇敢、自由和真实来安顿灵魂"。② 苏格拉底在这里用"自由和真实"这两种美德替换虔敬和智慧,意味深长。这话是苏格拉底在城邦的监狱中说的,而且是对身边那些热爱智慧的年轻人说的。这让我们应该想到一个问题:如果虔敬而非自由才是常人的自然美德,那么,难道应该鼓励甚至督促常人用"自由"替换"虔敬"? 即便在如今的重点大学,也不会随处见到"追求涉及学习[美德]的快乐"的爱欲。现代化的大学真的能让"未见好德如好色"不再是政治常识,或者说不再是人类学事实?

施特劳斯在这里毫不隐晦地说,按美国"眼下的流行说法","自由并不等于有美德"(being virtuous),反倒与"有美德"没任何关系(《古今》,页4)。同样值得注意,施特劳斯接下来还说,按照美国

---

① 柏拉图,《普罗塔戈拉》349b1–d1,见刘小枫编/译,《柏拉图四书》,前揭,页131。

② 柏拉图,《斐多》114e4–115a1,见刘小枫编/译,《柏拉图四书》,前揭,页544–545。

"眼下的流行说法","做自由人"意味着"不保守"(means not to be conservative),似乎与自由主义对峙的保守主义要求人"有美德"。倘若如此,我们就有理由把施特劳斯的立场视为保守主义,或者至少值得猜测,借"自由"等于"有美德"这个表达式,他想让古典政治哲学混入美国的保守主义阵营,从而让自己有一个立足之地。可是,施特劳斯马上打断了我们的揣测。他说,古典政治哲学所理解的"自由",不会是"单纯的保守"(simply conservative)。因为,古典意义上"有胸襟的美德",指"所有人天生追求"(all men seek by nature)"好东西",而非追求"祖先的或传统的东西"(not the ancestral or traditional)。比如说,对我们中国人来讲,如果我们要传承儒家传统,那么,理由应该是,这个传统向来"追求好"、追求德政,而非仅仅是保守传统服饰或礼仪规矩——汉儒已经说过,这些不妨因时而变。无论如何,施特劳斯的这一说法明确切断了古典政治哲学与现代保守主义的关系。反过来说,美国政制是否有自己的古典"传统",其实没什么要紧,要紧的是要"追求好"。即便没有自己的古典"传统",美国也可以而且应该寻求建立这样的"传统",如果美国政制愿意"追求好"的话。

施特劳斯让我们看到,他绝没有想让古典的政治哲学混入美国意识形态,相反,他强调了古典的政治观念与无论是自由主义及其孪生兄弟还是保守主义都根本不合。既然如此,我们就值得问:"古典的政治哲学"与所有现代的"主义"意识形态的根本不合,究竟是什么?

其实,我们首先应该意识到一个问题:从现实处境来看,施特劳斯在这里把"古典"含义的"自由"明确界定为"自由教育",不仅颇为突兀,而且多少有些奇怪。无论自由主义及其孪生兄弟还是保守主义,都是关于最佳政制的主张,难道"自由教育"是一种关于最佳政制的竞争性概念？在谈到"古典的政治哲学"时，施特劳斯并没有提到任何具体的政制主张，又何以可能让"自由教育"与现代的三大"主义"对峙呢？

笔者不禁想起施特劳斯的一篇题为《社会科学与人文素养》的讲演文，其中曾谈到现代人文－社会科学与公民事业的关系。施特劳斯说，为了抵消社会科学"专业化"与生俱来的危险，"必须有意识地反求诸常识思维，即返回公民视角"（《重生》，页45）。我们知道，在现代的大学中，社会科学占据了支配地位，即便带有传统色彩的人文科学，也变得相当社会科学化，以至于我们习惯于说的所谓"人文－社会科学"，应该颠过来说成"社会－人文科学"。何况，大学中的"社会－人文科学"是维护或更新现代式"主义"意识形态的机器。既然如此，我们难免会感到费解：施特劳斯为什么认为，日益专业化的社会科学会有与生俱来的危险？

施特劳斯明确说，"必须有意识地反求诸常识思维"（common-sense thinking），我们可以理解，现代式的"社会－人文科学"与生俱来的危险，首先在于远离政治生活中的"常识思维"，或者说致力于用现代式"主义"知识取代政治社会的"常识思维"。比如说，大学中的"社会－人文科学"用自由"主义"知识塑造年轻人的"公民美德"，就有可能败坏一个政治社会自然而然的亦即凭传统养成的公民美德。不仅如此，施特劳斯还把"反求诸常识思维"等同于"返回公民视角"，这表明他不会认同现代"社会－人文科学"的"公民"定义。这提醒我们必须注意：如何理解"公民"或何谓"公民"，其实是近代以来的一个天大的问题。如果想当然地以为，一种学说——比如剑桥学派论证的"公民人文主义"——只要是在强调公民美德，就在道德－政治哲学上没问题，那就完全错了。没准儿，恰恰是这类层出不穷的现代式"主义"论说，一直在败坏公民美德。

由此可以理解，施特劳斯何以让代表古典哲学的"自由教育"与现代的三大"主义"对峙。施特劳斯在《社会科学与人文素养》一文中进一步说，"社会科学真正的母体是公民技艺，而非一种笼统的科学观念或科学方法"。这话的意思与马基雅维利相关，因为，正是马基雅维利首先让古典的人文学问变成了一种"公民技艺"（civic art）。施特劳斯接下来要求，现代式"社会－人文科学"不应"逐渐忘记或完全遗忘自身从中发源的高贵传统"（《重生》，页46），所谓"高贵传统"指的就是古典的政治哲学：苏格拉底－柏拉图乃至亚里士多德或西塞罗的政治哲学，显然绝非一种"公民技艺"。但是，古典的政治哲学不是一种"公民技艺"，不等于它没有"公民视角"。反过来理解同样非常重要：古典的政治哲学虽然具有"公民视角"，或者说"同公民或治国者的关切保持一致"，却并不让自己成为"公民视角"本身，否则就算不上具有热爱智慧［哲学］的品质。

说到这里，施特劳斯突然谈到古典政治哲学与美国政制的相干性：

> 依据这种观点，在这个时代这个国度，社会科学的首要主题将是民主制，或更恰切地说是自由民主制，尤其是其美国形式（its American form）。研究自由民主制，应当不断参照同样现实或同样可能的对抗性方案，因此尤其应该参照共产主义。共产主义引发的问题将面临一种对共产主义认真、严肃、坚韧的考察。与此同时，自由民主制与生俱来的危险（the dangers inherent in liberal democracy）也将被诚实地揭示出来；因为自由民主制的朋友并非谄媚者。（《重生》，页46）

由此来看，施特劳斯并没有把现代式"主义"视为理所当然的

"公民视角"或"常识思维"。毋宁说,现代"社会-人文科学"倒是在致力于用自己的"主义"塑造"公民视角"。施特劳斯并非要让古典政治哲学与现代式的各种"主义"论说竞争,而是关注"公民视角"自身的德性问题。在任何时代或任何政治体制中,古典政治哲学都会关切这个问题。

现在我们可以来理解《古今自由主义》"前言"涉及题解的最后一个自然段,其要旨在于古典政治哲学或"自由教育"与美国占支配地位的两种"主义"的关系。这个段落十分紧凑,我们需要尖起眼睛一字一句读这段话。

施特劳斯说,一方面,古典政治哲学不同于"保守主义",因为它关切"所有人天生追求"(all men seek by nature)"好东西",亦即如今的公民"天生"也会追求的"好东西"。另一方面,古典政治哲学"反对普遍同质的国家"(the universal and homogeneous state)这样一个"实质原则"。理由在于,古典的政治哲学认为,"社会"不是自然的,毋宁说,"对人而言,社会自然地是城邦"(the society natural to man is the city)。换言之,任何"社会"都是一个具有自然传统的政治共同体,而非按照"自然状态"设想推导出来的哲学造物。如果哲人追求实现"普遍同质的国家",就会危及"城邦"或政治共同体的稳定传统。由于这个原因,在眼下的时代处境中,古典政治哲学会宁可选择多少靠近保守主义。然而,这种选择的理由是什么呢?

施特劳斯接下来说,古典政治哲学的另一个与此相关的重要观点是:"每个政治社会"过去曾是、将来仍然会是"凭靠某个特定的基础意见"(a particular fundamental opinion)生活的共同体,毕竟,"知识不能取代"这种"基础意见"(《古今》,页4)。这个句子会让我们犯难:"知识"一词在这里既无冠词也无不定冠词,它指什么?

从文脉来看，很可能指现代哲人所追求的东西，而这种东西成了现代式"主义"的知识基础。倘若如此，现代式的"主义"就是取代城邦"基础意见"的"知识"，比如"普遍同质的国家"论就是一种"知识"。可是，所谓"某个特定的基础意见"在这里指什么呢？更为明确地说，既然眼下是在谈论美国，那么，美国政制的特定"基础意见"是什么呢？是前文所说的自由主义和保守主义？这显然说不通。从文脉来看，"某个特定的基础意见"最有可能指的是一个政治共同体自身在历史中形成的"传统"。自由主义和保守主义的根本差异在于：前者为了实现"普遍同质的国家"，难免要破坏这个"传统"，保守主义则从自身的民族国家关切出发，拼命要维护这个"传统"。因此，施特劳斯才在前面一个自然段结尾时说，"原初含义的自由与保守几乎没有不相容"（little incompatible with being conservative）——尽管绝不可忽视："几乎没有不相容"，绝不等于两者是一回事。

由此可以理解，施特劳斯在结束这个自然段或者说结束《古今自由主义》的"题解"时会说：鉴于任何政治社会都有其"特定的基础意见"，以至于甚至是"一个封闭社会"（a closed society），古典政治哲学才要求其"公共言论和写作"（public speech or writing）承担一些"义务"，由此产生出"一种特别的写作艺术"（《古今》，页4）。我们必须充分意识到：施特劳斯写作这篇"前言"之时，正是美国的常春藤大学被激进学生占领要求"停课闹革命"之时。一旦意识到这一点，我们就能理解，对于美国政制来说，激进学生运动或激进民权运动只会出自自由主义或公民共和主义或"新左派"的社会理想。由此我们也能理解，为何美国的"左派"在我们这里会是"右派"。施特劳斯特别提到，"公共言论和写作"必需承担一些"义务"。显然，追求"普遍同质"的社会理想的自由主义智识人不仅不会认为应该承担这样的"义务",还会认为由此"义务"而来的"特别的写作艺术"不是装神弄鬼,就是反对人类走向"公民社会",从而堪称"反动",而且"反动透顶"。

有意思的问题来了:施特劳斯在发表"公共言论"或就"公共"问题写作时,会如何承担必需的"义务,或者说会采用怎样的修辞?这篇"前言"的修辞已经能够让我们领略,施特劳斯如何承担"义务"。就此而言,波考克没有理由否认,施特劳斯"深入参与到具体而特殊的人类生活之中",为自己所属的美国效劳,除非他认为,只有以公民共和主义者的姿态参与公共生活,才算真正的参与。

然而,施特劳斯是信奉古典政治哲学的热爱智慧者,即便他要在美国这样的自由民主国家做一个这样的好公民,也仍然有可能被视为"敌人"。即便在我们中国,对一些文人墨客来说,施特劳斯也是不能容忍的"敌人",尤其是在某些把写政治预言小说或编政治喜剧当作"智识和道德努力"的人眼里,更是如此。

2. 施特劳斯的公共言论一例

《古今自由主义》文集中果然有两篇"公共言论"式的讲演文,而且被安排在起头和结尾,分别题为《什么是自由教育》和《关于好社会的若干观点》。连起来看,施特劳斯似乎要说:即便在现代,一个"好社会"是否可能,仍然取决于是否有"自由教育"。显然,"好社会"是自由主义-共产主义的"普遍同质"的社会理想的对立概念,这个概念来自"基础意见"的"常识思维"。

《什么是自由教育》是施特劳斯在《关于马基雅维利的思考》出

版第二年(1959)所做的一场讲演,①他首先批评了流行的多元主义式"文化"理解:西方的传统文化可不是"多种"文化中的一种,而是"最伟大心灵"的印记,只有以"最伟大的心灵"为导师,美国公民的心灵才有可能在精神上得到提升。如果把传统的古典文化视为"多种"文化中的一种,就必然会取消"最伟大的心灵"引领美国公民的权威资格。要施行美德教育,就得坚守老派的笨拙教育方式:老师给学生讲解出自"最伟大心灵"的作品,而非让学生自己看书做报告,或通过小班讨论磨炼多元表达能力。

然而,美国政制需要"自由教育"吗?或者说现代的自由民主政体需要"自由教育"吗?施特劳斯在演讲中把这个问题表述为:"现代民主制的成败"取决于是否施行"自由教育"。这表明,他希望美国的自由民主制获得成功而非失败。基于这一支持而非反对自由民主制的出发点,施特劳斯让在场听众思考这样一个带常识性的问题:既然民主政制的原则是所有人或多数人施行统治,那么,只有当"所有或大多数成年人是有美德的人"时,这种 regime[政制]才算得上是"好社会"(《危机》,页306)。施特劳斯让听众看到,他是从公民视角的常识思维来考虑自由民主政体的问题,而非从自由民主的政治学或社会学理论来考虑这样的问题。

这样一来,问题马上就变得非常严峻。施特劳斯首先要求听众与他一起来思考:什么是"美德"?按照常识性的观点,"美德似乎要求智慧"。倘若如此,唯有当国家中的"所有或大多数成年人"都

---

① 虽然是公共言论,但施特劳斯的言辞极为精审,其姐妹篇《自由教育与责任》更是如此,中译绝非易事。《古今自由主义》中译本舛误太多,这两篇文章的中译另见叶然译稿,刊于刘小枫编,《西方民主与文明危机:施特劳斯读本》,北京:华夏出版社,2017,页304–313;314–338(以下简称《危机》,凡引此两文仅随文注页码)。

热爱智慧时,自由民主政体才可能是"好社会"。我们会设想,一旦普及社会科学化的国民教育,"所有或多数成年人"就能够成为有"理性"的人,从而就能出现一个"理性的社会"。然而,"理性的社会"等于"好社会"吗? 施特劳斯没有这样提问,而是从常识逻辑上推论,这一设想仅仅证明"优秀的人"应该施行统治,而非"所有或大多数成年人应该"施行统治。毕竟,是否能够把"所有或多数成年人"教育成为有"理性"的人,取决于公民的心性品质,而非取决于公民的数量。因此,施特劳斯说,如果这就是民主政制的"原初含义",那么,这种民主政制的理想,实质上仍然是一种"普遍的贵族政制"(universal aristocracy)。这里暗含的逻辑是:有美德的人施行统治,才会是"好社会",民主政制是"所有或大多数成年人"施行统治,因此,仅当"所有或多数成年人"都成了有美德的人时,民主政制才是"好社会"。

这里的关键论点在于:"好社会"是由有美德的人施行统治。如果这个常识思维的观点没法反驳,那么,进一步需要确认的就是:何谓"有美德"。按照常识性的观点,有美德至少意味着有公认的好德性:正派、公道、明理、聪明——用我们中国的传统说法,这类人被称为贤良之士。如果这个常识性的观点没法反驳,如果这种观点不被"自然权利"的自由意识取代,不把有权利参政的平等意识等于"有美德"——总之,如果这种道德常识不被所谓"自由的道德"取代,①那么,民主政制就应该是我们的新儒家开宗大师熊十力曾热切憧憬过的"群龙无首"的"好社会"。可是,施特劳斯随即让我们遭遇常识的反驳:全体公民或"公民人文主义"所说的"每个公

---

① 比较拉兹,《自由的道德》,孙晓春等译,长春:吉林人民出版社,2006,页197-270。

民",不可能个个天生是"龙"或潜在的"龙"!

要理解这样的常识并不难。难以理解的是:施特劳斯为什么在芝加哥大学"成人教育"学院的公开讲演中讲这类常识?难道美国公民相信,美国的自由民主制是"普遍的贵族政制"?施特劳斯随即指出,美国政制虽然不可能是"普遍的贵族政制",但也并非"大众统治"(mass rule)。因为,美国的大众并没有施行统治,而是受"精英"统治,即"受那些无论因为何种原因处在上层或有幸运机会升到上层的人组成的群体"统治。这些"精英"是些什么品质的人当另说,总之,他们是实际的统治者。从常识思维出发,我们不难看到,如今所有的自由民主政体的国家,其实无不如此。既然如此,美国公民依然相信,美国政制是民主政体而非精英政体,究竟是什么原因呢?难道美国公民搞错了?施特劳斯说,没搞错!因为,美国政制是自由民主制的含义是:"大众文化"在施行统治,这种"文化"凭靠的是"无需任何智识和道德努力的最低劣的能力"(the meanest capacities without any intellectual and moral effort),尽管它能够不断提供所谓的"新观念"或新样式或新风格,却始终改不掉其低俗品质(《危机》,页308)。

施特劳斯绝不是在责怪大众缺乏"任何智识和道德努力",因为常识表明,大众的天性本就缺乏追求智识和道德的好德爱欲。在任何时代、任何政体中,有好德爱欲的人都不多见。"任何智识和道德努力"都基于特殊的心性品质:一些与大众心性"完全不同类的品质:献身的品质、专注的品质、心胸开阔和头脑深邃的品质"。在"前现代"的等级制社会中,谁要是缺乏这类心性品质,就别想踏入"文化"地盘,遑论在这个领域取得支配权。在自由民主政体中,大众至少在名义上获得了"人民主权",即便大众依然缺乏"任何智识和道德努力"的能力,其代言人即公共知识分子也不仅自以为应该、而且实际上已经取得对"文化"的支配权。不难设想,一旦"大众文化"的民主品质进入大学,即便像美国常春藤大学这样的高等学府,也会成为培养新型大众的摇篮,以至于天性并不缺乏好德爱欲的年轻人,也会被教育成大众——当然,如果公共知识分子还占据了媒体,那么,效果会更佳。

说到这里,施特劳斯给"自由教育"下了两个著名定义。首先,自由教育是针对"大众文化的腐蚀作用"的"解毒剂"。我们值得问:腐蚀谁?腐蚀大众?大众还需要这种文化来"腐蚀"?显然,受到腐蚀的只会是天性并不缺乏好德爱欲的年轻人,或美国政界未来的精英。第二,自由教育是"我们致力于从大众民主向原初意义的民主上升的阶梯",是"在民主的大众社会内建立贵族政制的必然努力"。我们值得问:这个"阶梯"是为谁准备的呢?显然,是为天性并不缺乏好德爱欲的年轻人准备的。这里出现的主词"我们"表明,对施特劳斯来说,如果没有"自由教育"抗衡"大众文化"的统治,那么,美国这样的民主国家最终会变成实质性的"大众统治",即统治"精英"在品质上也成了大众。因此,施特劳斯说,自由教育"提醒大众民主的那些有耳能听的成员们",人世中还有"属人的伟大"这样的品质(《危机》,页308)。

施特劳斯的这些"公共言论"尖锐地挑明了一个问题:人世中的哪一类心性品质的人应该领导共同体。这个问题绝非新问题,而是西方的——我们当然可以加上中国的——古典政治哲学早就深度关切过的问题。按施特劳斯在属于"公共写作"的《论古典政治哲学》一文中的表述,这个问题属于"前哲学的政治生活中发生的现实政治争议"一类问题(《重生》,页103)。在启蒙后的语境中,由于哲学已经变成了种种"主义"式的政治理论——如三大"主义"的政治理论,若不回到前哲学的现实政治争议,我们就不可能看清现代的"主义"式政治论争的底细,从而也不可能真正理解何谓政治。

虽然《新约·启示录》多次用到"有耳可听的,都听吧"这样的语式,但可以断定,施特劳斯这里用的"有耳能听"这个表达式,是在化用尼采修辞:"有耳能听的"指那些天性高贵的少数人。《扎拉图斯特拉如是说》中有两个主导形象:侏儒和高人。扎拉图斯特拉是高人,其特征之一即耳朵特别敏锐,会"突感惊异"。尼采让扎拉图斯特拉一出场就寻觅自己的同类,以至于"高人们"一节在《扎拉图斯特拉如是说》中篇幅最长。尽管如此,孤独一直伴随着扎拉图斯特拉,因为他找不到自己的同类:

> Das Ohr doch, das nach *mir* horcht, – das gehorchende Ohr fehlt in ihren Gliedern[可是,这耳朵呵,这倾听我的耳朵,他们的肢体上缺少这倾听着的耳朵]。①

我们有理由认为,扎拉图斯特拉是尼采的自况,因为尼采以未戴面具的姿态说过:"任何高贵的精神和意趣(jeder vornehmere Geist und Geschmack)要传达自己的话,也选择自己的听者",需要"与我们的耳朵亲近"的那些人的"耳朵"。② 尼采甚至强调,要理解他的书就"得有倾听新音乐的新耳朵"和"看到最远的东西的眼睛"。这些说法无不是针对已经来临的大众民主时代:在这样的时代,由于"任何高贵的精神和意趣"已经面临绝灭的危险境地,所以,尼采

---

① 尼采,《扎拉图斯特拉如是说》,黄明嘉、娄林译,上海:华东师范大学出版社,2009,页499,比较页422。德里达写过一篇文章专讲尼采笔下的耳朵,却未得要领。

② 尼采,《快乐的科学》,格言381,黄明嘉译,上海:华东师范大学出版社,2007,页391。

认为,唯一值得提出的问题是,"应该培育、应该追求什么类型的人"。① 由此我们可以理解,施特劳斯为什么会说:自由教育只对"有耳能听"的人有效。既然如此,如果我们在自己的政治语境中也有必须承担的"义务",那么,我们最好把施特劳斯所说的"自由教育"改称为"德性教育"。毕竟,在我们这里,"自由"这个语词已经与自由主义意识形态黏得太紧,以至于没法接近其"原初含义"。②

美国政制在建制上是精英统治,在文化上是大众统治,我们要理解这种表里不一并不难。问题是:为什么施特劳斯要在公开演讲中提醒美国"有耳能听"的人这种表里不一? 如果听讲演的人是精英或潜在的精英,那么,他们听到这些会有何感想? 他们会明白,大众文化统治意味着精英们放弃了对文化的领导权? 为大众文化统治推波助澜的人,往往自己就是精英,至少受过高等教育或有能写会道的天赋,而且绝对不乏公共精神。既然如此,真正难以理解的是,这些人何以会成为公共知识分子。凭靠常识性思维,可以想到的原因也许不外乎:要么这些人的天性属于大众,尽管民主化的大学把他们培育成了精英,毕竟江山易改天性难移;要么这些人的天性优异,懂得杂众的心性品质,但出于某种不便明言的目的,或马基雅维利式的"为了好的目的不择手段",他们成了大众民主的政治家或理论家。③

剑桥学派可以不同意施特劳斯在这篇"公共言论"中所表达的观点,但他们没法否认,施特劳斯在尽自己作为公民的义务。毕竟,

---

① 尼采,《敌基督》,见吴增定,《〈敌基督〉讲稿》,北京:三联书店,2012,页126。

② 参见拙文,《尼采的晚期著作与欧洲文明危机》,见刘小枫,《比较古典学发凡》,上海:复旦大学出版社,2015,页177-185。

③ 参见施特劳斯,《关于马基雅维利的思考》,前揭,页186-187。

针对美国的大众民主意识形态，施特劳斯致力恢复遭到严重损害的政治道德常识。自由民主的公共知识人对施特劳斯深恶痛绝，不外乎因为，在民主意识日趋激进的语境中，施特劳斯始终坚持古典的"自然正确"："美德"，而非"自然权利"，不仅是统治的政治资格，而且应该拥有文化领导权。因此，对我们来说，令人感兴趣的问题毋宁是：施特劳斯的古典立场与现代的自由民主价值明显不相容，为什么他的"公共言论"仍然采用民主意识形态的修辞？他这是在让自己的"公共言论"承担必须承担的"义务"吗？

3. 自由教育与美国大学的政治学专业

《古今自由主义》文集中也有两篇属于"公共写作"的文章，同样分别安排在差不多一头一尾的位置，一篇为《自由教育与责任》，一篇是为《科学的政治学研究论集》所写的"跋"。这两篇"公共写作"与两篇"公共言论"一样，相互呼应。

《科学的政治学研究论集》是施特劳斯的学生斯托林（Herbert J. Storing）编的一部论文集，从古典政治哲学视角讨论美国学界和教育界所关心的政治问题，难免尖锐批评美国大学的政治学专业。施特劳斯的"跋"一开始就指出，美国一流大学的政治学专业已经成了"大众现象"的组成部分，或者说成了"大众文化统治"的马前卒。这是十分奇怪的现象，因为它们无不得到"财力雄厚的基金会"支持，或者说得到美国精英阶层支持——毕竟，这个阶层需要政治学专业输送人才（《古今》，页237–238）。谁都会感到费解：美国精英阶层为何会用自己的大笔财富自毁长城，为"大众文化统治"夯实基础。

施特劳斯明确表示,由于政治学专业在美国高等教育体制中掌握着教育公民的主导权,他有理由对美国"未来一代最优秀者"的"智识和道德品质"的前景感到担忧。因为,美国一流高校的政治学专业若非首先致力于审查自由民主制的"利弊",就谈不上承担"政治科学"的义务,可政治学专业却在竭尽全力昧着自己的科学良知行事。比如说,新政治学已经从过去的"民主正统论"那里懂得了"大众的非理性"(the irrationality of the masses)和"精英的必要性"(the necessity of elites),却依然盲目地给学生们灌输自由民主信念,实在让人匪夷所思。施特劳斯在文章结尾处尖锐地提出:美国的政治学专业若不"从遥远的过去的反民主思想家群星"(the galaxy of antidemocratical thinkers)那里吸取"教训",最终只会陷于自相矛盾的民主理论泥潭不能自拔(《古今》,页358 – 359)。①

当时正值"冷战"时期,施特劳斯公然提出向古代的"反民主思想家"们学习,我们恐怕得说,施特劳斯的"公共言论"承担必须承担的"义务"的方式,与苏格拉底式的"牛虻"别无二致。这样的"公共写作"受到美国大学政治学界权威教授的抨击,自在情理之中。两位权威的政治学教授在抨击这部论文集时说:出于对"未来一代"年轻人的"精神高贵和智识敏感"的关切,他们有责任回击施特劳斯及其学生。施特劳斯随后写了简短回应,结尾时他逮着这个说

---

① 施特劳斯的政治哲学给美国大学的政治学专业带来的身份危机,在施特劳斯去世之后愈演愈烈。参见 John G. Gunnell, *Political Theory: Tradition and Interpretation*, Cambridge University Press, 1979; David M. Ricci, *The Tragedy of Political Science*, New Haven, 1984; Gabriel A. Almond, *A Discipline Divided*, California, 1990; John G. Gunnell, "American Political Science, Liberalism, and the Invention of Political Theory", 刊于 *Archiv für Rechts und Soziaphilosophie*, 82, no. 1 (1998), 页71 – 87。

法不放:美国大学的政治学专业如果也关切这个国家中天资优异的年轻人是否能保有"卓越"品质,就必然勇于检视现代政治学自身的品质(《问题》,页370–371)。① 由此可以看到,施特劳斯的"公共言论"让谁在败坏青年的问题或者"苏格拉底问题",在自由民主的美国再度重现。

与"跋"同年(1962)发表的《自由教育与责任》,是对《什么是自由教育》演讲的书面补充,施特劳斯在这里详细谈到,应该从古典的"反民主思想家"那里吸取什么"教训"。这篇文章的标题看似寻常,其实有些奇怪。因为,施特劳斯在文章一开始就说,自由教育"显然不等于责任"。毕竟,"责任"(responsibility)是个"新词",它取代了习惯上说的"义务""良知""美德"等语词。负责任未必等于有"美德":杀人越货者也能宣称"承担责任",更不用说如今的"恐怖分子"。负责任必须与其他美德结合在一起,才是一种实质性的美德。无论如何,教人承担责任,绝不等于(遑论取代)教人区分善恶、对错、好坏、优劣(《危机》,页315)。读到这里,笔者不禁想起一件事情:福山在他晚近那部甚至博得我国精英们青睐的新著中说,中国虽然在世界上最早发展出有效政府,还是不及后发的欧洲近代国家,因为,古老的中国"政府"并非"负责制政府"。由于"负责制"与"专制"对立,于是,"负责制"俨然成了自由民主制的代名词,而中国的古老政制也就被等同于"专制"。② 笔者禁不住想,要是福山读过施特劳斯的这篇文章,却仍然忘乎所以地写自己的大著,是不

---

① 这篇"跋"的主要内容是讨论亚里士多德政治学与近代政治学的关系,应该非常对波考克的路数。波考克发表他的关于马基雅维利和哈灵顿的文章之前(1965年),应该读过这篇文章。

② 福山,《政治秩序的起源:从前人类时代到法国大革命》,毛俊杰译,桂林:广西师范大学出版社,2012,页19–22,413–425。

是证明美国一流大学的政治学专业的确把青年才俊的脑子糟蹋了呢？

"自由教育与责任"这个标题并非施特劳斯所拟，而是美国"成人教育基金会"出的题目。施特劳斯一开始就说，他感到困惑不解：人们如今为何要用"责任"代替"义务"和"美德"，这种替代意味着什么呢？笔者感到困惑的则是，福山是日裔美国人，上大学时接受过"自由教育"，还上过施特劳斯的著名学生布鲁姆开设的"通识教育"核心课程，甚至因特别聪明而主持过小班讨论，何以还会大谈"负责制政府"优于在儒生阶层主导下追求德政的政府呢？看来，施特劳斯在文章结束时说得有道理：我们不能指望"自由教育会成为普遍教育"，它毕竟"总是一小部分人的义务和特权"；即便受过这种教育的人，也未必"能以同样方式理解自己的公民责任"（《危机》，页337）。这意味着，"美德是否可教"的问题始终存在，即便是自由教育，其成败也取决于接受教育的人具有什么样的天性——除非我们认为，孔子所说的"朽木不可雕"，并非亘古不易的人类学事实。

如果把福山这个著名的政治学家视为一个史学案例，那么，我们会更容易理解施特劳斯在这篇"公共写作"中所讲的内容。他首先说，"自由"这个语词的古希腊语含义指"可以自由支配自己的所有时间"，因此，"自由人"的含义首先是政治性的，即有别于不能支配自己的生命时间的"奴隶"。但是，所有雅典公民都是"自由民"，却未必个个有政治德性。问题显然还在于，"可以自由支配自己的所有时间"的人用属于自己的时间来干什么。古典政治哲学或苏格拉底意义上的"自由"，指用自由时间来通过关切城邦的好生活和热爱智慧"追求成为自己"（the pursuits becoming him）。换言之，好德是"做自由人"的实质性含义。

施特劳斯在这里还强调,"真正自由的人"(the truly free man)在古希腊是"必须拥有一定财富的贤人"(the gentleman,又译"绅士"),只不过他们获取和管理财富无需占用太多时间(《危机》,页316)。我们不难想到,这样的说法多少有些贴近美国现实的味道。毕竟,美国是发达的商业文明国,拥有财富的大多是企业家或商人。但我们显然不能反过来说,"拥有一定财富"的"自由人"都是贤人。施特劳斯马上就说,"贤人可以是个贤良的农夫(a gentleman farmer),而非商人或企业主"。这无异于说,从根本上讲,"贤人"指个体的心性品质,而非拥有财富或从事某特定职业。毋宁说,一个"好社会"应该让贤人轻松地"拥有一定财富",以便他有充分的自由时间去好德,并关切城邦是否在追求好生活——这意味着让这类人在社会中掌握政治和文化的领导权。如此一来,城邦政制就会是"贵族政体"。Aristocracy这个语词的词干有"最优秀""高贵"的含义,指的就是贤人施行统治的政制。[1] 严格来讲,中国的古代政制就是Aristocracy,科举制庶几可以类比为施特劳斯在这里所说的"自由教育"。如我们所知,科举制向贤良的农夫开放:笔者祖籍的著名乡贤廖平出身贫农,连中农家庭都算不上。科举制也出败类,但这不能归咎于科举制本身,正如不能把福山这样的政治学家归咎于美国的"自由教育"。

施特劳斯说,"贤人"的优异品质首先在于"严肃 / 热诚"(earnest),或者干脆说严肃的热诚,即对"那些最为重大的事情"抱有热诚——对自己的"灵魂和城邦的良好秩序"抱有热诚,而非对随便

---

[1] 参见拙文,《城邦航船及其舵手》,见刘小枫,《比较古典学发凡》,前揭,页8–11。

什么事情或实现自然欲望的个人权利抱有热诚。正是基于这样的心性前提,古典政治哲学认为,"社会正义的问题",不是所有社会成员平等地分享权利,也不是所有公民平等地参与公共决策,而是让贤人"凭他们自己的资质"(in their own right)施行统治。这意味着,权利来自人性的优良品质。由于贤人的个体心性是好德,这个短语也可以读作:好德的人掌握权力,才是自然正确。毕竟,"正义的治理"(just government)应该顾及全体人的利益,这需要统治者有顾念全体人利益的心性品质。贤人"在天性上优于众人"是政治常识或自然事实,但在民主意识形态占支配地位的今天,人们已经不敢提及这回事。人人天生平等,从而应该在政治上得到平等对待,成了人们不假思索就会认同的"政治正确",或大众启蒙后的新常识。尽管如此,施特劳斯仍然小心翼翼地用苏格拉底式的虚拟对话方式说,"社会秩序应该在可容忍的严格程度上与自然秩序对应";让天性优劣有差异的人受到平等对待,只会导致"一种普遍的平庸"(universal drabness;《危机》,页318)。这里的所谓"自然秩序",指人的心性品质的自然差序,古典政治哲学把这种差序视为"自然正确"。

施特劳斯接下来写道:有人会认为,即便由贤人施行统治,也需要"以民众选举为基础"。这种观点也许反映了美国政治精英的一种看法:民主观念已经深入民心,根本没法改变,毕竟,如今已经是启蒙后的时代。即便贵族政制是自然正确,也应该补上民主要素。施特劳斯让我们看到,这样的妥协性看法会面临理论上而非实践上的困难。首先,"民众选举"贤人,等于民众有能力辨识什么是真正的贤良品质。贤人好德是因为美德本身值得追求,常人则往往为了种种实际的利益才好德——这并非施特劳斯自己的看法,而是苏格拉底在与普罗塔戈拉讨论常人的人生观时提到的,常人自己就这么认为,而且自认为有道理。① 总之,一人一票的"民众选举",未必能保障选出真正的贤人,倒是往往选出各方实际利益的权利代表。何况,贤人与民众的德性差异太大,要他对民众负责,实在难为他(《危机》,页319)。问题的关键在于,"民主制的原则并不是美德,而是自由",即"每个公民按自己的喜好来生活的权利"的"自由"(freedom),而非好德的"有胸襟"(liberality)。事实上,好些民众对"选举"十分冷漠,他们仅仅关心自己能否随心所欲地生活。这样看来,"消极自由"的观念特别合民众心性之人的意,也就一点儿不奇怪。

施特劳斯的"公共写作"谈论这些干什么呢?他干脆把话挑明:"贤人统治"(the rule of gentleman)这一原则"必然引导一个人拒绝民主制"(necessarily leads one to reject democracy)。施特劳斯甚至以疾呼口吻说:"贤人统治"不可偷偷摸摸,必须"光明正大地施行统治"(by ruling it in broad daylight)。如果考虑到美国政制甚至所有的自由民主政体实际上是精英统治,那么,施特劳斯的这些说法无异于在告诉精英们:不能对大众文化统治让步,"要用最直接、最不含糊、最毋庸置疑的方式给社会定调"(set the tone of society)。换言之,精英们应该理直气壮、当仁不让地宣称自己拥有文化领导权。正是或恰恰是在这里,施特劳斯回答了"自由教育"与"责任"的关系问题:"自由教育"不仅要"培养公民责任,还要求践行公民责任"(civic responsibility)。这无异于说,贤人或精英们的公民责任是掌握政治和文化领导权(《危机》,页320)。由此可以说,"自由教育"的对象是潜在的贤人,而非不分心性类型的"所

---

① 柏拉图,《普罗塔戈拉》352e5–356c3,刘小枫编/译,《柏拉图四书》,前揭,页139–148。

有公民"。

　　接下来施特劳斯说，作为德性教育的"自由教育"，除了满足贤人的好德需要，还满足怀有"种种智识兴趣"（intellectual interests）的天性的需要。这意味着，有"智识兴趣"的人与贤人在心性类型上不同。贤人信靠的东西，有"智识兴趣"的人会"打问号"（questioning）探个究竟。显然，这种心性品质"超越了贤人品质"（gentlemanship）。此外，贤人的生活方式得以一定的财富为基础，有"智识兴趣"的人的生活方式则自然而然地清贫，而非刻意追求清贫（《危机》，页321）。看得出来，施特劳斯指的是热爱智慧者或俗称的"哲人"。凭常识也可以知道，在任何国家任何时代，这类人都比贤人要少得多得多。因此，我们应该清楚，这里所说的"哲人"，绝非指如今搞哲学专业的人或哲学教授——施特劳斯举到的例子唯有苏格拉底。可以设想，无论办多少哲学系，美国也好、中国也罢，这类人的数量都不会增加。

　　如果哲人被理解为"天性最佳和受教育最佳之人"（the men best by nature and best by education），从而"超越了贤人品质"，那岂不是应该推崇"哲人统治"（the rule of the philosophers）？施特劳斯说，按照古典政治哲学，"哲人统治"未必没有应然之理，但这种统治"不可能"，甚至不应该！

　　不应该是因为，哲人心性的品质首先是好智，对任何事情都要"打问号"探个究竟。哲人施行统治，难免危及社会的"基础意见"，人为导致政治失序，使得城邦不再是"一种稳健的统治"（a sound rule）。因此，在《论古典政治哲学》一文中施特劳斯说，"一切政治争议都以政治共同体的存在为先决条件"，从而，"是否有或是否应该有一个政治共同体，为何有或为何应该有一个政治共同体"之类"关于政治共同体的本性和目的的问题，就不是古典政治哲学的主导性问题"(《重生》,页103)。显然,一旦敞开这样的问题,既存政治体的统治法权已然受到挑战。古今政治哲学的一个根本差异就在于,现代政治哲学从"自然状态"的形而上学式假设出发,重新探究政治共同体的本性和目的。接受或顺着这种思路去思考,必然危及现存政治共同体的稳健。古典政治哲学则与此不同,它收敛"打问号"的"疯狂",即便为城邦效力,也会采用间接方式,或"一种稀释形式"(in a diluted form;《危机》,页323)。由此可以理解,柏拉图《理想国》的要义在于:教育或驯服热爱智慧者的天性,调校其欲求直接统治的血气。

"不可能"是因为,哲人的生活旨趣超逾了城邦生活。真正的哲人对人世中的任何事情甚至问号都不屑于打,而是径直去追求纯粹的美,因为这种美令他的灵魂心摇神荡、不能自已。显然,哲人不可能强制所有人为追索纯粹的美而颠狂。因此,古典政治哲人即便按自然之理认为"哲人统治"最佳,也不会推荐这种"哲人－王政制",而是接受城邦自身的观点:"贤人的统治"最好。这充分表明,古典政治哲人不是从哲人生活自身的利益来考虑政制问题,而是从城邦的利益出发来考虑这个问题。当然,贤人不能由此推导出这样的结论:哲人应该受贤人统治;否则就等于说,哲人应该"被[德性上]比他们更低的人"(by their inferiors)统治。毋宁说,"贤人统治"应该是"哲人统治"的"政治反映":贤人政制是"尚德"的政体,热爱智慧是"尚德"的基础和最高表达(《危机》,页321)。由此可以理解,古典政治哲学为何会把哲人与贤人的关系定义为教育者与被教育者的关系。反过来说,一旦哲人品质蜕变,贤人阶层的脑子就会被败坏(被教坏)。

悉心阅读施特劳斯文章中论及"哲人"的三个自然段(第11至13段),笔者不免想到《庄子·天下篇》中的心性七品说,而且不禁让其中的人品区分在这里对号入座。① 施特劳斯在这里实际上谈到三种人(民众、贤人、哲人)的区分,转换成七品说的语言就是圣人－君子－民人的区分。在《天下篇》中,"圣人"以上还有三品,这意味着政治哲人与哲人的区分。施特劳斯虽然没有明确谈到这种区分,实际上仍然有所区分,否则他不会谈到"哲人作为哲人对城邦的责任",也不会说,哲人通过做自己的事情或"自己的活得好"(own well-being)来增进城邦的"活得好"。换言之,"圣人"相当于政治哲人,"贤人"相当于"君子",他们成为"百官"就是贤人统治,但他们在走上行政岗位之前,必须经受"圣人"的教育。"贤人统治"是"哲人统治"的"政治反映",在我们的城邦相当于孔子或老子统治的反映——这恐怕就是所谓"素王"论的原初含义。

如此对比联想,不是出于所谓中西哲学比较的旨趣,而是为了更好地理解施特劳斯所说的"自由教育"的原初含义。由此来看,"自由教育"确立的是圣人与君子的关系,也就是教育者与被教育者的关系。从事"自由教育"的人自己当然绝非"圣人",而是通过自己研习圣人的智慧,在圣人与贤人之间建立起桥梁。无论"自由教育"中的教育者还是受教育者,都是古典"圣人"的学生,是仰慕和热爱圣人教诲的学人共同体。同样,研习古典政治哲学之人,绝非等于自己就成了政治哲人,毋宁说,他只是成了古典政治哲人的学生,而且终身都是学生(《危机》,页310)。因此,施特劳斯在《什么是自由教育》的演讲中强调,"自由教育"就是阅读古典的"伟大心灵的作品"。

---

① 参见拙著,《共和与经纶:熊十力〈论六经〉〈正韩〉辨正》,前揭,页240-250。

4. 自由教育与美国的代议制

《自由教育与责任》全文共29个自然段,没有划分小节,一贯到底。毕竟,文章不长,译成中文不到一万五千字。但悉心阅读就会发现,这篇"公共写作"有精致的内在结构,其中隐藏着精深的政治哲学思考。头三个自然段算是破题的"引子",说明"教育与责任"这个题目是命题作文。现在回过头来想,破题所提出的问题其实是:谁应该对什么以及对谁"负责任"。

刚才读的六个自然段(4至9段)可归为第一节,接下来的第十到第二十自然段当是第二小节,而且是非常关键的小节。这个小节被切分为两个部分,前一部分有四个自然段(10至13段),施特劳斯在这里谈到,古典的政制观以怎样的人性观及其教育观为基础,从而回答了谁应该"负责任"的问题:天生具备好德爱欲且有幸受过自由教育的人,应该为政治共同体承担责任。说"每个公民"应该为共同体承担责任,不仅大而无当,我们随后还会看到,这种说法恰恰是对"稳健的政制"极度不负责任。

这一小节的后半部分处于全文中间位置,共六个自然段(第14至19自然段),涉及美国政制的共和主义性质及其与自由教育的关系,值得特别小心看。就两个部分的内在关联而言,前一部分有如树起了一面镜子,让我们有可能鉴照以美国政制为楷模的现代共和主义政制观。所以,施特劳斯在这一部分起头就说,古代"经典"(the classics)甚至对实现"真正的贵族政制"也不抱"种种幻想"(delusions)。这无异于说,古典的政治哲人懂得,即便贵族政制是中庸政制,要在人世中完全实现这样的政制,也难乎其难,能实现贤人与"民人分享权力"(share power with the people)的混合政制(the mixed regime)已经很不错了(《危机》,页323)。用我们的古典政治哲学语言来表达,这种政体的特色可以叫作"和光同尘"。

贤人与民人如何"分享权力"呢?施特劳斯在前面已经按照古典政治哲学的观点拒绝了贵族政制与民主政制的混合,怎么现在又说,古典政治哲学"满足于"贤人与民人"分享权力"?仔细品味就会发现,施特劳斯并没有改口。施特劳斯在这里对混合政制的描述,显然以美国读者所熟悉的美国政制的传统架构为前提。他强调参议院在"民人大会"(the popular assembly)与选出的或世袭的君主之间占据"关键位置"(key position),很可能意在强调,美国式的混合政制中其实有很强的贵族政制要素。

可是,施特劳斯紧接着就说,美国的混合政制更多基于"现代的共和主义",与"古典源头的"(classic original)共和主义"有诸多重大差异"。决定性的差异在于:现代的共和主义"从所有人的自然平等(the natural equality)出发",主张"主权在民"和保障每个人的"自然权利",以此作为政制原则的基础。由于民人自然地受改善物质生活条件的"欲望"支配,"主权在民"必然意味着,民众要求政府的唯一目的是,保障"每个人改善其物质[生活]条件的欲望"(the desire of each to improve his material conditions)的权利。现代商业和工业技术的发展,与民众的自然欲望恰好吻合,于是,"商业和工业精英"自然会在参议院占据多数(《危机》,页323)。因此,即便参议院在混合政制中占据"关键位置",也不能说体现了"贵族政制"原则。毕竟,贵族政制要素的实质,绝不仅仅体现为参议院这种制度设计本身,重要的是参议员有好德品质,不会把自己的头脑交给民众的自然欲望去支配。

施特劳斯在这里并没有说,"古典源头的"共和主义究竟是怎样的。不过，通过他对"现代共和主义"的描述，我们可以反过来推想："古典源头的"共和主义绝不会主张"主权在民"和每个人拥有平等的"自然权利"。凭常识也可以想到，"主权在民"意味着，根本不可能有贤人与"民人分享权力"这回事。从而，共和主义的现代版与古典原版的关键差异在于：古典版的共和制以贵族政制要素为主导，否则，"追求美德"不可能成为国家目的；现代版的共和制以民主政制要素为主导，否则，满足每个人的自然欲望的权利也不可能成为国家目的。既然美国政体属于后者，高贵的德性就很难有容身之地，也就难怪优异的德性实际上不再拥有决定政治体的整体道德的权力。因此，施特劳斯说，随着现代共和主义"学说"（doctrine）的普及，以及投票权日益扩大，每个人都有平等的"自然权利"这一原则在政治实践上得以贯彻落实之后，政府必然丧失对"人民［应该承担］的责任"（the responsibility of the people）作出法律界定的权力，反倒被要求受到广泛的"公共监督"，即监督政府是否在保障个人权利，而非监督政府是否在追求德政。换言之，现代共和主义"最明显的症结"在于：民主政制何以可能是追求美德的政制（《危机》，页 324）。不难设想，在美国，人民所受的政治教育，除了每个人都有平等的"自然权利"、"主权在民"、政府必须接受全面监督等民主信条，再也不会有任何其他政治道德教育。因为，道德教育完全是私人的事情，甚至父母都不能干涉。这样一来，不仅大众文化施行统治不可避免，这种文化的自然欲望表达和自然权利诉求，也将不可避免地排挤贤人德性。

施特劳斯显得并不怎么关心大众的道德教育问题，这并非不可理解。因为，即便是在民主的雅典，也没有取消城邦宗教负责人民的道德教育的法权。再说，就算要在宗教教育已经不具有公共法权的今天重建大众的道德教育，也得先解决教育者是谁及其道德修养是什么的问题。按照古典政治哲学对大众心性的认识,让大众在道德上自己教育自己是荒谬的,因此,这个问题要获得解决,还得回到贤人统治的必要性。

这时,施特劳斯说,在现代共和主义的"更早阶段",洛克(1632 – 1704)已经想到过"解决办法",这就是用古典教育来养护贤良心性之人:洛克的《关于教育的若干思考》是为贤良心性之人而非"那些低劣的人"(those of the meaner sort)而写的(《危机》,页324)。施特劳斯紧接着还说,美国的立国者们即《联邦党人文集》的作者们,接受并清楚阐述了洛克的观点:真正的共和政体应该让德性优异的人获得相当的政治权力,以便与民众和商人构成平衡(《危机》,页325)。似乎美国的立国者与洛克的睿见一脉相承:贤人一定得是好德之人,而非商人或企业家之类商业化时代的"牛人"。毕竟,就追求"改善物质[生活]条件的欲望"而言,民众与商人或企业家属于一家。

这里的说法岂不明显与《什么是自由教育》中的说法相矛盾吗?在那里,施特劳斯说,美国政制实际上是"大众文化"统治。要解释这个矛盾似乎只有两种可能:要么,美国政制在后来的发展过程中背离或遗忘了立国者们的政治睿见;要么,这种政治睿见仅仅是个别美国立国者在立国之初说说而已,从未在制度上落实过。无论如何,只要确认美国当初的立国原则与近两百年后的现实原则并不相同,这个矛盾就可以得到解释。然而,施特劳斯在《自然正确与历史》中已经论证过,美国版本的现代共和主义原则的奠基人恰恰是洛克。因此,真正的自相矛盾在于,施特劳斯在这里提到洛克的教育思想对贤良心性之人与"那些低劣的人"的区分,并以此论证古典式"自由教育"的必要性,与他在《自然正确与历史》中的论证不相符。毕竟,他在这里明确说,洛克劝导绅士让自己的孩子接受

"罗马人和希腊人的教育","熟悉古典文学";而且,这种针对绅士的教育不可能也没必要普及,因为"理性的伦理学"(the rational ethics)对于常人就像"数学",根本没法搞懂,常人也不会有兴趣。洛克仅仅指望通过古典教育"扶正"(set right)总是少数的绅士,让他们把"其余所有人引入秩序"(《危机》,页324)。

如果不能设想施特劳斯不知道这是明显的自相矛盾,那么,我们只能设想下面两种情况:要么,洛克自己关于古典教育的表述故意含混;要么,洛克关于"人人生而平等"从而人人有"自然权利"的宣称并非真实的宣称,而是一个未必高贵的假话。带着这样的疑惑仔细琢磨施特劳斯在这里的言辞,就不难发现,他在这里提到洛克的教育观时,笔法很可能暗藏玄机。一方面,施特劳斯说,现代共和主义主张每个人都有选举权,政府代表人民就应该对人民的自然权利负责,显然,这正是洛克教导"自然权利"论和"有限政府"论的结果。另一方面,施特劳斯又说,洛克实际上看到了共和主义最明显的症结,从而设想出教育贤良心性之人这样的解决之道——这是明显的自相矛盾。

施特劳斯在概括洛克关于绅士教育的观点时,还插入了这么一句:

> 另一方面,同样是[洛克]这位权威建议,英格兰的绅士要求自己的儿子们遵循(set their sons upon)普芬多夫的《自然权利》,"此书教给[他们]人的种种自然权利,社会的起源和基础,以及由此而产生的诸义务"。(《危机》,页324)。

这会不会是在提示我们,洛克表面上谈"古典教育",其实谈的是用新派的"自然权利"观来"纠正"(set right)绅士们的后代?如果情形确实如此,那么,施特劳斯让我们看到:洛克真够狠,他表面上推崇古典的德性教育,实际上他知道,现代共和主义要真正取得成功,必须先改造绅士们的后代,或者说先革除古典教育。不难设想,一旦这些后代满脑子"自然权利"和"有限政府"之类的观念,那么,让整个社会都以个人权利为尚,并要求政府接受全面监督,建立现代式的共和政制就会易如反掌。尤其够狠的是:一旦古典式"自由教育"的内容替换为关于"人的自然权利,社会的起源和基础,以及由此而产生的诸义务"的学说,未来绅士们的脑子就再也不可能回到古典的"自然正确"观念。至少,从如今美国以及我们中国的大学来看,政治学专业的确是在实现洛克的这种教育方案。

有人兴许会说,"自然权利"是现代人类似于宗教的信条,政治哲人在政治处境中至少必须装得来敬拜城邦的"神",洛克要英格兰绅士的儿子们遵循普芬多夫的"自然权利"论,会不会是在假装敬拜"自由女神"呢?这种设想明显站不住脚,因为,洛克并非生活在信奉"自由女神"的国家,恰恰相反,他被敬拜"自由女神"的国家的立国者们当做了教父。

如果我们也把洛克《关于教育的若干思考》①拿来读一下,那么,真相就会大白——施特劳斯的引述的确在不动声色地揭示洛克论绅士教育的意图:推崇古典教育是假,倡导"自然权利"教育是真。首先,在谈到"绅士应具备的四种品质"时,洛克压根儿没提到古典文学的作用(《教育漫话》,页128 - 140)。第二,在谈到"拉丁语对于一个绅士是绝对必需的"时,洛克实际上说,学习拉丁语完全没必要,毕竟,绅士的孩子"一旦离开学校,终生终世就再也用不着

---

① 洛克,《教育漫话》,杨汉麟译,北京:人民教育出版社,2006 / 2013(以下随文注页码)。

和拉丁语打交道"。因此,"许多儿童在皮鞭的淫威下被迫去学习这种语言","世界上还有比这更为荒唐可笑的事情吗"(《教育漫话》,页150)。第三,"一个绅士通常要从罗马及希腊作家中间获得于己有用的知识"这句话听起来很正面,其实,洛克这样说的时候,是在谈所谓"学习拉丁语的方法及对传统教法的批评"之类的琐屑话题。洛克实际上要说,一个绅士根本无需从罗马及希腊作家的作品中去获得于己有用的知识(《教育漫话》,页162-163)。他在前面某个不起眼的地方甚至明确告诉英格兰绅士:他们让自己的儿子"去学习古代希腊、罗马的文字",无异于"伤害令郎的纯真与美德"(《教育漫话》,页56)。

关于普芬多夫的说法出现在谈及学习历史的段落。洛克说,最能给人教益也最能让人愉快的是学习古代历史,这种说法听起来颇有推崇古典教育的味儿。可是接下来,他说的却是学习"拉丁语的历史",显得文不对题。然后,洛克又说到,绅士的孩子应该通过读西塞罗的《论职分》来"掌握美德的原则与戒律",但他马上就用普芬多夫的《论人的和公民的职分》①取代了西塞罗的《论职分》。言下之意,要"掌握美德的原则与戒律",应该读普芬多夫乃至格劳秀斯而非西塞罗,尤其应该读普芬多夫的《论自然法和万民法》。换言之,对于洛克来说,关于自然权利的知识,远比古代历史知识更为重要(《教育漫话》,页174-176)。因此,在《教育漫话》中,洛克向英国绅士推荐教育孩子的书时,首推普芬多夫的著作。② 如今我们的公民教育更看重关于自然权利的知识,而非古代历史知识,或者

---

① 普芬道夫,《人和公民的自然法义务》,鞠成伟译,北京:商务印书馆,2009。
② Steven Forde, *Locke, Science and Politics*, Cambridge University Press, 2014,页97。

我们的文史学者们乐于在古代故书中翻来覆去找"个人权利",一点儿不奇怪。

洛克的教育观很可能与英国共和革命时期激进文人弥尔顿的教育思想有关,即便两者没有直接联系,也值得比较。1644年,也就是英国内战爆发之后的第三年,弥尔顿发表了政论小册子《论教育》,严厉指责当时英国的教育"违反常规地强迫头脑中空无所有的孩子去写作文、写诗、写演说词",花很多时间学习日常少用的希腊语和拉丁语,浪费青少年的宝贵青春。到了大学,经院逻辑学和形而上学又成为学生的主课,无法获得有用的知识。在他看来,学生学习古典文学极易成为愚昧无知、唯利是图或野心勃勃的小人,学习实用的科学知识和革命思想反倒不会。①

可以断定,施特劳斯在这里引述洛克,与其说是在赞美他对现代共和主义"最明显的症结"有了解决之道,不如说是在揭示他用心良苦地要废除古典教育。事实上,只要不嫌麻烦,找出施特劳斯提及的洛克原文段落亲自读一下,我们就能体会到,洛克的确以看似漫不经心的笔法教唆英格兰绅士让自己的儿子们与古典传统决裂。施特劳斯的弟子塔科夫的研究提到,洛克在给友人的一本书写序时故意透露,他的《关于教育的若干思考》由给朋友的私信改写而成。言下之意,他把教育问题完全当作私事,因此笔法闲散轻松。其实,这样的说法无异于此地无银。所谓"由给朋友的私信改写而成"云云,不过是障眼法,所谓"漫话"实为精心炮制。按照塔科夫的见解,《关于教育的若干思考》可以看作《政府论》的附篇,它用显得是私人建议的方式,不动声色地施行政治教育,"要抗衡和改正一

---

① Charles R. Geisst, *The Political Thought of John Milton*, Cambridge, 1984, 页52-69。

般人的教育成见",或者说抗衡和改正传统的道德教育。①

我们可能会想:就算贤人们被教坏了,还有热爱智慧的心性之人啊,这类人喜欢做学问,而且喜欢"打问号",不会轻易信奉现代共和主义的"学说"吧。施特劳斯接下来的说法,让我们对此也不抱什么希望。他引述汉密尔顿的观点说,工人会把商人视为自己"天然的庇佑者和朋友",从而是他们天然的代表;富有的地主则是土地拥有者利益的天然代表,唯有"有学问的专业人士"(the men of the learned professions)不代表任何实际利益,他们才会更容易考虑到"社会的一般利益"。汉密尔顿相信,只要"有学问的专业人士"与地主和商人一样能被选为人民的代表,这类人就能够在现代共和主义的代议制政府中"保持权力均衡"(hold the balance of power)。施特劳斯甚至说,汉密尔顿心目中的共和国,是"有学问的专业人士"施行统治,这"让人想起哲人统治"(《危机》,页325)。

施特劳斯的这段表述,与前面对洛克教育观的表述一样暗含玄机。首先,施特劳斯不可能搞不清楚,"有学问的专业人士"与"哲人"根本不是一回事,所谓"让人想起"云云,无异于节制的反讽。其次,他引述的汉密尔顿的话实际上让我们看到,商人和地主有工人和农民作为自己的"民意基础",从而能以工人和农民"代表"的身份进入议会这个立法单位,而"有学问的专业人士"除了代表自己,还能代表谁呢?如果这类人仅代表专业知识,并不能代表某类"人民",那么,他们成为"人民代表"岂不荒谬?

果然,施特劳斯紧接着就问:"有学问的专业人士"等于受过"自由教育"的人吗?在现代式的共和政体中,所谓"有学问的专

---

① 塔科夫,《为了自由:洛克的教育思想》,邓文正译,北京:三联书店,2001,页148-153。

业人士"主要指律师,或杰斐逊那样出身律师行业的人。施特劳斯随即引用柏克的说法:律师行业看似公正,其实未必。用柏克的话说,"合乎法律和合乎宪制"地说话与"明智地"(prudently)说话,是两码子事儿。后者体现了一种政治德性,前者则未必。有律师资格绝不等于有立法者资格,因为,立法者资格基于对"理性和公正"这两项伟大原则以及"人类的一般常识"的理解(《危机》,页326)。

施特劳斯引述汉密尔顿的说法,目的在于引出现代共和主义的代议制问题,以及美国政制立法者的品质问题。他马上转向了19世纪著名自由主义思想家小密尔(John Stuart Mill)关于代议制政府(representative government)与自由教育的关系的思考:密尔懂得,作为德性教育的古典教育,对于培养天性优秀的人必不可少。但施特劳斯同时告诉我们,密尔看到,自由教育其实对"鱼龙混杂的议会"几乎没有效果,因为,当议员凭的是"三寸不烂之舌蛊惑选民"。议会拥有"合法主权",但议员却往往"并不具有立法品质"(qualification for legislation),这表明现代共和主义的代议制有根本上的道德缺陷。为了解决这一问题,或者说为了让议员具备"智识资质",密尔建议,采用有人设计出来的所谓"比例代表制"。这意味着,通过制度设计,强制性地保障有"智识资质"的人无需"民意选举"就能进入议会这个立法单位。可是,这样一来,民主的代议制原则必然大打折扣。我们在现实中已经看到,彻底贯彻普选的诉求,如今甚至理直气壮地认为,有政治权利采取街头抗议或"占领立法局"的方式来表达自己。

这时,施特劳斯引用了密尔的一大段原文——这篇文章中唯一一段完整引用的引文(《危机》,页32)。这段引文的语境,出自密尔区分"真正的和虚假的民主制"的章节,在密尔笔下,美国政制是

"虚假的"民主制的典型。① 施特劳斯为文向来言简意赅,在这里引一大段密尔原话,绝非随意所为,他要让我们亲自看什么?

这段原话首先让我们看到,即便19世纪的自由主义思想家也清楚:"代议政府与现代文明一样,其自然趋势是朝向集体平庸"(collective mediocrity)。我们应该感到吃惊:代议制的道德缺陷竟然会连累到"现代文明"的品质。问题有那么严重吗?信奉自由主义的密尔的确认为,随着选举权下移和扩大,不仅"朝向集体平庸"的趋势只会有增无减,国家的"根本权力"最终也会落入"智识资质"越来越低的"阶层"手中。

第二,密尔明确写道:美国民主制就是根据这种"错误模式"(faulty model)的代议制建立起来的。在这样的政制中,"有很高教养的成员"没可能进入国会这样的立法机关为国家效力,除非他们"愿意牺牲掉"自己的意见和"判断模式","成为在知识上劣于他们的人的传声筒"。

第三,密尔虽然是19世纪的自由主义思想家,但他所看到的"美利坚共和国的那些被启蒙和爱国的立国者们"在制度设计上犯下的错误,不仅没有过时,也未见从根本上得到补救。否则,美国立国已经一百多年,不会迄今还带有这种"自己身上最难克服的种种邪门之一"。

施特劳斯并未明言,但我们自己还应该想到这样的对比:在19世纪自由主义者身上尚存的道德政治感觉,在如今的自由主义者伯林或"大西洋共和主义"论者波考克或斯金纳身上,已经所剩无几。这证明了密尔的预见,即自由民主的代议政制的"自然趋势",最终

---

① 密尔,《代议制政府》,汪瑄译,北京:商务印书馆,1982 / 1997,页101 – 124,施特劳斯的引文见页112 – 113。

会使即便"有很高教养"的智识人也变得"集体平庸"。更绝的是,如今的剑桥学派竟然会把这种"集体平庸"说成"公民美德"。常识真还一点儿没错:把一个人教好不容易,教坏倒很容易。

密尔把美利坚共和国在政治制度设计上的道德缺陷与"现代文明"的品质联系起来,即便今天看来也没有过时。毕竟,一方面,美国政制即便在我们的精英们眼里,也是人类最佳政制;另一方面,如密尔所看到的,美国的民主制并没有在道德政治方面"避免最大的攻击"。无论如何,在密尔眼里,美国政制并非其心目中"民主制的真正类型"(the true type of democracy),或者说并非"原初意义上"的民主制。

什么是密尔心目中"民主制的真正类型"? 说来让我们觉得不可思议:它竟然有些像中国古代的儒家政制。

首先,这种民主制必须保障"社会中最优秀的部分"进入立法机关,或者说,必须保障议会是"选拔这个国家最伟大的政治心灵"的结果(《危机》,页32)。

第二,这种民主制必须有"技艺高超的立法和行政",换言之,为了"对国家严格负责"(strict responsibility to the nation),必须确保"受过特殊训练和有特殊经验的少数人所获得的知识和经过实践的智识"被用于立法和行政。笔者不嫌麻烦在这里搞中英对照,为的是让我们自己看清楚,密尔说的"民主制的真正类型"是"对国家严格负责",而非对每个人的"自然权利"负责!难道我们应该说,密尔是假自由主义者,真"国家主义者"?

第三,"原初意义上"的民主制,必须考虑如何让"富有公共精神的智识人"(public-spirited intelligence)出任高级官员,这意味着建立稳固的"公务员"体制。密尔甚至考虑到,传统的君主政体应该如何转型为"民主制的真正类型",而且他说起来似乎还挺简单:

让"官僚制"转型为"公务员制"(a civil service)。如何转型呢？凭靠"自由教育"，因为，公务员的定义是"受过自由教育的人"。这样的民主制岂不就是实质性的尚贤政制？反过来说，美国政制仅仅是形式上而非实质上的尚贤政制，而真正的民主制应该是实质上的尚贤政制。

施特劳斯在这一节里的笔法所隐含的内在逻辑颇为缜密：他首先描述美国政制的道德政治品质问题，随之以极为节制的笔法揭露，洛克的共和主义思想导致美国政制设计带有道德痼疾；然后，通过征引汉密尔顿，施特劳斯展示了美国的立国者已经感到的困惑。最后，他让19世纪的自由主义者密尔现身说法：按照"原初意义上的"民主制原则，民主共和国的要义并非在于所有公民的政治参与，而在于品质优异的人成为立法者和行政统治者。可以看到，整个这一节的要害其实在于：用"民主制的真正类型"来鉴照美国的民主制这个"错误模式"。施特劳斯让自己的"公共言论"承担必须承担的"义务"的方式是：引导美国"有耳能听"的人们思考，如何从"错误模式"的民主制回到"原初意义上"的民主制。与我们已养成习惯的思路相比，我们会发现自己一直是在反向而行：从"原初意义上"的民主制努力甚至奋力走向"错误模式"的民主制。这仅仅表明，在我们的国家，"有耳能听"的人已经没有了。

5. 自由教育在民主政制中何以可能

接下来的第三节篇幅最短，仅五个自然段（第20至24自然段）。沿着上一节的思路，余下的问题想必会是：在美国政制或类似的自由民主政制中，"自由教育"如何可能，亦即立法者乃至公务员的教育如何可能。显然,这个问题关涉到民主政制的道德品质或道德政治的领导权。施特劳斯说,"追随密尔的建议,我们兴许必须考虑,是否能够提高对未来公务员的教育,以及应该提高到何种程度"。但是,要考虑这个问题,首先得看清楚,现在的立法者和公务员接受的是什么性质的教育。如果他们接受的并非是哪怕打了折扣的自由教育,那么,考虑"是否能够提高"或"应该提高到何种程度",就毫无意义(《危机》,页329)。显然,我们不可能指望,现有的民主化教育能培育出有美德的立法者和公务员。

施特劳斯很清楚,如今主要是大学中的政治学和法学专业在负责教育未来的立法者和公务员。就连我们自己也知道,如今的政治学和法学专业在教些什么"学说"。因此,我们不仅能感觉得到,而且能够理解,施特劳斯在这一节何以一开始就显得对未来的立法者和公务员受教育的前景颇为悲观。毕竟,现代共和主义的根本问题是:由于"对人民的宗教教育的衰落",人民得不到良好的政治道德教育;由于"对人民代表的自由教育的衰落"(the decay of liberal education of the representatives of the people),国家的立法者们(更不用说公务员)得不到良好的政治道德教育。这无异于说,现代共和主义不可能造就具有"公民美德"的政体。施特劳斯觉得没必要讨论如何挽救前一种"衰落",理由在于,立法者的教育问题没有解决,"人民的教育"问题也就无法解决。何况,如今为自由民主意识形态提供教育基地的是全民共通的教育:民主化的大学和中学教育,既取代了传统的教育民众的宗教教育,也取代了传统的教育精英的自由教育。因此,问题就集中到现代的大学和中学体制及其教育内容。既然全民教育体制已经彻底民主化,要想在这种体制中恢复自由教育,当然困难重重(《危机》,页330)。

以民间书院或其他类似教育建制的形式恢复自由教育,意义不大，因为，这无法解决立法者的政治道德教育问题。再说，我们必须始终意识到，教育是"一种公共或政治权力"（a public or political power）。体制外的教育形态，不可能具有这样的权力。另一方面，要在既有大学体制中推行自由教育，又难免与现代大学民主化教育的中坚学科——政治学、法学、经济学等专业狭路相逢，双方剑拔弩张或拔刀相向也不奇怪。不过，这些都是我们自己的想法。施特劳斯的眼光要深远得多，在他看来，恢复自由教育所面临的真正强大的阻力，并非来自政治学或法学专业，而是来自未必显得占支配地位的哲学专业。道理很简单：传统的自由教育和宗教教育理念靠古典哲学和传统宗教来支撑，现代的大学教育理念则靠现代哲学来支撑（《危机》，页330）。我们不难理解，在中国古代，是儒家在支撑这两类教育，但如今，儒家思想的支配性法权已被西方现代哲学完全取代，成了一个极为边缘化的专业——难道我们可以指望凭靠西方现代哲学来恢复自由教育？

显然，除非在现有大学建制中恢复古典政治哲学的法定地位，否则，自由教育就不可能在现代民主政体中找到落脚处。可是，民主政体中的大学属于现代哲学的辖地，它不可能自动让出地盘。可想而知，要想让自由教育重返现代的大学，首先得重新挑起古典哲学与现代哲学的决斗。谁若关切未来的立法者和公务员的教育，谁就没可能免于涉足这场决斗。这意味着他不得不选边站，然后参与决斗，而非站在中间，劝说双方别再打斗，或者心存侥幸地想：现代哲学毕竟多少有点儿道理吧。施特劳斯在这里用了古典哲学和现代哲学这两个简洁的表达式，绝不等于他不清楚或忽视无论古典哲学还是现代哲学，各自都有相当复杂的历史面目。毋宁说，简洁表达式不仅是为了凸显两者最为基本的品质差异，更是为了强调，两者之间的冲突绝无调和余地。如果我们对调和古今哲学尚心存希望,甚至想要保持这种希望,那么,至少值得看清,施特劳斯认为绝无调和余地的理由是什么。

无论如何,施特劳斯在最后一节讨论的问题,其实是西方现代哲学的根本性质及其与现代民主政制的关系。我们应该马上回想起施特劳斯在第一节快结尾时的说法:"贤人统治"应该是"哲人统治"的"政治反映"。现在我们值得问:民主统治是不是一种"哲人统治"的"政治反映"？带着这个问题阅读施特劳斯接下来的论述,我们可能会更有收获。

施特劳斯首先说,传统教育区分针对天素优异者的自由教育和针对普泛众生的宗教教育。这种区分基于古典哲学的一个基本见识:德性天生有差异的两类人"实际追逐的[生活]目的(ends actually pursued)大相径庭"。现代哲学致力打造全民共通的教育,乃因为这种哲学不承认人有自然的德性差异,从而想让"哲学的目的等同于能够被所有人实际追求的目的"。反过来说,现代哲学希望把所有人从自然禀赋差异造成的人的差序状态中解救出来(relief of man's estate),才会出现像美国哲学家杜威所宣扬的那种教育理念:通过让所有人学习哲学来消除人在德性上的自然差异。换言之,早期阶段的现代哲学并非不知道人有自然的德性差异,否则,晚近的现代哲学也不会如此坚持不懈地想方设法重新设计教育制度和教育内容,以图抹去这种差异(《危机》,页332)。

因此,施特劳斯说,从观念上讲,现代哲学"根本上具有民主性质"(fundamentally democratic)。我们应该懂得并记住:反之,从观念上讲,古典哲学基本上具有贵族政制性质。既然如此,如果有谁热衷于研习古典哲学,却又持有自由民主信念,那么,由于人的性情差异,我们不应该觉得奇怪,但应该有理由怀疑,他是否真的能搞懂古典哲学的品质——无论他在古典学问方面稔熟多少知识。施特劳斯写过一篇题为"古典政治哲学中的自由主义"的书评，剖析著名古典学家哈夫洛克的《希腊政治的自由气息》——我们看到，哈夫洛克的自由主义信念如何既糟蹋了古典的品质，又损害了自己的学问。① 纳斯鲍姆也许是晚近的典型例子，而当今以儒学为业的学人，乃至一般文史学人的例子，则比比皆是。

可是，说一种哲学根本上具有民主性质，究竟是什么意思呢？施特劳斯在这里史论结合，以极少篇幅概要性地讲述了现代哲学的历史形成过程，具体地甚至堪称惊心动魄地展示了现代哲学如何具有民主性质。

现代哲学发源于这样一种主张：古典哲学耽于"理想"甚至幻想，仅沉思永恒的东西，哲学目光应该转向"现实"或"此世"才对。这样一来，热爱智慧的生活本身的性质必然发生根本改变：热爱智慧"不再是对永恒事物的无涉利害的沉思"(disinterested contemplation of the eternal)。意大利文艺复兴时期的政治哲人尤其马基雅维利最早提出，哲学应该仅仅关切"现实"或"此世"。不过，在马基雅维利那里，哲学的目光转向现世意味着，哲学应该服务于某种具体的政治实践目的，比如说致力于建立统一的意大利君主国。与此不同，17世纪的培根(1561－1626，明嘉靖至天启年间)提出，应该让古代式的沉思性科学变成现代式的实用性科学，以便科学给社会带

---

① Eric A. Havelock, *The Liberal Temper in Greek Politics*, Yale University Press, 1957；施特劳斯的书评文见《古今自由主义》，前揭，页27－72。在去世 (1988年)前做的最后一次公开演讲中，哈夫洛克尖锐回击了施特劳斯近三十年前的批评，可见他不报这一箭之仇死不瞑目。哈夫洛克的反驳文章的标题是"柏拉图的政治学与美国宪制"，由此可见，哈夫洛克心知肚明：施特劳斯所挑起的古今哲学之争涉及与美国政制的关系。参见 E. Havelock, "Plato's Politics and the American Constitution", 载于 *Harvard Studies in Classical Philology*, Vol. 93(1990)。

来实际益处。这一"新科学"观带来的哲学观念革命，极大地扩展了哲学转向现世的含义，远比马基雅维利式的主张影响深远：哲学或科学应该服务于促进人类生活的进步。① 这意味着，哲学或科学不再纯粹是为了自身的目的，而应该成为改善人的物质生活条件的工具，为所有人生活得富裕、舒适、长寿、健康效力。因此，施特劳斯用"哲人－科学家"(philosopher－scientist)这个语词来指称最初的现代哲人(《危机》，页333)。我们都清楚，直到如今，现代大学中的理论性科学(理科)也必须与实用性科学(工科)相结合，才有生存的必要。

这样一来，传统上只有天素优异者才有资质从事的理论性科学，不仅必须而且也需要变成"大众化科学"(the popularized science)，或者说必须让普通人掌握科学，以便他们亲自参与改善人世生活状态这一伟大的进步事业。为了实现这一目的，笛卡尔提出了著名的"科学方法"论，以便天资平平之人也可以成为 scientist(这个语词的原义是"智识人")。笛卡尔的"科学方法"非常神奇，它绝不仅仅是、甚至并非首先是从事科学研究的方法，毋宁说，它是让"自然地不平等的心灵"(naturally unequal minds)变得平等的"伟大平衡器"(the great equalizer)。② 即便自然资质很差，一旦掌握了

---

① 比较伯恩斯，《〈新工具〉与征服自然》，见刘小枫编，《古典诗文绎读：西学卷·现代编》，上卷，李小均、赵蓉等译，北京：华夏出版社，2009，页179－195；魏因伯格，《科学、信仰与政治：〈学问的进步〉诠解》，张新樟译，北京：三联书店2008。

② 比较肯宁顿，《〈方法谈〉的笔法》，见刘小枫编，《古典诗文绎读：西学卷·现代编》，上册，前揭，页285－298。索雷尔，《进步的幻觉》，国英斌、何君玲译，北京：光明日报出版社，2009，页15－20。笛卡尔与进步论启蒙思想的关系，参见 Peter A. Schouls, *Descartes and the Enlightenment*, McGill－Queen's University Press, 1989。

"科学方法",一个人也会成为学者或专家。施特劳斯说得透彻,这才是"普遍启蒙"(universal enlightenment)的首要含义:"自然天赋的差异"(the difference of natural gifts)不再具有任何重要性(《危机》,页331)。这里所说的"自然天赋",绝非仅指智商之类,毋宁说,它首先指人的性情德性。如今的我们的确不难体会到,"科学方法"真还可以让人看不出,一个学者或专家的灵魂究竟是优还是劣。

培根的"新科学"观出现的时候,遇上了千载难逢的历史机运:西欧沿海城市国家偶然出现的商业化生活方式正迅速扩散。哲学-科学如何更好地给人世带来实际益处的问题,适时地变成了这样一个政治思想问题:如果要用富足的经济生活取代匮乏的经济生活,那么,人世应该有一种什么样的政制。在孟德斯鸠那里,哲学思考历史地变成了对一种新的商化政制模式的设计。按照这种设计,商业应该代替宗教,因为"贸易把所有人民联合起来","宗教则分化人民"(《危机》,页332)。① 随后,亚当·斯密(1723-1790)从道德哲学教授成了政治经济学大师,哲学开始现代式地"接地气"。如今经济系在大学中远比宗教学系重要,完全可以理解。如果说现代大学代替了传统的宗教教育,那么,它还真的给人民带来了一种新宗教——拜物教。

我们能够感觉到,施特劳斯会面临一个常识性反驳:现代式的哲人-科学家的确给人世生活带来了根本性变化,让国家变得强大不说,国民也生活得富裕、舒适、长寿、健康,哲人-科学家有什么历史过错?"普遍启蒙"有什么不对?我们脑子里自然而然冒出这样的问题恰恰证明,施特劳斯在这里对我们提出的思想挑战是何其尖

---

① 比较施特劳斯,《从德性到自由:孟德斯鸠〈论法的精神〉讲疏》,黄涛译,上海:华东师范大学出版社,2017,页472-497,556-580。

锐！哲人-科学家用自己的知识或天赋让人世生活变得富裕、舒适，给人民带来实际的福祉，当然是好事情，但这是衡量一种哲学是否是真正的哲学的标准吗？如果我们用这样的标准来判别哲学的真伪，就恰好表明，我们是按自己的民人天性来衡量哲学。民人衡量一切知识的优劣的标准，只会是能否给生活带来实际好处，但哲人衡量知识的标准原本并非如此。施特劳斯并没有反对人世生活应该凭靠科学变得富裕、舒适、长寿、健康，他仅仅强调古典哲学一再强调的事实：德性天生有差异的人"实际追逐的[生活]目的大相径庭"。传统意义上的热爱智慧或哲学-科学，追求的是人自身的德性圆满，而非活得富裕、舒适、长寿、健康。即便在今天，我们仍然不难看到，有人为了追求自己认为值得追求的高贵美好的东西，并不在乎是否活得富裕、舒适、长寿、健康。人世间始终有这类人，即便我们必须承认，这类人实属罕见。在古代可以见到有高贵天性的农夫，如今则随处可见大众心性的哲学教授或科学专家。尽管如此，我们没有理由由此推导：让哲学适应、切合民人心性才算是真正的哲学。

施特劳斯把问题提得太尖锐，他促使我们思考：虽然如今我们谁都可以亲身感受到科学的实用化带来的看得见摸得着的益处，但我们是否应该因此认为，热爱智慧的生活目的不再是追求永恒和高贵的东西。我们能够感觉到这个问题很难回答，但施特劳斯并没有要我们匆忙回答，他仅仅提请我们看清楚：古典哲学与现代哲学的品质差异究竟何在。否则，我们不可能懂得，什么是真正的"自由教育"。毫无疑问，现代式的哲人-科学家发明出一套改善人世生活的技术性科学知识，给人类文明带来了有益的进步，但问题在于，无论技术性科学知识对改善人世生活作出了多大贡献，也没有理由凭此宣判，古典智慧对人性差异的认识以及传统式的热爱智慧错了。

如果现代哲学宣判,古典哲学认定的哲人生活目的错了,那么,哲人品质必然发生根本蜕变,其结果是政治共同体的道德秩序随之也会蜕变。所以,施特劳斯恰恰在这里提到了何谓"道德教育"(moral education),以及如何施行"道德教育"的问题(《危机》,页332)。按照古典哲学的观点:自然德性有差异的人的生活旨趣或目的不同,他们对何谓"美德"的看法自然而然有差异——这是常识!为了实现自己的进步事业,现代哲学需要设计出一种普遍道德来抹去古典哲学对人的德性差异的理解,进而修改人们对"美德"的理解。修改何种心性的人的"美德"理解?民人的理解显然不用修改,需要修改的仅仅是热爱智慧者和贤人的美德观。古典哲学认为,某种"好"是因为它本身好,才是"好",现代哲学认为,某种"好"是因为有益于生命的自我保存和活得舒适,才算得上"好"。

施特劳斯让我们看到,为了实现进步事业的抱负,现代哲学必然要求改造传统的针对少数人的德性的自由教育。为了抹去热爱智慧者与常人之间的德性差异,现代哲学这样来重新解释"美德":关切现世利益是一种灵魂德性。我们不难推想,既然从整体上讲,民人无不关切现世利益,那么,这种"美德"观无异于宣称,民人无不具有灵魂德性。至于为何看似天生的劣人并不乏见,现代哲学会告诉我们:这不过是某种生理缺陷或生活条件太差带来的偶然现象,只要设计出一种完善的政治和经济制度,这类人就会得到救助,以至于可以说,根本就没有所谓人的自然品性问题。在现代哲学的不断熏陶下,脑子聪明睿智的人也渐渐不再相信古典哲人所看到的人性差异的事实,而宁可相信,设计切实可行的制度比传统式的差序教育更管用。这意味着,解决人的生存条件和生存机遇问题,可以代替人的道德教育问题(《危机》,页332)。毕竟,任何恶劣的品性都不是人的自然天性造成的,而是人的生存条件和生存机遇造成的。

由此引出对政制原则的修改。对古典哲学来说,正义原则意味着,政治等级应该与自然等级对应,即给不同需要的人不同的东西。古代社会普遍物质匮乏,基于贫富差异的政治等级状况难免掩盖这种正义原则所凭靠的自然之理,以至于人们普遍以为,政治等级的差序仅仅是由于钱财和权力所致,随着人世的物质生活条件逐渐改善,出现政治平等的诉求是自然而然的事情。问题在于,基于财富的政治等级观念不正确,不等于基于人的性情德性差异的自然等差秩序不正确。毕竟,自然不平等与政治不平等并非必然关联。可是,为了废除政治不平等,现代哲学不分青红皂白,首先从观念上破除自然不平等。一旦假定所有人在天性方面自然平等,基于性情德性的等差秩序必然崩塌:从"自然状态"出发来思考,所有人都具有"相同的自然权利",不区分好坏优劣对错的"宽容"和"博爱"成了至高的美德,"怜悯""同情"则是"好人"的同义词(《危机》,页333)。一旦我们在这样的前提下来思考,那么,一系列与古典哲学所关切的问题截然不同的哲学问题就出现了,而且会层出不穷。①

有意思的是:最早要求政治平等的恰恰是新生的商化阶层——资产者阶层。一旦获得政治平等,他们马上从君主手中夺取权力,进而建立起新的政治不平等。新生的资产者没有想到,当初他们用来从君主手中夺取权力的政治伦理观念(自由、平等、博爱),新的贫困者现在用来对付他们。此时记起这个我们耳熟能详的历史故事,有助于理解施特劳斯随后的论述。

接下来施特劳斯说,哲人-科学家实现彻底改造人类生存状况的进步计划在一开始曾遇到困难:他们在推广自己发明出来的用于

---

① 比较马塞多,《自由主义美德》,马万利译,南京:译林出版社,2010。

改造自然的知识时,人民的头脑还很传统,难免把哲人－科学家当"新型术士"(the new sort of sorcerers)。哲人－科学家虽然"操控着进步事业",但他们手中没有权力,只能与专制君主结盟来推动进步事业。随着商化阶层的增长,以及哲人－科学家坚持不懈地破除"传统",君主王权逐渐受到挑战,这时,哲人－科学家又转而与新生的商化阶层结盟,共同反对君主,提出把权力交给民人的政治平等主张。比如,路易十六的财政大臣杜尔哥虽然知道,"没有什么比听从大众更可怕的事了,而且,大众总是知道如何把它的激情抬高成德性",但为了实现商化文明,他仍然主张,"城市共和国还是自然地倾向民主政体,虽然这种制度也有其自身的严重缺陷"。①

施特劳斯这时说,"社会如果欲求(desired)维持下去,就会越来越被迫听从哲人－科学家"。这话提醒我们想这样一个问题:当哲人－科学家提出把权力交给人民时,他们真的是希望人民拥有权力吗?这里出现了一个常识性问题:哲人－科学家知道让民人掌握政治权力是怎么回事吗?此时施特劳斯突然说了一段令人费解的话:

> 尽管如此,自上而下的启蒙与人民行使其自由的方式之间,仍然存在着一种滞后。人们甚至可以谈论一种赛跑:人民在受到启蒙之前会充分拥有自己的自由吗?如果回答是肯定的,那么,人民又会用自己的自由甚至用自己已经接受的那点不完善的启蒙做出什么事呢?(《危机》,页333)

这段话起初是描述语态,随后变成疑问语态,似乎在提醒我们

---

① 杜尔哥,《普遍历史二论纲要》,见刘小枫编,《从普遍历史到历史主义》,谭立铸、蒋开君等译,北京:华夏出版社,2018,页48。

思考某个重大历史现象。很清楚,这个现象就是启蒙。这几个段落都是在讲述现代性历程,唯有这个段落是在说启蒙问题,我们应该特别放慢阅读速度,悉心琢磨施特劳斯要我们思考什么。

施特劳斯首先说,这种启蒙是"自上而下的启蒙"(the enlightenment coming from above),即哲人-科学家为了实现进步事业对民众"启蒙",它不仅仅是,甚至并非首先是传授改造自然的知识,而是让人民掌握政治权力。显然,为了实现这一目的,首先得让人民拥有"政治自由"。但是,如果这是"自上而下的启蒙"的首要甚至唯一的目的,问题就来了:"人民行使其自由的方式"(the way the people exercised its freedom)会是怎样的呢?这个问题包含着一个对哲人-科学家来说应该是常识性的道理:除非受过教育或训导,否则人民并不懂得如何行使自己的自由。比如说,对不懂事或缺乏自我意识以及自制能力的孩子,你若给他政治自由,他会做出什么样的事情来呢?如果哲人-科学家脑子清楚,那么,他们就应该懂得:若要让人民拥有政治自由,必须以完善的启蒙[教育]为前提,否则,让人民"充分拥有自己的自由"(full possession of its freedom),后果必定会出人意料。

倘若如此,我们就应该进一步想到:为了给普泛众生政治自由,应该施行怎样的启蒙教育?① 比如说,政治学或法学教授们在课堂上仅仅教导年轻人有"政治自由"或"自然权利",这算是完善的启蒙教育吗?显然不是。完善的启蒙教育应该是教普泛众生懂得何谓做正派、有美德的人,而非教普泛众生把拥有"政治自由"或"自

---

① 不妨比较阿伦特论"政治自由",见阿伦特,《什么是自由》,收入阿伦特,《过去与未来之间》,王寅丽、张立立译,南京:译林出版社,2011,页136-262。

然权利"本身当美德,否则,人们仍然不知道应该用这种"政治自由"做什么,倒是会本能地知道用"自然权利"做什么。现在我们可以理解:施特劳斯说,"自上而下的启蒙与人民行使其自由的方式之间,仍然存在着一种滞后",意思是"启蒙"教育尚未达到完善,人民已经拥有"政治自由"——所谓"滞后"(a lag),指哲人-科学家的"启蒙"教育"滞后"于人民所拥有的"政治自由"。

接下来施特劳斯就把描述语态变成了疑问语态,我们值得思考:这个问题是在问谁?表面看来,施特劳斯是在问历史上搞启蒙的现代哲人:当你们说要给人民"政治自由"时,你们想过人民用这种"自由会做出什么事"(what will it do with its freedom)吗?这无异于问,启蒙哲人审慎吗?这真还是个悬在整个现代思想史上的大问题。今天的我们能够置身这个问题之外吗?难道不可以说施特劳斯也在问我们?

施特劳斯除了问及人民用自己的"自由会做出什么事",还进一步问及,人民"甚至用自己已经接受的那点不完善的启蒙"会做出什么事。所谓"不完善的启蒙"(the imperfect enlightenment)指什么?仅仅指启蒙教育还没有完成吗?这个表达式会不会指用"政治自由"代替实质性的美德(公正、节制、虔敬、智慧)?不仅如此,按照古典哲人如苏格拉底或孔子的看法,美德教育未必对每个人奏效,从而"美德是否可教"始终是个问题。既然如此,"不完善的启蒙"甚至可能指根本就不可能有什么"完善的"普遍启蒙。由此我们才能理解这句话中最难理解的片语:"人们甚至可以谈论一种赛跑"(a race)。前面一句说,启蒙"滞后"于给予人民的政治自由,现在说两者"赛跑"。从表面含义来看,这话的意思似乎是:如果启蒙赶不上人民用政治自由行事的速度,那么,情形会如何。但这是真正的"赛跑"吗?情形有没有可能是:"不完善的启蒙",即用"政治自由"代替传统美德的启蒙,与人民用政治自由行事之间的"赛跑"?

笔者在这段话上反复纠缠,不仅因为它与后文一句同样让人费解的话相关,更重要的是与剑桥学派极力张扬的马基雅维利式"公民自由"观相关。如波考克告诉我们的那样,按照这种主张,公民积极参政决策的自由即"政治自由",本身就是一种"美德"。剑桥学派在极力鼓吹积极的"公民自由"时,认真思考过上面提到的那些问题吗?

施特劳斯接下来说,历史上的启蒙哲人"找到了一个表面上的解决办法"。这无异于说,刚刚提到的"滞后"或"赛跑"曾经是一个历史难题。令人费解的是,施特劳斯说,这个"解决办法"是"表面上的":虽然拥有绝对王权的君主已经被启蒙,启蒙哲人却一方面"表面上反启蒙"(an apparent revolt against the enlightenment),另一方面又"真的反已被启蒙的专制君主论"(a genuine revolt against enlightened despotism),提出了"每个人都享有政治自由的权利,做主权的一名成员"的主张(《危机》,页333)。这个句子固然让我们得以理解,欧洲为何会出现从君主共和制向民主共和制的历史性转变,但"表面上反启蒙"和"真的反已被启蒙的专制君主论"的说法,仍然令人费解。

我们不得不思考:既然君主已经被启蒙——最著名的例子是弗里德里希大王和彼得大帝,启蒙哲人为何又要让普泛大众掌握权力?弗里德里希大王被伏尔泰启蒙后,为什么会拒绝伏尔泰提出的启蒙普泛大众的建议?还有,谁在一方面"表面上反启蒙",另一方面又"真的反已被启蒙的专制君主论"?这是不是在说卢梭?毕竟,卢梭的确曾用《论科学和文艺》"表面上反启蒙",没过多久,他又用《社会契约论》"真的反已被启蒙的专制君主论"。尽管如此,我们仍然难以理解,这何以会是一种针对启蒙"滞后"的"表面上的解决办法"。让"每个人都享有政治自由的权利"(the right to political freedom),难道不是在给普泛众生拥有"政治自由"加速?除非我们这样来理解:卢梭这样做,为的是让正在与"不完善的启蒙"赛跑的人民加速,即给人民身上注射道德剂。① 作出这一推断是因为,施特劳斯接下来说到了康德的道德形而上学论证:每个人都是"一个道德的存在者",从而都有作为个体的"尊严"。进一步的哲学论证是:能够称为"无条件地好"(to be unqualifiedly good)的品质,"不是对永恒的沉思,不是涵养心智,更非好的教养"(good breeding),而是有"好的意图"(good intention)。既然就有"好意图"而言,每个公民的能力都相同,那么,他们就无需靠教育来培养道德意识,而是天生就有道德意识(《危机》,页334)。这样一来,"自上而下的启蒙"就不再是用某种道德来教育公民,而是让公民自己本有的道德意识呈现出来,因为,每个公民都是"一个道德的存在者"。

如果我们熟悉康德的道德学说,那么,这里的哲学推论便不难理解。然而,从施特劳斯的表述来看,他希望我们理解从卢梭到康德的哲学推论。换言之,施特劳斯的叙述让我们不知不觉地进入了纯粹的哲学思考。如我们所知,康德起初从事"理论哲学"或自然哲学研究,新的自然科学,尤其开普勒天文学和牛顿力学能够给自然立法,让他领悟到哲学也应该而且能够具有相应的"立法"能力。这时,卢梭的《爱弥儿或论教育》让康德猛然意识到,人世中的"立法"问题不仅尚未得到解决,而且还是个迫切有待解决的问题。康德脑子里便有了这样一个问题:在"理论哲学"或自然哲学中证成

---

① 参见刘小枫,《设计共和:施特劳斯〈论卢梭的意图〉绎读》,前揭,第二章。

的给自然"立法"的能力,是否有可能应用于人世呢?当然,人世是充满欲求的领域,并不服从"纯粹知性",但既然"知性"和"欲求"都是人的灵魂能力,那么,有什么理由不可以让两者沟通呢?康德于是提出了自己要回答的政治哲学问题:公民成为合乎理性的自己为自己立法的存在者如何可能,或者说一个道德的公民社会如何可能?卢梭对"自然状态"和"自然人"的重新解释虽然十分诡异,但的确很容易让人进一步推论:就拥有好意图而言,没受过教育的人或许比受过教育的人更先进,因为"自然的或道德律令的声音"在他们心中或许比受过教育的人更清晰。于是,在康德那里,自然心成了道德心,传统意义上通过教育或头悬梁锥刺股的学习才能养成的道德心,反倒成了对自然心的败坏。在此基础上,要进一步发展出一种"公民哲学",就顺手得多。比如说,在1964年至1970年的革命年代,阿伦特多次开设"康德政治哲学"课程,启发年轻人看到,康德政治哲学的精髓在《判断力批判》,就是一个绝好的证明。①由此也就不难理解,对于剑桥学派或所有激进民主理论来说,"公民美德"为何是个无需证明的前提。

现在我们能够更好地理解,施特劳斯为什么说,针对"自上而下的启蒙"与人民已经开始获得的政治自由之间的"滞后"或"赛跑"的关系这一历史难题,历史上的启蒙哲人找到的仅仅是"表面上的解决办法"。毕竟,这种道德论证几乎可以说是启蒙哲人在自欺欺人:每个公民天生都有行使政治自由的美德?卢梭也许对此还心里有数,康德就难说了。施特劳斯告诉我们,从这种后来被思想史称为"浪漫主义"的道德论证中,启蒙哲人最终得出这样的推论:"[公

---

① 阿伦特,《康德政治哲学讲稿》,曹明、苏婉儿译,上海:上海人民出版社,2013,页15–117。

民]美德是民主制的原则,而且仅仅是民主制的原则",贵族政制的原则反倒不是公民美德(《危机》,页334)。① 换言之,民主政制优于其他政制的根本理由在于:每个公民都有"自然的或道德律令的声音"。正是凭靠这种未经审视的道德论证,剑桥学派有了推论"公民人文主义"或"共和派自由理论"的基础。施特劳斯写这篇文章时,剑桥学派尚在孕生——由此可以说,剑桥学派还未生出来,施特劳斯就已经知道它长什么样、天性如何。

施特劳斯接下来就提醒我们,历史让人们看到的现实结果是,出现了两种实际的截然不同的民主伦理。同样基于人民主权论,同样是让人民拥有"政治自由的权利",雅各宾专政式的和自由民主式的人民民主法权伦理显得截然两样。这一历史现象迷惑了太多人的眼睛,让人看不到两者是一根藤上的两个果实。施特劳斯说,雅各宾专政式的人民主权论"不仅惩罚行为和言论,也惩罚意图"——这话会让我们这代人马上想起不仅记忆犹新而且让人心碎的亲身经历。吊诡的是,我们很少想到:雅各宾式的专政毕竟是人民获得"政治自由的权利"的历史时刻,遭到惩罚的恰恰是贵族政制式的道德教育的行为、言论乃至意图——由此可以理解,当今的剑桥学派何以要求我们正确看待法国大革命的历史。② 如果我们今天仍然以为,应该从一种人民主权伦理转到另一种人民主权伦理,那么,我们的脑筋倒真是让人匪夷所思。可

---

① 比较布拉姆,《卢梭与美德共和国:法国大革命中的政治语言》,启蒙编译所译,北京:商务印书馆,2015。

② 比较斯金纳主持的研究项目中的两篇有关法国大革命时期公民身份的论文:耀宓,《法国大革命中的公民和国家》;萨塞,《公民身份和性别平等:争论中的法国模式》;见斯金纳／斯特拉思主编,《国家与公民:历史、理论、展望》,前揭,页163-179,236-255。

思议的是：持有这种观点的人，往往是当年雅各宾专政时期的激情年轻公民。

《自由教育与责任》成文于冷战时期，两种人民主权伦理恰好对应于当时正处于交战状态的两种意识形态。施特劳斯明显更多关切自由民主式的人民民主法权伦理，毕竟，这是美国政制的"大众文化统治"的伦理。按照这种伦理，只要不是罪犯或疯子，就都有政治权利，至于这个人是否成熟到懂得使用这种权利，则无需考虑，否则就会牵扯出那个道德教育问题。毕竟，懂得使用政治自由的权利，首先意味着懂得应该如何使用自己的意志和自由。因此，对于自由民主式的人民民主法权伦理来说，国家不能对公民谈道德教育，否则就会引出谁在控制、操纵、支配教育之类的意识形态专制或"官方知识"问题。如今极有影响力的教育理论家阿普尔对中国的教育界人士说，教育理论应该致力于研究"为了更加民主的教育而进行不懈斗争的历史"，反映"被剥夺了真正享受自由民主的学校教育基本人权的人们的期望"。①

阿普尔以提出这样的问题闻名于世："谁的知识最有价值"。显然，要让公民有政治自由提出这样的问题，就必须预设，公民不仅天生懂得如何使用自己的意志和自由，而且懂得何谓知识、何谓价值以及如何分辨什么样的知识算是有价值。固执的施特劳斯非要揪住这个问题不放：非要追究从卢梭到康德的道德论证推理是否有道理。这时，施特劳斯突然再次提到洛克：

---

① 阿普尔，《意识形态与课程》，黄忠敬译，上海：华东师范大学出版社，2001，"中译本序言"；亦参阿普尔批判保守主义右派的名作：阿普尔，《官方知识：保守时代的民主教育》，曲囡囡、刘明堂译，上海：华东师范大学出版社，2004。关于民主化教育最为著名的表述，见古特曼，《民主教育》，杨伟清译，南京：译林出版社，2010。

这种推理让人想起由于洛克的批评而名垂千古的一个推理,而且这个推理得出的结论是:一个人的确可以砍掉专制的王者的头,但只能带着对王者的崇敬[砍他的头]。在下层的政治自由与自上而下的启蒙之间的赛跑那里,这种推理依然还在。(《危机》,页334)

　　这段话着实令人费解:什么"推理"因洛克的批评反倒"名垂千古"?我们能够确认的仅仅是,这个"推理"与从卢梭到康德的道德论证推理相反。这个针对洛克的句子明显带有反讽意味,而且像苏格拉底说话那样很绕,可能是要刻意隐藏如今的我们不容易接受的某个道理。句子起头的"这种推理"指刚提到的那个自由民主伦理的"推理":只要不是罪犯或疯子,就都有"政治权利"。但这个"推理让人想起"的"推理"即洛克批评过的那个"推理"是什么,施特劳斯没说,他仅仅说,由这个"推理"得出的"结论"是什么。不过,从这个"结论"我们也许可以反过来推出那个"推理":没谁有政治权利可以砍掉王者的头,即便他是个专制的王,就好像儿子没有政治自由的权利去弑父,即便他是专横的父,因为这种行为 contra naturam[违反自然]。

　　施特劳斯没有下注说明洛克在何处批评过这个"名垂千古的"推理,堪称一种笔法。不过,我们如果熟悉洛克的革命性政论文,就不难想起,洛克在《政府论》下篇反驳君主神圣不可侵犯论时,曾完整引用比他早大半个世纪的法学家巴尔克莱(William Barclay,1546–1608)的一段话,此话是他在《驳反君主者》(Contra monarchomachos)中谈及人民的"自卫权利"时说的。巴尔克莱写道:如果国王"与他身为元首的整个国家作对,并用不堪忍受的虐待残暴地压迫人民的全部或一大部分",人民便有权抵抗和保卫自己。

不过，在实行自卫时必须注意，他们只能保卫自己，不可攻击他们的君主。他们可以纠正自己所受的损害，但是，不应该因为激愤而超出必要的敬重和尊敬的范围。……因为，保卫我们的生命和身体，对我们来说很自然，但是，一个下级惩罚上级则违反自然。①

很清楚，施特劳斯的这个弯来绕去的句子涉及弑君的正当性问题。在美国政制的语境中，这当然非常忌讳，难怪行文如此费解。不过，如今当我们看到剑桥学派大肆称颂英国共和革命的历史时刻或"哈灵顿时刻"，看到波考克关于"每个公民有平等的参政权利的自由"并把这种"自由"说成"美德"的推理，我们又会觉得，施特劳斯的行文如此晦涩反倒让人费解。

1649年1月20日，处于内战状态中的英格兰下议院设立法庭审判国王查理一世，此前，下议院曾连续开了长达十二天的秘密会议，因为，在如何处置国王的问题上，残余议会出现了分歧。有些议员主张，跟以前一样废黜国王即可，没必要处死国王。

但是，敢作敢为的自由思想家，真心的狂热分子，严肃的共和派人士，却坚持要郑重地公开开庭审判，以证实他们的权威，宣布他们的权利。②

贵族代表都反对处死国王，但下议院提出审判国王的申请被上议院驳回之后，投票决定不理会上议院的权威，理由是"在上帝之

---

① 洛克，《政府论》[下篇]，叶启芳、瞿菊农译，北京：商务印书馆，1964／1995，页142。
② 基佐，《1640年英国革命史》，伍光建译，北京：商务印书馆，1985／2007／2011，页437。

下,人民就是全部立法权力的来源,所以,人民所选举代表人民的英格兰的众议员拥有主权"(同上,页438)。1月20日开庭审判,当高等法院的庭长宣称"查理·斯图亚特为暴君、叛徒、杀人犯"时,国王查理听了"只是微笑,并未说话"。经过几次审讯,法庭最终以"暴君、叛徒、杀人犯和国家的敌人"的罪名判处国王斩刑。19世纪的基佐(Guizot,1787-1874)是个自由主义史学家,但他在记叙审讯过程时,对国王明显带有尊敬——记叙行刑时对国王不乏敬重。他写到,国王最后的一句话是对刽子手说的:"我要作简短的祈祷,当我伸出两手的时候,你就……。"

不到一分钟,国王伸出两手,刽子手往下砍,一斧就把国王的头砍了下来,刽子手高举着查理的头,给群众看,说道:"这是一个叛国者的头。"群众浩叹了一声,声音深而且长,有许多人向斩首的砧板跑来,用手巾蘸国王的血,两队骑兵分路向前走,慢慢地轰散群众,断头台挪走了,尸身也挪走了。(同上,页458)。

时年49岁的查理一世被当众斩首后,下议院紧接着通过了取消上院和废除君主制的决议。5月19日,议会正式宣布英国为"没有国王和上院"的共和国和自由邦(英格兰联邦)。在今天的激进共和主义者眼里,这一历史事件仍然是值得人们"一同分享和欣赏的人权历史上那个翻天覆地的时代带来的激动,所有欧洲人对社会阶层地位以及'君权神授'的假设,都被一个概念粉碎,那便是:'权力应该属于人民,并由人民的代表去行使'"。①

----

① 罗伯逊,《弑君者:把查理一世送上断头台的人》,徐璇译,新星出版社,2009,页8。

查理一世被合法斩首时,哈灵顿38岁,早已到了懂得如何使用自己的意志和自由的年纪——想想我们自己多少岁啦。没过几年,他就写下了《大洋共富国》(1656),为英格兰的自由共和国提供宪制设计,献书给人民领袖克伦威尔(Cromwell)。① 这部名作给当今的剑桥学派以极大启发,它恰好诞生于这样的历史时刻:"一个人的确可以砍掉一个专制的王者的头",而且无需带着对王者的敬重。

英王查理一世在白厅街被斩首那年,17岁的洛克正在威斯敏斯特学校接受古典教育。后来洛克进入牛津大学,很快迷上笛卡尔哲学和新自然科学,与著名化学家波义耳、物理学家胡克都有交谊。25岁那年(1658)获得硕士学位后,洛克继续研究医学,堪称名副其实的 philosopher-scientist。由于才华出众,洛克毕业后留校,任希腊文和道德哲学教师。没过多久,受过而且从事过"自由教育"的洛克选择了作革命时期辉格党领袖阿士雷勋爵(Anthony Ashley-Cooper,即后来的莎夫茨伯里伯爵)的秘书、私人医生和私人代表,显然是性情所致。1682年,莎夫茨伯里伯爵因涉嫌刺杀国王查理二世被迫出逃,洛克随行流亡荷兰,埋头写《政府论》。洛克年轻时目睹过英国的弑君革命,到知天命之年,他才从政治哲学上追认人民有弑君的政治权利——正可谓"自上而下的启蒙""滞后"于人民已经获得的政治权利。为了追赶人民已经行使的政治自由,洛克写下《政府论》,正可谓"自上而下的启蒙"与下层的政治自由"赛跑"。

---

① 哈林顿,《大洋国》,何新译,北京:商务印书馆,1996。亦参波考克编哈灵顿著作两种:*Political Works of James Harrington*, Cambridge University Press, 1977; *Harrington:"The Commonwealth of Oceana" and "A System of Politics"*, Cambridge University Press, 1992。哈灵顿评传,参见 Michael Downs, *James Harrington*, Boston, 1977。

在历史哲学家沃格林看来,当年处死国王时,无论是下议院的指控还是高等法院的判决,都是凭靠有限立宪君主制(limited constitutional monarchy)原则。其法理在于国王受托"以有限权力(with a limited power)施行统治","对人民的好处和利益负责,并且保护人民的诸权利和诸自由"(for the preservation of their rights and liberties),可国王竟然"按自己的意志建立一种无限制的和专制的权力",试图推翻人民的自由,压制议会。从政治观念史的角度来看,这次起诉和判决的划时代意义在于,首创以法律程序弑君的模式。沃格林还认为,英属美洲殖民地十三州在1776年7月4日签署的《独立宣言》,就是在模仿英国的共和革命,因为,《独立宣言》实质上是凭靠有限立宪君主制原则对英国国王提出的正式控告。政府的目的仅仅在于确保人民生命、自由和追求幸福等"不可让渡的权利",如果英格兰王权政府取消美洲殖民地人民拥有的这些权利,那么,殖民地人民就有"权利"再次弑君。当然,英国共和革命把对国王的指控交由高等法院判决,《独立宣言》则把指控直接提交给"人类的意见"(the opinions of mankind)来判决,这是两者的根本差异(《新秩序》,页84-85)。

诉诸"人类"来裁决,的确非同小可——"人类"是谁啊?《独立宣言》显然把事情闹大了,仿佛要让天地来裁决,其他国家的人民岂有不跟着学的道理?洛克在反驳君主制及其来源父权制时,已经致力于提供世界历史的证明。[1] 但在阿伦特看来,无论是17世纪的洛克还是20世纪的沃格林,都还没有在哲学上把革命法权的道理说透。1963年,阿伦特出版了《论革命》一书,这位哲学界的巾帼英雄写道:

---

[1] 参见洛克,《政府论》[下篇],前揭,页56-57,65-67,70-74。

不管事件与形势将一成一败的美国革命与法国大革命分隔多远，美国人仍会同意罗伯斯庇尔的看法：革命的终极目标是自由的宪法，革命政府的实际事务则是建立共和国。或许倒过来，罗伯斯庇尔拟定其著名的"革命政府原则"时，已然受美国革命进程影响。①

接下来，阿伦特就展开了她对美国革命经验的政治哲学阐释，其要义是：

> 美国革命者视权力为理所当然，因为它体现在全国一切自治政府的制度之中。权力不仅先于美国革命，在某种意义上也先于该大陆的殖民运动。（《论革命》，页151）

这里所说的"权力"，正是施特劳斯在文章中说到的人民的"政治自由"的结果。无论从政治史还是思想史来看，这种"权力"都是哲学家赋予人民的，阿伦特的说法充分证明了这一点。在这里，阿伦特不仅把人民的"政治自由"上升到了某种形而上学高度，而且让这种"自由"具有了世界历史意义。因为，"指引美国革命者的经验""不仅教导革命者，而且教导那些委托他们和'如此信任'他们的人民，如何成立和建立公共实体"——"就此而言，世界上其他地方都无法与之相提并论"。然而，比这更为重要的是，阿伦特提醒我们，美国革命者的"理性或毋宁说是推理"，绝非为了捍卫和保护自己的自然性命和财产这类低俗的目的，而是涉及到"对人类权力的性质的一种真知灼见"：即真正的"权力"应该来自人世中"人们的

---

① 阿伦特，《论革命》，陈周旺译，南京：译林出版社，2007，页124（以下随文注页码）。

彼此相连"(《论革命》,页160)。

如果有人把美国革命的法理视为仍然凭靠的是有限立宪君主制原则,那么,在阿伦特看来,这种观点大错特错。因为,如果"革命动荡的后果是,某种新的'立宪'政府最终形成,绝大多数公民的自由得到保障",那么,这"只配称为有限政府而已"(《论革命》,页127)。阿伦特告诉我们,革命法权的"美国版本的真实根源",乃是基于"借助共同合约和相互承诺来制约独处之人性的可能性"。由于"美国的普通哲学"后来"掉入卢梭观念的陷阱","以对人性的准宗教信任为基础",美国革命法权的真实法理才"屡遭误解"(《论革命》,页159)。我们应该想到:谁是"独处之人"啊?不就是好沉思的热爱智慧之人吗!倘若如此,对阿伦特来说,美国革命的正当性在于:以"人们的彼此相连"的生活方式,彻底革除"独处之人性"——这无异于给卢梭老人的"孤独漫步者的遐想"打了一个大叉。两相对比,阿伦特让我们看到,哲人心性蜕变得如此彻底,堪称触目惊心。①

由此可以理解,阿伦特对美国革命的历史意义给出了如下革命性的哲学解释:美国革命的目的根本不是为了建立有限的立宪政府,因为,这种政府赖以建立的宪法仍然是"强加于人民的",而美国宪法"是人民用来构建自己的政府的","其权力和权威"与有限的立宪政府有"天壤之别"(《论革命》,页129)。正是在阿伦特这一睿智之见的启发下,剑桥学派大声疾呼:美国革命和立国的精神源泉不是洛克,而是马基雅维利和哈灵顿所说的"公民美德"。

阿伦特以及剑桥学派的观点,似乎都能够得到实证史学的支撑。在晚近的一项研究中,实证史学家力图证明,英格兰王国之所

---

① 比较迈尔,《论哲学生活的幸福》,陈敏译,北京:华夏出版社,2015。

以未能成功镇压殖民地的分离性叛乱,根本原因在于:

> 英国指挥官和政治家普遍存在认识误区,他们无法理解革命事业如何通过自由、共识和平等的激进意识形态诉求扩大影响力。亚当斯曾指出,更重要的第二次美国革命,是一场人民心灵的和社会实践的革命。社会史学家曾以令人信服的方式指出,革命领导人被迫采纳更激进的意识形态,以便获得更多的人民支持其事业,并赢得战争。现实中出现了"宾夕法尼亚宪法"一类杰出的民主试验。①

这意味着,美国革命的真正动机和目的,并非实现代议制民主,而是实现公民直接参政的直接民主。毕竟,代议制民主是革命之后的制宪结果。严格来讲,这一结果背离了革命者的初衷。不过,即便有这样的结果,一旦放手给予人民"政治自由"的权利,后世的人们便随时可以凭靠源初的直接民主精神逼翻代议制民主。

施特劳斯的文章比阿伦特的《论革命》早一年发表,他在这里不仅扼要精湛地梳理了启蒙思想的历史线索,还深刻地揭示了当时正在强劲崛起的共和主义公民哲学的"推理"。施特劳斯没有预料到,他的犹太同胞和曾经的同事阿伦特竟会把那个"推理"推导得如此彻底,以至于结束了"自上而下的启蒙"与下层的政治自由之间的"赛跑":阿伦特的"革命论"终于赶在了1960年代兴起的美国式"继续革命"的前面。

无论阿伦特的"革命论"所凭靠的形而上学原理如何抽象和高深,其要义不外乎是砍掉自然的德性秩序本身的头颅。从此,热爱

---

① 奥肖内西,《谁丢了美国:英国统治者、美国革命与帝国的命运》,林达丰译,北京:北京大学出版社,2016,页159。

智慧者的家园不再可能是高贵和美好的东西本身,他所思考的问题也不再可能是自己如何追求高贵和美好的东西,而仅仅是唤醒公民大众的觉悟,让他们懂得"权力属于人民的现实意义"(《论革命》,页163)。在阿伦特这样的"哲人"教导下,好些美国的向学青年成了公共知识分子,完全可以理解。

施特劳斯这篇文章的第三节应该是在这里结束的,因为,他接下来说的情形已经接近20世纪:哲人不再需要成为科学家,科学家也不再需要成为哲人,哲学与科学开始分离。最后的五个自然段算是余论,施特劳斯说,由于科学技术有目共睹地直接给人世带来种种实际的好处,因此,科学家越来越占据统治地位。尽管科学的实用技术化使得科学越来越与热爱智慧不相干,世人却觉得,科学家在道德和政治问题乃至文学和哲学方面应该越来越有发言权。最后人们干脆认为,应该由科学院院士来主持整个大学教育——当然包括人文道德教育。从而,"民主政制的精神品质和技术政制的精神品质"(ethos of technocracy)共同构成了现代教育的制度基础。

如今,我们的教育状况已经与美国的教育制度接轨,施特劳斯在这里说到的情形对我们来说一点儿不陌生。我们仍然陌生的是,施特劳斯在文章最后提醒美国"有耳能听"的人:现代的科学虽然能辨别健康状态、长寿方式或如何理财,却没有能力辨别善或恶的目的。科学不受哲学的管制,就只能受人世的生存欲望支配,从而在品质上与民主政制的品质趋同:科学研究必须考虑自己的顾客亦即民众的需要和所追求的目的,再不然就是科学家个人碰巧所属的国家的需要和所追求的目的(《危机》,页335)。因此毫不奇怪,现代科学不断在为发掘大众口味作贡献。在民主和科学统治的"精神品质"支配下,民人心性越来越拥有对教育的目的和方法的决定权:一次又一次的教育改革,无不是为了彻底革除不符合民众心性的传统教育的目的和方法。① 施特劳斯甚至提到了今天才变得相当普及的直观教学方式：比如，让文明史课程的内容变成幻灯片或PPT，学生赏心悦目地过一遍，就自以为成了智识人(《危机》，页336)。在这样的教育建制中，一个人就算"天生倾向"(by nature inclined)卓越或美德，有强烈的好德爱欲，也不会得到与自己的天性相适的教育。相反，民主政制和技术政制会要求他按社会发展的需要来调整自己的爱欲。

直到文章结束，施特劳斯都没有谈及如何在自由民主的美国切实恢复"自由教育"的具体方案。这并非不可理解，因为，在现代的两类民主政制中，自由教育都没有自己的地盘。但是，施特劳斯自己的一生仅仅关切热爱智慧者的爱欲的命运，这让我们看到，"天生就倾向"好德或热爱智慧的爱欲在现代的民主政制中能否得到养育，纯然取决于个体决断。作出这一决断则取决于：好德或热爱智慧的爱欲是否能够看到现代哲学在品质上有哲学上的道德缺陷，而且能够懂得热爱智慧的爱欲与公民参政的爱欲绝不相干(《危机》，页321)。

我们已经看到，要说施特劳斯的这篇不到二十页的"公共写作"有精致的内在结构，的确没错。描述古典哲学的第一节与描述现代哲学的第三节形成对比，第二节论析美国政制及其所依循的现代共和主义原则与自由教育的关系，夹在第一和第三两节中间。这样的篇章结构表明，施特劳斯毫不含糊地站在古典哲学一方，向现代哲学发出挑战。

如果我们这时回想波考克的《马基雅维利时刻》前三章，那么，

---

① 不妨比较阿伦特论"教育的危机"，见阿伦特，《过去与未来之间》，前揭，页163–182。

我们会钦佩波考克勇于站在"哈灵顿时刻"反击施特劳斯的挑战。对任何一个热爱思考的人来说，将两个文本对照起来研读，都会是一次练习思考严肃问题的好机会。施特劳斯用不到五页篇幅，展示了自己对整个现代哲学的品质及其历史成因的精辟见解，波考克则用了绝不仅仅是八十页篇幅来反驳施特劳斯。即便就理解现代哲学的品质而言，这场对决恐怕也不能说波考克赢了。毕竟，他仍然置身于"自上而下的启蒙与在下的政治自由"之间的赛跑，并未对那个因洛克的批评而"不朽的结论"作出哲学反省，从而在现代哲学事业的对错问题上思考得并不彻底。至于波考克对古典哲学品质的理解，完全可以免谈：倘若他理解了古典哲学之所以关切人的德性差异的真正原因，倘若他认真读过柏拉图涉及"政治美德是否可教"问题的《普罗塔戈拉》——《自由教育与责任》提到这篇作品（《危机》，页319），倘若他因此而有能力辨识阿伦特哲学的品质，那么，他还有底气那样子谈论"每个公民"的政治美德，倒的确让人匪夷所思。

四 施特劳斯和他的美国弟子

上个世纪 80 年代初,笔者正在念本科的时候(1981 年),伽达默尔接受过一次访谈,主题是关于他的老朋友施特劳斯。① 当被问到为什么他会说施特劳斯在芝加哥任教是"我们这个世界上令人鼓舞的事情之一"时,他的回答是:

> 因为他有勇气大声说出其他人都不敢说出的东西而吸引学生。虽然芝加哥是进步主义的堡垒,他还是敢于对我们是否应该相信人类心灵会进步的问题回答说"不"。(《回归》,页 490)

的确,施特劳斯在美国对"进步主义"说"不"需要勇气,但他在美国对美国政制的哲学基础说"不",更需要勇气。如果伽达默尔看到这一点,那么,当他发现施特劳斯带出的一些学生在美国学界

---

① 《伽达默尔谈施特劳斯》,见施特劳斯,《回归古典政治哲学》,前揭,页 485–501(以下凡引此文简称《回归》,并随文注页码)。

甚至政界颇有成就时,他不仅应该感到惊讶,而且应该感到不可思议。①

接下来的问题更有意思:伽达默尔被问到,他是否认为,施特劳斯若在战后回到德国任教,也会做同样多的事情——他回答说,施特劳斯的成功靠自己的辛勤耕耘,在哪儿都会一样。伽达默尔甚至说,施特劳斯若"生活在德国,他一样会留下一个真正的学派"(《回归》,491)。真的如此吗?难道我们不可以提出这样的问题:施特劳斯若在战后回到德国,他能对美国政制的哲学基础说"不"?那样的话,施特劳斯会不会比在美国更有政治危险?②美国人翻检自己的政制地基,不会有政治问题,德国人替美国人翻检政制的地基,肯定会被视为"法西斯"心态。

反过来看,下面这个问题同样成立:施特劳斯在美国最终避免了政治危险吗?

1. 施特劳斯的美国忠诚问题

在自由民主的意识形态语境中——尤其是在美国政制语境中,谈论人的德性区分属于政治不正确。不难设想,施特劳斯的"公共

---

① 参见 Kenneth L. Deutsch,"*Leo Strauss, the Straussians, and the American Regime*",见 Kenneth L. Deutsch / John A. Murley 编,*Leo Strauss, the Straussians, and the American Regime*,Lanham,1999,页 51 - 65。

② 德国著名的古典学家莱因哈特在自传材料中隐晦地抱怨,由于待在德国没有流亡,德国学者在二战刚结束时普遍有道德压力。参见莱因哈特,《两个时期的学术》,见刘小枫编,《古典学与现代性》,陈念君、丰卫平译,北京:华夏出版社,2015,页 229 - 244。

写作"必然引发人们怀疑他的国家忠诚。施特劳斯不会对这一政治危险毫无自觉意识。《自由教育与责任》一文结尾时,施特劳斯最后提出的问题是:"在大众民主制中",自由教育会有自己的前景吗?他甚至问:受过自由教育的人可望"在民主制中重新成为一种权力"吗?说到这里时,施特劳斯特别声明:"我们[自己]不被允许(we are not allowed)做民主制的谄媚者,正因我们是民主制的朋友和同盟"(《危机》,页336)。施特劳斯的修辞用的是含混的"我们",而且说的是受到强制的"不被允许"。"我们"指谁?谁或什么在强制"我们[自己]不被允许"?显然,"我们"指所有"天生倾向"卓越或有强烈好德爱欲的人。这种人在任何历史处境中都不会接受现实原则的强制,而是受永恒的"好"的原则强制。因此,施特劳斯紧接着说:在民主制自身以及人的卓越品质面临危险的时刻,"我们[自己]不被允许沉默"。当然,施特劳斯相信,既然民主制许诺给予所有人自由,那么,它也会给予"那些关切人的卓越的人"以自由(《危机》,页336)——真的是这样吗?我们应该把这些言辞视为施特劳斯在给自己涂保护色吗?

当施特劳斯遭到自由民主知识人的怀疑甚至攻讦时,他的学生们往往会用这段言辞为老师辩护。毕竟,施特劳斯最后还说,他不会期望自由教育成为"普遍教育"(universal education),也不能期望受过自由教育的人"凭靠自己的资质(in their own right)成为一种政治权力"。自由教育并不保证不会产生出在政治或思想上并不"节制"的伟大人物,而古典哲学的核心教诲之一,正是"智慧与节制不可分离"。因此,"智慧要求对正派的宪制甚至对立宪主义的原因毫不迟疑地忠诚"(《危机》,页337)。施特劳斯的学生会为老师辩护说:施特劳斯在这里明确赞扬说,自由民主制能够给予天生有好德爱欲的人自由,在"惩罚行动和言论,甚至惩罚意图"的雅各宾式政体中，这类好德之人就不可能有这样的自由。正是出于这个理由，施特劳斯肯定对"立宪主义的原因"也要"毫不迟疑地忠诚"。①

这样的辩护恐怕说不通。首先，这段话明显属于公共言论，带有很强的修辞色彩，需要细心琢磨才能把握其含义。比如，施特劳斯说，对"正派的宪制"（a decent constitution）和"立宪主义的原因"（the cause of constitutionalism）应该"毫不迟疑地忠诚"。前面对美国宪制的讨论已经让我们看到，至少美国政制算不上施特劳斯所理解的"正派的宪制"，因为他借密尔的说法表明，美国政制算不上是"原初意义上的"民主制。正因为如此，施特劳斯才说，"甚至"（and even）要对"立宪主义的原因"保持"忠诚"。施特劳斯在《自由教育与责任》第一节里说，贤人"凭靠自己的资质"应该拥有领导权，难道不是在说立宪的"原因"？我们难道不可以说，我国汉代的"白虎通"会议就是一种立宪会议？如果非要把这里的constitutionalism与现代共和主义等同起来，那就明显与施特劳斯文章的第二节抵牾，也与这里说的"正派的宪制"不符。

第二，要说只有自由民主制才能给予热爱智慧者思想的自由，无异于在回避实质性问题。毕竟，自由民主制让人获得了更多额外的自由，不等于就能推论说，古代文明政制从未给热爱智慧者思想的自由，否则，人类文明史上那么多优异的思想作品是怎么产生出来的呢？严格来讲，"思想自由"是随近代西方的特殊历史而产生的特殊概念，大量革命性的"自由思想"恰恰是在绝对王权君主制甚至专制君主治下产生出来的。② 把"自由思想"当作一个普遍历

---

① 吉尔丁，《教养教育与自由民主制》，刊于刘小枫／陈少明主编，《古典传统与自由教育》，北京：华夏出版社，2004，页37。

② 参见拙文，《双重写作与启蒙：施特劳斯与托兰德问题》，见刘小枫，《比较古典学发凡》，前揭，页86－120。

史式的概念来看待，这不过是自由民主意识形态的一种修辞。施特劳斯一再挑明的问题是：热爱智慧者的思想自由并非取决于政治制度，而是取决于热爱智慧者对自己的爱欲乃至对人世政治是否有通透的认识。苏格拉底既在三十僭主治下生活过，也在民主制下生活过，他并没有因此改变自己认为正确的生活方式。一个人若一门心思要逼翻神权政制或王权政制或民主政制或历史中的任何其他不完善的政制，这样的爱欲是阿尔喀比亚德式的爱欲，而非苏格拉底式的爱欲。即便身处不仅"惩罚行动和言论，甚至惩罚意图"的雅各宾式专政状态，如果热爱智慧者在青少年时期就读过而且领会了柏拉图（或者我们的庄子也行），还读过色诺芬或我们的司马迁，从而对人世政治有透彻的认识，那么，他未必没可能为自己找到自由生活的方式。热爱智慧者装疯卖傻，书上也不是没有记载：专横的李尔王失去权力后才看出，他遇到的那个疯子其实是个哲人。

　　施特劳斯的学生们不可能证明，自己的老师没有"反民主"立场，即便施特劳斯在这里说"我们是民主制的朋友和同盟"。何况，"朋友和同盟"不等于信徒，信奉自由民主的教授们绝不会接受这一说法。① 任何宗教的基要派人士对判教都非常敏感而且固执，信奉自由民主的教授同样如此，并不奇怪，也说不上有什么不对。自然德性不同，政治上有歧见便自然而然，不宽容也可以理解。不过，信奉自由民主的教授若非要说，施特劳斯重提"隐微写作"或双重教诲这一西方文史传统与他的"反民主"立场有关，就没道理了。1988年，德鲁里出版了揭发施特劳斯的专著，引起施特劳斯弟子们

---

① 参见 Davis Lewis Schaefer, "Leo Strauss and American Democracy: A Response to Wood and Holmes"，刊于 Kenneth L. Deutsch / Walter Nicgorski 编, *Leo Strauss: Political Philosopher and Jewish Thinker*，前揭，页 339–351。

强烈反弹。在 2005 年的"再版导言"中,她仍然坚持认为,"这本书表明,施特劳斯是自由和民主的死敌,他认为最佳统治形式是一个独立于法律之外的贤人的绝对但隐秘的统治"。①

发人深省的是,瑞恩自认为属于保守阵营中的头脑清醒者,他在这一点上的看法与德鲁里完全一致。瑞恩大声疾呼,美国的民主制危机重重,"根由不止一端,但其最重要的根由,可以直接或间接地追溯到道德根本方面的弊病"——"在美国,宪政和一般的生活,都因为被称为'共和美德'的美德消失而蒙受损害"。在他看来,当今危害美国宪政最甚者,莫过于他所谓的"新雅各宾主义"意识形态。这种思潮与法国大革命时期的雅各宾派一样,强行推广"民主""平等""自由"等"据说普遍适用的原则",严重损害了美国"传统的宗教和道德预设",甚至在全球范围内推行"民主至上论"(Democratism),作恶多端。② 这些言辞激烈的抨击,听起来与施特劳斯在《自由教育与责任》中的基本论断并无轩轾。让人大跌眼镜的是,瑞恩认为,施特劳斯本人及其弟子是这种"新雅各宾主义"意识形态的思想来源之一。因为,"在施特劳斯反历史的、抽象的'自然正确'概念与新雅各宾对他们认为的普适原则的喜好之间,仍然可以看出清晰的联系"——具体而言:

> 施特劳斯派相信,他们具有洞见,比任何其他知识分子都优越,更不用说普通民众了。同时,他们长期以来也养成了一种既显白又隐微的阴谋论心态。施特劳斯对这一圈子成员的

---

① 德鲁里,《列奥·施特劳斯的政治观念》,张新刚、张源译,王利校,北京:新星出版社,2010,页 1。更为精彩的论析,参见阿尔特曼,《莱辛之后的显白论》,见刘小枫选编,《施特劳斯与古今之争》,前揭,页 394-413。

② 瑞恩,《道德自负的美国:民主的危机与霸权的图谋》,前揭,页 20-27。

一部分吸引力就在于,他认为只有少数复杂的心灵,才能真正理解和敢于直面有关政治的真理。在施特劳斯看来,哲学家为了保护自己免于无知者的迫害,也为了能影响掌权者,必须掩藏起自己内心的信念和真正的动机,尤其不能让他们要谏议的统治者知道。按照柏拉图的建议,哲学家必须说"高贵的谎言",高贵的谎言在他人听起来,比真理要悦耳些。(同上,页35-36)

在德鲁里和瑞恩的左右夹击下,施特劳斯及其弟子在美国已然左右都不是人。德鲁里和瑞恩不约而同地认为,施特劳斯重申"隐微写作"或双重教诲这一西方文史传统,不过是"精英主义"在作祟。维护追求卓越的心性或主张德性优异的人施行统治,会被指责为"精英主义",这倒充分证明了施特劳斯的论断没错:"大众文化统治"是美国政制的正统意识形态。问题在于,《古今自由主义》中的那些"公共言论"已经让我们看到,施特劳斯在揭示自由民主制的道德痼疾时并不隐晦,而是正大光明,否则,他不会说,贤良之士应该"正大光明地施行统治",也不会在回应批评时说,应该向"过去的反民主思想家群星"学习。至于有信奉自由民主的教授说施特劳斯是法西斯分子,纯属不讲道理。与不讲道理的脑筋讲道理,实属不懂人性的自然天性差异。

施特劳斯在"冷战"高峰时期一再谈论美国政制的德性品质问题,显示出令人敬佩的道德勇气。毕竟,麦卡锡事件刚过去不到十年。不过,我们更应该注意到,施特劳斯一再谈论美国政制的哲学基础问题,与1950年代末开始出现的激进民主思潮直接相关。我们需要进一步思考这样的问题:如果施特劳斯的道德勇气是他履行公民义务的体现,那么,他的公民行为对无论"公民哲学"还是"公民共和主义"构成了怎样的哲学挑战。

在《自由教育与责任》结尾,施特劳斯明确表达了自己对美国政制的哲学基础问题不保持沉默的理由:"没有人阻止我们培育我们自己的花园和设置我们的前沿阵地",这应该视为"公民对共和国"的责任(《危机》,页337)。显然,这里的"我们"强调作为美国公民的"我们"。这意味着,哲人施特劳斯对自己的公民身份和公民义务,有相当自觉的责任意识。施特劳斯在情感表达方面向来十分克制,因此,从"培育我们自己的花园"这个表达式中,我们还应该能够感觉出施特劳斯对美国的感情。有信奉自由民主的教授说,美国收留了施特劳斯这个受迫害的犹太移民,他竟然挖美国政制的墙角,实在不地道。平心而论,这位教授未必能够理解,对具有深邃的思想史眼光的施特劳斯来说,美国的地缘条件如此之好,立国的历史机运也好得不能再好,如果这样的国家及其人民被心性低俗的知识人打造出来的"大众文化统治"败坏,那么,从人类文明史的角度讲,实实在在太可惜!我们不妨将心比心:中国的文明传统如此高贵、如此雅正,人民被教育得如此良善,如此嫉恶如仇,若有一天被"大众文化统治"彻底败坏,难道我们不会痛心疾首?

施特劳斯可以说自己是"民主制的朋友和同盟",却断乎不可能说自己是"美国的朋友和同盟",因为,他是美国公民。正是出于对美国这片土地和这个国家及其人民的热爱,施特劳斯才在面对汹涌而来的激进民主思潮时挺身而出,这恰恰体现了他对美国的忠诚。

2. 古典如何返回现代

作为美国公民,施特劳斯关切美国政制的德性,虽在实用性很强的政治学系任教,却坚持不懈讲读西方传统的古典作品,培育学生的古典心性,卓越地履行了自己的公民义务。早在20世纪50年代末期,施特劳斯的教学,以及他在1953年出版的《自然正确与历史》,就已经产生了几乎堪称立竿见影的效果:他的学生受过古典教育训练之后,各尽其才地让古典视野回到了美国的政治现实。

20世纪50年代末,施特劳斯的学生布鲁姆已经是常春藤大学的一名青年教师,他在"政治哲学导读"课上带读《自然正确与历史》。一位学生后来回忆说:这是他第一次接触《自然正确与历史》,"开篇几页就那么有力,让我立刻感觉到崇高的在场"。不过,他起初以为,施特劳斯是要让美国人牢记《独立宣言》赖以确立的"自然权利",但读完全书,他感到莫大困惑:施特劳斯并没有重申"自然权利",反而说,这些权利的哲学基础出自近代哲人的"自然状态"论,而且"受到卢梭果决的批判"。[①] 这个例子让我们看到,布鲁姆通过带读《自然正确与历史》,让天素优秀的年轻人开始学习思考。毕竟,这部论著给人带来的只会是艰难的思考,而进入不惑之年后的教授,往往很难有改弦更张的热情,让自己重新投身艰难的思考。从布鲁姆晓畅爽快的写作文风可以看出,他清楚意识到,应该为年轻人而非年过半百的人写作,应该更多让学院外的贤人懂得古典的道理,而非无谓地与学院内的各类专业人士掰理。

1957年,施特劳斯在芝大带出的最早的博士生之一伯恩斯(Walter Berns)出版了《自由、美德与〈第一修正案〉》,矛头竟然直指美国最高法院所持有的言论自由原则。今天的我们会感到难以设想,这部一时引发轩然大波的论著第一章的标题竟然是:Censorship: A Classic Issue[审查制度:一个古典议题]。伯恩斯让我们看

[①] 加尔斯顿,《苏格拉底式的理性与洛克式的权利》,董成龙编/译,《大学与博雅教育》,北京:华夏出版社,2015,页78。

到,他凭靠古典视野理直气壮地挑战现实中的"政治正确":首先讨论"审查制度"本身对还是不对,而非把"言论自由"当作天经地义的道德-政治原则,或者把"审查制度"问题视为公共论域的禁区。历史上曾有过雅各宾专政式的审查制度,不等于"政府审查制度"(governmental censorship)本身不对。通过重新挑起关于政治共同体是否应该有审查制度的讨论,伯恩斯让我们视为理所当然的"言论自由"的"政治正确"受到古典哲学的质疑。随后,在题为Freedom in American Thought[美国思想中的自由]的第二章里,伯恩斯把古典视野直接带入美国当下现实,通过提出"美国传统与自由问题"和"自由传统(the liberal tradition)与自由问题"这两个议题,一步步逼近美国宪法第一修正案……①

今天的我们经常会感到困惑:学习古典究竟有什么用?古典与现实有什么关系,或如何才能与现实发生关系?伯恩斯的《自由、美德与〈第一修正案〉》让我们看到,要让古典学养返回现代,并非没有可能,其方式之一是,让常识性的政治道德(常识所认定的是非对错)成为现实议题。凭靠古典学养撰写切入现实的学术论文,介入美国社会和文化的当下热点问题,审查各种意见,对伯恩斯来说,有如模仿苏格拉底在雅典城邦到处找人论辩,审查雅典人的政治意见。② 当然,这样一来,伯恩斯不可避免首先会冲撞自由民主制的"政治正确",但他不怕被"大众民主文化"卫士吐口水——毕竟,被吐口水仅仅是自己的衣服被搞脏,而吐口水者则是天性脏。至于引发争议,则不仅不奇怪,反倒是好事情。

---

① Walter Berns, *Freedom, Virtue, and the First Amendment*, Louisiana State University Press,1957 / Chicago,1965,页 15 – 28。

② 较为晚近的例子是曼斯菲尔德的《男性气概》(2006,中译本:刘玮译,南京:译林出版社,2009)。

1959，施特劳斯的学生雅法（Harry Jaffa）出版了《分裂之家危机：对林肯—道格拉斯论辩中诸问题的阐释》，①让美国历史上的一个偶然而且特殊的时刻成了古典政治哲学议题。1854至1858年间，林肯与道格拉斯就"准州奴隶制"问题展开了一场著名论辩，史称"美国政治史上的大事"。道格拉斯主张，根据"人民主权"原则，新加入联邦的州有权自主决定是否保留奴隶制，林肯则凭靠《独立宣言》中的"人人生而平等"原则，反对新加入联邦的州有这样的自主权。从理论上讲，这场论辩涉及"人民主权"与"人人生而平等"这两种现代民主政治原则之间的矛盾，但从政治现实来看，论辩实际涉及美国立国原则的内在矛盾，以及这个邦联性质的共和国的国家统一。毕竟，黑奴制是美国建国初期遗留下来的老问题。1776年7月底，《邦联条例》草案涉及黑人纳税的第十款引发争议，当时南卡罗莱纳州代表就曾威胁说，"对黑奴是否属于我们的财产争论不休，邦联将由此终结"。② 据说，"华盛顿的辞职演说中最令人难以忽略的是，对奴隶制绝口不提，它会颠覆整个演讲的统一基调"。③ 1787年的美国宪法承认黑奴制合法，而且，奴隶主从《独立宣言》中也很容易为维护黑奴制找到理论依据，林肯若诉诸立国者们的权威来反对"准州奴隶制"的"人民主权"论，明显面临难以自圆其说的困难。

---

① 雅法，《分裂之家危机：对林肯—道格拉斯论辩中诸问题的阐释》，韩锐译，上海：华东师范大学出版社，2007（以下简称《分裂》并随文注页码）。
② 梁茂信，《美国革命时期黑奴制合法地位的确立》，刊于《历史研究》，1997年第6期，页107。
③ 切尔诺，《国家的选择：华盛顿与他的时代》，北京：联合出版公司，2014，页284。亦参王希，《从奴隶到选民：美国黑人选举权宪法化的历史》，见赵晓力编，《宪法与公民》，上海：上海人民出版社，2004，页144–230。

雅法的《分裂之家危机》完成于 1958 年,正是为纪念这一著名历史事件一百周年而作。让人称奇的是,雅法凭靠古典政治哲学视野来审理这场美国历史上的重大辩论,把这个已有不少研究成果的实证史学课题变成了政治哲学课题。基于施特劳斯对美国立国原则中的洛克主义的批评,并通过对林肯的"分裂之家演说"的解释,雅法力图展现林肯如何修正立国原则,给"人人生而平等"信条注入本来没有的道德和宗教意涵。这样一来,林肯的演说在雅法笔下便具有了重新打造美国立国原则的历史意义。[1] 据说,"雅法实际上把林肯塑造成了'哲人－政治人',甚至'哲人－王'",让林肯在维护国父们的权威的同时,也调校了"国父们的'霍布斯－洛克'路向的权利论"。[2] 倘若如此,林肯与道格拉斯的论辩,俨然成了君主制理念与民主制理念的冲突,"人人生而平等"信条,不过是林肯在特殊且偶然的历史时刻披在身上的一件外衣。

尽管如此,林肯面临的现实问题,毕竟是美国立国原则中具有的分离主义取向。道格拉斯的主张诉诸所谓"人民主权"原则,与其说是在为分离主义找借口,不如说让分离主义得到了民主政治原则的支撑。沃格林看到,由于美国立国之初受"分离主义"趋向支配,国家权力被限制于服务功能,这种国家观念仅仅在盎格鲁－撒克逊尤其美国占支配地位。"人民政府"(government of the peo-

---

[1] 关于林肯带来"第二次美国革命"或"再造美国"的观点,参见 James M. McPherson, *Abraham Lincoln and the Second American Revolution*, Oxford University Press, 1991; Garry Wills, *Lincoln at Gettysburg: The Words That Remade America*, New York, 1992。

[2] 凯瑟琳·扎科特／迈克尔·扎科特,《施特劳斯的真相:政治哲学与美国民主》,宋菲菲译,北京:商务印书馆,2013,页 265-276,尤其页 268-269。关于施特劳斯弟子的林肯研究,还值得提到 George Anastaplo, *Abraham Lincoln: A Constitutional Biography*, Lanham, 1999。

ple)、"民治政府"(government *by* the people)、"民享政府"(government *for* the people)并非一回事,只有在美国可以清晰听见"民享政府"的声音,这体现了"分离式小宗教派"(the separatist sectarians)的政治诉求。美国与欧洲的政治观念的决定性差异,可以说是"美国的小宗教派传统"(the American sectarian tradition)与欧洲的"民族国家"传统的差别。由于欧洲大陆当时争战不休,加上美洲在地缘上与欧陆隔离,小宗教派有了逃避空间,抵制国家权力长达两个半世纪。但是,美国若要成为一个"新的民族国家",它最终得面对并更改这种"小宗教派传统"。在沃格林看来,美国内战"是一个征兆",它表明美国必须结束自己的"分离游戏"(the game of separating)。毕竟,当经济方式从农业体系转变为需要靠国家来综合的工业体系之后,小宗教派式的政治观念便使得美国很难具备民族国家所需要的工业和军事体系,更不用说应付外部安全。美国若不更改"分离主义"式的"小宗教派传统",就不可能提出国家的对外扩张和支配诉求。换言之,美国内战标志着美国真正开始成为一个国家,或者说不得不经历成为一个国家时必须经历的悲剧性命运。小宗教派坚持自己的政治观念的最后尝试是,提出"退出"联邦的自主权诉讼,然而这一诉讼仍遭失败,否则,美国也不可能最终发展成今天这个样子。①

人们以为,美国一直保留着小宗教派式的政治观念,给予少数群体以完全的自主自决权,其实并不符合史实。反过来看,阿伦特在1960年代初鼓吹"北美的智慧"教会美国革命者懂得 potestas in populo[权力在民](《论革命》,页163),无异于是在人为制造共和国的分裂危机。但是,我们能说阿伦特作为美国公民对美国不忠

---

① Eric Voegelin, *The New Order and Last Orientation*,前揭,页89-90。

诚吗？

《分裂之家危机》比施特劳斯的《关于马基雅维利的思考》仅仅晚一年问世，让人觉得是在呼应施特劳斯的马基雅维利研究。《关于马基雅维利的思考》审理的关键问题之一是，在国家面临重大政治难题的时刻，政治人是否应该排除最为基本的道德原则考量。而在《分裂之家危机》中我们可以看到，雅法恰恰致力于展示林肯作为一位政治人如何面对特殊且偶然的政治难题。与剑桥学派后来津津乐道的"哈灵顿时刻"对比，我们可以说，雅法的这一政治史学式的研究塑造了"林肯时刻"。① 波考克的《马基雅维利时刻》出版于1975年，雅法在《分裂之家危机》的1981年重版"序言"中说的好些话，看起来就像是针对波考克说的：

> 对自然正确的古典理解，总是同时指出两个方向：一个方向是对人类经验普遍的和超政治维度的**哲人式理解**；另一个方向是对特定政制中的特定人群的个别经验的**政治人式理解**。政治人必须了解，正确的东西在此时此地应是什么，古典的自然正确则依照那对古往今来和普天万国皆属正确的标准，肩负起指引政治人的责任，以让他们知道，在此时此地，什么是正确。在永无休止的理论探询事业中，生死只不过是逆旅过客，而任何建树理论的勃勃雄心，都必然伴随着怀疑主义。在实践事业中，生死就是冷酷无情的大限，一切决定和行动，都逃不脱这天命大限，而任何要在实践中建功立业的豪情壮志，又必定会与教条主义相伴而行。自然正确的问题，就是如何协调这必

---

① 直到晚近，还有论者用曼斯菲尔德和波考克的马基雅维利解释来看待这个"林肯时刻"。参见达诺夫，《林肯、马基雅维利与美国政治思想》(2000)，见韩潮主编，《谁是马基雅维利》，前揭，页312-341。

然会有的怀疑主义和教条主义的问题。(《分裂》,页2)

雅法甚至并不讳言,他的《分裂之家危机》把林肯与道格拉斯的论辩变成了苏格拉底式的论辩。

> 撰写此书的念头萌生在我与施特劳斯一起研究《王制》的时候,我发现,林肯和道格拉斯之间的问题,在实质上甚至几乎在形式上,都与苏格拉底和忒拉绪马霍斯之间的问题别无二致。道格拉斯"人民主权"论的涵义只不过是:在民主制度下,正义就是"力量较强"的多数人的利益。然而,林肯坚持认为,民选政府的理由应立基于对和错的标准,而这种标准必须不依赖于纯粹的民意,不能只靠数人头来证明这种标准的正当性。因此,赞同民享和民治政府的林肯式理由,就总是必然意味着要把道德目的注入到人民中去,这才是真正的民享。把民主转变为"放纵的平等主义",是对民主信条的贬低,而这种民选政府的理由,乃是这种贬低的天敌。(《分裂》,页3-4)

如果说波考克的"哈灵顿时刻"力图论证激进民主的正当性,那么,雅法的"林肯时刻"则力图让林肯把贵族制理念注入民主制。雅法展示了让古典视野返回现代语境的又一种方式:让古典的政治哲学化身为现代的政治史学,或者说"哲学式的史学"(philosophical history)。既然有"辉格党式"的古代史学,即从自由民主信仰立场撰写古代史的史学,为什么就不能有古典风范的现代史学,凭靠古典哲学的眼光看待现代史甚至当代史?[①] 既然

[①] 凭靠古典学养,我们是否也有指望出现具有中国古典政治哲学风范的"毛泽东时刻"研究呢?参见朱永嘉,《晚年毛泽东重读古文内幕》,香港:星克尔出版公司,2012。

有各色"主义"式的现代史学,为什么就不能有基于古典政治哲学视野和学养的现代史研究?波考克用"哈灵顿时刻"来废黜古典政治哲学,雅法则用"林肯时刻"让古典政治哲学焕发活力。二十多年后,雅法对"林肯时刻"的具体阐释有所改变,但他没有改变《分裂之家危机》打造"林肯时刻"的写作方式:这就是史学要素与诗术要素的结合。

> 亚里士多德认为,史述关注的是个别事物,正像作诗关注的是普遍的东西。在美国政治传统中,史述与作诗的关系可以说明如下:即使没有林肯,我们也得造出一个林肯!但是,要想像林肯那样生存,就必须既展现他生命中的机缘要素,又显示他生命中的人为要素。(《分裂》,页4)

雅法这是在告诉我们,现代乃至当代的历史,仍然是人类政治生活的经历,我们没有理由放弃凭靠古典式的政治常识来看待现代或当代政治经历的义务。①

1957年,施特劳斯的学生戴蒙德(Martin Diamond)在《美国政治学评论》(American Political Science Review)学刊发表了《民主与〈联邦党人文集〉》一文,从古典政治哲学的视角研究《联邦党人文集》,或者说把这部美国的立国文献变成美国传统的政治哲学经典

---

① 晚近的电视剧佳作如《我的团长我的团》、《悬崖》、《风车》(俗称"我和我的小姨")、《琅琊榜》就具有古典品味,或者说展示了古典意义上的政治德性。虽然涉及的是中国历史上的不同政治处境,但这类作品都广受人民喜爱。由此可见,即便在后现代的今天,雅典民主时期肃剧式的政治道德教育不仅可能,而且轻易胜过现代的"主义"式政治教育。事实上,即便现代的"主义"式政治教育,也得借助于展示原生的政治德性才有效——美国好莱坞出品的政治作品一再证明了这一点。

文本来研究。① 这是又一种让古典返回现代的方式：即便现代的政治要籍或现代共和国的立国文献，也可以甚至应该成为古典政治哲学的研究对象。《联邦党人文集》属于现代政治文献，充满现代政治哲学语汇，不等于如今的研究者不能用古典政治哲学的语汇来描述和解析它。事实上，凭靠古典学养或古典智慧的视角来解释现代甚至当代的各种政治文献，不仅会开拓出一种学问方向，也是一种行之有效的施行古典教育的方式。

施特劳斯的学生和后来的同事阿纳斯塔普罗（George Anastaplo）讲疏美国《1787年宪法》时，就把这个宪法文本变成了施行古典教育的课本。在该书扉页所引用的多条题词中，出自柏拉图《克力同》中的苏格拉底言辞被列在首位。题为"英美宪政"的第七讲会让如今的法学专业师生感到莫名其妙，因为按理说，我们在这个标题下会期待看到对英美式自由民主宪政精神的论述，阿纳斯塔普罗却宣称要让人们看到：莎士比亚的历史剧如何塑造了早期美国人"对事物全面的道德和政治理解"。② 我们会纳闷：莎士比亚的历史剧与美国《1787年宪法》有什么关系啊？然而，阿纳斯塔普罗却说，"让我们思考一下"，关于民主宪政，早期美国人"本来能够从莎士比亚关于英国历史的戏剧中学到什么"（《讲疏》，页87）。这样的修

---

① Martin Diamond, "Democracy and The Federalist", 后收入 Martin Diamond, *As Far as Republican Principles Will Admit*: *Essays*, William A. Schabra 编, Washinton, 1992, 页 17-36。戴蒙德对《联邦党人文集》的古典政治哲学式论析，参见戴蒙德，《联邦党人》，见施特劳斯／克罗波西主编，《政治哲学史》，李洪润等译，北京：法律出版社，2009，页 657-677。

② 阿纳斯塔普罗，《美国1787年〈宪法〉讲疏》（1989），赵雪纲译，北京：华夏出版社，2012，页 84-101（以下简称《讲疏》，并随文注页码）。关于阿纳斯塔普罗的学术贡献，参见谢巴德，《美国法律与美国政制的过去、现在及未来》，载于刘小枫／陈少明主编，《美德可教吗》，前揭，页 77-106。

辞其实是在提醒今天的美国读者思考：早期美国人实际上没有能够从莎士比亚的历史剧中学到什么。阿纳斯塔普罗接下来相当坦率地告诉美国读者：《宪法》第一条第九款和第十款禁止贵族头衔，这表明早期美国人没有能够学到，"贵族被认为天生就具有某种特定的品质"，即对美德和正义的追求，而法律最终需要依赖的正是美德和正义（《讲疏》，页95）——这不明显是施特劳斯在《自然教育与责任》中讲过的道理吗？

让如今的法学专业师生更吃惊的是，当谈到"君主在[莎士比亚的]历史剧中占据了中心位置"时，阿纳斯塔普罗说，这些历史剧其实是莎士比亚在与马基雅维利的《君主论》争辩。

> 在历史剧中，国王乃是其国家的象征。国家的团结或统一有赖于国王，尤其是当贵族们意欲偏离忠于中央所要求的各种方向时。当与其他国家交涉时，正是国王代表整个国家发言。
>
> 人们可以看到，在这些戏剧中，有多少神威环绕着国王。国王一旦被挑选出来，就会有单独统揽行政权的倾向（这是一种自然倾向？）。这样提拔起来的人看起来像神一样，这个人能以高低贵贱等各种方式引导他人。(《讲疏》，页92)

阿纳斯塔普罗难道不是在说：美国人与我们中许多自以为聪明的人一样，只要一想到或说到王者问题，不仅首先而且唯一想到的是，应该如何限制王权（或如今的总统权力），似乎防止有人独揽最高行政权，才是唯一值得考虑的政治理论问题。阿纳斯塔普罗胆子真够大，在"国王一旦被挑选出来，就会有单独统揽行政权的倾向"这个句子之后，他竟敢用括号问："这是一种自然倾向？"

过了两页之后，阿纳斯塔普罗写到：

> 在评估对行政首脑位置提出要求的任何人选时，一个常在的问题就是，正当性是否取决于某种形式的美德，尤其是，当那应当接班的人，就其本性而言显然要劣于另一个具有较少合法性的人时，我们该怎么办。(《讲疏》，页94)

读到这样的句子，笔者不禁为阿纳斯塔普罗捏把汗。可再过两页后，当美国大学生读到他写的下面这一句话时，若还不动脑筋联系现实，就八成儿属于朽木之类了：

> 如果没有遭罹悲惨后果的危险，那么，不管国王是合法的还是一个篡权者，人们都不会打倒一个国王。我们已在合众国中看到了因刺杀总统而引起的重大混乱。甚至总统遭到弹劾威胁而和平辞职，都已造成了痛苦而难忘的影响。换言之，做这种事可能完全不会有什么好的出路。(《讲疏》，页96)

我们何曾见过如此讲授美国宪法？美国的法学专业师生不会去读或读不懂这样的宪法讲疏，一点儿不奇怪。阿纳斯塔普罗用古典文学经典来解释宪法，循循善诱地告诉美国年轻人，头脑不要像我的大学同事们那么简单。毕竟，一个国家要想"以高低贵贱等各种方式引导"人，就得有人格性的最高权威。事实上，在"英美宪政"这个题目下，阿纳斯塔普罗不动声色地暗中质疑了英国共和革命弑君的"革命权利"的正当性(《讲疏》，页94)。

施特劳斯在《自由教育与责任》一文最后说，他并不期望受过自由教育的人"凭靠自己的资质成为一种政治权力"。即便他真的没有这样期待过，这个目的实际上达到了。毕竟，施特劳斯在文章中说过:"教育是一种公共和政治权力"。1971年,在著名的博雅学院 St. John College 建校275周年纪念研讨会上,戴蒙德发表了题为"论自由教育中的政治学研究"的论文。① 当时,由于激进民主思潮已经衍化为激进民主行动,戴蒙德的实际政治观念发生了偏转,以至于与自己的老师分道扬镳。但是,至少这篇文章的标题让我们会想到,对戴蒙德来说,施特劳斯的《自由教育与责任》一文,堪称对美国的政治学研究具有指导意义的纲领性文献。

大学中的自由民主阵营明显感到,自己的地盘受到侵蚀甚至被蚕食,出自本能地开始反击,寸土不让地要奋力夺回失去的基地:正面冲突开始了。这类学术冲突并非一概不讲道理,或一定相互充满敌意。1971年,奥斯特罗姆(Vincent Ostrom)出版《复合共和制的政治理论》。据说,这部研究《联邦党人文集》的专著,使得美国政制研究这一"基本上控制在施特劳斯学生之手"的学术领域被夺了回来。② 即便怀有敌意的攻击,只要有学术水准也会促进学术。人们在日常生活中会为各种实际问题起争执,学术思想领域的冲突甚至相互斗争,也是自然而然的事情。苏格拉底去找高尔吉亚论辩,仿佛是成心去"打仗"或自找"冲突"。③ 只不过,无论参与还是观看"冲突",都不应该忘记,双方各自是在为了什么信念而战,亦即不要忘记辨识灵魂品性的优劣。

---

① 收入 Martin Diamond, *As Far as Republican Priciples Will Admit: Essays*,前揭,页 276 – 284。

② 奥斯特罗姆,《复合共和制的政治理论》(1971),毛寿龙译,上海:上海三联书店,1998,艾拉扎撰重版"序言"。

③ 参见施特劳斯,《修辞、政治与哲学:柏拉图〈高尔吉亚〉讲疏》,李致远译,上海:华东师范大学出版社,2017,第一讲。

3. 施特劳斯弟子与美国政制危机

施特劳斯在美国学界引发了诸多论争，最富戏剧性的莫过于施特劳斯弟子们之间的论争。在这场最终有伤和气的论争中，最值得关注、也最让我们感兴趣的，是所谓背离宗师的问题。

1978年，也就是波考克的《马基雅维利时刻》出版之后三年，或者干脆说，我国宣布"改革开放"那年，刚满六十岁的雅法出版了题为《如何思考美国革命》的小书，①颂扬作为美国立国原则的洛克式自由主义，让人大跌眼镜。雅法显得不仅背叛了自己的老师，也背叛了二十年前的自己。②

在1952年作的题为"进步还是回归"的著名演讲中，③施特劳斯清楚地说过：

> 圣经与希腊哲学相一致[端在于]它们都关注道德的重要性，关注道德的内容，关注道德的根本不足。它们的分歧在于，用什么来补充或完成道德，换言之，在于如何看待道德的根基。（《重生》，页318）

既然施特劳斯认为，源于马基雅维利的现代政治哲学背离了希腊哲学和圣经宗教这两大西方传统，那么，基于现代政治哲学的美

---

① Harry Jaffa, *How to Think about the American Revolution*, Durham, 1978。
② 参见凯瑟琳·扎科特／迈克尔·扎科特，《施特劳斯的真相：政治哲学与美国民主》，前揭，页290–304。
③ 施特劳斯，《进步还是回归》，收入施特劳斯，《古典政治理性主义的重生》，前揭，页297–346。

国立国原则的根本问题就是缺"德",或者说用"人人生而平等"及种种"权利"观念取代了传统的道德观念。《自然正确与历史》提出的其实是个常识性问题:如果美国的立国原则缺"德",那么,繁荣、昌盛、富强、自由乃至民主,都不能证明美国是个"好社会"。施特劳斯将《关于好社会的若干观点》这篇演讲文放在自编文集《古今自由主义》最后(《古今》,页304–318),绝非没有用意。读罢这篇演讲文,我们不应该不想起《自然正确与历史》"引言"前那两段出自希伯来圣经的题词。

写作《分离之家危机》时,雅法与老师的观点明显一致:唯有恢复与古典传统的内在联系,才能为美国政制补"德"。雅法敏锐地抓住林肯这个历史时刻,把林肯塑造成美国立国原则的修正者:"当机遇来临时,经过深谋远虑,林肯已然准备好从美国传统的素材中塑造出一种政治宗教"(《分裂》,页265)。这无异于说,立国之父们在打造立国原则时,并没有塑造"一种政治宗教"。洛克式自由主义的基本信条是"自然平等"和"自然权利",通过解释林肯的演说,雅法试图把这种现代式政治信条解释成宗教—道德信条,或者说把"自然平等"原则道德化。这种解释本身表明,"人人生而平等"并非道德原则,否则不会有需要道德化这样的问题。雅法论证说,《独立宣言》中平等原则的要义在于,政府不是基于统治者和被统治者的任何自然差异,而是基于一种对人性的认识:人与神毕竟不同,人的理智难免出错,并因此受到限制。从而,政府行为需要经过人民同意,保护人的自然权利是一种道德的必要性。话虽如此,雅法仍然承认,林肯这位"未来的《葛底斯堡演说》的作者,在完全相关的意义上否认人人生而平等"(《分裂》,页244)。由此可见,如果雅法非要把"自然平等"说成一种道德原则,那么,他的确会面临理论上的困难。

在《如何认识美国革命》中，雅法改口说，洛克式自由主义本身暗含一种宗教—道德原则，这无异于说，"自然平等"和"自然权利"原则没有需要补"德"这回事。雅法这样说的理由是：《独立宣言》的哲学基础是一种"自然神学"，"自然平等"和"自然权利"信条凭靠的是美国人的"上帝"信仰。《独立宣言》中所谓的"人人生而平等"，是"被造的平等"（all Men are created equal），这种"平等"来自美国人自己的"造物主"，美国人所有的"某种不可让渡的权利"（certain unalienable Rights）也来自其"造物主"。换言之，如果美国政制的"美德"是平等和自由的自然权利，那么，这些"权利"无不基于美国的宗教或"自然神学"。①

《如何思考美国革命》是为纪念美国独立革命两百周年而作，颇富宣示意义。差不多十年之后（1987 年），雅法又发表了两篇仅仅标题就让人觉得与施特劳斯的基本观点相违的文章。第一篇题为《作为最佳政体的美国立国：公民与宗教自由的契约》。② 雅法在这篇文章中说，美国立国者们关于立国原则的论辩表明，美国政制允许，哲学理智与启示宗教之间的紧张和冲突自由地成为政治生活的先验目的。如果一个政体是经由自由论辩的"言辞"构成的，那么，这种政体就称得上是"最佳政体"。

第二篇文章题为《政治自由观念中的平等、自由、智慧、道德和同意》，刊于施特劳斯的学生们创办的《解释：政治哲学学刊》。③ 在

---

① 森特那，《哲人与城邦：雅法与施特劳斯学派》，刊于刘小枫／陈少明主编，《美德可教吗》，前揭，页 36 – 39（这篇文章的论析得到雅法本人认可）。

② Harry Jaffa, "The American Founding as the Best Regime: The Bonding of Civil and Religious Liberty", Typescript, Claremont, California, 1987。

③ Harry Jaffa, "Equality, Liberty, Wisdom, Morality, and Consent in the Idea of Political Freedom", 刊于 Interpretation, 1987, January(15), 页 1 – 28。

这篇文章中，雅法提出了一个更让人诧异的观点：《独立宣言》中的"自然权利"原则，就是美国的"自然正确"原则！理由是，洛克的"自然权利"原则，来自哲人对人性和政府的自然性质的认识，即来自哲人凭社会契约论所设想的"普遍自然"，这为美国政制或美国的"特殊法律"提供了基础。尽管哲人构拟的"普遍自然"本身并不能提供一种道德，以至于美国政制或美国的"特殊法律"显得缺乏道德基础，但基于"自然平等"原则，美国的"特殊法律"为不同宗教或同一种宗教中不同教派的道德主张提供了平等机会。因此，哲人设立的"自然平等"和"自然权利"原则本身，无异于为美国政制提供了一种"自然正确"的标准，或者说就是美国式的"自然正确"。

四十多年前写作《分裂之家危机》时雅法就预告，他将分别处理林肯面对的"准州奴隶制危机"和南方脱离联邦引发的"内战危机"。2000 年，已经年过八旬的雅法终于完成了林肯研究的后半部分：《自由的新生：林肯与内战的来临》。① 然而，相隔四十年的雅法对林肯的基本看法已经有了重大改变。对我们许多人来说，不能坚持一贯立场，算是一大缺陷。在笔者看来，雅法的探究精神却真值得钦佩。②

不难设想，在这部新作中，雅法会进一步伸张他自《如何思考美国革命》以来的新观点，这也意味着进一步偏离施特劳斯关于美国政制的基本论断。比如，他会强调，基于"人人生而平等"原则的美

---

① 雅法，《自由的新生：林肯与内战的来临》，谭兴奎译，上海：华东师范大学出版社，2008（以下简称《新生》并随文注页码）。关于美国内战，参见瓦德等，《美国内战》，王聪译，北京：华夏出版社，2009。

② 对雅法前后相隔四十多年的两部林肯研究的比较，参见瓦斯特，《雅法对美国奠基的林肯式维护》，刊于刘小枫／陈少明主编，《美德可教吗》，前揭，页 58–76。

国式"特殊法律",可以为不同宗教的道德主张提供平等机会。可是,凭常识我们也知道:这种"特殊法律"其实可以为任何自我宣称的道德主张提供平等机会——比如退出联邦的主张。

1860年,刚当选总统不久的林肯就面临这一宪法难题:美国南部七州利用宪法修正案第九和第十条保护地方政府绝对权力的权利法案,宣布退出联邦,联邦政府是否应当或可以允许南方各州secession[退出]？林肯总统宣布,"退出"联邦共同体属于叛乱性质,必须镇压,由此引出林肯违宪还是南方违宪的争议。南北战争结束后的1869年,美国最高法院受理的德克萨斯诉怀特案(Texas v. White, 74 U.S. 700, 1869),是迄今唯一涉及"退出"法权的判例。最高法院的裁决是,美国没有任何一个地方有权退出联邦,否则就是叛乱,林肯的先例就是,国家可以动用武力强制地方政府服从。最高法院的理据也来自林肯的说法:宪法规定美国人民要结成一个完美的联合体(perfect union),这意味着其内部绝不能分离。按照一种观点,美国的立国原则强调自愿组合,因此既可以自由加入,也可以自由退出。林肯事件更改了这一自由优先原则,而这一原则背后则有"人人生而平等"原则的支撑,因此,林肯之举被视为美国的第二次"革命"。

不过,这又引出了另一个历史的法理问题:美洲殖民地当年闹独立,不就是退出英国吗？英格兰王国当初同样是动用武力制止独立,由于法国和西班牙积极支持美洲英属殖民地闹独立,以便趁机削弱英国,镇压才没有成功。值得对比的是,1936年的苏联宪法明确规定,任何一个加盟共和国都可以退出。1991年苏联解体是合宪行为,因为,每个加盟共和国的退出,都以苏联宪法为根据。有意思的是,随着苏联解体甚至南斯拉夫解体,捷克斯洛伐克也分裂成为两个国家,各自重新立宪。美国派出庞大的宪法学者团队协助捷克制宪,未料给自己招来难题:自由民主政体的捷克宪法应该写明"退出权"条款吗?如果美国宪法学者表示赞同,那么,他们就会有违美国最高法院的宪法解释;如果表示反对,那么,他们就有违自由民主的至高原则。

由此来看,雅法要为"人人生而平等"的原则辩护,难免遭遇诸多实际的和理论上的困难。尽管如此,雅法还是为自己辩解说,"人人生而平等"原则毕竟保障了少数人的政治权利:

> "人人生而平等"本身就包含着法治和宪政政府的第一原则:生活于法律之下的人共同参与法律的制定,反过来,制定法律的人也要生活在法律之下。然而,这就意味着,选举不仅仅是决定应由谁来统治的手段。它意味着那些赢得选举的人的权力要受法治的限制,他们要保护少数的平等权利,并保留少数在未来的选举中变成多数的可能性。(《新生》,页114)

这话听起来像是阿伦特在说,离施特劳斯的基本观点实在太远。毕竟,承认和保障各种宗教的善恶区分的平等权利,与施特劳斯所说的"古典的自然正确"是两码事。施特劳斯的观点的要害在于:现代哲人用"自然权利"的"自由",取代了古典的"自然正确"的约束;与此相反,雅法却把"自然平等"和"自然权利"本身说成"自然正确"。雅法还认为,美国立国者们接受洛克的政治学说,不是因为其学说是启蒙运动的产物,而是因为他们作为基督徒和政治人的双重经历需要洛克学说——这种说法难免会被指责为历史主义。

雅法真的离自己的老师越来越远,即便他仍然采用了施特劳斯的语汇。奇妙的是,雅法竟然宣称,他把"自然平等"和"自然权利"说成"自然正确",恰恰是依从恩师的教诲。《自由的新生》第二章特别有看头,雅法在这里将"林肯时刻"置于宏阔的思想史视野中来考察。拿波考克的《马基雅维利时刻》前三章作对比，两者在问题取向和思想进深度方面的差异，实在发人深省。林肯所面临的南方脱离联邦引发的"内战危机"，当然属于偶然而且特殊的政治处境，通过解释林肯在这种处境中的政治言辞和政治决断，雅法希望让我们得出什么样的政治哲学结论呢？

在这一章一开始，雅法首先展示了亚里士多德的这样一个观点："不存在任何堪称最佳的政体"，政治哲学只能像医学鉴别身体的健康和疾患那样，致力于"区分政治上的健康和疾患"(《新生》，页119－120)。雅法随即下注征引施特劳斯，表明宗师的政治哲学与亚里士多德的观点完全一致。随后，雅法把贝克尔论《独立宣言》的书翻了出来，要重审这部大半个世纪以来一直享有权威地位的著作，尤其是其中"关于自然权利哲学的观点"，以此作为探讨"林肯时刻"的一个理论出发点：林肯在处理内战危机时，是否以及如何忠于《独立宣言》(《新生》，页123－124)。

接下来，雅法就抬出《自然正确与历史》，但他对其要义的解释，着实让人感到吃惊：施特劳斯在书中展示的，与其说是古典的自然正确观与现代的自然权利观的对峙，不如说是"《独立宣言》和《葛底斯堡演说》中的自然法和自然权利学说"与德意志历史主义的对峙。换言之，美国式的"自然权利"论与德国式的"历史权利"(historic rights)论的对决，才是《自然正确与历史》的根本关切。雅法告诉我们：不可思议的是，美国人贝克尔在1922年出版的论《独立宣言》的政治思想史研究，竟然会让美国式的"自然权利"论败在德国式的"历史权利"论手下。幸运的是，施特劳斯这个德国移民让两者的胜负翻转过来。

雅法接下来花了两页多篇幅来说明，历史主义的"历史权利"论如何诞生于法国大革命之后：当时，"一种新型的哲学家，也就是那些神圣同盟的哲学家们,试图想方设法贬损人权和经由同意的政府学说,以支持对王位和圣坛的忠诚",从而在哲学上提出了"历史权利"学说(《新生》,页137–139)。换言之,"自然权利"论与"历史权利"论的对决,其实是民主制与君主制的对决。言下之意,美国革命及其立国原则,来自基督教意义上的个人自由和人人平等,而"自然状态"假设以及由此而来的"自然权利"宣称,针对的是基督教欧洲的专制王权传统和自相残杀的宗教战争,绝非仅仅出于保障个人私利这一目的。

随后,以黑格尔哲学以来的19世纪思想史为背景,雅法展开了对《独立宣言》的政治哲学辩护:"自由、平等、博爱"以及"人的不可剥夺的权利",才是真正的自然正确,因为,这是"植根于不变的自然而非流变的历史之中的权利"。贝克尔缺乏古典政治哲学素养,所以才看不到这一点,以至于"投笔赞同历史主义理论和进化论"。雅法甚至说,就算贝克尔最终会认同希特勒的"意志的胜利",也不奇怪(《新生》,161)。言下之意,贝克尔在1922年为《独立宣言》辩护,无异于是在为即将登上历史舞台的纳粹政权辩护。雅法在第二章的标题下安排了四段题词,依次出自林肯、贝克尔、希特勒、施特劳斯。现在我们才明白为何如此:他让林肯和施特劳斯代表"自然权利"论,让贝克尔和希特勒代表"历史权利"论,然后让林肯和施特劳斯这两位不同历史时期的人物一前一后,夹击贝克尔和希特勒这两个同时代人物。

雅法的这一关键论点让人叹为观止:施特劳斯质疑的美国式"自然权利",成了施特劳斯肯定的古典式"自然正确"——真亏雅法的脑筋想得出来!

可是,雅法会告诉我们,他这样做的目的是巩固现存的美国政制,而非让它摇摇欲坠,这一做法恰恰遵循的是施特劳斯的政治哲

学教诲。施特劳斯在《论古典政治哲学》中曾说:

> 质疑特定共同体的生存和独立的可欲性或必要性,通常意味着犯叛国罪;换言之,对外政策的最终目的本质上无可争议。因此,古典政治哲学并非由政治共同体的外部关系问题来引导。它首先关注政治共同体的内部结构,因为这一内部结构是那些本质上涉及内战危险的政治争议之论题。(《重生》,页104)

雅法可以凭此为自己的做法提出如下辩护:他所属于的美国政体是既存政体,讨论美国的立国原则,必须以此为先决条件。可是,施特劳斯在《论古典政治哲学》中同样明确说过,按照古典政治哲学,"每个立法者首先会优先关注自己所属的那个共同体的立法",这实属应当,但他在考虑所有与立法事件相关的特定问题时,必须意识到,其中有些是"最基础、最普遍的政治问题"。政治哲学要探究的正是这些问题,换言之,政治哲人的探问,超逾了立法者所关注的"自己所属的那个共同体的立法"问题。正因为如此,立法者们需要受到政治哲人的"教育"。由于"政治哲人正是立法者们的导师",在最高层面上,政治哲人的知识是"可通用的"(transferable),或者说,"正是由于成了立法者的老师,政治哲人就成了最佳公断者"(《重生》,页102)。显然,雅法没有理由让自己的老师出面,替他笔下的林肯站台。

在《进步还是回归》的演讲中,施特劳斯曾经毫不含糊地说,他"不相信美国经验迫使我们"应该勾销美国与传统国家的差异,因为,美国立国的基础以"自然权利"为第一原则,传统国家则以宗教信仰为基础。

> 我决不会缩小如下两种民族之间的差异:一个民族孕育于自由,献身于所有人生而平等这一主张;另一些民族属于古代世界,当然并非孕育于自由。我也对美国怀有希望和信念,但我不得不补充一点,那种希望和那种信念在品质上不同于犹太人对犹太教的希望和信念,也不同于基督徒对基督教的希望和信念。没人声称对美国的希望和信念立足于种种直白的神的应许。(《重生》,页304)

这话读起来难道不会让我们觉得是在呵斥雅法?毕竟,雅法的美国式"自然权利"论看起来就是一种"直白的神的应许"(explicit divine promise)。作为中国读者的我们难免感慨万千:施特劳斯把古典与现代的对立表述为,"属于古代世界"的"一些民族"(复数)与基于美国经验的"一个民族"(单数)之间的对立。我们不得不思考,对儒家传统的中国来说,儒家的希望和信念与基于"美国经验"的希望和信念的差异,能够或应该缩减吗?

不消说,作为施特劳斯的学生,雅法并非不能离弃老师的立场。问题在于,他没必要非说自己的观点来自施特劳斯。雅法坚持认为,他才真正懂自己的老师,他的理由是什么呢?在他看来,施特劳斯所揭示的古典政治哲学的根本要义是:西方文明的永恒活力,在于哲学理智与启示宗教之间的紧张,凭靠这种紧张,西方精神才总是处于高贵的精神冲突之中,因此,哲学的怀疑精神必须与圣经的顺从信仰相协调。① 美国政制既然能让这种冲突得以自由地保持,也就算得上"最佳政体"。雅法甚至认为,施特劳斯其实对美国政

---

① 参见1981年雅法给一位学生的回信:《施特劳斯、圣经与政治哲学》,收入刘小枫选编,《施特劳斯与古今之争》,上海:华东师范大学出版社,2010,页354-372。

制持有双重立场:作为哲人他质疑美国立国原则的"德性",作为公民他对美国政制崇拜的"自然权利"女神表示虔敬。对于雅法的这类辩白,我们难道不会觉得,他与其说是在替自己的老师表白,不如说是在表白自己?

我们应该感到好奇:雅法对美国立国原则的看法为什么会产生如此转变?说来既让人吃惊,又并不让人吃惊:原因竟然是1960年代中期美国社会兴起的"民权运动",以及随后大学生因"反越战"闹起的"文化革命"。在1972年为《分裂之家危机》第二版写的"引言"中,雅法清楚展示了导致他思想转变的现实原因。这篇"引言"一开始,雅法就将林肯身处的1860年代与自己身处的1960年代并置,似乎如果"林肯时刻"算得上第二次美国革命,那么,雅法眼下面临的历史时刻就算得上第三次美国革命:

> 1860年代或1960年代发生的猛烈变革,必然影响了所有公民及其公民品质的性质。我们希望这样一本著作,可以帮助人们理解发生于本书撰写之前以及之后的那些变化的意义。(《分裂》,页15)

什么是现实的"猛烈变革"?科兰斯基的说法绝不夸张:1968年作为一个历史符号堪比1848年。虽然1848年的革命事件局限于欧洲,1968年的革命事件遍布全球,发生在中国、美国、法国、波兰、墨西哥等这些制度迥异的国度,但是,就其反叛精神而言,两者在本质上完全一致。1848年遍布欧洲的革命烈火,来自法国大革命播下的火种,烧向欧洲的普遍君主制;1968年的革命烈火,来自美帝国的造孽和马克思主义播下的火种,烧向"任何形式的专制"。可以说,1968年的革命是1848年革命的历史性深化,自下的政治自由的权利诉求再次跑到了前面:"人民针对各种议题进行反抗",

"这些反抗指向大多数的机构建制、政治领导人和政治党派"。科兰斯基当年刚满二十岁,三十多年后,他"对权威的理解"依然定格在 1968 年:"催泪瓦斯的胡椒味,警察在进攻前不动声色,慢慢从侧翼逼近示威者,然后用警棍开始杀戮"。他在 2004 年出版的纪实性作品的"导言"中充满感情地说:

> 1968 年是一个令人震惊的现代主义的年度,而现代主义总是令年轻人着迷,使老年人困惑,但是回首望去,那又是一个古朴纯真的年代。想象一下纽约哥伦比亚大学的学生和巴黎大学的学生,隔着大西洋发现他们相似的经历,然后他们会面,小心翼翼地相互接近,试图找出彼此间是否有共同之处。他们惊愕而激动地发现,无论是在布拉格、巴黎、罗马、墨西哥,还是纽约,他们采用的是同样的策略。①

1968 年雅法刚好到知天命之年,作为有阅世经验的成熟之人,而且还是研究政治哲学的行家里手,他如何看待 1968 年这个历史符号?对雅法来说,无论 1860 年代的内战来临,还是 1960 年代的民权运动或学生闹事,重要的不是事件本身,而是"公民品质"的猛烈改变。正是这种改变让雅法感到,《分裂之家危机》所讨论的问题,"至今仍是美国政治中的基本问题"。如何理解这一点?雅法告诉我们,1960 年代的"民权运动",严格来讲是基于《独立宣言》中的"自然平等"原则,从而是凭靠立国原则的正当诉求。可是,在现实中,"民权运动"从合法行为变成了针对现存政府的"抗议运动",或"非暴力不服从运动"之类的激进运动。

---

① 科兰斯基,《1968:撞击世界之年》,洪兵译,北京:民主与建设出版社,2016,页 3-4。

民权革命——其主要内容是《宪法》第十四修正案和第十五修正案的正确实施——迅速变成了黑人权力革命。这一新革命的要求，常常远远逾出法律范围，而且有时还与法律之下人人平等的早期原则发生正面冲突。但是，不平等的感觉已经成了终极诉求的几乎无法抗拒的原则。(《分裂》，页20)

换言之，本来是凭靠《独立宣言》中的"自然平等"原则这一"自然法"的正当诉求，在现实中成了"乌托邦主义以及对新政治理念"的诉求。雅法看到，这种诉求一旦成功，"必将终结宪政民主制度"。我们难免会好奇，美国黑人在美国政制的既有框架内提出的合理合法诉求，怎么会变成针对美国政制本身的激进行为？或者说，争取美国立国原则已经赋予的合法权利的诉求，怎么会变成一种追求实现彻底平权的理想政制诉求？雅法把这种情形归咎于美国教育出了大问题：十多年来，大学中的种种激进理论塑造了激进的公民情感。

林肯说过，在一个像我们这样的政府中，公众情感意味着一切，因此，谁可以改变公众情感，谁就能够在实际上同等程度地改变政府。我意识到，我是大学教授这个较小阶层中的一员，这个阶层如今在我们国家是主流观念的决定性源泉。中小学老师们、大众传媒以及民选官员们，都是大学尤其研究生院所产生的各种思想观念的零售商。大学及其研究生院就是老师的老师接受教育的地方。我们成了那些政制变化的终极源泉。如果这一权力的行使一直以来都是有益的，那在思考它的时候，我可能还会更高兴。然而，最近以来，大学教授这一阶层所制造的变化，却是朝着否定任何客观标准的方向发展。这就意味着，否定政治权力可以被行使，并因此意味着，否定政治权力应当受到真理——不以运用这些权力的人之意志为转移的真理——的支配。总之,由于强力与正义之间的区分,那种认为政治权力应与政治权威分开的传统观念,在学术界已逐渐被认为过时了。(《分裂》,页 18－19)①

如果我们读过阿伦特在 1963 年发表的《论革命》,那么,我们不难体会到,雅法这话说得实在切中肯綮。何况,这段话在我们读来至少会感到相当熟悉,尤其是如今我国台湾和香港地区的教授们。此时若能够回想起施特劳斯的《自由教育与责任》一文,我们就更能够理解,雅法为何会回头肯定美国立国的洛克主义原则。毕竟,激进民主运动已经威胁到美国政制的稳定秩序本身——阿伦特在隔壁教室不断教导学生:有限政府或代议制政府可不是真正的自由民主政府哦。

乌托邦色彩的激进运动,促使施特劳斯的学生撇开宗师对美国立国原则的质疑,回头肯定美国的立国原则,并非仅仅雅法一人。"左派"的乌托邦激情扰乱了国家的庸常安宁,戴蒙德对此深恶痛绝,转而高调赞颂美国政制及其立国原则,甚至肯定现代性,贬低施特劳斯所推崇的古典政治观念:古人的"政治技艺费力繁重,又要求甚高"云云。尽管戴蒙德因林肯问题与雅法产生分歧,以至两位昔日密友最终交恶,但就极度反感激进民主而言,两人却相当一致。②

由此可见,那个"火红岁月"给思考政治哲学问题的教授带来何其巨大的思想冲击。有趣的是,自由主义教授伯林也经历了类似的思想脑震荡。激进学生起事时,伯林正在美国几所常春藤大学穿

---

① 比较曼斯菲尔德,《社会科学与美国宪法》,见赵晓力编,《宪法与公民》,前揭,页 104－143。
② 凯瑟琳·扎科特／迈克尔·扎科特,《施特劳斯的真相:政治哲学与美国民主》,前揭,页 306－310。

梭讲学。本来，伯林自认为能够理解，激进学生运动不过是一场针对发达资本主义来临的道德"起义"。他支持激进学生，还曾到激进学生与警方对峙的现场发表演说，他的助手拿着防催泪瓦斯的口罩在一旁戒备。后来，伯林读到"新左派"哲学家马尔库塞在一篇煽动性文章中说，当今西方的社会状态有如地狱一般，与纳粹集中营别无二致，伯林顿感怒不可遏，对学生运动乃至对阿伦特公民哲学的看法急转直下。颇值得我们深思的是，伯林传记的作者告诉我们：

> 1960年代的这种经历让伯林很不舒服地意识到，他自己没有理解浪漫主义对于真诚和本真的尊崇所带来的这种虚无主义后果。在纽约的校园和大街上游来荡去的那些像基督一样留着大胡子的身影上，他看到的是被发展到极致的浪漫主义。①

这位传记作家为什么说，伯林意识到自己的思想失误时，会"很不舒服"？因为，这表明他对现实的历史走向毫无感觉，从而证明他的思想史功夫明显缺乏哲学眼力。也许伯林以为，发达资本主义会消除资产阶级与无产阶级的经典对立，中产阶级将成为社会的主体，因此，他适时地让自己的哲学成为这一主体的代言人。早在1950年代就有人指出，资本主义的罪恶在于剥削工人阶级这一经典理论虽然长期流行，却是"最离谱的超级神话"。因为，"历史上发生的实际情况是，工人阶级的境遇一直在缓慢而程度不同地改进"。有目共睹的事实是，"工人阶级作为一个整体，从现代工业的崛起中受益匪浅"。

> 人们加之于资本主义制度身上的很多罪名，其实应该归咎于资本主义之前的制度之残余或复活：垄断要么是不够明智的

---

① 伊格纳季耶夫，《伯林传》，罗妍莉译，前揭，页341-347，引文见页345。

国家活动的直接结果,要么就是由于没有弄清竞争秩序要平稳运行,需要某种合适的法律框架。①

一旦中产阶级成为社会的主体,价值观念多元化的时代就会来临,人们关切的只会是消极性的自由。于是,伯林在1950年代末提出了著名的"两种自由概念"的主张。他下的思想赌注之所以失败,关键在于他没有想到,资本主义的发展可能引发更为原始的生存革命。马尔库塞在1955年出版的《爱欲与文明》倒显得富有预见性,但其哲学基础来自海德格尔的生存论哲学,而这种哲学又与霍布斯的哲学有着很难发现的思想史关联。对此,自以为思想史功夫了得的伯林竟然被蒙在鼓里。

在1966年的激进革命时刻,马尔库塞适时地重版《爱欲与文明》,还撰写了一篇"政治序言",其中说道:"当男人和女人们享受着前所未有的性自由的时候,谈论剩余压抑也毫无意义。但实际上,这种自由和满足正在把人间变成地狱。"②在写于1971年的《反革命和造反》一文中,马尔库塞一开始就把西方世界"为了保卫资本主义制度"的表现形式,说成"继续施行纳粹政权的暴行"。因为,"从议会民主到警察国家,直到公开的专制统治",不过是"反革命的不同阶段和形式"(同上,页602 – 603)。伯林起初站在激进学生一边,当他看见激进学生们的哲学领袖竟然会说如此离谱的话时,他才意识到自己看走了眼,自然会"很不舒服"。

阿伦特的公民哲学与马尔库塞的"新左派"哲学异曲同工,她在"文革"时期的激进表现,也让伯林不知所措。声援"公民不服

---

① 哈耶克(F. A. Hayek)编,《资本主义与历史学家》,前揭,页5、7、15。
② 《法兰克福学派论著选辑》(上卷),上海社会科学院哲学研究所外国哲学研究室编,北京:商务印书馆,1998,页383。

从"运动时,阿伦特甚至预言,美国的现存政体很可能就要完蛋了:

> 当一个国家既有的制度不能正常有效地运作,它的权威已完全丧失时,非常时刻当然就出现了。而在当今美国,正是这一非常时刻将自愿结社转变为公民不服从,将异议变成抵抗。……我们的政府形式能不能维持到这个世纪末,这仍然未有定数,但是否不能[维持],也无法确定。①

在马尔库塞和阿伦特的启发下,刚到美国不久的波考克,"也对发现马克思主义的语言能够在其中有效地使用的环境产生了一种非马克思主义的兴趣",因此而迷上了"法律、自由主义以及资本主义之间的联系"这一思想史课题。② 随后,波考克的思想史研究就加入了激进民主思潮的时代阵营。

施特劳斯的弟子们无不反感任何形式的激进民主,其实,天生亲近古典心性的人,只要有幸受过古典教育,就会如此。③ 但是,应该如何认识以及如何抵制激进民主,施特劳斯的某些弟子之间仍然出现了严重分歧。布鲁姆在1987年出版《美国精神的封闭》,同样是对1960年代兴起的激进民主运动作出的反应,雅法却撰写书评尖刻抨击布鲁姆,说他只会笨拙地对宗师亦步亦趋,对美国立国原则的真义也一窍不通。④

---

① 阿伦特,《公民不服从》,见阿伦特,《共和的危机》,郑辟瑞译,上海:上海人民出版社,2013,页75。
② 波考克,《德性、权利与风俗:政治思想史家的一种模式》,前揭,页47。
③ 斯托林(Herbert J. Storing)对马丁·路德·金的"公民不服从"主张提出质疑,可以视为施特劳斯的学生抵制激进运动的典型例子。见何怀宏编,《西方公民不服从的传统》,长春:吉林人民出版社,2001,页32-33。
④ 雅法,《人性化的信念与贫乏的质疑》,见董成龙编/译,《大学与博雅教育》,前揭,页85-123,尤其页100-104。

1991年,曼斯菲尔德出版了《美利坚的宪政灵魂》,五年后,在一次以"现代的自由"为题的学术研讨会(1996)上,雅法与曼斯菲尔德当场争辩起来。对雅法来说,《独立宣言》所宣称的"人人天生平等",是美国立国原则的根本,随后的制宪会议,追求的则是对这一原则的忠诚,因此,"人人天生平等"原则才是美利坚的灵魂。毕竟,林肯曾决绝地宣称,"人人天生平等"是自明的真理,而且是美利坚人心目中的"所有道德原则之父"(the father of all moral principle)。对曼斯菲尔德来说,"人人天生平等"仅仅是"一半自明的真理"(self-evident half-truth),美国立国者们的制宪行动要求美利坚人忠诚于宪制,而非忠诚于《独立宣言》所宣称的"人人天生平等"。制宪会议表明,立国者们"愿意离开"(a willingness to turn away from)《独立宣言》的原则,走向宪制秩序。像雅法那样一味强调《独立宣言》的平等原则,只会危及而非有益于宪制秩序的稳定。①

考究施特劳斯弟子们之间大伤和气的论争甚至人际纠纷的具体细节,对我们中国学人来说没什么意义。② 尽管激进民主运动是引发施特劳斯弟子之间产生内部分歧的根本原因,但对我们来说,

---

① Harvey C. Mansfield, *America's Constitutional Soul*, Johns Hopkins University Press, 1991。雅法与曼斯菲尔德的当面交锋,参见 Thomas G. West, "Jaffa versus Mansfield: Does America have a Constitutional or a 'Declaration of Independence' Soul?", 见 *Perspectives on Political Science*, Fall 2002, Volume 31, Number 4, 页 235-245。

② 施特劳斯弟子们之间的分歧,参见德鲁里,《列奥·施特劳斯与美国右派》,刘华等译,北京:新星出版社,2006,页117-157;德鲁里,《列奥·施特劳斯的政治观念》,前揭,页302-314。施特劳斯的弟子对分歧乃至人际纠纷的描述,见凯瑟琳·扎科特/迈克尔·扎科特的《施特劳斯的真相:政治哲学与美国民主》(前揭,最后一章),但没有得到主要当事人雅法认可。参见 Harry Jaffa 编著, *Crisis of the Strauss Divided: Essays on Leo Strauss and Straussianism, East and West*, Lanham, 2012, 页1-33。

值得深思的问题毋宁是:这场大伤和气的论争为何最终会涉及对施特劳斯的理解;施特劳斯的《自然正确与历史》对美国立国原则的道德品质的质疑,为何成了施特劳斯弟子们手上的烫手山芋,而在我们手上却不会如此? 在考察这个问题之前,我们有必要先观看施特劳斯弟子们与剑桥学派的论争。

4. 美国革命与古今之争

施特劳斯的《自然正确与历史》"导言"以美国《独立宣言》开篇,把美国革命放到古今之争这个西方政治思想史的大背景中来审查。1960年代出现的带有激进民主意识形态色彩的美国立国研究,提供了另一种审视美国革命的视角,波考克的《马基雅维利时刻》力图把这一视角扩展为另一种古今之争,以此与施特劳斯的视角相抗衡。1987年,适逢美国宪法诞生两百周年,与雅法一样,波考克也发表了专论美国立国问题的文章,题为"众国、共和国与帝国:早期近代视野中的美利坚立国"。① 波考克在文章中再次强调他在《马基雅维利时刻》中所表达的基本观点:美国革命精神在本质上是一种"古典的传统共和精神",与洛克式的现代共和主义精

---

① 该文是提交给美国"政治思想研究协会"在华盛顿特区举办的纪念美国宪法诞生两百周年学术研讨会的论文,收入鲍尔/波考克主编,《概念变迁与美国宪法》,谈丽译,上海:华东师范大学出版社,2010,页42-62。本稿所引译文依据:波考克,《众国、共和国与帝国:早期近代视野中的美利坚立国》,见任军锋主编,《共和主义:古典与现代》,前揭,页40-63。以下简称《众国》,随文注页码。译文凡有改动,皆依据刊发在 *Social Science Quarterly*(68, Dec. 1987)上的原文。

神并不是一回事。换言之,在波考克看来,施特劳斯设立的看待美国立国原则的古今对峙框架是错的,他要用自己设立的古今框架来取代施特劳斯的框架。

波考克首先申明,他虽然对美国这个共和国及其历史研究"情有独钟",但因自己不是美国公民,他的研究"看上去成了或实际上成了颠覆,而非不像颠覆(not unlike subversion)"(《众国》,页40)。波考克为什么敢说自己的美国研究是在搞"颠覆",而不怕有人指控他在搞"颠覆"? 波考克有恃无恐的理由,说起来会让我们感到好奇:他认为美国革命不是"现代意义上的革命",而是"新古典意义上"(in the neoclassical sense)的革命。既然波考克以为自己凭靠"新古典"的名义有搞"颠覆"的正当性,那么,我们就值得细看,他所理解的美国革命,在什么意义上是"新古典意义上"的革命。

按照其"历史语境"研究法,波考克提出,应该从18世纪晚期的政治文化语境出发,来考察美国立国。美国立国虽然是一场"革命",而且"导致了一部宪法的诞生","创建了许多东西",但是,这场革命"实际上是一种仍然行之于18世纪政治中的新古典意义上的'奠基'"。因为,"立国者们有意识地以忒修斯、摩西、吕库戈斯、罗慕路斯自居,他们要奠立的是一个'千秋万代的新秩序'"(《众国》,页41)。我们应该记住,这里提到的人物,都是西方古代文明中的圣王。

首先,波考克着手澄清 state 这个语词在18世纪后期的含义:在当时,state"尚未成为指涉一切形式的政治联合体或抽象的政治联合的规范术语"。言下之意,《独立宣言》中的 states,不可能指多个"国家"的联合,从而其含义不可能指"众国"。只有把 state 理解为 status[状态/地位], states 的联合才说得通,其含义是十三个州的 people[人民]"有权捍卫"自己的某种"地位"或"状态"。尽管这个 state 很可能是洛克所谓的 state of civil society［公民社会状态］，然而，洛克学说无法解释，为何十三个 state 要联合起来成为 states，而且这个 states 究竟是一种什么性质的 status［状态／地位］。波考克分析说，《独立宣言》表面上看起来是在宣称一个 people 有权利组建一个 state［国家］，实际上宣称的是一个 people 有权利与另一个 people 相分离的 states［状态／地位］。波考克想要说，洛克学说关心 state of nature［自然状态］与"公民状态"的关系，与《独立宣言》关心的分离问题是两回事。因此，波考克认为，他发现了《独立宣言》在性质上的含混："独立"与"建国"，其含义并不协调地混在了一起。从建国含义来看，《独立宣言》显得是洛克学说的产物，从"独立"含义来看则不是。毕竟，《独立宣言》诉诸"一切人、一切民族生而平等这样的前提"，为的是宣称"一个 people 拥有权利和权力宣布独立，并对另一个 people 开战"（《众国》，页 43-44）。

《独立宣言》非常强调 American people［美利坚人民］，波考克提请我们注意，这里的 people 是单数，并由此提出问题：为什么不是复数？单数的 people 与复数的 states 怎么保持语义上的一致呢？波考克的解答是，如此困惑源于今天的我们不懂得 state 一词在 17 至 18 世纪的实际用法：这个词在当时具体指"一个主权者通过协定或盟约行使决定战争与和平之权"，亦即洛克所谓的 federative［对外权］。federative 这个语词如今通常指"联邦"或"同盟"，这意味着 state 具有"主权"含义，但《独立宣言》的 federative 含义并非如此，它仅仅指一个 state 可以针对另一个 state 采取战争行为的"权力"（《众国》，页 46）。言下之意，《独立宣言》强调，作为十三个有其"地位"或"状态"的 people，有权利联合为 American people［美利坚人民］，采取自愿的政治行动。

波考克的这种历史语义分析是否算得上所谓"历史语境"分

析，不值得追究。重要的是应该看到，这种分析的目的，是要把《独立宣言》时期的 states，与后来制定宪法成为"自由和独立的国家"时期的 states 区分开来。这一目的有两个意图，首先是澄清，洛克学说在《独立宣言》时期其实并没有起什么作用，毋宁说，起作用的是十三个 states 的人民的自愿行为本身。一旦澄清这一点，波考克的另一个意图就亮出来了——他想告诉我们：《独立宣言》的真正性质是宣示人民有自愿行动的权力，而非仅仅或首先宣示建立一个"主权"国家。

由此，波考克顺理成章地提出，应该重审美利坚式共和主义的含义。他告诉我们，在美国革命时期，这些 state governments [合众政府] 被称为 republican [共和式的]，其含义首先是"取缔了王权，因而从此便不再有国王"。因为，"自从 1649 年查理一世被推上断头台之后"，republic [共和] 这个语词的含义，便"意味着一种明确而坚决反对王权的政治形式"。

> 用洛克或前洛克式的话语说就是：权力回归人民，他们决定不再以君主制形式重建 [国家]，该语句中的"人民主义者"（populist）含义融入甚至主导了 republic 一词的意涵。（《众国》，页 47）

所谓"前洛克式的话语"，显然指英国共和革命的话语，实际上，洛克也承继了这一含义的"共和"话语。波考克的意思对我们来说不难理解："共和"的真正含义是，一切权力归于人民。因此，美利坚式"共和"的第二个含义也很重要，即取消"世袭贵族"。换言之，republic [共和] 作为政体的含义是，既排除君主制要素，也排除贵族制要素，仅仅剩下民主制要素。接下来我们就看到，波考克把美国革命与英国共和革命时期的共和派理论联系起来：republic

[共和]的含义是,如何在"没有国王或贵族院"的条件下建立权力。

但波考克遇到了一个思想史或"历史语境"上的难题,因为,英国的共和革命理论家并没有否认贵族制,它毕竟代表一种"德性"。为了让当时的共和革命理论家符合自己的共和主义信念,波考克说,尼德汉姆和哈灵顿认为,"民主制和贵族制符合人的天性,可以与等级制的存在相分离"。言下之意,共和革命理论家虽然也谈论"共和国"的贵族制要素,但他们否定了等级制。凭常识我们也知道,不废除等级制,people 没可能真正当家做主。波考克并没有考虑,一旦废除等级制,贵族制要素焉在?由此我们不得不想:如果共和派理论家真的主张贵族制可以与等级制的存在相分离,那么,他们的脑筋是否违背常识;如果尼德汉姆和哈灵顿的脑筋绝非如此,那么,难道是波考克在捏造历史话语?作为史学家,波考克真有这么大的胆子?

这时,波考克说了一段带理论含量的话,尤其值得我们细看:

> 在哈灵顿的制度中,存在一种"自然的贵族制",他们由人民自己经过认可并甘愿听从的智识超群者构成;他们拥有自身特有的"德性"、反思能力,且愿意承担自己的责任,提出可供选择的方案,而多数人的"德性"和决断能力,使他们有权在这些方案之间作出选择。贵族制与民主制之间的差异,表现在道德、数量以及功能方面,这种差异与等级、阶层或阶级的差异,并无必然的联系。因此,对史学家来说,认为古典共和理论必然导致一种阶层和等级化的社会,就没有道理。它可能而且经常是这样,但并不必然会这样。美利坚立国者深知这一点,因为他们是从同样知道这一点的马基雅维利、哈灵顿和孟德斯鸠那里学到的。该理论的前提在于一种自然的或世袭的或新建

的贵族制；该理论必需的前提在于，人的政治能力由于资质和德性的不同而表现各异，这在某种程度上表现为发挥功能或行使权力方面的差异。（《众国》，页49）

看得出来，波考克是在用我们已经在其《马基雅维利时刻》第三章见识过的"共和"理论，强行诠释哈灵顿的"自然的贵族制"一说。哈灵顿说的"贵族制"明显指优异德性，或者说，"贵族制"的正当性在于德性优异者施行统治。波考克则似乎希望让我们明白，哈灵顿所谓"自然的贵族制"指人民如何自然地成为德性优异者：只要人民有参政的意愿和行动，他们就自然而然具有了贵族德性或优异德性。否则，"人民自己经过认可并甘愿听从的智识超群者"又是怎么来的呢？这些"智识超群者"是谁？

即便如此，波考克的说法仍然难以自圆其说。毕竟，"智识超群者"不可能等同于人民自己吧，因为他们"拥有自身特有的'德性'、反思能力，且愿意承担自己的责任，提出可供选择的方案"，而多数人至多仅有"在这些方案之间作出选择"的"'德性'和决断能力"。换言之，人民中的"多数人"不可能个个是"智识超群者"，即不可能个个"拥有自身特有的'德性'、反思能力，且愿意承担自己的责任"。波考克至多能指望，人民中的"多数人"能够拥有某种"'德性'和决断能力"，即人民的每个成员不再是仅仅作为私人在生活，或享有消极自由，而是积极参政。就算如此，从逻辑上讲，人民中的"多数人"积极参政，也未必等于他们一定能够拥有某种"'德性'和决断能力"。毕竟，积极参政的"公民美德"不可能等于审慎、智慧、明辨是非、懂得优劣之类的德性和决断能力。倘若如此，波考克说，"多数人的'德性'和决断能力，使他们有权"对"智识超群者"提出的"可供选择的方案"作出选择，仍然是一句毫无根据的断言。

哈灵顿的"自然的贵族制"毕竟说的是贵族制与民主制的差异，这种差异"表现在道德、数量以及功能方面"，我们自然会把这种差异理解为：贵族意味着德性优异者，他们是人中之杰，从而只会是少数人，他们所起的政治作用与人民不同。我们不难设想，所谓"自然的贵族制"其实是个针对世袭贵族制的概念，其含义是：德性优异的智识超群者会自然而然地从人民中产生出来，而非只会来自世袭贵族阶层。如果哈灵顿的"自然的贵族制"是这个意思，那么，这一提法显然合乎常识。比如说，我们所熟悉的老一辈革命家就是这样的"智识超群者"，他们无不"拥有自身特有的'德性'、反思能力，且愿意承担自己的责任"，但他们都来自人民。即便有些革命家出生于地主富农或资本家家庭，也是偶然，毕竟，并非所有这样家庭的后代都是天生的"智识超群者"。由此来看，我国古代的科举制堪称名副其实"自然的贵族制"。

无论如何，"自然的贵族制"不外乎指，人的政治能力在资质和德性上有自然而然的差异，从而，"智识超群者"有权领导人民，提出维护和发展政治共同体的正确"方案"，并在道德上对"人民中的多数人"提出要求：不仅要求积极参政，而且要求树立正确的道德观——勤劳、勇敢、朴素、爱国，抗击外敌时一不怕苦、二不怕死。像中国这样的文明国家，人民身上自然而然就有这些德性，但也并非个个如此。因此，"智识超群者"阶层还需要用古老的"抑恶扬善"之法，引导和激励人民。①

无论怎么讲，波考克说，人民中的多数人的"'德性'和决断能

---

① 同样一支中国军队，在德性差异有天壤之别的领袖人物手中，会有同样天壤之别的差异。参见高戈里，《心路沧桑：从国民党 60 军到共产党 50 军》，成都：四川人民出版社，2015。

力","使他们有权"对"智识超群者"提出的方案作出选择——亦即最终由人民中的多数人做决策,这至少在逻辑上不通。因为,这意味着,多数人的"'德性'和决断能力"有权决定"智识超群者"提出的方案。从常识上讲,这也极为荒谬——不妨设想,在战争状态下,作为多数人的士兵的"'德性'和决断能力",有权决定智识超群的将领提出的作战方案?

经过波考克的解释,"人的政治能力由于资质和德性的不同而表现各异"的差异,最终成了"在某种程度上表现为发挥功能或行使权力方面的差异"。波考克这样来解释哈灵顿,实际上暴露出共和派理论家不得不面对一个政治理论难题——共和革命既废除了君主制,也废除了贵族制,共和理论家就必须论证:人民自然地或天生就有施行统治的优异德性。波考克对哈灵顿的解释是否符合哈灵顿本人的意思,需要我们自己去研读哈灵顿再作出判断。即便哈灵顿的意思是这样,而波考克又的确是热爱思考的思想史家,他也应该思考,哈灵顿这样认为是否说得通,历史上是否有其他深思熟虑的思想者曾提出过反驳。否则,波考克就算不上在思考的思想史家。如果哈灵顿的意思不是这样,如果他实际上主张民主制与贵族制的混合,即"智识超群者"领导人民参与政治,因为,他知道人的德性有自然差异,从而贵族制要素与民主制要素的差异无法取消——毕竟,按波考克自己的描述,哈灵顿的确"认为民主制和贵族制符合人的天性",那么,波考克就是在凭靠自己的"人民主义者"信念玩弄思想史。上面那段话实际上让我们看到,为了抹去哈灵顿共和理论中的贵族制要素,波考克绞尽脑汁,非要把"资质和德性的不同"解释为"发挥功能或行使权力方面的差异"。凭此他才能取消因人的自然德性差异而来的社会"阶层和等级化",让 republic[共和]具有新古典式的"人民主义"意涵。

说到这里,波考克再次提到,美国立国者面临的问题,与洛克面临的问题完全不同。因为,洛克考虑的是既有国王又有上下两院的英国政体问题,他不可能提出遑论阐述人民直接参政建立自治政府这样的美利坚问题,而美利坚的立国者们,则一直在"不遗余力以各种方式使用关于[公民]'德性'的话语"(《众国》,页50)。既然美利坚的立国者们大谈公民德性和人民直接参政建立自治政府,他们就只会与英国共和革命的"哈灵顿时刻"有历史关联,而非与洛克有历史关联。

波考克接下来就说到 republic[共和]"与代议制观念之间的关系"。波考克以思想史家的身份告诉我们:

> 代议观念本身是现代化(modernising)的诸概念之一——"现代"的含义即它是中世纪的而非'古代的'发明——它对德性观念构成了挑战,并力图使之发生改变。(《众国》,页52)

"代议观念"(the idea of representation)对什么"德性观念"构成了挑战?波考克显然指对"人民主义"式的"公民德性"观念构成了挑战。于是,古典与现代的对峙就出现了。这就好像我们会说,农民起义建立政权是古典的,官僚制政权是现代的,只要政权蜕化为官僚制,反官僚制就称得上是新古典意义上的共和革命。

笔者这时才切实体会到,波考克为何会在文章起头就打招呼:他的美国研究"实际上成了颠覆,而非不像颠覆"。波考克"颠覆"了什么?美国宪法规定的政制以及迄今为止的现存政制是代议制,波考克说"代议观念"对"[公民]德性观念"构成了挑战,无异于说,美国宪法所规定的政制以及现存政制对"[公民]德性观念"构成了挑战。如此挑战美国宪法的根本政治决断,不是在颠覆宪法,又是什么呢?

波考克接下来的说法很清楚,"代议观念"挑战的是"公民自己直接施行统治"——这无异于说,公民自己直接自治,优于选拔德性优异者施行统治。施特劳斯在《自然正确与历史》的"导言"中指出,美利坚《独立宣言》基于洛克的"自然权利"观念,对传统的德政观念构成了挑战,这种说法虽然让人感到振聋发聩,对美国宪政却绝无颠覆意味。波考克的说法不仅对美国宪政具有颠覆意味,他甚至要凭靠基于自然权利的"人民主义",颠覆人的德性有优劣之分的道德常识,否则,他没法用"公民德性"观念挑战"代议观念",而后者意味着选拔德性优异者施行统治。

由此可以看到,波考克把公民直接自治与代议制的对立视为古今对立,以此挑战施特劳斯提出的古典德政观与基于"自然权利"的现代政制观的古今对立,充分表明他具有怎样的心性品质。对波考克来说,如果美利坚《独立宣言》的真正意涵是宣示人民有自愿行动的权力,那么,美国革命体现的就是古典共和观念的复归。似乎,波考克与施特劳斯的分歧在于对古典"共和"的理解:对施特劳斯来说,古典"共和"是德性优异者施行统治,对波考克来说,古典"共和"是公民直接施行统治。即便如此,我们仍然可以问:谁的观点符合政治史以及思想史的史实?我们会想到,雅典民主制就是公民自治,这是无可辩驳的政治史史实。可是,从世界历史甚至单单从西方古代历史来看,君主制不是更多吗?我们是否可以因它们是古代的史实就认可它是最佳政制呢?西方的古代出现过多种政体,波考克知道,亚里士多德讨论过各种政体的优劣,而且绝没有说过民主政体是最佳政体,他怎么可能仅仅因为雅典"公民自己直接进行统治",就认为公民自治等于最佳政制?何况,按古代史专家的考证,雅典民主也谈不上现代意义上的参与式直接民主。雅典城邦基于农业部族社会,氏族和血亲关系使得城邦公民的政治意识相当保守。即便在伯利克勒斯时期,参与政治的常规人数也相当有限,全部时间用于公共事务的公民不过"千分之一"。① 笔者感到匪夷所思的是:波考克的逻辑竟然会是这样:

> 美利坚人据说对以下两种学说忠贞不渝,并力图将其付诸实践:政府解体(the dissolution of government)和权力分立。这两种学说形成于英格兰,但不列颠人从未真正将其付诸实践。然而,成为"共和派"不仅要高举混合政府学说的左翼大旗,而且要不遗余力以各种方式谈论"德性／美德",在18世纪的话语中,这种谈论有着尤为突出的地位,并让过去二十年来的史学家们备感困惑。其实,只要感受到对人天生是政治的动物这一命题的古代热忱(the ancient commitment)的影响,公民"德性／美德"这一概念便会凸显出来;直到如今,情形依然如此。(《众国》,页50)

这是史学论证还是哲学论证? 都不像! 凭靠这种不三不四的论证,波考克竟然把美国革命说成"古代异教精神的重生"(this rebirth of ancient paganism)。其逻辑推论是:"公民自己直接施行统治"基于"公民德性／美德",而"公民美德"观念基于亚里士多德的"人天生是政治的动物"这一命题,从而是"异教精神的重生"。如此逻辑表明,波考克是在表达自己对这种"异教精神"的现代"热忱",而非是在思考,从"人天生是政治的动物"这一命题,能否推导出"公民德性"观念或"人民主义"。我们能说,波考克是一位严肃的思想者? 他甚至连逻辑清楚的思想史家都算不上! 尽管如此,波

---

① 汉森,《德摩斯提尼时代的雅典民主:结构、原则与意识形态》,何世健、欧阳旭东译,上海:华东师范大学出版社,2014,页451-452。

考克告诉我们,在 18 世纪,西方思想史上曾有过这样一场古今之变:

> 18 世纪试图将基督教化约为公民宗教计划的一项重要内容,就在于重申人是政治的动物和每位公民(或每个官员)都是自己的教士这一古希腊—罗马学说。然而,这种古代异教精神的重生刚刚抬头,就遭到现代性的挑战:在领土国家和商业国家的条件下,个人便不再可能是古代性(antiquity)所假定的那种自主的所有者、佩带武器者以及自治政府的直接参与者。(《众国》,页 50;比较《时刻》,页 578-579)

多么奇妙的史学论证,不是吗?笔者愿意为波考克提供一个恰切的史例:18 世纪初,加勒比海出现了一群新型海盗,他们的领头人来自西欧殖民者。这群海盗"以民主方式经营船只,大家共同投票选出并罢黜自己的船长,平均分配掠夺而来的财物,并在公开会议上做出重大抉择"。①

这时若回味波考克在文章起头说的那句话——"[美国的]立国者们有意识地以忒修斯、摩西、吕库戈斯、罗慕路斯自居,他们要奠立的是一个'千秋万代的新秩序'",我们应该能够体会到,这话暗含的讽刺足够厉害:波考克不仅挖苦了美国的立国者们,也挖苦了西方古代的圣王们,因为,他们都背离了人类自古就有的那些"自主的所有者、佩带武器者以及自治政府的直接参与者"的政治意愿,剥夺了人民佩带武器自由参政的个人权利。英国共和革命的弑君之举,虽然让 18 世纪的西方人民猛然想起自己真正的"古代"本性,

---

① 伍达德,《海盗共和国》,许恬宁译,北京:社会科学文献出版社,2016,页 2。

但资本主义式的"领土国家和商业国家"诉求的出现,再次将这种人民的"古代"本性扼杀在摇篮之中。从此,西方社会陷入"怀旧"、"反动"与"进步"、"资产者[生活方式]"的两极对立。波考克的思想史研究致力于重现这场18世纪晚期的古今之争,以便如今的人们能够从中获益。

如果这就是波考克认为考察美国革命时必须关注的18世纪晚期的政治文化语境,那么,他让我们看到,这个所谓"历史语境"不过是他的"公民共和主义"信念捏造出来的。果然,他接下来就把"公民共和主义"信念中的一个核心要件塞进了美国的立国史:"公民自己直接施行统治"的根本理由,是防止政府腐败。波考克告诉我们,从《独立宣言》到订立1787年宪法的革命时期的大辩论,围绕的根本问题是反腐防腐;而且,美利坚人拒绝君主制和贵族制,以及"倾向于分权式的共和模式",其根本原因是"防止行政权腐蚀立法权,贵族制腐蚀民主制以及其他类似趋势"。

> 假如republic[共和]的作用是防止腐败,那么,它的作用就是维护德性,因为德性是腐败的对立面;这样看来,美利坚人的[立国]辩论,不得不围绕共和国在多大程度上应该而且能够仰赖于其公民的德性,在多大程度上能够补救这种德性所存在的瑕疵,以及在面对这些瑕疵甚或缺乏这种德性时,共和国如何才能维持自身。(《众国》,页51)

在1987年纪念美国宪法诞生两百周年的历史时刻,波考克的这些言辞无异于在呼吁美国人思考,国父们在两百年前订立宪法时最终选择了挑战"公民德性"观念的代议制,是否意味着背叛了革命的初衷。反过来说,两百年后的美国一再出现民权运动,并没有什么不可思议。

《1787年宪法》确立了一个建立在代议制基础上的共和国,它至今依然关注着政府的腐败问题,这种腐败或者源自受贿、滥用权力,或者两者兼而有之。共和国的作用就在于抵制腐败,这正是建立共和国的目的所在。与此同时,共和国常常会遭到腐败的攻击,应当认识到这是共和国时刻面临的危险,这是共和国的宿命。美利坚共和国也不例外。(《众国》,页59)

这话让我们听起来有些尴尬,因为我们中国人普遍以为,美国式的自由民主代议制不会有这种事情。波考克发表这篇文章时,我国的"改革开放"正进入艰难时刻,如果当时我们就读到这篇文章,那么,我们更感到尴尬:我们竟然会否定我们的"文化大革命"!毕竟,无论它有什么过失,其初衷是反官僚腐败啊!当然,话说回来,从政治实践上讲,"公民自己直接施行统治"是否就能杜绝腐败,还真难说。在苏格拉底看来,热爱智慧的人也可能会腐败,遑论不热爱智慧的公民。何况,从智识上讲,政府的腐败是否就是政治统治的首要哲学难题,波考克还需要为我们提供更多的思想史证明。

波考克的这篇纪念美国宪法诞生两百周年的文章并无新意,他后来自己都承认,他所揭示的美国革命的"人民主义"性质,不过是阿伦特在《论革命》中已经讲过的东西,从"人天生是政治的动物"这一命题推导出"公民德性"观念,则是阿伦特在《人的条件》中的创见;甚至他"一向十分关注古代自由与现代自由之间的对话",也来自阿伦特的启发(《时刻》,页603)。波考克的创见在于,让美国革命精神与"哈灵顿时刻"接上头,这是他在《马基雅维利时刻》中论证的基本观点。十五年后(2002年),波考克为《马基雅维利时刻》写了重版"跋",篇幅颇长。虽然他声称要回应该书问世近三十年来受到的各种批评,但我们没有看到他回应施特劳斯的学生对他指名道姓的批评,而是一股脑儿重申自己的一贯观点。

重版"跋"通篇都在强调,他的《马基雅维利时刻》这部大著的意图,是要重新挑起一场古今之争——他明确称之为"古代自由观"与"现代自由观"的论争。据说,这大体类似于"积极自由"与"消极自由"的区分。在波考克看来,在古代有一种"积极自由"观,但它被现代的"消极自由"观掩盖甚至扼杀掉了。他的使命是重新挑起古今自由观的论争,以恢复"古代自由观"在当今政治实践中的作用(《时刻》,页584)。

重版"跋"共三个部分,在第一部分,波考克煞有介事地详细讲述了自己与斯金纳的论争,或者说回应了斯金纳的批评。波考克认为,古典共和主义的源头在亚里士多德的《政治学》,斯金纳则认为源头应该是西塞罗。波考克花了好几页篇幅澄清自己与斯金纳的所谓分歧,其实是借此彰显,他和斯金纳都是古典共和主义的现代代言人(《时刻》,页585-591)。因此,笔者用"煞有介事"来形容波考克描述的与斯金纳的论争,并非言过其实。毕竟,无论亚里士多德还是西塞罗,都是基督教时代之前的异教徒,有什么实质差别呢。顺理成章的是,如果说亚里士多德和西塞罗是古典共和主义的理论家,那么,马基雅维利和哈灵顿就是新古典共和主义的理论家。

重版"跋"重申的第二个要点是:"直接民主与代议制民主之争,它近似于积极自由与消极自由之争"(《时刻》,页601),从而也等于是"古代自由观"与"现代自由观"的古今论争。其实,用"参与式"直接民主质疑并挑战代议制民主,是1960年代以来西方"激进民主"思潮的核心主张。① 恰恰是在这一激进思潮逐渐兴起的过程

---

① 佩特曼,《参与和民主理论》,前揭,页97-104。

中,波考克让马基雅维利和哈灵顿出面充当直接民主的代言人,让他们代表所谓"古典共和主义"精神,与现代共和主义政制展开殊死搏斗,从而为激进民主思潮的兴起作出了不可磨灭的贡献:1963年,波考克从新西兰移居美国,两年后发表长文《马基雅维利、哈灵顿与18世纪的英国政治意识形态》。① 今天的我们应该感到欣慰,在波考克的启发下,我国学界的有识之士也已经看到:

> 几千年来的人类常规政治形态都是非民主的。20世纪突然潮流偏转,民主理念似乎成了全球性的"主流",并成为西方引以为骄傲的主要依据之一。但是,一切潮流总可能遮蔽真相:西方现代政治主流其实并非"民—治"意义上的民主(by the people),而是代议制民主。代议制民主是民主吗?②

波考克在重版"跋"中重申的第三个要点是防止政体腐败,正是这一要点,将美国革命与他认定的古典共和主义和新古典共和主义连接起来:

> 人的人格能否在历史中生存,是18世纪哲学中的一个严肃问题;它在言辞和实践中带来的后果是,一切现存秩序总能被证明是腐败的。当美国革命宣布与辉格党和议会制度决裂,并着手建立共和国时,这一点尤为重要。(《时

---

① John G. A. Pocock,"Machiavelli, Harrington, and English Political Ideology in the Eighteenth Century"(1965),收入 John G. A. Pocock, *Politics, Language, and Time: Essays on Political Thought and History*,前揭,页104 – 146。

② 包利民,《"西方古典政治思想新视野"丛书总序:古典政治意蕴的新探究》,见卡特莱奇,《实践中的古希腊政治思想》,陶力行译,北京:华夏出版社,2016,页2。

刻》，页606）

波考克承认，他对美国革命的解释让自己招来大量批评，但他宁愿坚持自己在三十年前就持有的观点："将美国的革命和建国，说成植根于漫长的共和主义传统之中，或者说成导致了那场古代自由与现代自由之间的对话（这正是'马基雅维利时刻'的首要含义），似乎不能说失之武断"（《时刻》，页607）。①

其实，在专业的政治史家看来，马基雅维利心仪共和国，未必是因为它能体现"公民美德"，而是因为共和政制有利于政治体处于最优战略状态，即最为有效地动员国民投入战争。对于政治体的战斗能力来说，让国民有政治参与的权利，比庞大而有效的税收基础更为重要。全体公民始终保持积极的政治状态，是一个政治体持有强势外交政策的基础，否则，它不可能在情况允许时扩大自己的领土，或保住其既得利益。马基雅维利的这一政治见识既适合共和政体，也适用于君主政体，事实上他也是就这两种政体而言的。马基雅维利在《李维史论》中说，"与一个诸侯相比，普罗大众的智慧更深厚也更持久。平民似乎被无形的力量牵引，能够事先分辨出善与恶"——这样说是出于政治技艺的考量，作为哲人的马基雅维利心里当然清楚，人民的天性是怎样的。②

在波考克眼里，情形就不同了。在他看来，马基雅维利谈论"公民美德"，是因为他对如何根治政治腐败有最为深刻的认识。马基

---

① 比较阿伦特的说法，"古代的自由概念在希腊哲学中没有地位"，政治自由是"罗马建国者留给罗马人的一项遗产"，以至于即便在奥古斯丁那里，也不仅可以发现"对自由作为选择自由的讨论"，而且可以发现"一个从完全不同角度来思考自由的想法"。阿伦特，《过去与未来之间》，前揭，页158–159。

② 西姆斯，《欧洲：1453年以来的争霸之途》，前揭，页21。

雅维利懂得,"腐败最初表现为一种普遍的道德退化过程,其端倪难以预见,其过程几乎不可阻挡"。为了维护政治机体的道德品质,必须回到其最初的原则,因为,君主国也好共和国也罢,初创时期都必定包含着某些优秀的东西。既然腐败对政治体来说不可避免,那么,"为了阻止腐败的发作,必须以十年或十年左右为一时段,以惩戒甚至可能是惩戒性的方式贯彻'原则'",以便"制度机制可以强化和更新自身,甚至阻止腐败的发作"(《时刻》,页216–217)。

波考克在1970年代初期用这样的言辞来描述马基雅维利的观点,让我们不得不想起,我们当时正处在每隔十年就应该来一次的自我更新之中。因此,今天的我们应该感到惊讶,波考克在注释中引述马基雅维利关于杜绝腐败的方法即"恢复原状"(ripigliare lo stato)时说,这种方法不过就是:"把其自身的体制推倒重来,使它在原始的艰苦环境中得以更新——这一过程让人想起现代的'大清洗'和'文化大革命'"(《时刻》,页216注4)。① 如今信服波考克的中国学人若读到这个注释,不知会怎么想——无论怎么想,从逻辑上讲,如果信服波考克的"公民美德"论,那么,他们就不应该对那场大革命迄今心有余悸,或永不宽恕,而是应该感到后悔:为何当初没有把波考克的这部大著译过来。

5. 与剑桥学派驳火

现在我们来看施特劳斯的弟子如何回应波考克的挑战。剑桥

---

① 如果波考克读到过张春桥在1958年发表的《论资产阶级法权》,那么,他肯定会赞不绝口。因为,这篇重要的历史文献,谈论的正是已经官僚化的政体如何"在原始的艰苦环境中得以更新"。

学派诞生于1960年代美国激进民主运动的历史时刻,用我们的话说,是"文化大革命"的产物。1969年,邓恩出版了《洛克的政治思想》,史称剑桥学派打响的第一枪。借助所谓"历史语境"分析法,邓恩力图证明,洛克在美国立国时期其实影响甚微,当时读他书的人并没有多少。不难理解,按阿伦特在《论革命》中所提出的重新理解美国立国精神的哲学原则,剑桥学派首先得斩断洛克与美国立国精神的直接关系。邓恩的攻击矛头一开始就对准施特劳斯,把施特劳斯解释洛克的方法与辉格党式和马克思主义思想史的解释方法相提并论,一律斥为"机械而且迷信的[解释]模式",指责施特劳斯"一再忽略所分析的文本的特征",将并无史实根据的东西塞进洛克文本云云。①

1975年,施特劳斯亲炙过的最后一代学生之一扎科特(Michael Zuckert)发表了题为"论及洛克政治哲学的晚近文献"的长文,借评约尔顿(John Yolton)编的文集《洛克:问题与视角》回击邓恩,说他把对洛克政治思想的阐释"变成了一种心理－社会－传记",致力于从鸡毛蒜皮的文献中去发现洛克思想的精髓,算不上在阐释思想。② 邓恩发表《洛克的政治思想》时,年仅29岁,扎科特发表这篇批评文章时,博士毕业才一年:年轻人与年轻人干上了!

1988年,施特劳斯的弟子潘戈出版《现代共和主义精神:美国

---

① JohnDunn,*The Political Thought of John Locke*,前揭,页5,164,187。

② Michael Zuckert,"The Recent Literature on Locke's Political Philosophy",载于*The Political Science Reviewer*,1975,页271－304。此文后经扩充,改题为《几种成问题的洛克研究视角》,收入扎克特,《洛克政治哲学研究》(2002),石碧球译,北京:人民出版社,2013(对邓恩的评析,参见页46－49,52－54,58－59,以下简称《洛克》,并随文注页码)。

立国者的道德观与洛克哲学》。① 这时,剑桥学派已经颇成气候,波考克的《马基雅维利时刻》,尤其斯金纳的《现代政治思想的基础》,声誉扶摇直上。潘戈在书中用了差不多一个专章来回击剑桥学派的所谓"古典共和主义"论,第一句话就是:

> "60年代之后"的史学家和政治理论家沉湎于一种浪漫的幻想,他们企图从过去的某个地方,寻找前资本主义的、非洛克式的美国"灵魂"之根。②

潘戈与雅法甚至伯林的看法一样,认为1960年代的激进民主运动的新理论,带有浪漫的"反资本主义"性质。这个时期出现的与美国政制或立国原则直接相关的史学式政治理论主要有两种:一种可以称为"苏格兰启蒙"派,即强调休谟对《联邦党人文集》的巨大影响,"夸大苏格拉底式或古典的(且极端反洛克的)沙夫茨伯里(Shaftesbury)与更现代的(且极端洛克式)的哈奇森(Hutcheson)之间的连续性",再让哈奇森连接休谟和亚当·斯密,进而铺设出一条思想史来源线索(《精神》,页82–83)。再就是高举所谓"古典共和主义"旗帜的剑桥学派。这两种史学式政治理论重新解释美国的立国原则,不外乎要告诉人们,美国政制在立国之后违背了"美国精神"的真正源头,从而为当前的激进民主运动提供动能。

潘戈仅仅附带提及"苏格兰启蒙"派的美国研究,主要回击剑

---

① Thomas Pangle, *The Spirit of Modern Republicanism: The Moral Vision of the American Founders and the Philosophy of Locke*, University of Chicago Press, 1988。

② 庞格尔,《"古典共和主义"与美利坚立国:一项批判》,见任军锋主编,《共和主义:古典与现代》,前揭,页65(以下凡引此文简称《精神》,并随文注页码)。

桥学派的攻击,尤其针对波考克的《马基雅维利时刻》及其思想史方法论。波考克虽早在1965年已经发表长文《马基雅维利、哈灵顿与18世纪的英国政治意识形态》,但激进民主运动时期最早涉及美国立国原则的思想史论著,是贝林的两部专著(《美利坚革命的意识形态起源》和《美利坚政治的起源》),以及伍德的《美利坚共和国的缔造》。① 贝林当时45岁,伍德还不到40岁,都是史学界新星。在贝林著作的激发下,波考克把自己提出的马基雅维利-哈灵顿"新古典共和主义"思想线索与美国立国联系起来,并经哈灵顿溯源到马基雅维利、西塞罗甚至亚里士多德。《马基雅维利时刻》具有更为深远的思想史纵深,自然比贝林的著作更有分量。因此,潘戈称波考克为剑桥学派的"教父"(《精神》,页68)。

剑桥学派的思想史研究的特点是:从激进民主的意识形态观念出发,笔削思想史,把有用的材料塞进自己的意识形态"范式",让思想史为现实政治斗争服务。在我们的印象中,意识形态指与现存政权结合在一起的思想观念。其实,夺取政权的诉求也需要一种意识形态,即反对现状、要求变革现存秩序的观念情结。这种意识形态具有好战的革命性和乌托邦式的憧憬,在学术领域的表现特征是:出于明确的行动导向意图,采用大众所理解的鼓动性修辞,拟制种种进步论式的历史叙事。意识形态化的学术并非一定是所谓反民主的,反倒往往具有激进民主倾向。②

---

① Bernard Bailyn, *The Ideological Origins of the American Revolutuion*, Harvard University Press, 1967; Bernard Bailyn, *The Origins of the American Politics*, New York: Knopf, 1968;伍德,《美利坚共和国的缔造》(1972),朱妍兰译,南京:译林出版社,2016。

② 巴拉达特,《意识形态的起源和影响》,张慧芝、张露璐译,北京:世界图书出版社,2010,页7–10。

潘戈指出，波考克并不熟悉美国立国时期的政治思想文献，甚至不知道立国之父们熟悉像色诺芬、普鲁塔克这样的古代经典作家，在论证"古典共和主义"的源头时，他仅仅援引亚里士多德。波考克力图切断洛克与马基雅维利的关系，在潘戈看来实为罔顾文本史实。毕竟，马基雅维利的《君主论》最后一章引用了李维《罗马史》中的一篇演说辞，洛克的《政府论》也从这篇演说辞中选了一段用作扉页题词，这至少表明，洛克与马基雅维利借着解释李维《罗马史》所要阐发的新共和思想，绝非没有关系。相反，倒是不难证明，"马基雅维利的'德性'概念，与洛克主张的无限攫取具有道德正当性的观念，有着极为密切的联系"（《精神》，页69）。

潘戈还提出，美国立国之前，美洲殖民者政论家的时论文章中已可见出霍布斯–洛克与马基雅维利的关系。1720年，美洲殖民地最重要的政治评论家特伦查德（John Trenchard, 1662 – 1723）和戈登（Thomas Gordon, 1652 – 1722）在报纸上发表的文章结集出版，题为《卡图书简》（Cato's Letters）。从中人们可以清楚看到，两位作者"从残酷的马基雅维利式心态出发"，"很快就转向不断援引霍布斯和洛克的政治原则"。潘戈表示感到奇怪，"为什么伍德在阅读了如此多的富有启发意义的堕落之后，仍然会认为《卡图书简》反资本主义"，而波考克则在这个问题上"含糊其辞、欲言又止"。倒是贝林诚实些，他"尴尬地承认，特伦查德和戈登的'政治思想是洛克式的，它关注不可剥夺的权利和关于政府的契约理论，但这仅仅是框架而已'"。潘戈得出结论说，这些"60后"的新派史学家若"愣是要从反联邦主义者的著作中，找出一种反自由主义或反洛克式的共和主义观念，那他们只能是错上加错"（《精神》，页72, 73注7, 74）。

潘戈挑过剑桥学派的学术硬伤之后，有针对性地谈到了思想史研究的方法问题：即便是研究直接与政治斗争相关的思想史文献，也应该抱持热爱智慧的心态，而非搞政治斗争的心态。

> 对于少数最伟大的立国者们，我们应该坚持从他们自己的立场和精神解释其思想，就像对待以往政治哲学史上的巅峰之作一样，带着同情心去直接研究。这就要求我们应当认识到，政治论争或争辩，并不能简单地或彻底化约为"意识形态"。它要求我们严肃对待如下假设：以往的政治家、史学家、理论家，往往能够通过批判性思考，使自己摆脱阶级、宗教信条、语言学传统或"语境"的微妙障碍和制约。（《精神》，页84）

这一说法展示了施特劳斯派与剑桥学派的政治思想史研究方法的根本差异：热爱智慧式抑或意识形态斗争式的思想史研究。

> 认为政治思想全然不是源自或取决于和反映其所处的历史环境，这当然荒谬。问题在于，是否所有的思想，甚至最机敏的实践者和最深邃的哲人，都不可避免地要受到其所在的环境的影响和制约。与此相反，我们可以假设：以往形形色色的哲人和政治家声称，他们在揭示和争论永恒的真理（他们称之为人的"自然"，以及由这种自然衍生出来的"自然"权利），可能被发现是错误的。不过，要证明其中的错误，必须首先彻底地、不带任何先入之见地考察每位思想家的假设和主张。当我们发现，某一思想家的确代表了一种在当时影响甚广的权威思想，而这种思想又明显错误、狭隘甚至不合逻辑，我们就一定不要排除如下可能性：我们发现的或许不是他的视野的局限性，而只是他有意用一种修辞技巧迎合当时占主导地位的偏见罢了，实际上他本人并不苟同，只是认为最好不要暴露自己而已。如果说这样的

> 假设将一切明确的思想史变得晦暗不明,那么,我们因此可以获得更多报偿:我们的思想史从其探索性的或真正的哲学意义上说,将更加诚实、更加接近真理。(《精神》,页 84)

这个说法显然是在为遭到剑桥学派一再攻击的施特劳斯阅读法辩护。剑桥学派提倡关注"历史语境",却无视杰斐逊和麦迪逊发表公开言论时无不善用"审慎、模糊、善意的狡猾和老谋深算"之类的修辞技巧。潘戈举证"杰斐逊曾说,必须隐瞒自己的观点,特别是宗教观点",以及富兰克林如何从色诺芬那里学习模仿苏格拉底式的论辩方式,晚年还想要创立一个秘密"教派"(《精神》,页 80 及页 81 注 17)。至于洛克、孟德斯鸠、休谟等哲人的公共写作,更是如此。

潘戈在书中花了两百多页篇幅细读洛克文本,展示他如何把传统的圣经式上帝转换成理性和自然的上帝,既重构宗教观念,也重构共和观念。潘戈让我们看到,洛克写作非常讲究修辞,其政治著作实有微言与大义之分。美国的立国者们在接受洛克思想时,未必真正领会了洛克的微言。这里的问题是:洛克自己天生热爱"心智活动",何以会教人看重个人的生命、权利、健康,而且热衷于论证诸如金钱、土地、房屋、家财等私有物的所有权?毕竟,这与苏格拉底教众人看重自己的灵魂并促使众人敬神守法,相去何止天壤之别!霍布斯和洛克都是天生热爱智慧之人,何以会让人性中的自然欲望成为最佳政制的基础?①

---

① 洛克著作的笔法有微言与大义之分,是施特劳斯在《自然正确与历史》中以极为隐晦的笔法提示的观点。参见潘戈,《施特劳斯〈自然正确与历史〉中洛克章的重要意义》(The Significance of the Locke Chapter in Strauss' s *Natural Right and History*),这是潘戈在 2001 提交的一篇研讨会论文,未刊。中译见赵雪纲编,《洛克论自然法》,北京:华夏出版社,2018。

潘戈如此悉心析读洛克文本，为的是展示施特劳斯所倡导的政治思想史研究的哲学品质，以便人们可以清楚看到，剑桥学派的思想史研究具有的是意识形态斗争品质：

> 假如或只要我们勇于积极面对我们研究立国者时的目标，那么，我们首先应当注意他们的主张而非动机：需要细致考察他们的主张所提供的可能性或真理，而不是将其作为语言学意义上的"语境"或"阶级意识"的证据。在提出一种批判性判断时，我们需要格外谨慎，这无法通过与作为考察对象的思想家保持"距离"来实现，而是要首先与思想家展开驯良的对话。（《精神》，页 84–85）

潘戈提醒我们：生活在现代之后或民主文化的时代，我们尤其得"不断努力发现并质疑我们自己的偏见和盲点"，通过研习思想史习得审慎的德性。言下之意，剑桥学派虚构所谓"纯然古典的德性概念"，以斯巴达人的武装德性或佛罗伦萨公民的"大公无私式"美德为楷模，唤醒人们反抗官僚资本主义的现代化（《精神》，页 78），不过是在培植知识人尤其年轻人的意识形态斗争意识，而非引领他们关切自己的德性修养，专注于自己的"智识和道德努力"：

> 在面对某个伟大的政治思想家时，假如我们并未因此在某种意义上被唤醒，并未因此而感到不安或被改变，那么，要么是这位思想家不是一位真正伟大的思想家，要么就是我们并未真正面对这位思想家。可以断定：只有通过这种方式，带着这样一种目标做历史研究，我们才能发现过去思想中所蕴涵的令人不安却非常丰富的挑战。（《精神》，页84）

潘戈对剑桥学派的回应让我们看到,如果我们自己的共和国政治思想史研究仍然胶着于意识形态斗争,而非通过思想史或政治史研究学会审慎思考的德性,那么,我们的德性只会停留在"文化大革命"时代。"文革史学"的基本特征就是削史为用,而美国"60年代"新派史学的削史为用,尤其体现于这样一种撰史模式:把政治史上的不同因素和思想史上相互对立的人物拼凑起来,搞出一种看似横贯古今的"古典共和主义"传统。哈灵顿的共和思想"从根本上讲是'资产阶级的',根本不具备古典的条件",竟然被算作"古典共和主义"的重要代表(《精神》,页76-77及注释)。潘戈一针见血地指出,"共和"理念有多种样式,剑桥学派罔顾历史上不同思想家之间"在独立思想和洞见方面的巨大落差",把"大众民主"和彻底的平等主义原则之类的政治观念,"作为某种独立的历史动力",虚构出一个贯穿古今的"古典共和主义"传统,其目的不外乎要把美国立国原则的基础说成一种乌托邦化的"古典共和主义",把人民自治式的"共和"论说成唯一真正的"共和"模式,为现实的激进民主运动提供意识形态(《精神》,页80)。

剑桥学派不遗余力地编造横贯古今的"古典共和主义"传统,以推进激进民主,充分利用了自己的史学家或思想史学者的身份,让世人以为,出自剑桥史家之口的说法,无不具有史学根据。比如,邓恩在1993年主编了一部文集,名为《民主:未竟之旅,公元前508年至公元1993年》(*Democracy: The Unfinished Journey, 508 BC to AD 1993*)。邓恩用这样的书名告诉世人,"民主共和"是人类文明两千多年来一直锲而不舍地追求的"高贵梦想"。十二年后(2005),邓恩又亲自打造这一历史追求的传说,取名为《让人民自由:民主的故事》(Setting the People Free: The Story of Democracy)。① 邓恩以研究近代英国思想史为业，他兴致勃勃地撰写这种普及性小册子，为的是

> 力图解释民主在今日世界令人惊异的登场，展示它如何在两千五百年前作为希腊面对的非常地方性的困境的一种临时补救措施而出现，又如何经历短暂而耀眼的一时兴盛之后，几乎在各处都式微居然达两千年之久；揭示它如何作为一个现实的现代政治的选择方案而起死回生；解释为何它在美国追求独立和创立新的美国式共和的斗争中重生，最初是以改头换面的形式；揭示它随后如何在法国革命的斗争中，几乎是旋踵而至地再度现身——虽然游踪不定，却恢复了其本名。②

这段话已经表明，民主共和的确是个现代理想，在古代仅仅有过"短暂而耀眼的一时兴盛"。邓恩显得不经意地说，原初的民主理想在"美国式共和"中仅仅"以改头换面的形式"得到实现。隔了好几页后，他才告诉读者，"现在的代议制民主已经改变了民主的观念，变得几乎使人认不出来了"。因为，"像任何现代国家一样，今天的民主国家要求服从，并且坚持要求公民们强制性地大规模让渡其决断（权力）"（《让人民自由》，页7-8）。这不仅是削史为用，更

---

① 中译本见邓恩编，《民主的历程》，林猛等译，长春：吉林人民出版社，1999。我国学界的呼应，参见刘训练，《共和主义：从古典到当代》，北京：人民出版社，2013；晏绍祥，《古典民主与共和传统》，上卷：《流变与再发现》，下卷：《现代的阐发》，北京：北京大学出版社，2013。比较瑟斯曼，《西方如何"营销"民主》，忠华译，北京：中信出版社，2015。

② 邓恩，《让人民自由：民主的历史》，尹钛译，北京：新星出版社，2010，页1-2。

是在呼吁民主国家的公民们起来夺权,不然又是什么呢?

邓恩的如此史书笔法并非原创。1877年,时年四十出头的自由主义史学家、政治评论家阿克顿(1834–1902)发表了《自由史论》,他用新诗般的语言这样开场:

> 自由,从2460年以前在雅典播种以来,就仅次于宗教是善行的动力和罪恶的常见托词,直到在我们民族成熟收获。①

对于阿克顿来说,整个人类文明的历史可以用"自由"与"宗教"的斗争来概括。凭靠这样的意识形态化史学成就,阿克顿在1895年接任剑桥大学现代史钦定教授讲席(Regius Professorship of Modern History)。阿克顿的这部"自由史",绝大部分篇幅在谈波考克所谓的"大西洋共和传统"(《自由史论》,页85–420)。阿克顿富有抒情色彩的意识形态化史述笔法让我们看到,所谓剑桥史学传统具有怎样的科学性或学术品质。如这个史学传统中人所说,剑桥史学的"重心在启蒙思想","任何有进取心的思想史家,都会受益于伏尔泰的'普遍史'"主张。② 如果我们并不觉得,剑桥学派的这类"意识形态史学"从学术上讲实在荒唐,那么,我们也没有理由说,"文革史学"从学术上讲荒唐。我们向来以为,只有我们这里才会有受意识形态支配的史学,现在我们知道,西方民主国家早就有而且迄今仍然有这类史学:波考克打造公民共和主义通史,与阿克顿打造自由通史以及邓恩打造民主通史,从心性到笔法都如出一辙。不同的是,公民共和主义通史属于思想史专业,其理论描述更

---

① 阿克顿,《自由史论》,胡传胜等译,南京:译林出版社,2001,页3。
② 柯林斯／波考克／斯金纳,《什么是思想史》,见丁耘主编,《什么是思想史》,前揭,页9。

容易让人以为,历史上真有那么一种古已有之且一以贯之的公民共和理想。当然,对于任何一个还称得上有史学良知的学者来说,"只要考察一下西方共和主义话语(无论是古代、中世纪还是现代的),任何人都会发现,并不存在某种一以贯之的[共和主义]理论,而是各种不同的路径同时处于一种尴尬的张力之中"。①

潘戈对波考克的美国革命解释的批判,可谓釜底抽薪:18世纪的美利坚政治思想,根本不是什么"新古典主义",而是"具有强烈的反古典倾向",因为,其基本特征"不仅反对古典,而且反对包括新教和天主教的传统政治神学"。由于其基本主张是倡导"人的自然平等和权利"(包括反抗权或革命权)、宗教宽容和良心自由,只能称为"新共和主义"(《精神》,页78)。1994,扎科特出版了《自然权利与新共和主义》,从书名来看,就像是在接棒潘戈追击剑桥学派。② 这时,剑桥学派的声誉已如日中天。潘戈的《现代共和主义精神》仅用了一个不长的章节,简要但击中要害地抨击波考克,扎科特的这部论著则几乎从头到尾都在顺带修理剑桥学派。"导论"首先挑战邓恩的洛克研究(《权利》,页24-31),"第一部分"讨论英国共和革命时期的理论时,顺便挑战了波考克的"古代宪法"研究(《权利》,页70)。以"辉格党人"为题的"第二部分",用了差不多一章篇幅讨论剑桥学派对哈灵顿的解释,扎科特称为"新哈灵顿时刻",还打了问号(《权利》,页200-248)。题为"自然权利与新共和主义"的第三部分对洛克学说的阐述,以打击波考克在《马基雅维利时刻》中对古罗马共和主义的肤浅理解结尾

---

① 尼德尔曼,《修辞、理性与共和:古代、中世纪以及现代的共和主义早期》,见任军锋主编,《共和主义:古典与现代》,前揭,页157。
② 扎科特,《自然权利与新共和主义》,王崟兴译,长春:吉林出版集团,2008(以下引此书简称《权利》,随文注页码)。

(《权利》,页 409 – 427)。

扎科特以其人之道还治其人之身,采用"历史语境"分析方法来论证洛克的激进共和主义与美国革命的关系。① 通常认为,洛克在《政府论》两篇中所表达的政治思想,既"引导了[英国的]光荣革命",也鼓励了美国立国者们追随英国光荣革命的先辈。在"引论"中,扎科特首先将美利坚《独立宣言》的文本与1689年英国议会颁布的《权利宣言》以及随后的《权利法案》对比,以此证明上述流行看法是错的。英国的《权利宣言》与美利坚的《独立宣言》不仅在"具体信条上存在分歧",而且"有着完全不同的基本特性"(《权利》,页5)。

首先,光荣革命的《权利宣言》"没有直截了当地赞同在一国之内'改变或废除'政府的权利",美利坚的《独立宣言》则"以人民判断自己的安全是否安全为前提条件",宣布了"造反权"(right of revolt)。

第二,"《权利宣言》充斥着等级制下人类的不平等",《独立宣言》则强调所有人的平等,而且"关于平等的意思没有清晰表述",仅以尚有争议的"自然状态"假设以及上帝的名义宣布人人平等。不仅如此,这一"平等"诉求还尤其指向政府:"更确切地说,平等意味着:起初或依据本性,人不是被治者,他们不顺服于任何其他人的统治或权威。"扎科特说,"这是一个极具爆炸性的主张"。如果说大多数政治社会都认为,上帝或自然选择了"更优人士"作统治者,那么,《独立宣言》的"平等"主张则无异于拒绝"更优人士"的统治(《权利》,页9)。

---

① 与相同时期剑桥学派中人所提供的洛克研究对比起来读,后者简直有如儿戏。参见塔利(James Tully),《语境中的洛克》(1993),梅雪芹等译,上海:华东师范大学出版社,2005。

第三,关于政治权威的认定即所谓政府行为需要得到人民"同意"的问题,在《权利宣言》那里,根本就没有统治权威需要"被治者同意"这回事儿。《独立宣言》则依据新派哲学家虚构的"社会契约"论宣称,人民拥有"主权",任何政府行为必须经过人民同意,并将这一"同意"原则表述为"一种道德判断"(《权利》,页11)。

第四,《权利宣言》与《独立宣言》最大的不同在于对"权利"的界定。"美国人诉诸创世者所给予的权利——上帝或自然——都先于和独立于任何组织化的政治生活";与此相反,《权利宣言》所宣称的权利,仅是这个王国的传统所界定的"古老的权利和自由"。换言之,《权利宣言》说的是"英国人的权利,而非人权,并且它们有差别地和不平等地属于英国人"。因此,《权利宣言》对"权利"的规定非常具体,《独立宣言》对"权利"的表述却大而无当。这意味着,《权利宣言》并没有宣称什么"自然的权利",而是宣称古老的权利(《权利》,页11-12)。

通过文本对比,扎科特让我们看到,基于洛克学说的《独立宣言》远比英国光荣革命的结果激进得多,以至于《权利宣言》与《独立宣言》有天壤之别。① 鉴于洛克的《政府论》在光荣革命之后才面世,根本就没有指导过革命行动,洛克与英国光荣革命没有关系,相反却对美洲殖民地的革命起过直接指导作用。如果说美国革命使得"所有的眼睛都被打开,人们的双眸都盯着人的权利"(杰斐逊语),那么,让美国革命具有这种激进性质的正是洛克。

扎科特强调洛克思想的激进民主性质,显然意在针对波考克的

---

① 扎科特对《独立宣言》的释读,亦参扎科特的另外两篇文章:《洛克在美国:〈独立宣言〉》和《美国革命中的自然权利:美国式混合》,见扎科特,《洛克政治哲学研究》,前揭,页217-248,291-309。

"哈灵顿时刻"。波考克说，17世纪40年代英国内战爆发之前，王室在1642年夏天曾颁布《英王殿下对议会十九条建议的回答》，妥协性地主张君主制、贵族制、民主制的混合政体。毕竟，这三种政制各有各的德性和劣性，任何一个占据主导，劣性就会败坏德性。然而，1649年斩处国王之后，哈灵顿等共和派理论家就提出了新的理论设想：混合政体不是君主制、贵族制、民主制三种政制要素的平衡，而是没有君主制和贵族制要素的平衡（《众国》，页48）。显然，哈灵顿等人的共和派理论，属于革命的非常时期的理论，用我们的经验来讲，属于"文革"时期的理论，因为，这种理论是在旧秩序已被推翻的前提下来考虑新的政制架构。按波考克的解释，哈灵顿的所谓"自然的贵族制"与我们熟悉的所谓"老中青三结合"在性质上是一个道理。后来的光荣革命回到了《英王殿下对议会十九条建议的回答》所秉持的混合政制原则，扎科特对比英国《权利宣言》和美国《独立宣言》得出的结论让我们看到，《独立宣言》在性质上与共和革命理论并无二致，但在哲学基础方面则更进了一步。在17世纪的英国"充满风暴的时代"，洛克的政治学说"比捍卫光荣革命的辉格党人的主要作品"更为激进，他"分享了霍布斯对性质上既非基督教的又非亚里士多德的政治哲学的追求"。不仅如此，由于在"自然权利"的基础理论方面加进了财产权，洛克的自然法学说还比霍布斯的学说更为现代（《权利》，页4–5）。

美国革命与英国共和革命有直接的精神关联，这属于政治史常识，而这种精神关联的关键人物是洛克，并非哈灵顿，同样属于政治思想史常识。早在波考克提出美国革命与哈灵顿的关系之前二十年，注重考察政治观念与政治历史之关系的沃格林就说过，由于洛克在光荣革命之后谈论有限君主制（limited monarchy），也由于后来的思想史家们普遍关注有限君主制的宪政，洛克思想的诸多激进性质及其实际的历史后果,被严重忽略。事实上,洛克的政论小册子对有限君主制的描述,不仅显得草率和含糊其辞,更重要的是,他的含糊其辞的说法在18世纪被"天真的[美洲]殖民者"(innocent colonials)和其他欧洲国家的读者广泛阅读后,产生了意想不到的革命性后果,极大地改变了时人对英国政府的看法。这里的关键在于,如何总结英国内战经验:按照洛克的描述,内战的真实起因是人民有造国王的反的权利。国王动用召集议会的权力解散议会,被指控为查理一世发起了"针对人民的战争"(the war against people),因为,议会所拥有的"立法委托"(legislative trust)来自人民。换言之,国王对议会动手,人民就有造反的权利(《新秩序》,页139)。因此,洛克的《政府论》下篇传达给读者的重要信息,与其说是"有限君主制"学说,不如说是人民有"造反权利"(the right of rebellion)的学说。我们记得,这正是施特劳斯在《自由教育与责任》中以隐晦笔法说到的"下层的政治自由与自上而下的启蒙之间的赛跑"。

沃格林敏锐地看到,洛克思想的激进性质,还体现于他与共和革命时期的宗教宽容论的关系。洛克论宗教宽容的小册子非常著名,如今的我们会认为,提倡宗教宽容有什么不对呢?但在沃格林看来,问题绝不是那么简单。无论在当时还是今天,宗教宽容论与其说是信仰自由问题,不如说是政治自由问题。把事情放到历史语境中来看,共和革命时期的革命政论家如弥尔顿等倡导宗教宽容和宗教自由,有其实际的政治目的:自由知识人想要分享政治权力,废除神权政制对思想自由的管制。[①] 从英国内战爆发前的1641年以

[①] 参见唐宁,《〈论出版自由〉中的公民自由与哲思自由》,刊于刘小枫编,《古典诗文绎读:西学卷·现代编》,李小均等译,上册,北京:华夏出版社,2009,页332-342;王军伟,《学究政治与十七世纪英国王权的危机》,载于林国基主编,《自由海洋及其敌人》,上海:上海人民出版社,2012。

来,短短一年多时间里,弥尔顿接连发表了五本有关宗教自由的小册子。国王被斩首之后乃至王政复辟之后,弥尔顿仍然继续就这个主题发表政见,可以说,对宗教自由问题的关注贯穿了弥尔顿革命的一生。① 既然当时是神权政制的历史语境,宗教宽容论与反王权论就有内在关联,属于弥尔顿革命学说的重要组成部分。1649 年,弥尔顿适时地出版了政论小册子《偶像的破坏者》,主张处死查理一世。国王被斩首后,为了鼓舞革命者和巩固革命政权,弥尔顿随即发表小册子《国王和行政官员的任期》(*The Tenure of Kings and Magistrates*,1649),引经据典论证人民有权废除甚至处死国王。保王派指控英国人民犯了弑君罪,弥尔顿在 1650 年代初期先后两次发表小册子《为英国人民申辩》(1650／1654),②反驳保王派的指控。弥尔顿的政论小册子与其宗教自由论小册子相互交织,构成密集的火力网,即便是圣经题材的著名诗作《失乐园》,也蕴含着弥尔顿的激进政治想象。③

自由知识人不便说,仅有他们应该分享政治权力,他们必须说,所有人都有分享政治权力的权利。沃格林看到,自由知识人以自己的"属灵个性"(spiritual personality)为由要求宗教自由和政治自由,必然同时给"广大人民大众"的"属灵个性"同样的自由。自由知识

---

① 在弥尔顿所写的论宗教自由的文章中,1649 年的《论教会事务中的公民权力》(*Of Civil Power in Ecclesiastical Causes*:*Showing that it is not lawfull for any power on earth to compell in matters of Religion*)最为著名。王政复辟后,弥尔顿撰写了小册子《论真正的宗教,异端,分离教派,宽容,以及反对罗马天主教增长的最好方法》(*Of True Religion*, *Haeresie*, *Schism*, *Toleration*, *And what best means may be us'd against the growth of Popery*,1673)。

② 弥尔顿,《为英国人民申辩》(两篇),何宁译,北京:商务印书馆,1982。

③ 拉德金诺维奇,《〈失乐园〉中的政治》,刊于刘小枫编,《古典诗文绎读:西学卷·现代编》,上册,前揭,页 303-324。

人绝没有想到,广大人民群众一旦享有这样的宗教自由,就会"以他们自己更为原始和野蛮的方式"(in their own more primitive and savage way)享用政治自由。沃格林提醒我们,看到这一点,欧洲历史上随后一连串革命的原因就不难理解:革命的起因绝不仅仅是经济诉求,还有"属灵化的"(spiritualized)诉求。沃格林甚至提醒我们,斯大林、日丹诺夫、米高扬都曾是"神学学生"。因此,英国共和革命时期的宗教宽容诉求,无异于开启了"新的革命范式"(the new pattern of revolution),以至于"盎格鲁-撒克逊人的民主分子甚至会发现让人惊愕不已的未来(the future full of surprise)"。毕竟,在信仰基督教的国家实现信仰自由,看起来是让国家免除了政治宗教的束缚,但也开放了再也不可能解除的来自下层的造反压力(《新秩序》,页143-144)。从此以后,各种自然人性欲望的诉求,都会以宽容和自由的名义要求自己的权利。由此可以理解,在当今的激进民主时代,弥尔顿为何仍被有的人视为"我们时代的英雄"。①

作为克伦威尔政权的宣传部长(minister of propaganda),弥尔顿为这个基于大众民主的军事化政权的恐怖统治辩护,会让20世纪的学人拿来类比诸如纳粹政权或斯大林统治时期的理论家。20世纪的公民共和主义论者若要复兴弥尔顿的激进政治主张,就得撇清他与所谓极权民主的关系,这显然需要大费周章的思想史解释。②

英国共和革命与20世纪种种激进政治思想的关联,让笔者不禁想起,扎科特后来在《洛克政治哲学研究》一书"导论"中说:

> 洛克的自然状态并非如人们常常以为的那样,是对非历

---

① David Hawkes, *John Milton: A Hero of Our Time*, Berkeley, 2009。
② 比较 Herman Rapaport, *Milton and the Post Modern*, University of Nebraska Press, 1983, 页172-207。

史、非社会的原子式个人主义的肯定。洛克不仅会而且的确接受了我们当代的社群主义者(our contemporary communitarians)关于人性的社会根源的诸多主张。他的不同主要在于对自我的结构作出了不同的解读,并且更为严肃地对待由此而来的权威问题。(《洛克》,页8)

这个说法又让笔者想起沃格林的另一个说法:洛克在资本主义秩序的初始阶段所孕育的革命要素,为19和20世纪的革命事件作了铺垫,包括马克思倡导的共产主义革命。这件事情颇有戏剧性,了解一下有助于我们的脑筋想问题时不至过于简单。

沃格林说,洛克的"自然状态"论扩大了"同意"(consent)概念的意涵,超出了这个语词达成契约的意味:"同意"不仅意味着一致同意政府保护平等权利,还衍生为"同意"资本主义的"实质性制度"(material institution),以便稀释来自底层的抵抗。换言之,当洛克的平等主义(egalitarian)"自然状态"过渡到公民社会状态时,伴随着所有权的分化和"货币的发明","同意"的含义也随之发生变化。所有权的分化必然引出不平等,但这种不平等的所有权不是自然权利,而是一种"同意"的权利,基于这种"同意"的社会,就是所谓"公民社会"。于是,在洛克笔下,平等的权利与不平等的权利奇妙地交织在一起:在任何可以想象的方面,人可能都不平等,但就保护他们所接纳的不平等而言,却是人人平等。这意味着,一致"同意"的政府应该公正地保护穷人的贫困和富人的财富,正是基于这一理由,政府的"立法权力"应该受到限制。沃格林说,这样的学说让马克思拍案而起,愤然抨击资本主义制度的法律秩序。就此而言,"洛克几乎是位发明天才",他为马克思创造出一套批判的措辞。因为,他为私有产权的公民社会所作的有力辩护,在马克思那里,成了用来抨击这种资本主义"公民社会"的工具(《新秩序》,页149－150,亦参189)。

事情还没完,绝妙的是,马克思在愤然反对洛克式资本主义的不平等观念时,却回到了洛克"自然状态"论中的平等主义,而这种平等主义与英国共和革命时期的平等派有着直接联系。倘若如此,我们真得重新思考"文革"理论的真正起源,而非以为这个源头离我们太近。比如,在考察英国共和革命时,善于从大历史角度看政治观念问题的沃格林说:1647 年,共和革命军已经掌握政治主动权,普通士兵不是独立派(Independents)就是平等派(Levellers),以至于 1647 年 6 月的《军队圣约》(The Solemn Engagement of the Army)赋予了士兵委员会选举职能,这很像 1917 年的俄国革命军队和 1918—1919 年的德国革命军队的士兵委员会(Soldatenräte)所拥有的职能。① 根据这份《军队圣约》,共和革命军的士兵甚至可以与军官签署协议,保护自己的人身。《军队圣约》在结尾时还希望:

尽我们所能确立起人人都能同等享有的共同的和平等的(common and equal)权利、自由和安全,每个人都不会因为剥夺

---

① 中国红军也有官兵平等原则,但这一原则基于阶级理论而非"个人权利"。因此,当笔者在电视剧《士兵突击》中看到出现士兵的"权利"这个字眼时,不免大吃一惊:真是今非昔比!这部剧作表明,我军的政治思想工作已经发生了根本变化:竟然尊重个人"权利"。在战争状态中,官兵平等原则自然会遇到难题。井冈山时期,朱德军长下连队做政治思想工作时说:一个连长和一个战士同时负伤,救护员应该先给谁包扎呢?当然应该先给连长包扎。但朱德军长已经不便说,连长更优异、更有作战经验,而只能说,连长处于指挥位置。如果按"官兵平等"原则甚至为了体现这一原则,那么,救护员就应该先给战士包扎。在长征路上,彭德怀作为军团长与士兵一起吃大灶,体现的与其说是"官兵平等",不如说是"优异之士"在特殊处境中的德性——正如苏格拉底从军期间比其他士兵更能吃苦耐劳。

了别人的权利、自由和安全，或通过其他方式，从而使自己无法享有这种权利、自由和安全。（转引自《新秩序》，页 80 – 81）

几个月后（1647 年 10 月），共和革命军还促成了伦敦城的《人民公约》(the Agreement of the People)。在沃格林看来，这是现代式的自由民主宪法的最早雏形。《人民公约》既非请愿或抗议书，更不是议会提案，而像是一种"世俗化的圣约"(a secularized covenant)。可是，伦敦市民并非信仰共同体，订立这样的《人民公约》，不是为了真实的信仰和正确的敬拜，而是为了废除国王和贵族支配的议会的法权，让自己的利益在政治上得到承认。随后的《致英格兰生而自由的人民书》(The Letter to the Free – Born People of England)同样如此，它宣称应该把"首要权利"(principal right)给予所有人：即便"在议会中，你的代表［所代表］的你的权力［也必须］清晰，明确，充分和自由"。沃格林说，法律乃至宪制自古以来都是政治领导阶层的坚固壁垒，如今成了限制政治领导权的壁垒，以便保护人民的权力(power)，而非仅仅是保护人民的权利(rights)。沃格林最后提醒我们，由于王政复辟，这部《人民公约》在英格兰没有起作用，但对后来美利坚人的《独立宣言》乃至美国宪法以及欧洲的一系列革命，则起了模范作用(《新秩序》，页 81)。

现在我们可以看到，既然《独立宣言》明显带有洛克语汇的痕迹，那么，用哈灵顿时刻替换洛克时刻，无论从思想史上讲还是从政治史上讲，都毫无意义。不仅如此，洛克学说远比共和派理论有更多的哲学论证，与洛克学说的丰富和复杂性相比，哈灵顿的共和学说无异于小儿科。波考克用哈灵顿替换洛克，除了证明他并不关切政治哲学的思考和辩难，还证明他仅仅对现实斗争中的"共和革命"理想充满热忱。

在 1975 年发表的书评文章中,扎科特已经指出,剑桥学派在切断洛克与美国立国原则的关系的同时,竭力在美国立国原则与英国革命时期的共和派理论之间建立桥梁。他们对施特劳斯提出的马基雅维利－霍布斯－洛克线索深恶痛绝,不过因为施特劳斯的政治哲学史研究所关切的问题,与"他们有关历史之本质和政治哲学史研究之目的的一些最深层次的信念相抵牾"(《洛克》,页 49)。显而易见,施特劳斯关切的是历史中的政治思想的哲学问题,波考克关切的是为 1960 年代以来的激进民主运动提供思想资源。

扎科特在《自然权利和新共和主义》的"序言"中一开始就提出:"美国问题"与现代性问题"彼此盘根错节",没法分开(《权利》,页 6)。他致力展示在 17 世纪的历史语境中出场的洛克学说,为的是人们能够更好地看清现代性的内在特质。这话显然针对波考克所谓的古今之争:波考克的"新古典共和主义"与"现代共和主义"的古今之争纯属伪造。扎科特重申施特劳斯的基本论断:洛克的政治思想"既非古典的,也不是基督教的",而是彻头彻尾现代的。如果哈灵顿与洛克同样激进,那么,他绝非什么"新古典共和主义"。哈灵顿与马基雅维利的关系恰好证明,施特劳斯在《自然正确与历史》中回溯的洛克－霍布斯－马基雅维利线索,既准确又深刻。如果追求"个人权利"绝非真正意义上的"美德",那么,仅仅让美国人清楚地认识到,美国政制乃至美国文化精神都以"保障[个人]权利"为首要原则,这本身已经是一种政治教育。①

----

① 比较 Michael Zuckert,*The Natural Rights Republic*:*Studies in the Foundation of the American Political Tradition*, University of Notre Dame Press,1997。扎科特的夫人、著名的政治学家凯瑟琳·扎科特写过一本颇有意思的书,解读美国经典小说中的自然权利意识:凯瑟琳·扎科特,《自然权利与美利坚想象:小说中的政治哲学》,李小均译,北京:华夏出版社,2018。

波考克在 1987 年没有来得及回应潘戈在 1988 年的批评，2002 年，他有充裕的时间回应潘戈尤其扎科特的批评，但他还是没有。我们不清楚，是波考克认为不屑于理睬，还是他没有能力理睬。对我们来说，这倒无关紧要，重要的是，这些论争让我们看到：即便在"苏东波事件"前夕，围绕美国立国原则的论争依然没有尘埃落定，"苏东波事件"之后，论战仍在持续。如此看来，此时出场的福山的所谓"历史终结论"，不是欺世之说又是什么呢？

6. 施特劳斯弟子如何为老师辩护

关于美国革命具有激进性质，施特劳斯派与剑桥学派实际上并无分歧，分歧在于质疑抑或颂扬这种激进性。剑桥学派把《独立宣言》精神与哈灵顿联系起来，不外乎想让洛克更多为 1787 年美国宪法确立的代议政制负责，以便提出激进民主论式的古今之争。施特劳斯虽然质疑美国立国原则中的洛克主义要核，但没有质疑美国的代议政制。美国政制受到 1960 年代兴起的激进民主运动冲击时，施特劳斯的弟子们纷纷挺身而出，捍卫美国的既存宪政，而且坚持不懈。让我们难免感到奇怪的问题就来了：波考克挑起"直接民主与代议制民主之争"，明显对美国的现存政制具有颠覆性，而他也不止一次承认，自己的美国研究具有"颠覆"性，至少对学界的美国研究是"一种挑衅行为"，为何他没有受到像施特劳斯受到的那种攻击呢？

与此相关的怪事是：施特劳斯的思想与海德格尔没承继关系，却不断有人"揭发"他有这种承继关系。由于海德格尔与纳粹政权有染,施特劳斯也被说成与纳粹思想有染。① 相反,波考克自己声称,阿伦特的哲学能够引起他"最强烈的共鸣"(《时刻》,页603),而阿伦特哲学与海德格尔哲学的亲密关系是众所周知的事情,波考克却没有因此受到与纳粹思想有染之类的政治攻击。攻击施特劳斯与纳粹思想有染的教授,明显是有自由主义信念的学者,他们放波考克一马,也许是因为,他们与剑桥学派的分歧仅仅是家族内部之争,用我们的话说,属于"人民内部矛盾"。倘若如此,奇怪的是,为什么剑桥学派不攻击施特劳斯与纳粹思想有染?难道他们害怕某种逻辑推论会引火烧身?

凡此怪事笔者都不感兴趣,笔者感兴趣的问题是:施特劳斯不仅让他的美国学生不得不面对棘手的政治难题,也让某些个学生怀疑他自己的国家忠诚。据扎科特夫妇说,随着施特劳斯晚年越来越强调"苏格拉底问题",雅法认为,在苏格拉底这样的政治哲人眼里,"任何现存政体都有缺陷","任何现存政体都有责任改造自身",这使得苏格拉底不可能对城邦保持忠诚,雅典城邦判处他死刑完全正当。扎科特夫妇由此推论,"雅法其实在暗示我们,施特劳斯对美国的不忠,至少不亚于苏格拉底对雅典的不忠"。②

如果施特劳斯自己的学生都会起这种疑心,那么,施特劳斯的政敌一口咬定他对美国不忠,就一点儿不奇怪。施特劳斯的学生若要为老师辩护,就得把这个问题说清楚才行。扎科特夫妇试图用一个所谓"背谬的"三段式命题替老师辩白。首先,施特劳斯肯定认为,现代民主政制是坏的,因为这种政制基于从"自然状态"推导出

---

① 德鲁里,《列奥·施特劳斯与美国右派》,前揭,页77–86。
② 凯瑟琳·扎科特/迈克尔·扎科特,《施特劳斯的真相:政治哲学与美国民主》,前揭,页292–293(以下简称《真相》并随文注页码)。

来的"自然权利"(大前提);第二,美国的立国原则基于"自然权利"论的激进表达者洛克(小前提);但是,扎科特夫妇替施特劳斯得出一个背谬结论:美国政制并非是"坏的",反倒是"好的"(《真相》,页73)。扎科特夫妇给出四条理由来说明,这个结论虽然背谬,却并非不符合施特劳斯自己的观点。遗憾的是,细看扎科特夫妇的论证就会发现,四条理由没有一条站得住脚。扎科特夫妇的三段式命题的结论如其表面所是的那样,是实实在在的背谬。

首先,扎科特夫妇说,在施特劳斯的公共言辞中,可以见到他对美国政制的颂扬。但是,扎科特夫妇又说,施特劳斯当时身处"冷战语境",他对美国作出肯定评价自然而然:"美国当然好于其主要劲敌苏联"。毕竟,"哪怕从常识来看,也知道'华盛顿明显优于莫斯科'"。这样的说法固然在政治上不会犯错,但扎科特夫妇继续说,施特劳斯不像海德格尔那样,认为"莫斯科和华盛顿在形而上学的层面上没什么区别"(《真相》,页94-95)。这就明显与施特劳斯白纸黑字写下的文字相违了。

恰恰是在"冷战处境下"(1962年),施特劳斯在题为"我们时代的危机"的公开演讲(!)中,对西方的现代文明理想作了如下扼要表述:①

> 西方的目标曾经是普遍社会:一种由诸平等民族构成的社会,各民族又由自由平等的男人和女人组成。所有这些民族都可以借助科学提高自己的生产力,从而得到充分的发展。人们认为,科学在本质上有助于增强人的力量,并改善人的境况。科学会带来普遍的富裕。在那种状态下,没有谁会再觊觎其他

---

① 施特劳斯,《我们时代的危机》,见施特劳斯,《苏格拉底问题与现代性》,前揭,页336-350(以下凡引此文简称《问题》,并随文注页码)。

人或其他民族。普遍的富裕会带来普遍的且完全正义的社会，就像一个完全幸福的社会。(《问题》，页337)

我们应该感到好奇：这段表述听起来像是在说我们曾经相当熟悉的理想。果然，施特劳斯随后就明确说：

> 从《共产党宣言》以来，似乎可以说，共产主义的胜利将是西方的彻底胜利，是英国工业、法国革命、德国哲学三者之综合的胜利，这种综合超越了诸民族界限，或者还包括东方。(《问题》，页339，亦参页337，339－340)

很清楚，对施特劳斯来说，"冷战"时期的两大阵营虽然相互敌对，其实共同分享着追求富裕而完全正义的"普遍社会"的文明理想。① 毕竟，基于黑格尔－马克思学说的理想与自由主义理想，都源于西方近代哲人提出的同一个哲学理想。施特劳斯在演讲中第二次表述西方"现代化"文明所追求的"普遍社会"理想时，把话说得更清楚：两种"主义"理念都相信，

> 科学或哲学应该使人能够借助理智征服自然，成为自然的主人和所有者……应该尽可能地促进进步，不断地创造出更大的繁荣。这样，每个人都将享受到社会或生命的所有利益……即实现每个人安逸的自我保存(按洛克的说法)的自然权利，以及那种权利所带来的一切……这种发展会与任何其他人同

---

① 后来的福山在证明自由主义意识形态必然胜利的道理时，也让黑格尔—马克思出来作证："西方启蒙运动时期发展出来的价值和制度，潜在地具有普遍性(如黑格尔和马克思所想的那样)"。福山，《历史的终结及最后的人》，陈高华译，桂林：广西师范大学出版社，2014，页349。

样的发展达成和谐一致。……这种进步必然会朝向这样一种社会:这个社会平等地包容所有人,成为诸自由平等民族的大联合,其中每个民族都由自由平等的男人和女人组成。……为了使世界不再威胁西方民主制,人们必须让全球民主化,让每个国家内部民主化,也让各民族组成的社会民主化。……人们认为,朝向普遍社会或普遍国家(the universal state)的运动,不仅由其目标的普遍有效性或合乎理性来保证,而且因为朝向这个目标的运动本身,似乎就是绝大多数人的运动,代表着绝大多数人的利益。(《问题》,页340)

这样看来,苏联瓦解与其说是其政治理想的失败,毋宁说是地缘政治角力的结果。毕竟,"西方运动已经不可能把苏联阵营仅仅理解为一个新的外敌"(《问题》,页341)。换言之,基于黑格尔－马克思提出的普遍真理建立起来的政党国家,仅仅在表面上与西方自由国家是意识形态的外敌关系,实际上却是欧洲地缘政治的传统式外敌关系。

扎科特夫妇用施特劳斯在《古今自由主义》"序言"中的说法来证明自己的观点:虽然目标相同,但"自由主义不同于共产主义之处在于,前者选择民主或者自由的方式,绝对不能通过战争,当然这里指的是国家间的战争"(《古今》,页2)。扎科特夫妇未必不知道,就在他们所引的这个自然段的前一个自然段,施特劳斯提到"越南战争"(《古今》,页1)。难道"越南战争"不是华盛顿的自由主义选择的"国家间的战争",不是美国为了实现自由民主的"普遍国家"理想进行的干涉他国内政的战争?扎科特夫妇应该承认,这是施特劳斯明显的自相矛盾言辞。如果我们不能怀疑扎科特夫妇不熟悉施特劳斯对色诺芬的《斯巴达政制》的解读(参见《问题》,页1－33),

那么,他们应该会知道,施特劳斯在这里谈及美国时,很可能偶尔会采用色诺芬式的修辞。

无可否认,施特劳斯并没有无视自由民主国家与苏联式国家的明显差异。施特劳斯明确说过:尽管"西方运动和共产主义具有共同目标,即追求一种由自由平等的男人和女人组成的普遍繁荣社会",但两者在涉及道德和手段的选择方面明显有差异。苏联式国家采用了雅各宾式的专政形态,这在道德上已经受到理应受到的普遍谴责。问题在于,西方的自由民主制并非在道德上无懈可击。施特劳斯毫不隐晦地说过,"自由民主制自称是负责任的统治",此乃基于每个公民都是具有道德良知且尽职尽责的个体;可是,"自由民主也意味着有限的统治,意味着公私分离"。既然国家没有权力管辖公民的道德教育,何以可能培养每个公民尽职尽责的道德品质?由于无法从法律上界定有道德的公民个体由哪些道德品质构成,自由民主政制必然"向放纵的平等主义蜕化"。如果说共产主义运动罔顾个人利益的权利,陈义太高,那么,自由民主运动则"放纵"个人权利,难免沦为烂俗。毕竟,自由民主制的公民不过是"欲望的个体"(《问题》,页343)。

说到底,两大相互竞争的"主义"不仅分享了共同的理想目标,也分享了道德蜕化——即便两者在实现目标的手段和道德蜕化方面判然有别。因此,这两种"运动"的相互对立仅仅表明,西方现代思想追求"普遍国家"的文明理想,在道德上有致命缺陷。不仅如此,这两种"运动"之间的激烈厮杀还充分证明,西方的现代文明理想已然陷入危机。施特劳斯在"冷战"时期表达的这些观点,难免让今天的我们会想:新时期的中国从一种"运动"轨道转入另一种"运动"轨道,是否就摆脱了西方的现代理想所蕴含的文明危机?如果中国变得像美国一样富裕强盛,那么,等待我们的命运,会不会也是"向放纵的平等主义蜕化"?

自由民主制宣称是尽责的政体,如果这种宣称是真实的,那就得取决于每个公民都是"尽责尽职的个体,是本着自己良心的自我约束和自我引导的个体"。"放纵的平等主义"显然不可能培育出这样的个体,因为,这样的个体会"甘愿为自己认为正确的东西付出生命",追求实现个人欲望的权利的公民,则"不会为了自己的欲望而牺牲欲望本身"(《问题》,页 343)。这里涉及所谓公民的"献身"美德,对我们来说并不陌生,但在美国的语境中,施特劳斯谈论这样的公民德性,就显得意味深长。在抨击价值相对主义的讲演文中,施特劳斯曾用了两页篇幅来讨论"献身"伦理。施特劳斯说:价值相对主义否认,"我们的价值仅取决于我们的历史处境:我们可以超越我们的历史处境,并进入完全不同的视角。……这样,我们对特定价值的信念,就不能追溯到我们的决断或献身(decision and commitment)之外"(《重生》,页 50)。可是,一个人献身于某种社会价值,无不体现为特定历史处境中的一种价值选择。即便一个人反复思考要选择的价值与其处境的关系,最终仍然得作出价值抉择。一旦作出选择,就意味着一个人献身于这种价值,反对被拒绝的那种价值。这意味着,一个人不得不在其所置身的历史处境中"不仅靠行事而且靠言辞"来捍卫自己所献身的价值,并反对其对立面(《重生》,页 51)。比如说,我们可以设想,某人如果选择了自由主义信念,就不可能把自己所选择的自由价值作为一种相对的价值来捍卫。如果自由主义信仰反对信仰者"献身"于自由价值,那么,这种信仰就在逻辑上无法自洽。接下来,施特劳斯甚至用带有价值现象学味道的语式说:

> 诚实地理解价值系统(例如某个社会的价值系统),不仅

意味着被该社会信奉的价值所深深打动、确实地吸引,还意味着鉴于一个人自己的整个生命而诚挚地面临如下主张:那些价值定是真正的价值。于是,对于其他献身的诚实理解,并不一定有助于再次肯定一个人自己自发的(initial)献身。除此之外,从严肃理解与做戏理解无法避免的区分导出,只有我自己的献身、我自己的"深度"才可能向我揭示其他人的献身与深度。(《重生》,页52)

"献身"作为一种精神品格,意味着自己的生命被某种道德目的深深打动和吸引,反过来说,这种"献身"也会深深打动和吸引天生具有好德倾向的个体。被某种道德目的深深打动和吸引而"献身",毕竟是一种道德行为;追求个人欲望的权利或自然权利的自由,产生不出道德行为。我们这代人难免会想到,我们曾经有过的"献身"精神至少在逻辑上并不荒谬,但要说伯林式的自由主义者献身于自由民主的价值,则在逻辑上无法自洽。毕竟,一个人被仅有相对价值的价值深深打动和吸引并为之"献身",是荒谬的。按照我们的经历,谁如果觉得自己被某种他误以为正确的道德目的欺骗了,要么,他可能需要重新认识什么是真正值得或应该献身的道德目的,要么,他可能会否定作为道德行为本身的"献身"。[①] 如果我们遇到的是如下情形,那就令人费解了:这个人既认为应该为新的道德目的(比如自由民主)献身,又追随伯林的"消极自由"观,否

[①] "献身"是让自己的生命奉献给高于生命本身的道德目的。对道德目的的认识有误,进而导致错误的"献身",并不等于作为道德行为本身的"献身"是错的。对这个问题的辨析已见于柏拉图作品,参见柏拉图,《会饮》184a1-185b5;亦参《斐德若》245a1-c1 关于"缪斯们的着魔和疯癫"的说法,见刘小枫编/译,《柏拉图四书》,前揭,页191-193,319-320。

定作为道德行为本身的"献身"。

无论如何,虽然身处"冷战处境"或者说特殊且偶然的历史处境,施特劳斯却能够超逾"冷战思维",正确看待我们熟悉的"献身"伦理,实在难能可贵。因此,扎科特夫妇用"冷战处境"来支撑施特劳斯的那些肯定美国政制的言辞,未必有说服力。身处"冷战处境"的施特劳斯看得很清楚:两种"主义"虽然是"并行的运动",有如一对"双胞胎"相互竞争,都追求实现普遍的"世界社会"(world society),但其实都践行的是"特殊主义",与"基督教和伊斯兰教相互对立的时代非常相似"。毕竟,在同盟国之间,仍可见到"法律上的平等与事实上的不平等之间,存在着令人瞠目结舌的差距"(《问题》,页342)。即便在今天看来,这些说法也只是一语道破常识而已。

在冷战时期,施特劳斯不厌其烦地告诉人们,意识形态的冷战掩盖了人世政治状态的真实面目,因为,"政治社会过去一直是、并在可见的未来也仍将是特殊的社会、有边界的社会,是一个关注自身改善的封闭社会"(《问题》,页337-338)。① 直到今天,施特劳斯的告诫对我们仍然具有现实意义。毕竟,冷战之后,自由主义没有了意识形态对手,不等于它作为冷战意识形态不再继续掩盖人世政治状态的真实面目。苏联瓦解之后,这个世界并没有出现普遍而

---

① 在施特劳斯笔下,"特殊主义"并非是个贬义词,与之相对的"普遍主义"反倒是个贬义词。事实上,"坚持走中国道路"就是一种"特殊主义"的宣称。当年中央红军被迫退出苏维埃共和国辖区作战略转移,就是受虚假的"普遍主义"为害的结果。幸好中共在长征途中与"普遍主义"电台的联络中断,"特殊主义"才趁机掌握党的领导权。反过来说,20世纪60年代中期开始的"文化大革命"的契机之一是:苏联打算收缩"普遍主义",中国却接过"普遍主义"这面大旗。关于中共的"特殊主义",参见 Weigang Chen(陈维纲),*Confucian Marxism:A Reflection on Religion and Global Justice*,Leiden,2014。

正义的"世界社会"前景。长期以来,在不少人看来,20世纪的苏联和中国都是封建传统式的"反现代"政体。这种由自由主义舆论制造出来的观念,使得人们对政治实际视而不见:无论苏联还是中国,各自都处于欧洲自拿破仑战争之后逐渐扩散的新地缘政治冲突的特殊位置。就和约意味着新的战争状态格局的开端而言,1945年的雅尔塔协议与1824年的维也纳协议及1919年的凡尔赛和约没有实质性差别。冷战并未证明共产主义理想不是源于西方的"现代化"理想,反倒证明,西方近代启蒙思想家关于建立普遍而正义的"世界社会"的构想,才是真正的政治理想主义。如果"新时期"的中国仍然没有摆脱国家文明危机,那么,其根源首先在于,这一危机始终是西方现代文明危机的延伸。

扎科特夫妇给出的第二个理由是:施特劳斯把现代性思想的演化分为三波,第一波的缺陷引发了卢梭的批判。但这一批判又引出了德国古典哲学及其嗣子,最终"带来比过去更糟的政治"。因为,德国古典哲学的嗣子们"摒弃了第一波清醒自制、温良节度的抱负","把希望寄托于它们的历史发现","以致带来了像法国大革命时期恐怖运动这样的政治局势"。扎科特夫妇认为,按照施特劳斯对现代性历史谱系的描述,现代性思想一波比一波邪门,美国的立国原则凭靠现代性思想的第一波,从而比凭靠第二波思想的那些政制要好。毕竟,"第一波理论和古典哲学都以人是自然产物为前提"(《真相》,页95)。

这个理由同样因为与施特劳斯自己的说法未必相符而似是而非。首先,法国大革命与美国革命都基于相同的源于"自然状态"的"自然权利"论,用现代性"三波"的说法来区分两者的品质,未必站得住脚。第二,如我们在《自由教育与责任》中看到的那样,在施特劳斯看来,而且扎科特夫妇自己也很清楚,属于现代性第一波的洛克政治哲学,并没有什么"清醒自制、温良节度的抱负",谈何到卢梭才"摒弃了"这种"抱负"?我们应该记得,施特劳斯恰恰是在说到雅各宾专政之后,又回到了洛克与弑君问题的关系。

第三,马克思哲学虽然有卢梭—黑格尔思想的渊源,但其政治诉求更多来自工业化初期的历史"时刻"——《共产党宣言》是明显的证明。马克思的政治理论不是在欧洲,而是在俄国和亚洲产生了政治实践效力,很大程度上是因为,列宁从这种政治理论中提炼出一种反帝国主义论。要说现代性第二波的缺陷最终"带来比过去更糟的政治",这个罪名应该归于伴随第一波现代性思想的欧洲殖民主义和帝国主义的贪欲。事实上,施特劳斯在论述现代性第二波时,并没有与苏联之类扯上关系,反倒与"浮士德精神"扯上关系(《问题》,页327)。

第四,如果让后来的苏联政体与卢梭直接挂钩,那么,施特劳斯对卢梭的赞美就相当奇怪。① 在《现代性的三次浪潮》中,施特劳斯明确说过:卢梭本人并没有把他的"政治学说本身"与他"关于历史过程的学说联系起来",将两者联系起来,是康德和黑格尔这两位德意志哲人干的。施特劳斯还说:卢梭对其"作为政治学说本身"的普遍意志论有所限制,康德和德国观念论哲学"接受并且彻底化了普遍意志的概念及其意蕴",从而"抛弃了卢梭本人对这条理路的限制"(《问题》,页326)。这无异于说,卢梭身上多少还有"清醒自制、温良节度的抱负"。扎科特夫妇的说法把卢梭与德国古典哲学甚至"马克思哲学"连成一线,明显不符合施特劳斯自己的说法。何况,马克思的理论出自失去了限制的普遍意志

---

① 施特劳斯,《论卢梭的意图》,见施特劳斯,《苏格拉底问题与现代性》,前揭,页174–203。

论,属于对第二波的结果作出的反应,因此,在施特劳斯看来,尼采虽然属于第三波,其"看法[却]与马克思相似",尽管两者有"根本差异"(《问题》,页329)。

第五,所谓"第一波理论和古典哲学都以人是自然产物为前提"的说法,也不符合施特劳斯在《现代性的三次浪潮》中的论述。施特劳斯的表述很清楚,并无歧义:"前辈作者们的共和国的基础是对自然的一种特殊理解,而马基雅维利(至少隐蔽地)拒绝这种理解。"因此,"马基雅维利已经完整地切断了政治与自然法或者'自然正确'之间的联系"(《问题》,页320,323)。

扎科特夫妇给出的第三个理由如下:在施特劳斯看来,可以用"古典话语"重新引导美国政制向"古典式"的"好政治"发展。由于美国是混合政制式的共和政体,贵族制要素是其中的枢纽,这就容易让人与亚里士多德的"城邦"政治观联系起来(《真相》,页96－97)。这种解释本身没有错,但用来证明其三段式的背谬结论却是错的。首先,连民主制也有"真正的和虚假的"分别,共和政体就没有这种分别了吗?即便混合政制也仍然有一个决定性的区分:以贵族制要素为主导,还是以民主制要素为主导。基于以贵族制为主导这一前提,才有可能引导美国政制向"古典式"的"好政治"发展。美国政制的意识形态以民主政治为主导,而且不断有类似于波考克那样的"共和修正派"仍然在与"下层的政治自由"赛跑,贵族制要素的领导作用始终岌岌可危。

第二,如我们在《什么是自由教育》中已经看到的那样,施特劳斯认为,美国政制仅仅是形式上保有贵族政制要素,实质上是"大众民主文化"在施行统治。施特劳斯致力于古典教育,为的是让美国政制中的贵族政制要素成为实质性的要素,而非仅仅是形式性的要素。① 因此,美国的共和政体是混合政制,绝不意味着用"古典话语"重新引导美国政制向"古典式"的"好政治"发展就会容易得多。

扎科特夫妇为自己的解释逻辑提供的最后一个理由是,美国政制保有"前现代遗风",证据是施特劳斯多次提到《联邦党人文集》用了 Publius 这个笔名。扎科特夫妇解释说,这表明美国的立国者们"有意识地返回古典共和主义",或者使得美国的立国原则至少带有"某种古典取向",从而有可能"在某种程度上抵消(某种程度上补充且升华)美国制度中完全现代的宗旨信条"(《真相》,页99)。

这个理由仅仅听起来是那么回事。的确,施特劳斯多次提到《联邦党人文集》的 Publius 这个笔名与古典取向的关系。比如,在《政治哲学史》"绪论"的结尾处,施特劳斯说:

> 让我们记住,《联邦党人文集》的作者们依然不得不证明,一个大型社会可以是共和制的或自由的。我们同样必须记住,《联邦党人文集》的作者们为自己署名 Publius:共和政制往回指向古典时代,因此也指向古典政治哲学。(《问题》,页 377)

施特劳斯在这样的语境中这样说,未必不是出于激励,即便从言辞上看,这一点也很明显。在《自由教育与责任》一文中我们已经看到,当施特劳斯说到 Publius 这个笔名与古典取向的关系时,他仅仅征引了汉密尔顿的说法,而且语带玄机(《危机》,页 325)。事实上,汉密尔顿未必具有"古典取向",因为他并不认为,任何人凭

---

① 一个现成的例子是曼斯菲尔德的名作:《驯化君主》(1989),冯克利译,南京:译林出版社,2005。

靠"美德"就有"资质"施行统治,或者说他不相信可以凭靠人的德性差异来决定谁适于统治。汉密尔顿宣称,贵族制头衔或某一精英阶层的成员身份,"本质上并不能使其适于审理自己涉及他人利益的案件"。这无异于说,没有谁能够真正超逾个人利益而关切公共利益。这就好像按照生意场上的商人经验,绝不可相信,有人会不为自己盈利作想。由此推导出来的结论是:绝不可相信,政制问题能凭靠天生的贤良之士的"美德"来解决。① 在我们这里,迄今还有自以为聪明的人这样认为,因此他们坚信,彻底的民主制才是出路。

不妨再举一例。施特劳斯在《论古典政治哲学》中说到,对西方的古典哲学来说,最少引发争议的观点是:统治权基于优秀品性或人的美德。从而,贵族政制亦即贤良政制是"对于最佳政治秩序这一自然问题的自然回答"(the natural answer)。说到这里时,施特劳斯提到,即便杰斐逊也说过,"让天性最佳之人([the] natural aristoi)出任公职"的政府形式最好。问题接下来自然就是:该如何界定"好人"。在古典政治哲人看来,所谓"好人"指愿意且能够献身于公共利益。进一步的问题就来了:何谓"愿意且能够献身于公共利益"?对此,古典政治哲人的明确看法是:他们"行事只出于行为本身的正确和高贵",或者说,他们"在任何处境中都能够分辨出怎么做才算高贵或正确"(《重生》,页104-105)。这样的笔法与其说是在表明杰斐逊持有古典的观点,不如说是在用古典的观点鉴照杰斐逊的观点。毕竟,基于洛克的自由主义,美国的意识形态传统对"公民美德"的定义,根本就没有"在任何处境中都能够分辨出怎么做才算高贵或正确"这回事儿。在新共和主义的"公民美德"已经

---

① 比较奥斯特罗姆,《复合共和制的政治理论》,前揭,页75-76。

普遍实现的今天,每个"公民"学会的是凡事懂得讲"权利",而非"分辨出怎么做才算高贵或正确"。

施特劳斯的确认为,共和式混合政制中的贵族制要素,是"有意识地返回古典共和主义"的制度性基础,但美国政制显然还需要凭靠古典教育从头打造这个基础。我们倒是可以说,真正保有"前现代遗风"的共和政体是中国。与美国缺乏本己的古典资源不同,中国的共和政体有源远流长的儒家政治传统和悠久的贤良政制传统,虽然经历过伤筋动骨的折腾,毕竟血脉还在。一旦国家站稳脚跟,用我们的"古典话语"并结合西方的"古典话语"重新引导我们回到古典式的"好政治",毕竟容易得多。① 尽管我们的共和革命砍掉了王者观念的头,共和政体本身毕竟不是像欧洲那样,靠砍掉君王身上的头建立起来。借用哈灵顿的语汇来讲,我们没有世袭贵族制的拖累,反倒有真正"自然的贵族制"传统。

其实,扎科特夫妇自己都意识到,他们没法把自己构拟的悖谬的三段式命题说圆。当再次回到这个话题时,他们承认:"施特劳斯对美国的支持,是取决于具体语境的相对支持,且往往表现得不温不火,还弥漫着对长远未来的悲观情绪"(《真相》,页243)。扎科特夫妇还提到,施特劳斯总是强调这样的古典政治哲学原则:政治哲人在考虑"好政治"的现实可能性时,总是"得参照自己国家特定的政治形势"。

既然如此,扎科特夫妇的三段式命题就应该这样来修改:现代民主政制原则是"坏的";美国政制凭靠的是现代民主政制原则;结论只能是——美国政制并非"好"政制。尽管如此,施特劳斯还是

---

① 比较贝淡宁,《贤能政治:为什么尚贤制比选举民主制更适合中国》,吴万伟译,北京:中信出版社,2016。

忠于这个政制,这绝非因为美国政制有这样或那样的"好",而是因为施特劳斯在《自由教育与责任》结尾时所表达的苏格拉底式的古典哲人原则:"智慧不可与节制分离"(《危机》,页 337)。在这样说之前,施特劳斯特别提到马克思和尼采。言下之意,他们虽然追求智慧,却缺乏节制:要么"对政治抱有幻想式的期待",意图掀翻既存政制重来,要么"缺乏男子气地轻蔑政治"。由此来看,无论苏格拉底是否对雅典民主不忠,抑或施特劳斯是否对美国的民主政制不忠,严格来讲,都不成其为问题。即便在他们眼里,"任何现存政体都有缺陷","任何现存政体都有责任改造自身",他们也都不会像当今的公民共和主义者那样,主张逼翻既存政制重来,更不会"缺乏男子气地轻蔑政治"。苏格拉底在为自己"申辩"时对雅典人民说,他一直在为自己所属的城邦效劳——笔者相信,如果施特劳斯必须得在美国人民面前替自己申辩的话,那么,他同样会说,他一直在为自己所属的美国效劳。

话说回来,扎科特夫妇对"背谬"的三段式命题的解释,太多明显的似是而非,让人觉得是在故意背谬。如果不能设想两人的智识加起来都看不出近乎常识性的背谬,那么,他们的说法兴许就是说起来哄人的。但他们想要哄谁呢?无论想要哄谁,总之,他们在美国需要哄些谁。我们却用不着哄谁,因为,对我们来说,无论美国政制是"好"是"坏",都不具有普遍意义。毕竟,美国政制并非以古典的"自然正确"原则为基础。何况,美国的地缘处境及其历史机运都得天独厚,其政制形态断乎不应该、也不可能成为他国的模仿对象。至于美国政制自身的道德痼疾问题,让美国有"清醒自制、温良节度的抱负"且富有"男性气概"的人去解决好了。我们可以说的是:施特劳斯在战后若回到德国,他不大可能带出一个学派。毕竟,在"波恩条约"框架下,①古典政治哲学得以复兴的前提在德国逐渐已消失殆尽。

最后需要提到,扎科特夫妇注意到但却回避了一个问题,即所谓德意志历史主义与美国政制的关系。施特劳斯的《自然正确与历史》的"导言"虽然以美国《独立宣言》开篇,但第一章却是审理德意志的历史主义,直到第五章才回过头来审理霍布斯和洛克的"自然状态"学说。德意志历史主义与更早的英格兰新自然主义的关系,显然是"自然正确与历史"这个大问题的关键环节。扎科特夫妇提到,美国的政治学家理论家龚内尔曾抱怨:德国的流亡学者将他们对魏玛民国以及所经历的极权主义的实际经验解读为西方文明的一般危机,并要求美国的政治学也必须从理智上、精神上和政治上应对这一危机,实在没道理。② 似乎,德意志历史主义完全是德国流亡哲学家带进美国的东西。情形真的是这样吗?为什么施特劳斯的弟子们会认为,让他们深恶痛绝的激进民主运动的来源,会是德意志历史主义?要澄清这个问题,我们还得先观看一下,剑桥学派的另一位代表人物——斯金纳,如何淋漓尽致地展现历史主义及其后果。

---

① "波恩条约"是1952年5月美英法三国与战败后的德国签订的若干条约的总称,主要有:《关于三国和德意志联邦共和国之间关系的专约》,《关于外国军队及其人员在德意志联邦共和国境内权利和义务的专约》,《关于解决由于战争和占领而发生的问题的专约》。

② 参见 John G. Gunnell, *Political Theory: Tradition and Interpretation*, Cambridge University Press, 1979, 页 89; John G. Gunnell, *Between Philosophy and Politics*, Amherst, Mass., 1986, 页 111–116。亦参龚内尔,《施特劳斯主义之前的施特劳斯》,见刘小枫主编,《道风:汉语神学学刊》,1999年冬季号。

五　剑桥学派与"纯粹民主"

本稿接近收笔之时,有朋友传来广告:剑桥学派领军人物斯金纳即将到中国讲学,一周后在北京大学有三场系列演讲——据说,整个北大因此而沸腾。无巧不成书,笔者刚写到他,他就到中国讲学,真应了"说到曹操,曹操就到"。

1969年,29岁的斯金纳发表《观念史中的意涵与理解》一文,通常被视为剑桥学派登上历史舞台的理论标志。笔者这个年龄层的人都知道,1969年是我们的"火红年代"取得伟大胜利的标志性年份:经过"造反有理"的"大动乱"之后,全国山河迎来一片红。美国1960年代激进民主运动的类似政治成果是:1971年,美国宪法第26条修正案正式确立普选权制度。

我国宣告"改革开放"那年(1978),斯金纳的《现代政治思想的基础》问世,十一年后有了第一个中译本(1989)。无论在英语学界还是"改革开放"之后的中国学界,斯金纳都没有因其学术生涯带有激进革命经历而受到应有的审查。相反,在英语学界,斯金纳接连不断获得荣誉:出任剑桥大学副校长,荣升剑桥大学钦定现代史讲座教授教席,荣获"巴赞奖"(Balzan Prize)、"沃尔夫森史学奖"(Wolfson History Prize)、"比勒菲尔德学术奖"(Bielefelder Wissenschaftspreis)等等等等。人们称赞他是"人文学术研究中最卓越的那类研究者",据说,"他几乎是完全按照西塞罗式的方式在生活",有人甚至觉得,"单是他的存在就让你觉得自己很蠢",而且"你几乎在学术圈找不到对他心怀不满的人"。在我们的史学家眼里,斯金纳甚至"或许已近于通古今之变的境界"。① 这些学界传说让笔者好奇:斯金纳到底是个什么样的学界奇人。

为了迎接斯金纳将在北大的演讲,笔者把他的《现代政治思想的基础》找出来重温。仅仅翻开目录,一股革命精神便扑面而来:第一章题为"自由的理想",最后一章题为"反抗的权利"(the right to resist),最后一节题为"为平民革命辩护"。这三个标题连起来看,其隐含的意思使跃然纸上:"平民革命"为了实现"自由的理想"有造反的"权利"。在"自由的理想"与"反抗的权利"这一头一尾的标题中间夹着的各章主题,可以用如下三个关键词来概括:专制主义、人文主义、立宪主义。换言之,斯金纳笔下的整个"现代政治思想的基础"充满"反专制"的革命火药味。我们都清楚,新时期四十年,绝大多数中国智识人翻来覆去想的就是这三大"主义"之间的关系。斯金纳这个时候到中国讲学,会不会是来察看我们的革命热忱是否磨灭,是否还在"继续革命"? 如果这是斯金纳关心的问题,那

---

① 参见昆汀·斯金纳,《把英雄和恶棍放一边,历史研究应该做什么?》(访谈),采访、翻译:罗宇维,《东方历史评论》,2017年5月(http://chongzhong.com/ohistory/179283.html)。

么,笔者关心的问题自然是,他在英语学界如何继续革命。

1. 斯金纳为何重申"造反有理"

1975年,扎科特发表《论及洛克政治哲学的晚近文献》,对邓恩的挑战作出回应。十年后(1985年),扎科特又在《解释》学刊上发表《政治哲学史中的借用与理解:论斯金纳的方法》,对斯金纳在十六年前发表的《观念史中的意涵与理解》作出回应。① 在施特劳斯的弟子中,像扎科特这样与"剑桥一派"擂鼓对阵或缠斗不休,真还没几个。下面这件事情让我们感到,剑桥学派有理由觉得,他们在这场后现代的古今之争中已大获全胜。

1997年,57岁的斯金纳荣升剑桥大学钦定现代史讲座教授教席。自从阿克顿以来,这个教席多由做思想史研究的学者出任。这意味着,思想史研究应该执掌史学牛耳,否则,史学研究挖掘史料都不知从何下手。斯金纳的就职演讲经扩写后在次年出版,题为《自由主义之前的自由》(*Liberty Before Liberalism*)。② 随后三年内,这本小书连续再版,受欢迎的范围之广、影响之大,当属罕见。剑桥大学出版社为该书写的推介提要说:"本书是世界顶尖级史学家之一"

---

① 扎科特的回应文采用了近似的标题:"Appropriation and Understanding in the History of Political Philosophy",后收入扎科特,《洛克政治哲学研究》,前揭,页62–87。在此之前,曼斯菲尔德的学生塔科夫曾发表文章回应斯金纳在该文中对施特劳斯的抨击,参见 Nathan Tarcov,"Quentin Skinner's Method and Machiavelli's *Prince*",刊于 *Ethics*,92(1982)。

② 斯金纳,《自由主义之前的自由》,前揭,以下简称《自由》,并随文注页码。由于中译错误太多,凡独立引文均依据原书(Cambridge University Press,1998)迻译,不一一出注。

的"一大学术贡献",是对"思想史的性质、目的和目标的有力捍卫"(《自由》,页112)。

斯金纳"有力捍卫"的是思想史的何种性质?哪些目的和目标?

斯金纳在简短的前言中告诉我们,他的就职演讲将要勾勒英国共和革命期间的"新罗马理论"及其历史命运。所谓"新罗马理论"(the neo - roman theory),就是波考克所说的"大西洋共和主义传统",或斯金纳在1983年和1990年曾两次宣示过的"共和派自由理论"(《自由》,页8注2)。① 斯金纳现在改称它为"新罗马理论",大概因为这个名称更简洁有力,更具古典味道,更能彰显剑桥学派式的古今之争,从而可望更好地发挥现实政治作用。就体现实质含义而言,"共和派自由理论"(the republican theory of liberty)无疑更醒目、更直截了当。为明晰起见,笔者仍用这个旧名称。

斯金纳的就职演讲与波考克的《马基雅维利时刻》讲的是同一个故事,即"共和派自由理论"的形成及其历史命运,但侧重点不同。波考克的重点是,这种自由理论的起源即意大利文艺复兴时期的"公民人文主义",斯金纳的重点是,这种自由理论在英国共和革命时期的闪亮登场,以及它如何在18至19世纪不幸被"经典自由主义"取代,"逐渐声名落败",以至"销声匿迹"(《自由》,页67)。尽管如此,斯金纳与波考克一样强调,在18世纪,这种自由理论成

---

① 斯金纳提出"共和派自由理论"时,无不与他的马基雅维利研究相关,从而呼应了波考克的《马基雅维利时刻》,参见 Quentin Skinner, "Machiavelli on the Maintenance of Liberty", *Politics* 18(1983),页3 – 15。"Machiavelli's *Discorsi* and the Pre - humanist Origins of Republican Ideas"和"The Republican Ideal of Political Liberty in Machiavelli and Republicanism"两文,收入 Gisela Bock / Quentin Skinner / MaurizioViroli 编, *Machiaville and Repulicanism*, Cambridge University Press, 1990,页121 – 141,293 – 309。

了"美洲殖民者的捍卫者们(the defenders of the American colonists)非常重要的主题"。这无异于说,美国的立国挽救了这一"共和派自由理论"传统,使得它没有"销声匿迹",尽管也未必让它摆脱了"声名败落":

> 这一点也许并不总是得到充分强调,即:代表十三个州的殖民地所采取的决定性反抗行动,采取了独立宣言的形式——宣言结束了他们的依赖——并因此而[结束了]受奴役于英国王权的状态。(《自由》,页35)

由此可以理解,斯金纳为自己的思想史研究确定的"目的"是:彰显诞生于英国共和革命时期的两种"政治理论"(political theory)的差异和张力,即以哈灵顿为主要代表的"共和派自由理论"与以霍布斯-洛克为主要代表的"经典自由主义"(classical liberalism)之间的差异和张力。所谓 classical,指这种"政治理论"在英美世界迄今仍然占统治地位,而非指这种"政治理论"具有"古典"含义,否则,斯金纳要展示的这两种"政治理论"的差异和张力,就没法被说成是古今之辨的差异和张力。斯金纳提醒人们,在18世纪,革命共和派的"政治理论"还"被用于批驳英国的寡头统治,后来也被用来捍卫美洲殖民者针对英国王权闹起的革命"。到了19世纪,革命共和派的"政治理论"才"渐渐消退",与之竞争的另一种"政治理论",即所谓的"经典自由主义",却"继续在盎格鲁政治哲学中占据主导",并最终取得"霸权"。在斯金纳眼里,密尔是19世纪极少几位坚持"共和派的自由理论"的政治思想家之一(《自由》,"前言"页1)。

斯金纳在演讲的开场白中特别强调,直到今天,源于霍布斯-洛克的"经典自由主义"还在继续发展,其表征是伯林的"消极自由"论大行其道。斯金纳把攻击矛头对准伯林自由主义,让笔者多少有些惊讶。剑桥学派与伯林不都属于现代的自由主义政治理论传统吗?怎么内讧起来了?无论我们怎样觉得脑筋转不过弯,情形就是如此。但回头一想,这也没有什么不好理解。1960年代的激进民主运动无果而终,代议制民主依然健在,伯林的"消极自由"论不仅没有销声匿迹,反而如日中天。随着技术资本主义的发展,发达国家的生活越来越富裕、舒适,中产阶层急剧扩大,人们对街头激进运动难免感到厌烦甚至不安。面对这种形势,激进民主的政治理论家巴伯(Benjamin Barber)心急如焚,他在1984年出版的《强势民主:为了一个新时代的参与式政治学》(*Strong Democracy: Participatory Politics for a New Age*)一书"序言"中已经提出:真正的民主理论应该与自由主义理论划清界限。

> 我在此所坚持的立场是,如果自由主义不是根本不能服务于民主,那么它就是没有很好地服务于民主,所以,民主的复兴必然依赖于能够找到那些可以减少它与自由主义理论相联系的制度形式。坦白地讲,我的意思就是说,强势民主是现代民主政治所能采用的唯一可行的制度形式,也就是说,除非我们采取一种基于参与和共享的制度安排形式,否则,民主就有可能会偏离政治舞台,沿着自由主义的价值观运行。①

在二十年后的"纪念版序言"(2004)中,巴伯还在告诫同仁,

---

① 巴伯,《强势民主》,彭斌、吴润洲译,长春:吉林人民出版社,2006,页4。亦参图施奈,《新宪政秩序与消磨的宪法雄心》,见赵晓力编,《宪法与公民》,前揭,页281-379;直接展示要害的文章,参见季卫东,《人民自决的法理:对一项宪法权利的复眼式观察》,见赵晓力编,《宪法与公民》,前揭,页73-103。

"强势民主"仍未实现:虽然"名义上的民主国家的数量一直在增加","确实在实行民主的国家则数量有限,而且我们甚至不能认为,美国也总是能够包含在民主国家之列"(《强势民主》,页1)。在激进民主论者眼里,连美国都算不上"民主国家",真让笔者豁然开朗。斯金纳对1960年代激进民主革命无果而终于心不甘,完全可以理解。

我们的"文革"即将结束之前那年(1975年),马尔库塞在题为"哲学与现实的关联"一文结尾时曾发出呼吁,虽然现实的革命斗争已经停息,但在思想文化战线,不能松懈斗志,必须继续革命:

> 历史上曾经产生过激进运动,想按照自由和理性的形象来"变革世界",而这种企图就肇始于哲学。这种企图还没有达到自己的目的。"变革世界"这个费尔巴哈的著名论点,绝不意味着现在没有必要去解释世界——我们可以设法改变它。相反,这个任务现在甚至比过去更艰巨,为了改造世界,必须重新解释世界。而且,大部分解释工作需要批判性的思维、哲学的思维,不论这种思维是不是"殿堂式"的,我想我们都还有工作——日益严峻的、并且我希望是愈来愈冒险的工作——要做。①

马尔库塞提到的具体的"解释工作"中,包括"重新解放"哲学史中的许多领域,比如,必须把那些"与自由主义和民主价值观念的不可调和的冲突"重新解放出来。斯金纳未必听见了马尔库塞这位革命老将临终前不久发出的号召,但他在1978年出版的《现代政治

---

① 马尔库塞,《哲学与现实的关联》,见江天骥主编,《法兰克福学派:批判的社会理论》,上海:上海人民出版社,1981,页154。

思想的基础》实际上呼应了马尔库塞的号召,让我们看到1960年代的革命精神后继有人。①

这部著作的书名值得玩味,原文是 The Foundations of Modern Political Thought。就实际内容而言,斯金纳讲述的是15至17世纪的政治思想,这个时段在史学界的准确称谓是 Early Modern[早期现代/近代],以有别于18世纪启蒙运动以来的 modern[现代]时期。斯金纳出身史学专业,他当然知道这一常识。因此,"现代政治思想的基础"这个书名的实际含义是:启蒙运动以来的政治思想的"基础"(原文为复数)在于文艺复兴和宗教改革时期的种种革命性政治思想。如果把这个书名译作"近代政治思想的基础",那么,实际内容就应该是西方中古晚期(13至14世纪)的政治思想,而在斯金纳笔下,这一部分着墨并不多,仅仅是个背景。② 既然这部思想史力图凸显15至17世纪政治思想的基本特征是追求"自由"和以"自由"的名义"造反",那么,我们就应该这样来理解斯金纳的意图:他要强调或重申,追求"自由"的革命性造反精神是西方现代政治思想的"基础"。

可以设想,在1970年代中期以后的历史语境中,斯金纳与马尔库塞一样,明显感觉到十年前的激进民主运动正在步入低潮,从而有必要"重新解放"占统治地位的意识形态"与自由主义和民主价值观念的不可调和的冲突"。我们没有理由把这部思想史视为实证

---

① 斯金纳在1974年和1976年两度到普林斯顿大学做访问研究,第二次待了三年时间,《现代政治思想的基础》的"几乎全部定稿"就成于这段时间(斯金纳,《近代政治思想的基础》,前揭,页12)。可以说,这部大著成于美国文化革命余温尚存的氛围之中。

② 比较沃格林,《中世纪晚期》,段保良译,上海:华东师范大学出版社,2009。

史学式的思想史,毕竟,通过重新解释近代政治思想中的造反精神,斯金纳不仅要展示,这种精神乃是现代西方政治思想的真正基础,而且希望它继续为当前的革命斗争提供有效动能。剑桥学派中人说得很清楚:《现代政治思想的基础》"所留下的最重要的遗产之一,就是其对欧洲近代早期反抗理论的系统研究"。当有人甚至指出,该书不过是一部"辉格党的思想史",斯金纳自己也"感到歉意"地表示承认。① 当然,更准确地说,斯金纳提供的是一种新式的辉格派思想史,即"用共和主义代替[旧]辉格派所强调的贸易和自由主义"。因而,斯金纳实际上"不仅反对辉格派的历史阐释",而且反对旧辉格派对"自由"的解释。②

由此可以理解,斯金纳为何要把自己的就职演讲主题确定为"共和派自由理论"的历史兴衰。毕竟,这是难得的一次机会,借此机会,斯金纳要高调重申近代激进共和主义的"造反"理论,"质疑[经典]自由主义理念胜利之后"迄今仍然占有的"霸权"地位。因为,"共和派自由理论"从本质上讲"代表着依附者和受压迫者(the dependent and oppressed)的请愿"(《自由》,页1)。用斯金纳的另一位战友佩迪特(Philip Pettit)的表述,"共和主义自由观"是一种"反权力(antipower)的自由",而非"一种独特的自由主义自由观或自由至上主义观"。这种"自由"的"反义词是压迫、毫无防备地容易受到干涉,而不是实际的干涉"。佩迪特还与波考克和斯金纳一致强

---

① 吉尔德伦,《"匹夫而已":欧洲近代早期的反抗理论》,见塔利/布利克利主编,《重思〈近代政治思想的基础〉》,胡传胜、劲怡译,上海:华东师范大学出版社,2010,页121;戈尔迪,《〈近代政治思想的基础〉的语境》,见同书,页13。

② 佩罗-索希内,《语境中的斯金纳》,见郝兆宽主编,《逻辑与形而上学》,前揭,页220。

调,这种自由观是一种"古老传统",即"共和主义传统"。① 古老到什么时候? 古罗马共和国晚期。但英国的共和革命让这种"古老传统"获得了新生。因此,在讲演开始后不久,斯金纳就相当庄重地宣称:

> 我想要关注的是在 1649 年弑君和英国正式宣布为"共和国和自由国家"之后仍然坚持新罗马理论的那些人。(《自由》,页 9)

这无异于宣示,"新古典共和主义"或剑桥学派的思想史研究,应该以英国共和革命的"1649 年弑君"为历史起点。恰恰是在这句话后面,斯金纳下注展示了剑桥学派的"古典共和主义"研究的丰硕成果。斯金纳已经让我们看到,他要"有力捍卫"的思想史性质是"反抗"或"造反",目的是以激进的共和主义"自由理念"为导向,彻底改造思想史,目标是让英国共和革命时期的"造反有理"精神在后现代的今天重新焕发生命活力,起到实践哲学意义上的指导作用。

作为激进民主运动的老将,马尔库塞在去世之前接受过一次访谈(1978),对继续革命的前景充满信心,因为他坚信,1960 年代的民主运动没有失败。毕竟,经过近十年的激进民主革命,人们的意识已经有了深刻变化,革命的民主概念得到了承认,人们完全可以期待"各种价值[观念]的全面变革"。② 从斯金纳的就职演讲来看,

---

① 佩迪特,《反权力的自由》,见应奇、刘训练编,《第三种自由》,北京:东方出版社,2006,页 220 及注释 5。

② 转引自江天骥,《马尔库塞的哲学思想》,见江天骥主编,《法兰克福学派:批判的社会理论》,前揭,页 82-83。

马尔库塞的看法算得上有预见性。在1997年的政治语境中,斯金纳宣示"仍然坚持新罗马理论"的造反精神,即便对英语学界来说,也多少具有某种震撼性。毕竟,从1970年代末到1990年代中期,激进民主思想的生存空间受到严重压缩,代议制民主论或程序民主论收复并巩固了自己的地盘。剑桥学派诸君必须坚持战斗,积极夺回在思想文化领域失去的阵地。① 斯金纳荣升剑桥现代史钦定讲座教席,无可争辩地表明他获得了举世瞩目的成功。因此,在这个就职演讲的场合,简明扼要地重申"共和派自由理论",堪称斯金纳的最佳选择。对于我们来说,细读演讲文则是一次难得的机会,让我们学习他如何重申"造反有理"论。毕竟,我们对诸如此类的精神曾经相当熟悉。

斯金纳善用文献的功夫超强,演讲文稿的注释相当丰富,如中译者说,这些注释体现了"多么严谨的治学,又多么厚重的学术分量"。由于其中没有出现任何批评剑桥学派的文献,人们会以为,学界从未出现过对剑桥学派的反驳。这并非不可以理解,毕竟,斯金纳要捍卫和发展的"思想史研究的性质、目的和目标",是复兴"共和派自由理论"的造反精神,任何批评和反驳都不值一提。何况,就职演说属于古希腊修辞学所谓的"炫耀性演说",斯金纳有充分理由炫耀,剑桥学派已经夺取天下学术的制高点。

赏析斯金纳的就职演说之前,有必要先回想一下施特劳斯在《自然正确与历史》中提出的一个重要观点,因为,这个观点与斯金纳要展示的两种"政治理论"的差异和张力直接相关。在说到霍布斯与马基雅维利之间的内在关联时,施特劳斯曾提到,现代式政治

---

① 米歇尔曼,《民主与积极自由》,见应奇、刘训练编,《第三种自由》,前揭,页258-276。

哲学的典型样式有两种:马基雅维利开创的"国家理由"优先的政治哲学,和霍布斯开创的基于"自然权利"(或新"自然法")的政治哲学。这两种现代式政治哲学都张扬新的"美德/德性"观,但对传统政治美德的改造,两者明显不同:"马基雅维利将美德化约为爱国主义的政治美德,霍布斯将美德化约为了获取和平而必需的社会美德"。施特劳斯强调,尽管这两种典型样式"彼此之间相互反对,却都由根本相同的精神所驱动",即以"对一种正当的或健全的社会秩序的关切"为由,"有意降低了政治的目标"。古典政治哲学关切的最佳政制问题,被马基雅维利式的"有效治理"论(efficient government)和霍布斯引出的"合法治理"论(legitimate government)取而代之。①

当我们观察斯金纳如何描述"共和派自由理论"的历史沉浮时,施特劳斯的这一思想史洞见应该具有启发意义。因为,剑桥学派的公民共和主义,明显出于"对一种正当的或健全的社会秩序的关切",但它是否"有意降低了政治的目标"呢?如果我们的脑筋被斯金纳的思想史逻辑拴住,跟着他翻来覆去琢磨两种现代式政治理念的差异和张力,那么,我们难免会忘记去思考,斯金纳是否"有意降低了政治的目标"。斯金纳自己是否忘记了这一问题,无关紧要,重要的是,我们自己是否忘记或应该忘记这样的问题。相较于无论马基雅维利还是霍布斯的"公民美德"观,剑桥学派的共和主义式"公民美德"论要远为激进。毕竟,无论马基雅维利还是霍布斯的历史语境,都是君主制尚普遍存在的时代,而剑桥学派的历史语境,

---

① 施特劳斯,《自然正确与历史》,前揭,页 191,194 – 195。比较塔克,《自然权利诸理论:起源与发展》,杨利敏、朱圣刚译,长春:吉林出版集团,2014。

则已经是各种形式的民主制普遍存在的时代。在这样的时代,我们更容易忘记,现代式政治理论"有意降低了政治的目标"这一政治哲学史的重大问题。

2. 自由的权利如何成为公民的美德

笔者应该感到庆幸:斯金纳文笔晓畅,读起来让人有愉悦感,不像他的亲密战友波考克,行文艰涩,有故弄玄虚之嫌。《自由主义以前的自由》约84页(按中译本计算),分三章。第一章讲"共和派自由理论"即"新罗马理论"的兴起(约40页),第二章讲这种政治理论的衰微(约30页)。最后一章篇幅很短(约14页),涉及思想史研究方法问题以及"共和派自由理论"的当代意义,堪称就职演讲的点睛之笔。

1640年11月,英国长期国会取代短期国会,议会与国王间的冲突迅速恶化,"查理一世政体的反对者们"提出了"议会主权"(parliamentary sovereignty)论。斯金纳从1642年英格兰爆发内战之前议会造反派的主张讲起,理由在于,议会两院是"最终的主权者即人民"(the ultimately sovereign people)的"代表"。这种主张随即遭到保王党人强烈反弹,他们坚持"传统"的君权神授论,国王是当然的主权者。

斯金纳让我们看到,议会主权论与君主主权论在内战开始前就干上了,以至于内战实际是两种政治理念之间的战争,而非宗教内战。在这样的国家危机时刻,两年前因觉得自己的著作可能招致政治迫害而逃至巴黎的霍布斯,出版了用拉丁文撰写的《论公民》(1642),提出"国家主权"(state sovereignty)论,发出了显得像是超逾这场论争的"新的声音"。直到霍布斯十五年后出版《利维坦》（1657），人们才明白，他所说的"国家主权"，其实是指一个担当国家的个体，即拥有绝对王权的君主。因为，霍布斯认为，"主权的真正主体或承担者，既不是自然人的君主，也不是任何与自然人紧密结合的机构，而只是国家这个人造的身位"（the artificial person）。斯金纳说，这种"新的声音"其实并不新，"在古罗马的法律人（the Roman lawyers）那里即已存在"。后来，普芬多夫把霍布斯的这种理论"发展到了一个新高峰"（《自由》，页1-3）。

尽管如此，在斯金纳看来，霍布斯的"国家主权"论还是带来了新东西，这就是开创了我们如今都熟悉的自由主义观："国家的主要职责之一，即是阻止任何人去侵害他的同胞所具有的行动权利"，通过"法律的强制力量平衡地"保障每个公民的自由。斯金纳把这种"自由"称为"臣民的自由"（the liberty of subjects），因为其含义是，公民只要服从王法，就会享有私人生活不受干涉的个人自由。霍布斯的新主权论让"具有法律意识的"保王党人大为兴奋：这下有了对抗那些君主政体的"反对者们"的新式武器（《自由》，页4-6）。斯金纳甚至暗示，霍布斯提出这种"臣民自由"论，意在为保王党人提供武器，因为，他刻意针对"一种[与之]强烈相反的思想传统"。斯金纳随即强调，霍布斯强烈反对的这种"思想传统"，同样有"古罗马的法律和道德论据"（Roman legal and moral argument），而且，意大利人文主义者尤其马基雅维利等"共和式自由"（republican libertà）的捍卫者们，早就复兴过这种思想。何况，比霍布斯年长仅二十多岁的培根，已经"开始阐释马基雅维利关于城邦自由的观点"（《自由》，页8）。言下之意，霍布斯不是倒行逆施，又是什么呢？

幸好，在血腥的内战年代，"议会主权"论者很快作出回应，重申马基雅维利"思想传统"的基本主张：国家必须是一个"自由国家"(the civitas libera or free state),否则,公民的个人"自由"不可能最终得到保障(《自由》,页7-8)。"公民自由"在性质上绝不可与"臣民自由"同日而语,个人自由绝非与国体的性质究竟是君主政体还是共和政体不相干,因为,只有"自由国家"才能让公民个体真正享有"自由"。这意味着,"自由国家"而非"公民自由",才是更为首要和根本的政治问题。

斯金纳不外乎要说,霍布斯的理论与共和派的理论虽然都可以称为"自由主义",但两者有本质差别。① 共和派的"自由国家论"(the theory of free states)直到18世纪都在"让契约论者和父权论者十分苦恼",而英属美洲殖民者则在1776年已经用这一理论来闹独立(《自由》,页8-9)。显然,"契约论者"的自由主义给人们的是虚假的自由,否则人们如今还闹什么呢?

勾勒这个思想史的大致轮廓后,斯金纳让我们把目光聚焦于1649年的"弑君和英国正式宣布为'共和国和自由国家'之后"的历史时刻。斯金纳说,当时,这种"自由国家论"甚至"已经成为新政府自卫宣传的中心内容",因为他们"有意识地去教育其同胞"(《自由》,页9-10)。用今天的话说,"自由国家论"在当时已经成了英格兰共和国的意识形态。这个时期产生出了一批杰出的理论著作:除哈灵顿在1656年出版的《大洋共富国》外,还有尼德汉姆(Marchamont Nedham)在同年早些时候出版的《自由国家的卓越性》(*The Excellency of a Free State*),弥尔顿在1658年出版的《建设自由共和国的简易办法》,则被斯金纳称为"最后的呐喊"。查理二世归来之后(1660),虽然共和派的政治希望破灭,但他们毕竟留下了一笔丰

---

① 详参斯金纳,《霍布斯与共和主义自由》,管可秾译,上海:上海三联书店,2011。

富的思想遗产,其思想光辉永世长存。

按照斯金纳高度概括的描述,英国共和派的"自由国家论"的要义首先在于:"自由状态是人类的自然条件"(the state of liberty is the natural condition of mankind)。从这一"自然条件"推导出,人的"原初自由必须被视为上帝给予的天生权利"(a God-given birthright),由此再推导出"所有公民都有依法享有他们的生命、自由和财产的平等权利"。光荣革命之后,洛克把共和派的这一主张变成了"公认的标准句式"(《自由》,页13-15)。由于这一观点既不见于古罗马时期,也不见于文艺复兴时期——马基雅维利从来没有说到过"权利",因此,所谓"新罗马理论"的"新"首先在于:基于自然状态的个人自由"权利"成了首要的政治原则。

"自由国家论"的第二个要义是:公民的个体自由取决于公民所属的共同体(国家)是否是自由政体,而政体是否自由,关键在于政府是否是"自治政府",即共同体的行动"仅仅由作为一个整体的所有成员的意志来决定"。斯金纳强调,这一观点的"灵感来自马基雅维利的《李维史论》"(《自由》,页16-18)。英国共和革命时期的思想家们传承了马基雅维利的这一思想,通过"解释什么使古罗马人成为自由人民的过程",他们阐述了如下革命性主张:自由国家的法律,"必须经由作为一个整体的政治身体的所有公民成员的同意来制定"。由此便引出这样的定义:"人民的意志"即"每一个个体公民意志的总和"(《自由》,页19-21)。

这不就是后来卢梭所弘扬的"人民主权论"吗?但卢梭虽然张扬却也深刻质疑"人民主权论":人民有掌握主权的政治"美德"吗?卢梭因这一问题而闻名,斯金纳在演讲中没有提到卢梭,并非疏忽,因为他告诉我们,共和派理论家已经考虑过这个问题:他们感到,要"实现自治政府,还存在着一些不可克服的困难"。斯金纳说哈灵顿很清楚,人民是"一个很难代表的庞大身体";尼维尔深知,人民"在公共关切方面不清醒、不善三思而行,而且漠不关心"(less sober, less considering, and less careful of the public concerns);弥尔顿甚至抱怨,人民趋向于"过度邪门和行为过激"(exorbitant and excessive);更不用说,"锡德尼以他通常惯有的贵族式轻蔑口吻"严辞拒绝"民众政府",认为"民有、民治、民享"的"纯粹民主"(pure democracy)是天底下最为荒唐的胡扯(《自由》,页22-23)。

显然,这里涉及"人民主权"论的道德难题。笔者感到困惑:既然斯金纳清楚知道,共和派理论家们对人民的自然品质有如此清楚而且深刻的认识,他们中"极少有人"对直接民主抱有热情,那他怎么可以说,"共和派理由理论"主张直接民主呢?

斯金纳紧接着就解答了笔者的困惑:其实,共和派理论家已经找到"正确的解决方法"(the right solution),即国家权力彻底下移,让"一个更有德性、更善于三思而行的国民大会来代表(to be represented by a national assembly)人民群众",这个机构"由人民选出",并代表人民来立法。因此,共和派思想家提出,下议院才是"最合适的代表性[机构]"(《自由》,页23)。

斯金纳说的这一"解决方法"正确吗?未必。笔者至少仍然有三点困惑。首先,按照这种解决办法,"民众政府"仍然需要一种"代表性[机构]",而这个机构"由人民选出"(chosen by),恰恰表明即便"人民民主"也只能是间接性的,从而不可能从理论上推导出这样的"直接民主"论断:自由国家的法律"必须经由作为一个整体的政治身体的所有公民成员的同意来制定"。第二,人民的代表来自"人民群众"(the mass of the people),即由人民群众推选"更有德性、更善于三思而行"(the more virtuous and considering)的人民成员做自己的"代表",这表明,人民代议制的政治原则仍然是德性优异者方有资格施行统治,从而否定了所有公民参政决策的直接民主的正当性。第三,既然共和派理论家清楚知道,大多数人民缺乏公共美德,"在公共关切方面不清醒、不善三思而行,而且漠不关心",那么,他们怎么可能相信,人民有能力辨识德性优劣,进而选出"更有德性、更善于三思而行"的人作为自己的代表?

斯金纳说的这个"正确的解决办法",不仅没有消除反倒加深了笔者的困惑:共和派理论家的脑筋究竟是怎么想的呢?笔者注意到,斯金纳在这里下了一个颇长的脚注,对"正确的解决方法"作了进一步说明。这让笔者感到惊喜,不免要细看这个脚注。

在注释中,斯金纳首先再次表述了共和派理论家遇到的"人民主权"论的道德难题:

> 这一点让我们窥见宪政更多的题中之义。我们被告知,若要共和国的自由得到支撑,则人民这一方(或人民的代表)必须有意愿(a willingness)奉献时间和精力为共同利益而行动。用文艺复兴时期文本中的术语来表达这一假设,即人民必须拥有 virtù[美德]。但问题是,我们罕有遇到作为自然品质的 virtù[美德]:绝大多数民人更愿意追求自己的利益而非共同利益。仍用文艺复兴时期的术语来表达这个意思,即人民总是倾向于 corruzione[败坏],而非 virtù[美德]。

斯金纳把"人民主权"论的道德难题表述得很清楚:为了证成"人民主权","人民必须拥有[政治]美德",而这种"[政治]美德"并非人民的"自然品质"(natural quality),因为,"绝大多数人民"并不"愿意奉献时间和精力为共同利益"着想和做事,从而"总是倾向于败坏"。然后,斯金纳再次说到共和派的"正确的解决方法"。

宪政主要的题中之义乃是：如果必须鼓励公民美德（由此使公共自由得到支撑），那就必须设计出一些法律来强制人民脱离其 natural［自然的/天性上的］、但却自我拆台的倾向（self-defeating tendency），即他们倾向于毁掉支撑自身自由所必须的条件。（《自由》，页 23 注 4）

这个"正确的解决方法"与正文中说的并不一样，正文中说的是，人民选出自己中间"更有德性、更善于三思而行"的人作为自己的代表。但问题在于，对公共事务"漠不关心"的人民怎么会关心这件事情呢？因此，斯金纳在注释中补充说，需要强制人民选出自己的代表，因为他们的自然天性对公共事务漠不关心。可是，即便我们不够聪明，也能凭常识思维发现，注释中说的这个"正确的解决方法"也未必"正确"。首先，既然"必须设计出一些法律来强制人民脱离"其"自然品质"，那么，谁来"设计"这类"强制人民"的法律？人民可能自己制定法律强制自己放弃其"自然品质"？不是人民的人设计出一些法律来强制人民，这对斯金纳来说难道算"正确"？

第二，既然人民"在公共关切方面不清醒、不善考虑、漠不关心"，那么，就算有高人能设计出法律强制人民关心公共事务，他还能厉害到设计一套法律来强制人民更清醒、更善于考虑？换言之，这类政治德性是法律能够强制出来的？斯金纳说，"公共自由"（public liberty）由"公民美德"来支撑，而"公民美德"的定义仅仅是"有愿意奉献时间和精力为共同利益而行动"，他并没有提到其他任何实质性的政治德性，比如正派、清醒（且不说有智慧）、节制、三思而行、见义勇为等等，更不用说如何培养这样的政治德性。没有得到这些实质性的政治德性的支撑，"公共自由"会是什么样的"自由"？会不会是有什么样的自然的"意愿"，就有什么样的"自由"？

我们显然不能相信,一个人只要"有意愿奉献时间和精力为共同利益而行动",他就是一个让人放心的政治人。常识告诉我们,仅仅有良好的"意愿",远远不够。

最让笔者想不明白的是:"鼓励(to be encouraged)公民美德",等于"设计出法律(there will have to be laws designed)来强制人民"有政治美德,这岂不与"自由状态是人类的自然条件"相矛盾?难道不会有人说:咱就这副德性,你管得着?你有什么权利限制我就喜欢这样的天性的自由及其权利?斯金纳应该知道,我们搞过"设计出法律来强制人民"有某种政治美德这种事情,但我们后来把这种"强制"视为封建专制。

看到斯金纳在结束这段长注时说,最为清楚地表达这种"正确的解决办法"的观点是弥尔顿的说法,即"人民可能必须被强制自由"(the people may have to be forcè d'etre libre),①笔者长达四十年的困惑不由茅塞顿开。强制全体人民拥有"为共同利益贡献其时间和精力"的"意愿",不就是笔者这个年龄的人当年搞"大串联"的"意愿"?笔者当年刚上小学四年级,也被强制"有意愿奉献时间和精力为共同利益而行动",根本不管自己的脑子是否"清醒"、是否已经会"三思而行"。笔者被强制"停课闹革命",走进重庆大学校园,从大哥哥大姐姐们手中接过传单,再热切地走回解放碑,在围观大字报的人群背后抛撒。笔者迄今记得,大学生大姐姐们把传单递到我手上时,那副眼神啊既惊讶又亲切:这么小就参加"公共自由"行动啦!笔者还记得,在人群背后抛撒传单后,人民群众望着天空中飘散的雪花般的传单,一脸茫然,不知传单从何而来,而我当时的

---

① 中译本把这句颇为关键的话译作"人民也许不得不突然失去自由",明显与原文不符,想必是要讥讽斯金纳。

心情啊激动万分，觉得自己在这一瞬间长大了。我因此而变得在政治上清醒或会考虑公共事务了吗？显然没有。但按斯金纳的说法，我变得"更有德性"了，因为，只要平等地参与公共事务，就等于有"美德"。散发传单之后，我接下来就亲眼看到，政见不合的大哥哥大姐姐们操起AK47对射，双方都掩埋过战友的尸体——这事就不多说了。幸好，一纸英明的"九五命令"及时结束了内战状态。但是，人民群众中间更为自然性的趋向，即弥尔顿所谓的"过度邪门和行为过激"，乃至流氓阿飞甚至"财扒"（结伙洗劫民宅者）行径，仍然屡禁不止。笔者念高中时住校，晚上在校园内穿行，也得结伴才有人身安全，而且手里必须亮出自备长刀。笔者的这些亲身经历，斯金纳未必知道吧。

　　斯金纳所说的强制人民"为共同利益贡献其时间和精力"，具体指掌握国家权力，而非伊丽莎白女王，或路易十四，或弗里德里希大王，或彼得大帝率领一批贤人，把人民组织起来"为共同利益贡献其时间和精力"。假如这些王者按马基雅维利或弥尔顿的教导，号召工农兵直接掌握国家的立法权和行政权，那么，他们到头来最终遭一些人民怨恨，就没有什么好奇怪。毕竟，甚至激进的弥尔顿也知道，人民倾向于"过度邪门和行为过激"。至于弥尔顿明知人民的自然品质有这样的特点，却还主张必须强制人民拥有"公共自由"，那是弥尔顿缺乏明智和审慎，后世的王者总不能跟着缺乏明智和审慎吧。反过来说，如果当今的我们中有谁热切认同斯金纳所谓的"正确的解决方法"，那么，他激愤地抱怨甚至怨恨号召人民直接掌握国家权力的王者，也仅仅表明他自己缺乏明智和审慎。

　　"人民可能必须被强制自由"这句话没打引号，不敢确定是否弥尔顿原话。笔者感到好奇的是其中夹杂的法文短语 forcè d'etre libre［强迫自由］，弥尔顿会这样用？查核弥尔顿原文，果然见到弥尔顿说:If it come to force[……] thir libretie。但并未出现法文短语。弥尔顿这段话说的是:如果主张恢复王权的人是多数,而只有少数人主张政府的主要目的是实现自由,那么,这些多数人就必须服从争自由的少数人:

> 假如大部分人不珍惜自由,甘心放弃自由,那么,反对政府主要目的的大部分人就应该奴役那些争取自由的小部分人,难道这公正合理吗?毫无疑问,比较公正的做法是,即使使用暴力,少数人也要强迫多数人维护自由——这样做对多数人实无害处——而不是多数人甘居下流,强迫少数人同他们一样做奴隶——那样做对少数人大有损害。一心追求自己正当的自由的人,只要有力量就有权利赢得自由、保卫自由,无论反对自由的呼声多么大。①

斯金纳为什么要用法文短语来概括弥尔顿的表述?如此修辞是否在暗示,卢梭是这种观点的继承者?在《社会契约论》第一卷第七章结尾,卢梭倒是说过:"一旦有任何人拒不服从公意的话,那他就会被全体(tout le corps)迫使服从,其含义无它,不外乎强制他自由"(ce qui ne signifie par autre chose sinon qu'on *le forcera d'être libre*)。② 不过,卢梭的说法是基于自己的理论前提:一旦公民自由地同意了建立共同体的基本条件,他作为个体就被要求必须服从这一基本条件,否则他就会破坏整个政治秩序。作为个人的公民必须敬重共同

---

① 弥尔顿,《建设自由共和国的简易办法》,殷宝书译,北京:商务印书馆,1964,页36-37。

② 卢梭,《社会契约论》,何兆武译,北京:商务印书馆,1980,页29(译文略有改动)。

体赖以建立的基本原则,而且是他自由地同意了的原则。因此,"强制自由"的含义是,公民被强制忠诚于自己更高的自我和他自己的真正自由。①

与卢梭的说法对比,弥尔顿是这个意思吗？我们至少很容易看到三点差异:首先,卢梭说的"强制自由",是基于全体公民自由地达成的政制共识,弥尔顿说的"强制自由",则是基于人们在选择君主制抑或民主制上的政治争纷;第二,卢梭说的是,全体公民"强制"个别不服从公意的人,弥尔顿说的则是,少数自由派强制多数拥护王权的人;第三,卢梭强调全体公民在达成政治共识时的自由同意,弥尔顿则强调所有人必须被强制摆脱王权的自由——难怪有人把弥尔顿的"自由主义"与"恐怖主义"(terrorism)相提并论。② 最有意思的是,卢梭因自己的说法被指为现代专制的鼻祖。如果斯金纳的确想要让卢梭成为弥尔顿的共和革命精神的继承人,那么,他是否意识到自己是在为现代专制招魂呢？

forcè d'etre libre[强迫自由]这个法文短语还让笔者想起法兰西青年拉博埃西(1530 – 1563)的"反专制君主论"(Vindiciae contra tyrannos),于是也把拉博埃西的《论自愿的奴役》找出来读,没想到,斯金纳阐述的"共和派自由理论",竟然更像是在模仿拉博埃西的雄辩。在《论自愿的奴役》第二章,笔者看到这样的章节提要:

> 自由是人民的自然状况。然而,当人民臣服时,奴役就被培养起来。人民被训练去崇拜统治者。尽管自由被大多数人

---

① 参见 Ronald Grimsley 笺注, Rousseau, *Du Contral Social*, Oxford, 1972, 导言,页22。
② Stanley Fish, *Versions of Antihumanism: Milton and Others*, Cambridge University Press, 2012,页79 – 94。

忘记,但总有一些人不会投降。①

斯金纳在前面说,"自由状态是人类的自然条件"这个主张出自英国的共和派理论家,原来,拉博埃西已经比他们早整整一百年就这样主张过了。美国学者罗斯巴德在1975年(!)为《论自愿的奴役》新英译本写的导言很有启发,尤其是他说:

> 拉博埃西断言,不是所有的人民都会被欺骗或是陷入习惯性的顺从。总会存在着一批直觉更为敏锐的精英,明白情况的真相;"总有一小部分人比别人的天赋更为敏锐一些,他们感觉到枷锁的沉重,所以禁不住要摆脱它。"他们与"粗野的大众"形成对比,有着清醒而富有远见的想法,并且"通过研究和学习得到进一步训练"。这样的人永远不会从世上完全消失,"即使自由在地球上完全毁灭,这些人也会将其创造出来"。(《反暴君论》,页22)

我们难道不应该说,弥尔顿的必须强制人民自由的主张与拉博埃西如出一辙吗?这段话还启发我们能够理解,斯金纳为何会说,共和派思想家找到的"正确的解决方法",是让人民选出"更有德性、更善于三思而行"的人作为自己的代表:所谓"更有德性",指懂得何谓"自由是人民的自然状况",所谓"更善于三思而行",指懂得"会被欺骗或是陷入习惯性的顺从"。最有启发的是,拉博埃西也懂得,人民群众有德性差异,懂得"少数人"与"多数人"或"精英"与"粗野的大众"的德性差异,但这种差异是"自愿奴役"与自愿自由的差异。因

---

① 拉博埃西/布鲁图斯,《反暴君论》,曹帅译,刘训练校,南京:译林出版社,2012,页38(以下随文注页码)。

此,懂得"自由是人民的自然状况"的精英们的政治责任甚至义务,是让"粗野的大众"也懂得,"自由是人民的自然状况"。笔者不禁想起德鲁里对施特劳斯的抨击:

> 我从未因施特劳斯鼓吹杰出人物统治或反民主而批判他。在《施特劳斯的政治观念》中,我批判施特劳斯是因为他培育了傲慢、无节制和虚伪的精英——这种精英对法治、道德、平民和诚实极度蔑视。我要批判的并非他的精英论,而是他所培养出来的这类精英。
>
> 在我看来,精英统治与民主政治完全一致。每个社会,即使最民主的社会也是杰出人物统治,自由民主政治更是由杰出人物统治的。①

这段指摘用在拉博埃西头上不是更为恰当吗?德鲁里所谓的"杰出人物"显然指这类少数精英:他们应该懂得,第一,"自由是人民的自然状况";第二,人民天生倾向于"自愿的奴役",即斯金纳所说的"自然的/天性上的、但却自我拆台的倾向";第三,必须用法律强制人民"脱离"这种自然倾向。毕竟,拉博埃西心目中的"精英",并非指高度重视"法治、道德、平民和诚实"的"杰出人物",而是指"强制"人民信奉自由民主的政治精英——"傲慢、无节制和虚伪的精英"②。

《论自愿的奴役》新英译本导言还有两个说法也颇有启发:首先,拉博埃西关于少数"自由"精英的预见,与阿伦特在1960年代的

---

① 德鲁里,《施特劳斯的政治观念》,前揭,页7-8,亦参页315-317。
② 比较 Miguel Abensour / Marcel Gauchet 为《论自愿的奴役》写的前言:Étienne de La Boétie, *Discours de la servitude volontaire*, Paris, 1976。

预见"十分相似";第二,早在 1950 年代,就有美国史学家把"反联邦党人"对美国宪法的抵制态度,与拉博埃西的思想联系起来(《反暴君论》,页 23,30)。

写作《论自愿的奴役》时,拉博埃西还是个年仅大约 22 岁的大学生,其激进思想既有加尔文的影响,也得自马基雅维利的启发。完成这篇颇富修辞色彩的雄辩文后,他并没有出版,仅送给几位好友赏阅。奇妙的是,在与蒙田成为挚友后(1559),他放弃了自己的激进主张,成了忠君勤王的保守分子,简直与过去判若两人——他的心智成熟了,变得"更有德性,更善于三思而行"。不幸的是,没过几年他就因病去世,留给后世的是自己"不清醒、不善三思而行"时的激扬文字。

拉博埃西去世后,激进的胡格诺派分子在名为《法兰西晨钟》的煽动性小册子中刊发了《论自愿的奴役》,这件事令蒙田极为愤怒。为了挽回挚友的声誉,据说也为了纪念亡友,蒙田着手撰写《随笔集》,其中化用了不少《论自愿的奴役》中的论题,还谎称这篇论文是拉博埃西 18 岁时写下的不成熟之作。由于《随笔集》中出现了一些与《论自愿的奴役》的观点"如出一辙"的论述,文史家们迄今仍然无法断定,这些论述究竟是蒙田的改写还是照录原作。①

在《现代政治思想的基础》中,斯金纳把蒙田视为"仍然敌视'政治积极行动主义'(或[敌视]反抗)"的思想家的典型代表之一,并一带而过地提到,蒙田称赞拉博埃西"最虔诚地服从和顺从他生来就有的[国家]法律"。② 斯金纳把蒙田的思想极度简单化,仅仅

---

① 冯塔纳,《蒙田的政治学》,陈咏熙、陈莉译,北京:北京大学出版社,2010,页 31,55;亦参拉博埃西/布鲁图斯,《反暴君论》,前揭,页 24-26。

② 斯金纳,《近代政治思想的基础》,前揭,页 390,399。

按顺从还是反抗这两个标准来衡量蒙田的思想,可见他的思想史的确只关心"造反"。既然如此,他对符合其造反精神的拉博埃西竟一带而过,甚至没有考究一下这桩著名学案,颇为令人费解:刻意隐瞒这个更早的"积极自由"的思想来源,免得降低英国共和派思想的原创性,还是因为疏忽而没有注意到拉博埃西的重要性? 毕竟,罗斯巴德编译的《论自愿的奴役》新英译本在1975年已经出版。

笔者想起,沃格林把拉博埃西作为一个思想史事件来看待时,曾提出两个问题。第一,有才华且有热情的年轻人若缺乏慎思明辨的德性,他们在历史的特殊时刻应该如何好自为之。这个问题不仅是柏拉图作品的重大主题之一,而且迄今是个实际政治问题。① 拉博埃西虽学法学,但喜欢文艺,有良好的古希腊罗马文学修养,据说诗写得不错。当时,法兰西正处于宗教分裂即将引发内战的前夜,拉博埃西的这篇雄辩文"充满热忱的修辞和道德的愤慨,并没有辅之以坚实有力的思想",但它的确"表明了秩序的败坏对一个在道德和精神上都很敏感的人来说会有怎样的影响"。从政治思想史角度来看,重要的是这篇雄辩文表明:

> "自由"获得了一种革命的基调,因为它变成了灵魂反抗一个价值可疑的社会秩序时的呐喊。但是与此同时,它也获得了一种乌托邦的空洞性特质,因为,正当的反抗可以揭示恶的存在,但凭其自身却不能产生一个新的善。……仅有基本的正直、对于伤害的敏感、愤慨和反抗的勇气是不够的;秩序的创建和恢复,要求革命者的心中要有构建秩序的实质性内容的存在。这就是拉博埃蒂的问题——在他的经验中,我们看到的是

---

① 参见伯内什,《20世纪的四个青年世代:预言与误导》,见曹卫东主编,《德国青年运动》,上海:上海人民出版社,2013,页143-172。

一个空有勇气而缺乏智慧的例子。①

沃格林让我们思考的第二个问题是:拉博埃西在"不清醒、不善三思而行"时写下激扬文字,对后世会产生怎样的影响,或者说,后世一代又一代有才华且有热情的年轻人在没有养成慎思明辨的习性时,应该如何看待这样的文字。不三不四的人读到这样的文字又会怎样,就更难说了。英国共和革命时期的"平等派"四君子之一伍尔文(William Walwyn,1600 - 1681)本是个成功的商人,后来沦为江湖庸医且不再过问政治。但在革命的疾风骤雨时刻,正是这样一个人从蒙田随笔中发现了拉博埃西的激扬文字,并"让这些思想恢复了它们本来的颠覆性内容",以至于剑桥学派能够说,"我们如今之所以对平等派产生了兴趣,是因为它们似乎预示了我们如今所在的世界"。② 这话让笔者猛然想起,马尔库塞在为 1966 年版的《爱欲与文明》所写的"政治序言"中曾说:

> 人民所得到的新的自由最终只能变成一种服从,不是服从法律的统治,而是服从他人的法律的统治。以暴力征服为起点的统治不久就成了"自愿的奴役",并有助于重新产生这样一个社会,使奴役成为越来越有利可图、越来越合人意的事。③

按照剑桥学派所倡导的思想史方法,我们能够以"自愿的奴役"为关键词,建构出一个"造反"的思想史叙述。回想斯金纳的《现代政治思想的基础》,第一章题为"自由的理想",最后一章题为"反抗的权利",倒真像是对拉博埃西的"自愿奴役"论的精当概括。

---

① 沃格林,《宗教与现代性的兴起》,前揭,页35。
② 伍顿,《平等派》,见邓恩,《民主的历程》,前揭,页 86 - 87,100。
③ 见《法兰克福学派论著选辑》(上卷),前揭,页 384。

斯金纳把"人民可能必须被强制自由"视为"正确的解决方法",难道不应该被看作从拉博埃西的"自愿奴役"论得出的推论?否则,强制自由何以算得上"正确的解决方法",实在让人费解。斯金纳在那个注释中还说,"我曾致力追踪(attempted to pursue)这个论据的这一方面",随后就提到自己的三篇马基雅维利研究,似乎用"法律来强制人民"自由是马基雅维利的发明。斯金纳为什么要隐瞒拉博埃西?原因会不会是拉博埃西的《论自愿的奴役》除了文字激昂,并无任何值得阐发的理论深度,何况他后来变成了保王分子,而且年仅32岁就不幸离世?

斯金纳接下来还有让人费解的说法。他显得颇为不情愿地承认,在何为"自由共和国"这个问题上,共和派内部出现了分歧。哈灵顿坚持认为,"决策机构应该采取由贵族选举产生的元老院(an elected senate drawn from the nobility)形式",因为,"共和国的智慧就在于贵族制",行政机构则可由民众选举的代表来掌握(《自由》,页24)。这意味着,哈灵顿认为,拥有立法权的仍然是贵族,因为他们追求公共"美德",民众选出的下议院至多可以掌控执行权。换言之,哈灵顿明显主张混合政制,从而根本就没有"人民主权"论所需要面对的道德难题。相比于波考克在那篇关于美国革命的文章中说到哈灵顿的"自然的贵族制"时给出的解释,斯金纳的说法很清楚,波考克的解释则含糊其辞——两位都是剑桥学派的旗手,究竟哪位的说法可信?

斯金纳接下来还说,"毫不令人惊奇的是",1660年王政复辟后,哈灵顿的观点即便在"最为激进的"共和派理论家中也占了上风,贵族出身的老锡德尼"甚至更热切地说",需要"一个伟大而且勇敢的贵族",以调和"君主的绝对王权和杂众的过激行为"。这岂不是表明,在英国共和革命时期,即便共和派理论家中也有人脑子清楚，他们坚持主张混合政制，而非人民自决的"自治政府"？英格兰最终形成由权力有限的君主与贵族院和下议院共同拥有主权的政体，到了18世纪，这种政体形式成了一种"混合和平衡的宪政理想"。后来，打造美国政制的那些"所谓的共和人"(the so‐called Commonwealthmen)复制的就是这种政体，只不过君主"被置换成了总统"(《自由》，页25)。① 既然如此，斯金纳何以可能说，共和派理论家想到的"正确的解决方法"，仅是"人民可能必须被强制自由"？

极有意思的问题来了，而且不止一个。首先，即便没有君主制复辟，哈灵顿和老锡德尼主张的也是混合政制，斯金纳大谈"共和派自由理论"主张全体人民的自治，或"自由的国家"理想，岂不是与思想史的史实不符？第二，美利坚立国的混合政体模仿王政复辟后的英国政体，与哈灵顿和老锡德尼的主张相一致，斯金纳怎么能说，美国的代议制民主背叛了英国的共和革命理论？第三，按斯金纳的描述，共和派内部分裂为激进的"平民派"和较为温和的贵族派，但他并没有进一步交待，两者有过怎样的思想冲突或交锋。为什么斯金纳对这方面的思想史问题不多说几句，让我们知道究竟？"平民派"明明知道大多数人民缺乏公共"美德"，还让人民拥有更多的支配立法的权力，理由究竟是什么？他们是不是脑筋有问题啊？这样的问题难道不值得有脑筋的斯金纳思考？他不是"以西塞罗式的生活方式"在生活吗？历史上的西塞罗已经够不幸了，难道他今天还会被如此糟践？

---

① "所谓的共和人"在复制这种"混合和平衡的宪政理想"时，分歧最大的恰恰是贵族院当由什么样的人来构成。参见 Paul Eidelberg, *The Philosophy of the American Constitution*, University Press of America, 1986, 页 78–92, 106–165, 关于总统的作用，参见页 166–201。

斯金纳在这里结束了就职演讲的第一章第二节,径直转到共和派思想家关于"公民自由的观念"(the idea of civil liberty)的另一个独特论证,似乎他已经成功论证这种观念的正当性。他接下来说,"自由的国家"与"生活在奴役状态下"(living in servitude)的国家的"基本"差异在于:公民个体的自由是否得到保障。换言之,"共和派自由理论"的根本要义是:厌恶人民有受约束(to bondage)的习性,必须根除人民生活在"奴役枷锁"(the yoke of slavery)下的习惯。不难设想,接下来的推论会是,必须改造民人的这种自愿受奴役的习性,让他们学会当家做主人。这不是彻头彻尾的青年拉博埃西的观点吗?但斯金纳说,这一论题来自马基雅维利的《李维史论》,而且是弥尔顿研究《李维史论》时获得的主要心得。斯金纳进一步说,马基雅维利的这一共和思想对"奴役"状态的理解,可以回溯到"古罗马的法律传统"(the Roman legal tradition),以及罗马法的《学说汇纂》(《自由》,页 26 - 27)。显然,他这样说不外乎要表明,"共和派自由理论"的确应该被称为"新罗马理论"。如果这算得上是一种史学证明,那么我们只能说,这是剑桥史学式的证明。

接下来,斯金纳花了差不多六页篇幅,讲述马基雅维利与这种"古罗马的法律传统"如何有关系(《自由》,页 27 - 32),然后再让哈灵顿与马基雅维利接上关系:哈灵顿感激马基雅维利让他发现了"古代的自由"(ancient freedom),或者说感激马基雅维利把这种"自由"观"遗赠给了现代世界"(bequeathed to the modern world)。因此,"哈灵顿盛赞马基雅维利为'晚近时代唯一的政治家'"(《自由》,页33)。凭靠这一伟大发现,英国的共和派思想家们开始致力于研究人民为何会习惯于"公共奴役"(public servitude)状态。

斯金纳在第一章第三节要阐述的要点有两个。首先,彰显剑桥学派式的古今之辨:李维、撒路斯特是古罗马人,马基雅维利传递他们的共和思想,英国革命时期的共和理论家则把他们视为"最伟大的文学英雄"(the greatest literary heroes)。第二,共和思想家们的共同敌人是"公共奴役"状态,显然,这个语词是拉博埃西所谓"自愿奴役"的同义语。按照这种逻辑,谁如果赞同"公共奴役"状态,那么,他就是现代自由主义意识形态即霍布斯-伯林的俘虏。可是,既然撒路斯特,尤其是李维,已经"用标准的法律术语来阐述公共奴役的观念",那就表明"公共奴役"不是什么现代的东西。倘若如此,"自由国家"观念与"公共奴役"观念的对立,怎么会是古今之辨呢?斯金纳至多可以说,这两种观念的斗争,自古罗马时期以来从未间断,一直持续到我们的当今时代。

  按照斯金纳的概括,导致"公共奴役"状态的原因有两个。首先,政治体的意志依赖于君主个人的意志。言下之意,专制政体是"公共奴役"状态的首要原因。第二,政治体的意志依赖于"另一个国家的意志"。斯金纳举的例子是,英属美洲殖民地的意志依从于英国国王(《自由》,页33–35)。我们可以理解,对于马基雅维利来说,如果意大利的城邦共和国依赖于教宗国的意志,那么,它当然谈不上是一个"自由的"国家。事实上,这是基督教欧洲无论大的王国还是小的公国普遍面临的问题。斯金纳没有提到马基雅维利所处的这个"历史语境",而是仅仅提到英属美洲殖民者与英国君主制的关系,显然,后者而非前者才便于他大做文章。

  无论依从本国还是他国的君主意志,总之,人民或"公共"奴役状态是君主制造成的。斯金纳希望我们理解,英国革命时期的共和派理论家为何坚决不接受君主制:君主制不可能真正与"公共自由"相容。斯金纳再次回到英国共和派的内部分歧:一些人认为,如果国家"没有一个头脑",那么,作为政治体的国家"这个身体就不可能有效发挥作用"。从而,他们坚持主张一种"混合政府的体制",即"君主要素连同贵族制的元老院和代表作为整体的公民(the citizens as a whole)的民主大会"构成的政体。但是,斯金纳说,如果尼维尔和老锡德尼这样的共和派理论家赞同共和的基本原则,即"国家的头脑没有任何权力让共和国的身体处于要么依从其个人意志,要么依从王权的种种特权的状态",那么,他们的主张就站不住脚,因为,一旦设置了"这些保护措施",就没可能再把君主制要素纳入共和政体。反之,一旦让国家的头脑拥有任何权力,真正的共和式政体就不可能。所以,斯金纳说,这些共和派思想家们竟然"丝毫没有发现这种思想中背谬的东西(《自由》,页38)。相反,大多数共和派理论家都赞同李维的论点:"没有哪个生活在一个国王之下的共同体能称得上是个自由的国家(a free state)。"在这里,斯金纳直接把"自由的国家"说成"英国的共和国"(the English republic)。接下来,斯金纳不惜笔墨堆砌共和派激进分子对国王的憎恨:"甚至伊丽莎白女王也是暴君",只要是国王,其身边必定全是一帮"阿谀奉承的教士和廷臣"云云(《自由》,页39)。

斯金纳在这里结束了他的就职演讲第一章的第三节。我们看到,他在第二节力图展示贵族制与民主制不可兼容,在第三节则力图展示君主制与民主制不可兼容,以便推出如下结论:"共和主义的一种自治形式"(a self-governing form),乃是"宪政的唯一类型"(the only type of constitution),或者说,"只有共和国才会是自由的国家"(《自由》,页40)。笔者不免感到困惑:他在第二节结尾已经说过,王政复辟后,英国革命的实际结果是,哈灵顿的"混合和平衡的宪政理想"得到实现,而且美国的立国者们也复制了这一"理想",而在第三节结尾,他又把"英国的共和国"说成"一种自治形式"。笔者搞不清楚,斯金纳究竟想让哈灵顿为"混合和平衡的宪政"作证,还是为共和主义的自治式"自由国家"作证?斯金纳受过分析哲学训练,不会对概念的准确性不敏感吧。

这个困惑让笔者产生了一个更大的困惑:斯金纳究竟是史学家还是思想家?要说他是史学家,他明显并未持守最为基本的史学准则,他对"共和派自由理论"的历史描述缺乏"客观性",掺杂了太多自己的政治信念,以至于刻意忽略关键性的思想史细节。要说他是思想家,那么,他又差得实在太远。斯金纳的基本意图是展示"共和派自由理论",但在描述共和派的思想时,他两次不得不涉及共和派的内部分歧:一次涉及共和政体是否接纳贵族制要素,一次涉及共和政体是否接纳君主制要素。第一章长达四十页,斯金纳仅用了一页篇幅描述共和政体与君主制要素的关系,涉及与贵族制要素的关系,也不过才用了两页多一点儿篇幅。我们已经看到,这一问题涉及人民主权的道德难题,难道斯金纳觉得这个问题不够严肃重大,不值得他认真思考?要说对英格兰革命的反省,斯威夫特在1701年匿名发表的小册子《论雅典和罗马贵族与民众的竞争和争执》是当之无愧的经典,其中最后一章直接论到英国的当前政制问题,文中出现得最多的是"民众僭政"(a popular Tyranny)这个语词。[①] 作为思想史家,斯金纳对斯威夫特只字不提,难道他惧怕人们把他向往的"纯粹民主"与"民众僭政"联系起来?

无论属于哪种情形,斯金纳让我们看到,他与其说是个思想史家,还不如说是个"纯粹民主"的狂热信徒。除此之外,他还让我们看到,他的政治思想追求致力于"降低"人类政治生活的道德目的。与马基雅维利和霍布斯不同的是,在斯金纳那里,这种"降低"并不

[①] 斯威夫特,《图书馆里的古今之战》,李春长译,北京:华夏出版社,2015,页265–273。

是"有意"的,而是自然而然的,亦即不是出自政治智性,而是出自个人天性。

3. 斯金纳怎样为激进乌托邦辩护

斯金纳在第二章一开始就说,"共和派自由理论"在当时成了"极具颠覆性的意识形态"(a highly subversive ideology),因为它把"自由"视为"至高无上的道德价值"(the supreme moral value),并宣称一种"激进的代议制政府形式",这使得信奉这种理论的人"把一批政府烙上奴役的恶名"(《自由》,页41)。这倒是不争的史实,但斯金纳为何仅仅提到法国的旧制度和英国在北美的统治,而非说世界上所有政府都被"烙上奴役的恶名",就让人费解了。否则,英国自光荣革命以来的制度恐怕也得烙上这样的恶名,我们现在应该想,斯金纳在剑桥大学做演讲的时候,"共和派自由理论"还是或应该是"极具颠覆性的意识形态"吗?

这个问题不容易回答。因为,斯金纳在第一章不动声色地提供了两种不同的"共和派自由理论":一种是以哈灵顿为代表的"混合和平衡的宪政理想",这种理想在英国、美利坚和法国都得到实现(《自由》,页25)。至少就20世纪的英国、美国和法国而言,斯金纳不能说,这种"宪政理想"是"极具颠覆性的意识形态"。另一种是"自治形式"的共和主义理想,它被斯金纳说成"宪政的唯一类型"(《自由》,页41)。就这种"理想"而言,当今的英国、美国、法国都还差得远。既然如此,真正的共和主义者就需要"继续革命"。

斯金纳竟然会在就职演讲中宣扬一种"极具颠覆性的意识形

态"？有点儿骇人听闻吧。我们还是来看斯金纳自己怎么说。

在第二章里，斯金纳说，他要展示这样一幅思想史图景：另一些追求"自由"和反专制的思想家，何以使得"共和派自由理论"成了"受到持续不断猛烈抨击的对象"。斯金纳显然指的是霍布斯，在他看来，《利维坦》这部名作打击的论敌正是"共和派自由理论"，其基本观点是：唯有掌握绝对王权的君主，才能保障公民的个人自由（individual liberty），共和派理论追求的根本不是"个人自由"，而仅仅是"共同体的自由"。①

如果说斯金纳在第一章的修辞姿态是炫耀"共和派自由理论"，那么，在这一章里，斯金纳的修辞姿态变成了为"共和派自由理论"辩护：共和派绝非仅仅追求"共同体的自由"，毋宁说，没有"自由的共和国"，就不会有真正的"个人自由"（《自由》，页41 - 42）。

斯金纳仅仅是要为我们展示一场三百多年前的思想论争吗？如果是这样的话，那么，斯金纳就不配荣升剑桥大学的钦定史学教授。我们应该注意到，在这里，斯金纳第二次在脚注中提到他的同时代人伯林（页42注3，第一次见页20注4）。斯金纳首先重申，"共和派自由理论"源于古罗马史书作家撒路斯特，并把其所谓国家的"自由"优先论视为"古代的自由观"。② 与此同时，斯金纳把霍

---

① 参见斯金纳，《霍布斯哲学思想中的理性和修辞》（1996），王加丰、郑崧译，上海：华东师范大学出版社，2005；亦参佩迪特，《语词的创造：霍布斯论语言、心智与政治》（2008），于明译，北京：北京大学出版社，2010。"不怕不识货，就怕货比货。"当今的读者若有谁愿意锻炼思想辨识力，不妨同时参看施米特，《霍布斯国家学说中的利维坦》，应星、朱雁冰译，上海：华东师范大学出版社，2008。

② 撒路斯特的政治思想是否如斯金纳所说的那样，值得打问号。参见刘小枫编，《撒路斯特与政治史学》，曾维术等译，北京：华夏出版社，2012。

布斯的观点视为"现代的自由观"——这样一来,他为"共和派自由理论"辩护,就显得是在为一种古典的"自由观"辩护。由于伯林被说成霍布斯主义的当代继承人,斯金纳就让自己显得是在重新挑起一场"古今之争"。我们记得,波考克后来在《马基雅维利时刻》的重版"跋"中,也高调重申了这一姿态,还说这场"古今之争"在17世纪的重要人物是笛福(《时刻》,页603)。

斯金纳用了整整十一页篇幅来展示,"共和派自由理论"如何绝非仅仅追求"共同体的自由"。斯金纳让我们看到,他与其说是在为17世纪的共和派辩护,不如说是在为置身于当今政治纷争中的公民共和主义辩护:"只有在一个自由的国家,[个人]才有可能是自由的",所谓"自由的国家,指法律由作为整体的全体人民的意志来制定";因此,在现存政体中,"如果你作为这样一个国家的臣民活着,那么,你只能指望摆脱个人奴役状态"(free of personal servitude);谁要是不自愿做臣民,谁就必须要求"平等地参与法律的制定"(《自由》,页47、53)。斯金纳表示感到不可思议:英国共和派已经把自己的"自由理论"表达得如此清晰明了,何以还会不断遭受批评。按照其"历史语境"式的史学考察,斯金纳告诉我们:批评者一致认为,"保有公民自由需要有一种平等参与政府的权利",这一观点"太乌托邦[色彩]"(so Utopian),实在与"我们所生活于其中的政治世界不相干"。斯金纳具体提到,18世纪的帕雷(William Paley,1743 – 1805)在《道德与政治哲学原理》(1785)一书中的批评性观点就是如此(《自由》,页54)。由于此书在整个19世纪都是"引导性读本"(a leading text - book),斯金纳对此表达了如下异议:

> 我从来不理解,为什么承载乌托邦主义(the charge of utopianism)必定被看成与政治理论截然对立。除此而外,我就不

想再反驳帕雷的批评了。事实上,道德和政治理论想要告诉我们的就是,按照我们自称已经接受的价值,我们应该采取什么样的行动方式。这无疑是道德和政治理论的一个正当目标。当然,如果认为,一旦我们真正崇尚个人自由,就必须相应地将政治平等奉为一个实质性理想,那很可能带来巨大的麻烦。但如果情况确实如此,这一见解就不是在批评我们确立了根本无法运用于实践的过高的原则,而是在批评我们的实践没有对自己的原则给予足够的关注。(《自由》,页55)

这段话说得颇有智术师式的修辞水平!弯来绕去,不外乎要说,就算追求"政治平等"这样的"实质性理想"会被视为"乌托邦主义",它怎么就不应该成为理论话题了呢?

更精彩的是,斯金纳让我们看到,他挺身而出为"共和派自由理论"的乌托邦性质辩护,与其说是在呈现17世纪的古今之争,不如说是在为当下政治语境中"极具颠覆性的"政治主张辩护。换言之,斯金纳在这里绝非是以史学家的专业姿态在发言。毋宁说,他让我们看到,他的思想史研究所提倡的基于"历史语境"究竟是什么意思:所谓"历史语境"乃是当下的政治时刻与历史上的某个政治时刻的视界融合。斯金纳在这里难道没有让我们看到,站在就职演说讲坛上的他,是个披着史学家外衣呼吁现实乌托邦政治的革命家?

在"我们应该采取什么样的行动方式"这句话后面,斯金纳下了这样一个脚注:"比如,我把罗尔斯1971年[的著作]看作这一意义上的一篇乌托邦论文(a Utopian treatise),而且它并不因此就变得更糟"(《自由》,页55注4)。罗尔斯的《正义论》笔者以前一直没读明白,不知道它究竟具有怎样的现实政治含义,经斯金纳的这一启发才明白:其现实政治含义具有乌托邦性质。斯金纳强调,这种乌托邦性质的理想绝不应该停留在空想阶段,而是要付诸政治实践。因此,他提醒听众,严格来讲,"我们"受到的批评是:"我们的实践(our practice)没有对自己的原则给予足够的关注。"这让笔者想起,1990年代初,斯金纳就曾以思想史学者的身份声援过罗尔斯的《正义论》:

> 我们也完全可以认为,下面这种理论也可能是中肯的:如果我们想要扩大自己的个人自由,那么,我们就不能把希望寄托在君主身上;相反,我们必须自己掌握政治舞台才行。①

斯金纳为激进民主的乌托邦理想辩护的姿态很新鲜吗?他肯定知道,在美国"文革"的疾风暴雨时刻(1967年),马尔库塞就曾在《乌托邦的终结》一文中疾呼:

> 今天我们有变人间为地狱的能力,我们正在这样做的路途中。我们也有能力变地狱为人间,这意味着乌托邦的终结,那就是驳倒那些用乌托邦概念斥责某些社会历史可能性的思想和理论。人类社会及其环境的这种新的可能性不再被认为是旧的可能性的继续,也不再被认为是存在于包括旧可能性在内的相同历史连续统一体中,正是在这个非常严格的意义上讲,乌托邦的终结也就是"历史的终结"。②

---

① 斯金纳,《论正义、共同善与自由的优先性》,见达巍等编,《消极自由有什么错》,前揭,页139。这话让笔者终于明白,1969年发生在中国的著名"五一六事件"究竟是怎么回事。
② 《法兰克福学派论著选辑》,上卷,前揭,页594,596。

很清楚,对马尔库塞来说,"乌托邦的终结"意味着乌托邦成了现实。马尔库塞同时宣称,"今天正在发生的一切必须归咎于一个压抑的社会的全球政治",我们得知,所谓的"历史的终结"指的是"普遍历史"的终结。在另一场演讲中,马尔库塞一开场就说:

> 今天,我们只能在全世界范围内来考察激进的反对派。如果把这个反对派看作孤立的现象,那就从根本上歪曲了它的性质。我将从全世界范围的观点和你们讨论这个反对派,但重点在美国。①

对于斯金纳来说,马尔库塞以及阿伦特的实践哲学事业是未竟之业。因此,在他们去世二十年之后,斯金纳在自己的就职演说中高调宣称,他要继承这种乌托邦实践哲学的革命精神,把革命继续进行到底。但他懂得,与其像其他公民共和主义者那样呐喊,不如重述思想史,以剑桥史学的传统方式继续闹革命。笔者不禁想起,在为邓恩主编的文集《民主的历程》(1993)提供的《意大利城市共和国》一文中,斯金纳曾说过这样一段话:

> 尽管把意大利城市共和国与民主等同起来的做法将是严重的误导,我们仍然可以合理地谈论城市共和国对于现代民主理论与实践的历史所作出的巨大贡献。它们不仅孕育了丰富的政治学文献著作,其中许多赞成民主政府的观点,在后古典思想中第一次得到清楚的阐释。它们也发展了一整套政治结构,不但为怀疑者也为歌颂者留下了一份永久的纪念,使之认

---

① 马尔库塞,《暴力与激进的反对派问题》,见涂纪亮编,《当代美国哲学论著选译》,第四集,北京:商务印书馆,1991,页244。

识到,自治政府并非乌托邦式的狂想,而是可以付诸政治实践的理念。①

斯金纳在就职演讲中为激进民主的乌托邦理想辩护,难免让笔者浮想联翩,因为笔者清楚记得,自己十岁那年,大约有半年光景,人们通宵达旦在大街上辩论这样一个问题:除了"地富反坏右"五类分子(如今简化为除了吸毒者和确诊患有精神病者),所有个人都有平等地参政的权利,这种观点对还是不对。有天傍晚,市中心"解放碑"下面,无数堆人群围在一起辩论革命还是保皇,笔者在其中一堆辩论群众中亲眼见到:一位重庆大学三年级理科生,短短两小时内连续撂倒十二个轮番上阵的辩论对手。其中有个上阵对手的观点令笔者非常惊讶,因为他的观点显得颇有学问。笔者长大后才知道,他的观点不过是沃格林的看法:激进的平权思想并非马克思的首创,而是英国共和革命时期的革命法学家温斯坦利(Gerard Winstanley,1609-1652)提出的(《新秩序》,页96-99)。但更让当时的我佩服的是,那位三年级理科生的回答非常精到。笔者也是长大后才知道,他的观点不过就是如今剑桥学派干将伍顿的观点:"平等派运动"的目标"不是平均财富或实现共产主义",而是实现"政治平等"。② 斯金纳在这里至少有五页论述(页55下端至页60最后一个自然段),让笔者不禁想起当年这位让周围群众佩服得五体投地的造反派大学生。

斯金纳接下来说,共和派不同意霍布斯式自由主义的如下主要假设:暴力或强制威胁是危及个人自由的"唯一强制形式"。对共

---

① 斯金纳,《意大利城市共和国》,见邓恩编,《民主的历程》,前揭,页72。

② 伍顿,《平等派》,见邓恩编,《民主的历程》,前揭,页86-87。

和派思想家来说,"生活在依从状态下,本身就是强制的源泉和一种形式"(《自由》,页58-59)。霍布斯主张,君主拥有绝对王权,使得国家有秩序,这才是个人自由的保障。为了反对这一主张,共和派转向了其对立面:只有直接民主的自由政体,才能保障个人自由。毕竟,"共和国是君主的还是民众的(Monarchical, or Popular),自由并不始终相同"(《自由》,页60)。可以看到,斯金纳与其说是在描述历史中的思想,不如说是在论证这样的主张:18世纪的"混合和平衡的宪政理想"并不能够真的保障"公民自由"。

斯金纳在这里征引了共和派中主张混合政体的哈灵顿的观点,紧接着还征引了老锡德尼反绝对王权的言论,让笔者十分诧异。按照斯金纳在第一章第三节的说法,这两位共和派理论家都主张混合政体,他们反对绝对王权论完全可以理解。现在,同样是在斯金纳笔下,他们却显得改变了关于混合政体的主张。熟悉斯金纳的史学风格后,笔者对这样的颠三倒四并不感到惊诧。笔者仅仅惊诧斯金纳自己的思想逻辑:他明明是在为每个公民有平等地参与政治决策的权利辩护,现在却是在论证有聪明才智的特殊公民的参政权利。毕竟,人们断乎不能说,每个公民都是有聪明才智的特殊公民。他说,哈灵顿和老锡德尼真正关切的,其实是那些"在最为古典的意义上(in the fullest classical sense)卓越地配得上公民称号"的特殊公民的"困境"!这些"公民"不仅有聪明才智,而且"把自己贡献给公共服务",成为了"现代欧洲的统治者和政府的谋士和廷臣"。

这些公民首先需要运用的特定的自由(the specific freedom),就是为了共同利益而仅凭良心说话和行动的自由。公民自由的这个方面不管以何种方式受到限制,或被剥夺,他们都无法作为有德性的公民履行自己的最高职责,即促进他们心

目中对国家最有利的政策。(《自由》,页61)

斯金纳在这里把卓越公民的政治自由与"每个公民"的自由混为一谈,似乎每个公民都是"有德性的公民"。鉴于谁都知道并非每个公民都是有聪明才智的特殊公民,斯金纳的这一说法不是无视常识,就是在搞偷换概念的诡辩术。随后,他花了整整八页篇幅来讲述这件事情:有聪明才智而且有为公精神的"谋士和廷臣们",如何因没有"自由"而"不愿意为了公共利益去冒险提出批评或建议"。因为,他们"作为谋士或廷臣的所作所为",从一开始就受到君主限制,"言行不能冒犯君主"(《自由》,页62-65)。言下之意,在君主制下,一个公民的政治德性哪怕再卓越再优秀,也不可能为自己的国家发挥才干。斯金纳真够聪明,这时他让莫尔的《乌托邦》出来作证,似乎莫尔的"乌托邦"不过是指望大臣们不再"处于奴役般的依从状态"(《自由》,页61-62)。斯金纳在这里让莫尔作为史学个案,让笔者想起波考克在《马基雅维利时刻》中让波厄修斯作为史学个案,两者所起的史学论证作用完全一致。①

笔者读到这里禁不住想笑,并非因为恰好几天前,还听见一位老朋友大谈这番道理,全然不顾一个历史常识:无论西方还是中国,在历史上的君主治下发挥才干的治国之才定在少数!笔者想笑,仅仅是因为觉得自己理解了斯金纳的聪明逻辑:哈灵顿和老锡德尼不是主张共和政体是混合政体,因此应该保留君主制要素吗?现在他让这两位(尤其是老锡德尼)自己的愤懑来反驳他们自己。斯金纳告诉我们,哈灵顿和老锡德尼对专制君主感到"愤慨",根本原因在于,他们"把这种独立的乡村贤人人物(the figure of the independent

---

① 比较柯蒂斯,《"关于最完美的国家制度":托马斯·莫尔与昆廷·斯金纳》,见塔利/布利克利编,《重思〈近代政治思想的基础〉》,前揭,页77-98。

country gentleman)视为现代社会中的道德尊严和价值的主要库存"所在。如哈灵顿所说,治理国家需要的是"贤人天赋"(the genius of a gentleman),这种人"心怀坦荡,正直诚实",有"真男子气和靠得住的英勇和刚毅品质"。可是,随着资本主义兴起,"议会成员扩大至资产阶级,独立的乡村贤人的美德开始受到轻视,甚至被视为对这个文雅的和商业的时代有害"(《自由》,页66-67)。随之,古典的自由理论也寿终正寝。

斯金纳以此结束了他的就职演讲的第二章。笔者读到这里确实有些兴奋,因为,他终于谈到了少数贤良之士才有的实质性政治德性,而不仅仅是所有公民平等地参政的权利,并认为败坏政治德性的是资本主义制度。令人费解之处在于,斯金纳尽管机关算尽,他的这些论辩却并没有证明"纯粹民主"正确,或者说,没有证明"共和派自由理论"主张的"每个人都能平等地参与制定法律"这一政治理想正确!莫尔也好,哈灵顿或老锡德尼也罢,他们感到"愤懑",无不是因为"贤人天赋"之人竟然被如此荒废,而非愤懑每个公民没有权利平等地参与立法。民众缺乏政治美德,反倒需要限制其"自然品质"的权利。因此,笔者搞不懂,斯金纳究竟在主张什么。情形是否可能是,斯金纳随意削史为用已经养成习惯,以致一时疏忽用错了例子。他本来想用的例子,很可能是罗伯斯庇尔在题为"关于国王的不可侵犯性"的演讲中的讽语:英国的共和革命并不彻底,它摆脱了国王的压迫,"只是为了落到自己的少数同胞的更加屈辱的压迫下面"。[①] 因为,我们无论如何都没法设想,每个公民都有"贤人天赋",即便法律的"强制",也没可能让个个公民都变得

---

① 罗伯斯庇尔,《革命法制和审判》,赵涵舆译,北京:商务印书馆,1965/1997,页78。

"心怀坦荡,正直诚实",甚至有"真男子气和靠得住的英勇和刚毅品质",至多是变得守规矩而已。否则,人世的治理问题就实在太简单了。显然,斯金纳更愿意像罗伯斯庇尔在"关于宪法"的演讲中所说的那样,相信"人民有美德,而它的代表们则蜕化变节;因此,需要从人民的美德和主权中寻求对付政府恶习和专制侵害的保护手段"。①

如果斯金纳真这样想,那么,他的想法连"乌托邦"都算不上,而不过是对人世常识的极度蔑视。相反,莫尔或哈灵顿的想法倒算得上是"乌托邦"——如果他们企望只要谁有"贤人天赋"就能够进入领导岗位的话。"贤人天赋"是自然而然且偶然地产生的,制度只能要么养护、要么毁掉这种自然的天赋。"贤人天赋"之人是否个个都能进入领导岗位,无论在古代还是现代,都是一个大问题,否则就不会有"生不逢时"一类说法。我们的古人摸索出一套"科举"制度,目的之一就是尽可能让"贤人天赋"之人进入领导岗位。所谓"乱世出英雄"的意思不过是,卓越的政治德性在乱世更容易脱颖而出。在和平时期,领导阶层容易青睐善于阿谀奉承的平庸之辈,而在政治危急时刻,则只能依靠有"真男子气和靠得住的英勇和刚毅品质"之人,否则只会遭遇毁灭。因此,企望每个德性卓越之人都能够进入领导岗位,毕竟算得上实实在在的理想,尽管说到底是一种乌托邦。

沃格林在考察英国共和革命的政治思想时注意到,哈灵顿非常现实地看到,革命催生了政治平等的诉求,一旦这种诉求成为宪法原则,民主制就不可避免:毕竟,一旦民众在政治上被动员起来,政

---

① 同上,页144;比较 Otto J. Scott, *Robespierre: The Voice of Virtue*, Mason & Lipscomb, 1974。

体的民主要素必然会增强。但是,即便是民主政体,仍然得靠一个"领导阶层"(a ruling class)施行统治,这个阶层的德性品质如何,至关重要。民主政制虽然为社会底层人的上升提供了更多机会,却使得"领导阶层"的品质成为一大政治难题(《新秩序》,页102)。哈灵顿在他献给克伦威尔的书中曾如此表达这个难题:

> 马基雅维利说,蜕化了的人民无法建成共和国。但在说明什么样的人民才是蜕化的人民时,他要不是把自己说糊涂,就是把我说糊涂。要走出这个迷津,我就只能说,如果国家均势使人民与以往政府的关系发生变化,就必然是蜕化的。但这种蜕化的意义不过是说,某个政府的自然结构的蜕化,就是另一个政府的诞生。因此,如果国家均势离开君主政体而发生改变,人民的蜕化就使他们能建成共和国。①

由于大众缺乏心智天赋,更多社会底层人进入领导阶层,只会带来政制品质的蜕变。在沃格林看来,哈灵顿在当时的历史处境中,并没有把这个问题的解决之道想透彻,在随后的一个世纪里,也仅仅是断断续续地有西方思想者在讨论这个问题。19世纪以后,大众民主成为广泛的政治运动,民主政制的德性品质问题就再也没有离开过政治思想家们的关注目光。从这个意义上讲,要说哈灵顿"丝毫没有发现[自己的]思想中的背谬",的确没错。但哈灵顿的智识不逮,与斯金纳"丝毫没有发现[自己的]思想中的背谬",毕竟不可同日而语。沃格林会告诉我们,哈灵顿绝不会成为斯金纳伪造的"共和派自由理论"的证人。因为哈灵顿懂得,人的心智天赋并不平等,有些人天生聪明、有些人则不太聪明。如果缺乏富有心智

---

① 哈灵顿,《大洋国》,前揭,页65。

天赋的人指导,大众难免会在公共事务方面陷入无助。因此,哈灵顿说,上帝在人类的整个身体中撒播了一种"自然的贵族制",为的是让大众在公共事务方面获得引导。哈灵顿还考虑到,要治理一个共和国,仅有"自然的贵族制"还不够,或者说仅让"贤人"待在乡下还不行,必须让贵族阶层制度化。而如果要建立一个共和国,那么,首先需要做的制度建设是,让贵族阶层治理国家、掌握军队,即便神职人员、律师乃至任何职业中"了不起的人"(greatmen),都仅适合"贤人天赋"之人出任(《新秩序》,页102)。

斯金纳最后说到的哈灵顿和老锡德尼关于政治德性的观点,倒是提醒笔者想到:偶然地生活在革命年代的思想者真正思考的严肃重大的问题,最终是何谓真正的政治德性。无论是古代的儒生阶层还是今天的共产党人,施行统治都得凭靠卓越的政治德性和优异的心性品质。相比之下,共产党人比古代儒生更能保有优良的政治德性,毕竟,党有组织纪律制约,儒生阶层则并非建制性组织。

公民共和主义者可不会这么认为,业余史学家罗伯逊在为其《弑君者:把查理一世送上断头台的人》中译本所写的"自序"中说,由于科举制的古老传统,中国人很容易滋生"因循守旧、保守主义以及不提倡激进思想"。幸好,英国共和革命之后涌现出来的思想,经自由主义思想家密尔传到了孙中山手中,中国的共和革命与英国的共和革命一脉相承。为此,"中国共和主义的受惠者或许要向他们的英国先驱们致意",毕竟,"英国是第一个拒绝国王及其附属的趋炎附势阶层那利己主义暴政的'现代国家'"。①

激进共和主义分子罗伯逊写给中国读者的话,让笔者想起,施特劳斯在1934年6月写给克莱因的信中曾说到,霍布斯哲学"展开

---

① 罗伯逊,《弑君者:把查理一世送上断头台的人》,前揭,页9-10。

了对贵族美德(die Tugend des Adels)与公民美德(die Tugend des Bürgertums)的辨析":

> 两种美德有共同的东西——这种共同性得以在霍布斯著作中发生不停的交换——两者在文明史上的意义是:它们要教育野蛮、夸夸其谈、狂妄、残暴的人。当然,是循着完全不同的方向:贵族美德关注基于[其]优势地位的开放态度(Offenheit des Verhaltens),公民美德关注基于平等,即基于劣势地位和恐惧(Angst)的直率(Ehrlichkeit)。霍布斯越来越使我感兴趣。从他出发可以理解许多东西,大大胜过凭靠其他人甚至凭靠最伟大的人物所可能理解的。(《回归》,页198)

就理解人的自然差异及其与人世政治的关系而言,霍布斯的思考比斯金纳所展示的"共和派自由理论"要深刻得多。与斯金纳力图复兴的共和革命家所推崇的"公民自由"论相比,霍布斯的"臣民自由"论恐怕也要深刻得多,尽管斯金纳不会同意这一点。

4. 斯金纳所理解的马基雅维利自由理论

笔者现在有把握断言,剑桥大学出版社称《自由主义以前的自由》是"一大学术贡献",纯属推销修辞。这篇就职演讲没说任何新东西,不过是利用就职演讲这个平台,对剑桥学派的自由理论作了具有炫耀风格的阐发,堪称对这个学术群体擎起的革命旗帜的一次亮丽展示。

演讲的最后部分(第三章)篇幅不长,但仍有两个有趣看点。第一个看点涉及剑桥学派的一个重要性质,而且是我国读书人往往忽略的性质,即它的政治实践性质。

斯金纳娓娓谈起自己的学术经历:他怎样与波考克一道开创剑桥学派的政治思想史研究,以及剑桥学派如何突破学术传统而奋勇崛起(《自由》,页71-73)。然后斯金纳说,有人批评他陷入了"学究式的文史扒梳"(scholarly antiquarianism),只能满足"布满灰尘的文史家的兴趣"(《自由》,页75)。这个说法让人听起来像在"作秀",因为,西方学界中也有人缺乏学术辨识力,甚至学术水平不高,这并不奇怪,但斯金纳自己把这种不靠谱的说法当回事儿,难免让人觉得,他是在摆出一副阿伽通式的姿态。斯金纳心里当然清楚,谁如果这样看待剑桥学派,那他肯定在学术上近乎白痴。当年在台下听斯金纳演讲的学界听众都清楚,斯金纳从来不是埋首故纸堆的迂夫子式学者。即便我们作为局外人,也很容易从斯金纳的论著编年中一眼就看到,他在当代政治思想新潮中一直是弄潮儿:评论过帕斯莫尔(John Passmore)、伯恩斯坦(Richard Bernstein)、罗蒂(Richard Rorty)、吉尔茨(Clifford Geertz)、罗尔斯、哈贝马斯等各色当代哲学和社会科学名流,主编过好几种弄潮当代政治思想的文集,还与同时代的各色实践哲学家论争。①

演讲快结束时斯金纳还说,思想史家有理由期望,自己能生产出比学究式的文史家所销售的更多的东西。言下之意,他浑身文史功夫,但绝非仅仅是文史家。斯金纳宣称,通过"发现往往被忽略的

---

① 斯金纳夸赞罗尔斯《正义论》的文章,原刊于一部推进激进民主的文集:Chantal Mouffe 编,*Dimensions of Radical Democracy: Pluralism, Citizenship, Community*,London,1992,页211-224。斯金纳凭靠他所理解的马基雅维利主义与阿伦特、泰勒、麦金泰尔论争,见斯金纳,《共和主义的政治自由理想》,应奇、刘训练编,《公民共和主义》,前揭,页59-80(原刊G. Bock / Q. Skinner / M. Viroli 编,*Machiavelli and Republicanism*,Cambridge University Press,1990)。

思想遗产的财富",剑桥学派的学术贡献在于,"为我们揭示了在我们所承继的关于自由国家的特性的思想传统中的一场冲突"(《自由》,页 82 – 83)。即便时光已经到了 1997 年,斯金纳的演讲结束语仍然让我们看到,他的激进民主热情丝毫不亚于三十年前的"火红年代":

> 国家有责任不仅只把其公民从个人压迫和依从中解放出来,还应阻止其公共机构在利用管理我们公共生活规则的过程中以哪怕一点点权力的名义独断专行。(《自由》,页 83)①

虽然以研究现代政治思想史闻名,剑桥学派毕竟是 20 世纪 60 年代兴起的西方"激进民主"(radical democracy)理论运动的重要成员,甚至是这场文化革命中后劲勃发的生力军。晚近四十年来,引领我国学界的各种"大理论"(哲学解释学、结构主义人类学、解构主义哲学、新左派理论、年鉴学派等等),几乎无不从属于这场文化革命。三十年前,"文化:中国与世界"编委会组译的《人文科学中大理论的复归》一书,可以让我们看到在这场文化革命中出场的各种激进"大理论"的基本面目。该书中的篇章旨在普及 1960 年代以来的各路激进"大理论",原是英国广播公司第三台普及节目组约请学人撰写的广播稿。电台播出后,斯金纳积极策划并组织作者修订文稿,编辑成书出版(1985),成了各路激进理论诸侯的联络人。在就职演说中,斯金纳承认,他自己的思想史研究充分吸收了这些"大理论"中对他有益的东西,比如福柯的"知识考古学"(《自由》,

---

① 剑桥学派的思想史研究不仅局限于批判现实,也致力于改造现实。参见佩迪特,《共和主义:一种关于自由与政府的理论》,刘训练译,南京:江苏人民出版社,2006。

页78注1)。① 在为这部文集撰写的长篇导言中,斯金纳揭示了这场"重构人文科学的动荡和变革"的思想史意义,称其为一种"广泛的反抗/造反"。② 当时,我们的思想刚刚解放,饥不择食地吞食并积极译介各色激进"大理论",无异于是在复制这场"广泛的反抗"。三十多年后的今天,我们的大学成了传播"广泛的反抗"的场所,没有什么不可理解——毕竟,改革开放后的大学教授是种种激进"大理论"养育出来的,我们中的不少人与斯金纳一样,迄今对福柯理论心存感念。让人难以理解的是,热情的传播者无不怨恨我们自己曾经有过的激进民主时代。

在演讲的最后部分,斯金纳尤其强调了自己对伯林的"消极自由论"的批判,因为在他看来,这种自由理论仍占据着"主导地位"。言下之意,这足以充分证明,他的思想史研究并非学究式文史,而是带有明确的现实政治目的。③ 斯金纳毫不讳言,他要用英国革命时期共和派的自由理论取代伯林的自由主义(《自由》,页79)。这意味着,剑桥学派的政治思想史研究的现实政治目的是,让参与式民主的"自由国家"论夺取当代政治哲学领域的制高点。在伯林看来,假设个人自由与参与式民主有必然联系是错的,斯金纳则告诉

---

① 在最近的访谈中斯金纳还说,福柯"毫无疑问是我的思想偶像之一,这主要是因为他的那些试图对我们的理解进行所谓'去本质化'(de-nature)处理的作品"。昆汀·斯金纳,《把英雄和恶棍放一边,历史研究应该做什么?》(访谈),前揭。

② Quentin Skinner编,《人文科学中大理论的复归》,王绍光、张京媛译,香港:社会理论出版社,1991,页2-15(亦参斯金纳编,《人文科学宏大理论的回归》,张小勇、李贯峰译,上海:格致出版社,2016)。

③ 斯金纳的"政治观念"的现实行动,参见斯金纳,《国家和公民的自由》,见斯金纳/斯特拉思主编,《国家与公民:历史、理论、展望》,前揭,页13-33。

人们,这一假设完全正确!伯林的观点仅仅表明,他仍然固守霍布斯式的自由主义观,因为,"那种把个人自由定义为不受干涉的假设,恰好受到了新罗马理论的质疑"(《自由》,页80–81)。

斯金纳对伯林的批判值得细看,毕竟,伯林的自由主义论已经被当代汉语学界中的多数人视为不刊之论。何况,斯金纳的伯林批判,涉及到西方近代思想嬗变中的一些关键问题。让我们把目光拉回到1980年代初:1983年,斯金纳发表了两篇关于马基雅维利的论文,如他所说,这两篇论文是他着手复兴共和派自由理论的标志。同年,斯金纳在康奈尔大学做了一场演讲,对伯林正式发起攻击;次年,讲稿以"消极自由观的哲学与史学透视"为题,收入斯金纳与罗蒂等合编的文集《历史中的哲学》。① 我们应该记得,在就职演讲的第一章第二节,斯金纳曾提到,在他的两篇关于马基雅维利的文章中,他探究过"强制人民自由"的理由。的确,"强制人民自由"的主张,堪称对伯林的"消极自由"掷地有声的挑战。

斯金纳的这篇批判文章一开始就说,他将要"说明哲学史对于理解当代哲学论争的'适用性'"(《透视》,页92)。我们必须注意,斯金纳说的是"哲学史"而非"思想史"。按日常的理解,"哲学"比"思想"的精神段位更高:一个人在思想未必等于他在热爱智慧。倘若如此,我们就应该关注,斯金纳思考的精神段位究竟有多高。

斯金纳提出的"哲学史"问题是:应该如何理解"政治自由"

---

① 斯金纳,《消极自由观的哲学与史学透视》,达巍等编,《消极自由有什么错》,前揭,页92–125(以下简称《透视》,并随文注页码)。原刊 Richard Rorty / J. B. Schneewind / Quentin Skinner 编, *Philosophy in History*, Cambridge University Press, 1984, 页193–221;后经修订以"The Idea of Negative Liberty: Machiavellian and Modern Perspectives"为题,收入自编文集:Quentin Skinner, *Visions of Politics. Vol. 2*, *Renaissance Virtues*, 前揭,页186–212。

(political liberty)。斯金纳清楚界定了"政治自由"的含义:"每个个人能够在他们的政治社会全体成员为他们设定的范围内活动的自由度"。我们必须看清楚,"政治自由"指"个人自由",而且是每个人的自由,从而,关键在于如何理解"政治"这个限定词。斯金纳希望阐明:"政治自由"是积极行动意义上的个人自由,而非消极的行为不受干涉的个人自由。由此来看,"政治"意味着个人在共同体中的生存状态及道德姿态。

斯金纳随即提到,在如何理解"政治自由"的问题上,近代以来的西方哲学史存在着两条路线的斗争。霍布斯的《利维坦》把政治自由理解为"臣民的自由",这种理解"支持了整个现代契约论政治思想的发展",成了近两百年来西方自由民主制的意识形态,并一直"继续贯穿在当代文献中"。在斯金纳看来,甚至罗尔斯的《正义论》也属于这类文献之列(《透视》,页93)。另一条思想路线以斯宾诺莎的《政治论》和卢梭的《社会契约论》为代表,他们要么主张"自由以美德为先决条件",这种"美德"被定义为"每个公民个人为了确保有效履行公民义务所必须具备的品质",即政治参与的"美德",要么主张,"个人自由只有在一种特定的自治共同体的框架内才能得到保障"(《透视》,页94)。由于这种自由观的近代源头是马基雅维利,因此,这两条路线的斗争说到底是霍布斯与马基雅维利的斗争。

接下来,斯金纳花了四页多篇幅描述伯林和泰勒主张的"消极自由"论所引发的当代论争。斯金纳说,他打算"求助于"凭自己的专业"所熟悉的一些历史经验"来证明,为"消极自由"辩护在今天几乎等于胡说八道:

> 我要指出,在早期——而现在已被抛弃的——关于社会自

由的思想传统中,消极自由观表示的是,个人在追求既定目标的过程中完全不受阻碍,它和美德与公益服务观念的结合方式,在今天看来几乎是语无伦次。因此,我想通过审视我们文化史的早期阶段所记载的各种说法和做法,就什么样的说法和做法才能或不能体现消极自由观这一问题,对我们今天大行其道并误人视听的拘限含义(restricted sense),作些补充和纠正。(《透视》,页96)

对斯金纳来说,当代关于"政治自由"的论争在概念上缠斗不休,不是"乱哄哄的曲解",就是"辞不达意"的争吵,还不如求助于哲学史。在这样做之前,斯金纳说,他有必要澄清哲学史研究在当代思想论争中的"适用性"问题。斯金纳批评了这样一种据说流行的哲学史观:只有当能够从哲学史中找到反映或支持当今意识形态的政治观念时,哲学史研究才有当代的"适用性",否则,哲学史研究就只有"纯史学的趣味"。斯金纳与此观点针锋相对,他说,哲学史中"也许恰恰是过去那些乍看上去并无当代适用性的方面,可以证明更准确地反映了最直接的哲学意义"(《透视》,页100–101)。

这话听起来让人觉得蛮机智,但也有些抽象。不过,只要把"消极自由"与"公民自由"这两个概念代入斯金纳的说法,意思就很清楚。比如,支配如今的美国或者所有西方自由民主国家的公共观念是"消极自由",于是,现有的政治哲学史就翻来覆去谈论霍布斯和洛克,因为他们的政治观念能够反映或支持当今的意识形态。马基雅维利式的"公民自由"观念乍看上去并无当代适用性,其实它恰恰"更准确地反映了最直接的哲学意义"。言下之意,哲学史研究的当代"适用性"的含义是,挑战甚至彻底变革而非支持现实的意识形态。按照这种逻辑,如果我们的意识形态恰好类似于马基雅维利式的"公民自由"观念,那么,我们就应该复兴霍布斯的自由观。否则,我们没法让哲学史研究具有当代的"适用性"。这种对哲学史研究的理解,起码不是哲学的理解,而是意识形态斗争需要的理解。我们可以进一步设想:如果斯金纳的事业成功了,亦即马基雅维利式的"公民自由"观成了美国或者所有西方自由民主国家的公共观念,那么,有人翻来覆去谈论马基雅维利是否就错了呢?这时人们是否应该谈论霍布斯式的"臣民自由"才正确呢?毕竟,没谁能够否认,如今在我们这里,谈论霍布斯式的"臣民自由"绝无当代的适用性。按斯金纳的逻辑,对我们来说,"臣民自由"观恰恰"更准确地反映了最直接的哲学意义"。

随后,斯金纳花了十五页篇幅,讲述马基雅维利式共和主义的历史故事,以及"公民自由"与"臣民自由"如何扞格难通(《透视》,页 102-117)。凭靠这种哲学史式的辩驳,斯金纳得出结论说:如果认为霍布斯意义上的"个人自由"是"保障其他权利的手段",那"不过是些教条"。马基雅维利的观点让今天的人们应该看到,"实现社会自由,不可能是保障个人权利的问题,因为它必定要求我们履行社会义务"。如果认为"保障个人自由的最好方式是把自由视为一种权利",那么,公民品德必然败坏。"公民自由"首先体现为"对公共利益的坚定认识和追求","消极自由"只能是这种追求的结果。由于霍布斯意义上的"个人自由"算不上真正的公民美德,马基雅维利式的"公民自由"才堪称"美德",所以,"个人权利"论式的自由意识形态应该寿终正寝(《透视》,页 119)。

在我们听来,这些说法多少有些让人不舒服:要说"要求我们履行社会义务",这样的强制我们还听得少?我们好不容易才争取到作为"保障其他权利的手段"的"个人自由",而这种"自由"本身就是一种"自然权利"。斯金纳到北大演讲时,他批评我们跟伯林跑无异于在让我们的公民品德败坏,我们接受得了吗?他告诫我们应该有"对公共利益的坚定认识和追求",难免会让我们上了年纪的人联想到自己的政治经历。什么是"公共利益"?难道不是"个人利益"的总和?你斯金纳不也说,无论马基雅维利式的"公民自由"具有怎样的"美德",其前提都是为了保有"个人自由"啊。

斯金纳的观点会让我们的政治语境中保守与激进的分野产生混乱,用我们的话说,让人搞不清"右派"与"左派"的区别。如此看来,还是施特劳斯在《古今自由主义》"前言"中的说法有穿透力:如今美国的保守主义就其欧洲源头而言,恰恰是自由主义。霍布斯—洛克的"自然状态"—"自然权利"学说当然具有革命性,斯金纳的自由理论从马基雅维利再出发,不过是在继续革命。斯金纳强调,在马基雅维利那里没有霍布斯意义上的"个人权利",但他复兴马基雅维利却不可能没有"个人权利"这个政治基础,否则,他所谓的"公民自由"就无从谈起。毕竟,斯金纳强调的两者差异在于:霍布斯主张"消极"的"个人自由",马基雅维利主张"积极"的"个人自由",而这种"自由"被斯金纳明确定义为平等参政的个人权利。有意思的问题因此在于,这个差异为何在20世纪变得越来越重要,以至于成了两种不可兼容的"自由"观。让我们的脑筋会变得糊涂起来的是,根据我们自己的政治经验,我们只会把霍布斯—洛克式的自由观说成"资产阶级的"自由观,而很难把马基雅维利式的自由观说成资产阶级式的。比如说,如果笔者在火红的年代读到斯金纳在这里对马基雅维利政治学说的解释,那么,笔者至少不会觉得他会错到哪里去。

一个有趣的政治史或政治思想史问题因此浮现出来:对西方的革命历史经验来说,"右派"如何衍生出"左派",对我们的革命历史经验来说,则是"左派"如何衍生出"右派"。这让笔者想起沃格林的一个不乏见识的观察,尽管它未必全然切合眼下的问题语境,但多少有所启发。沃格林认为,英国的共和革命预示了后来历史上一系列革命基本相同的模式:"从右到左运动"(movement from right to left),直到"运动"的动能消耗殆尽。在宗教方面,英国共和革命的动能始于"主教制度论",经长老会制转向"独立派";在政治方面,革命动能来自保王论,经议会制政体论最后导致"平民共和论"(popular republicanism);在社会方面,革命动能源于贵族和商人,然后挪到较低的中等阶级,最后挪到社会最底层的"劳动人民";在观念领域,革命动能来自"中世纪的律法下的和谐论",经"宗教圣约"(所谓 the berith)转向"世俗的自然法公约"(the secular natural law agreement)。民族国家性质的共和国形成权力之后,需要建立新的平衡,革命时期的各方动能转变为政党形式(托利党与辉格党),以及种种"民主团体"(《新秩序》,页85)。

如果沃格林看到的这种"从右到左运动"的革命模式没错,那么,我们的从"左"到"右"的运动模式仅仅表明,我们在外敌煎逼的危难处境中要形成民族国家性质的共和国,就不得不反其道而行之,从相反的一端到另一端。这样一来,"左"和"右"的面目才难免变得模糊难辨。一方面,斯金纳所关切的平等参政的"公民美德"问题,对我们来说压根儿就不存在,因为,没有平等参政的动员,我们就不可能建成民族国家性质的共和国;另一方面,斯金纳所关切的事情,对我们来说又的确是个问题,因为其基础仍然是我们所谓的"资产阶级"的个人自由观。

为了更好地认清自己,我们有必要细致地阅读斯金纳的这篇文章,看看他如何凭靠马基雅维利的自由观打击伯林。毕竟,伯林可没有说过马基雅维利不好的话,反倒给予他绝不亚于斯金纳所给予的极高评价。

斯金纳首先说，一旦恢复马基雅维利的自由观，人们就能够"超然地看待目前关于积极自由与消极自由的争论"，因为，这种自由观"深植于古典的、尤其是罗马共和国时期的公民身份理论"（theory of citizenship）。马基雅维利让这种理论在文艺复兴时期的欧洲辉煌一时，可惜好景不长，随即被"大获全胜的更加个人主义的（尤其契约论的）政治论说"超越（《透视》，页102）。迄今，关于马基雅维利的《李维史论》的写作意图众说纷纭，但斯金纳说，他始终认为，这部著作"最为关心的大概是想说明"一种可以名之为"自由共同体"的自由观。要了解这种自由观的丰富含义，还得从最基本的人性论说起。

斯金纳说，马基雅维利基于自己对人性的理解，首先区分了两种不同的个人自由观：有钱有势的grandi[大人物们/贵族]向往不受限制地"获取权力和荣耀"的自由，其毫无节制的表现被称之为ambizone[野心]；广大popolo[人民群众]向往的"无非是过上一种安然无恙的生活"的自由，"尽可能摆脱一切形式的干预"。这种自由欲求也会变得没有节制，其表现形式被称之为licenza[放纵]。无论如何，这两种自由观都希望"按照个人的意志和判断自行其事"，因而也就是"通常所谓'消极'意义上的自由"（《透视》，页104－105）。言下之意，马基雅维利绝非没有论及如今所谓的"消极自由"，毋宁说，他恰恰看到，既然人人都欲求各自的自由，不管其目标"是权力、荣耀，还是仅仅安享自己的财产和家庭生活"，那么，为了实现这些目标就必须考虑，"什么形式的政体能给我们带来最为可靠的希望，以使我们得到追求既定目标的最大自由"。不难想到，这得依赖于一个"自由共同体"，即"一种vivere libero[自由生活]"的政体。

确立这个基本原则之后，马基雅维利随即考虑，历史上曾有过哪类政体,"最适合于维护这种自由生活"。斯金纳承认,马基雅维利认为,君主制并不与这种自由政体不相容。毕竟,从原则上讲,君主能够为"促进整个共同体的共同利益"作想,从而"反映整个共同体的普遍意志"。这话让我们听起来不会觉得顺耳,因为,我们已经习惯于不假思索地认为,凡君主无不是为自己的私利着想。幸好斯金纳马上又说,"一般而论,马基雅维利还是认为",这种理想"仅适用于共和国"。斯金纳没有进一步解释,马基雅维利为什么会有相互矛盾的两种说法,仿佛这事不值得思考。他径直得出结论说,马基雅维利认为,"只有采取自治的共和制共同体形式,个人自由才能得到充分保障"(《透视》,页106-107)。既然斯金纳说马基雅维利说,君主制并不与实现自由的政治目的不相容,他又说马基雅维利说,实现这一政治目的"仅适用于"或"只有采取自治的共和制",那么,斯金纳还得提供另外的理由才能避免逻辑错误。

共和制可能有多种形式,斯金纳借马基雅维利的说法不外乎要论证:只有"自治形式"(self-governing form)的共和制才"最适合于维护自由生活",因为,唯有这种形式的共和制才能充分保障各种个人自由。必须充分注意,斯金纳说的是,这种政体的目的在于"充分保障"个人自由。按前面的人性论观点,这意味着,尤其要"充分保障"广大人民群众向往的"过上一种安然无恙的生活"的自由。由此推导下去,霍布斯的理论不就成立了吗?

但斯金纳告诉我们,马基雅维利接下来考虑的关键问题是,这种自由政体会受到什么样的威胁。马基雅维利首先想到的威胁,来自所谓 libido dominandi[统治的欲望],这种欲望"压制他人,并把他人作为实现自己目的的手段"。前面说的两种最为基本的个人自由欲求之一,即"大人物们"向往的自由,现在成了自由共同体的首要威胁。不难设想,其推论必然是,为了自由的共同体不受到这种威胁,必须限制甚至剥夺这种"个人自由"。我们可以理解,这类大人物在追求自己的个人自由时,难免会剥夺小人物们的个人自由,即安享自己的家庭生活的自由。斯金纳说,"大人物们以压迫公民同胞为代价而获取权力的欲望",是"一种无法排除的威胁",他们往往会"在自己周围聚集一批 partigiani[党徒],利用这种'私人力量'取代公众力量而夺取对政府的控制"。这种考虑的要点是:大人物们仅靠自己成不了事,一定会"吸引"党徒。大人物们"吸引"党徒的方式大致有三种:要么是"争取当选公职",以便成为恩泽之源,要么用"自己的巨大财产""收买人民群众的支持和欢心",再就是"利用自身高高在上的社会地位和声望,威慑公民同胞,并诱使其接受一些更有利于助长各种野心而非促进整个共同利益的措施"(《透视》,页 107 – 108)。

斯金纳的这些说法会让作为小人物的我们马上反过来想:当选公职者肯定都是有钱有势的大人物;若大人物们给予我们小人物某种物质利益,肯定居心叵测;社会地位和声望哪怕是一种传统道德的标识,我们小人物也应该视之为有钱有势的大人物们谋取私利的工具。这样一来,无需阶级斗争理论的启发,我们也自然会想,为了保障我们每个人的个人自由而无论其自由所欲望的是什么,我们小人物必须行动起来取消"公职",由我们自己直接担任,同时限制大人物们的财产,以免他们收买我们中间的败类,然后再废除社会地位和声望之类的传统德性标识。毕竟,如福柯所说,传统道德规范无不限制个人自由。斯金纳是不是要得出这样的推论,他随后就会让我们看到。但我们现在就值得这样推论,否则,"自治形式"的共和政体没可能安全。

这种推论首要的直接后果是:本来,大人物们向往的自由与小人物们向往的自由虽然不同,毕竟都是个人自由——青菜萝卜各有所好,现在可好,这两种个人自由成了对立面,不是东风压倒西风,就是西风压倒东风。

自由共同体的第二个威胁来自外部,即来自其他政治共同体。有人向往独自不受干扰的安适生活,有人喜欢谋求权力和荣耀——国家同样如此。有 libido dominandi[统治的欲望]的国家"一门心思要去统治自己的邻邦",其"野心"也是自然欲望的一种类型,无从避免。斯金纳说马基雅维利说,对付这种威胁的唯一办法是,自由共同体必须"采取正确的方法培养[全体公民]健全的品质","防止他们变得因懒惰而柔弱",以便有效防御别国的"野心"。让全民成为一支军队,让每个公民懂得"为了自己的自由而防御,因而更乐意战斗到死",此事势在必行(《透视》,页108-109)。在我们听来,这就好像说,军队才是自由共同体的大学校。

斯金纳说到这里时,我们应该能够感觉到,"强制人民自由"的理由已呼之欲出。理由归理由,我们会想到的问题是:应该采取什么正确的方法来培养全体公民的健全品质呢?为此,我们显然首先需要知道,人民需要具备什么样的"健全品质"。就针对来自内部的"野心"而言,需要培养的"健全品质"及其培养方法也许比较简单,我们能够想到,为了取消"公职"或限制大人物们的财产或彻底废除社会地位和声望,灌输政治平等、社会平等或经济平等之类的意识,大搞维护"个人权利"的宣传就行。换言之,各种平等的"个人权利"意识,就是必须强制人民应该具有的"美德"或"健全品质"——斯金纳的意思是不是这样的呢?如果是的话,我们就可以欣慰地请他放心,我们已经这样做了。

斯金纳首先说的是如何对付来自外部的"野心",他说,为对付这种威胁,"马基雅维利最为看重的是","必须培养两种个人品质":"有智慧"(to be wise)和有 animo[勇气]。斯金纳特别强调,马基雅维利指的"绝不是刻意成圣成贤的智慧",而是"在军事(当然也是在政治)事务上必不可少的那些智慧品质"(qualities of wisdom),比如"料事如神,小心谨慎和神机妙算"(calculation of chances and outcomes)的品质。"一言以蔽之,就是 prudenza[审慎]的品质",以便懂得"如何指挥战役,如何把握瞬息万变的机运"。至于"勇气",当然也是"最伟大的军事统帅的另一个主要特性"。想要夺取胜利,统帅"首先应当灌输给每一个士兵的品质也是勇气"(《透视》,页110)。

斯金纳没有解释,马基雅维利所说的"智慧""绝不是刻意成圣成贤的智慧",而是实践智慧,这究竟是因为人民群众或每个公民的自然品质做不到,还是因为没这个必要。毕竟,马基雅维利懂得,人民的个人自由愿望是安享舒适的家庭生活。斯金纳没有追究这个问题,是因为他不够热爱智慧,抑或别的什么原因,我们不得而知。无论如何,我们难免会想到,按斯金纳在就职演讲第一章第二节的那个注释中的说法,马基雅维利知道人民群众的自然品质是怎样的,他怎么会相信,能够把每个公民培养成大智大勇者?无论用多么正确的方法,能够培养出每个公民"料事如神,谨小慎微和神机妙算"的品质?说起来谁会信啊!我们的共和国立国时期赫赫有名的大将军如粟裕和韩先楚,算得上"有勇有谋"的将才,粟裕出生于偏远小镇的小康之家,韩先楚出生于贫苦农民的茅屋,他们的将才是培养出来的?就算是用正确的方法培养出来的吧,又能培养出几个?笔者绝不相信,智力极高的马基雅维利会相信,只要用正确的方法,就能把每个公民培养成懂得"如何指挥战役,如何把握瞬息万变的命运"的将才。在战场上,普通公民的勇气也许能够被逼出来,但"料事如神,小心谨慎和神机妙算"之类的品质,也逼得出来?马基雅维利的说法是否有什么猫腻?但我们没法这样设想,因为斯金纳说得无比认真。我们只能设想：要么马基雅维利没这样说，是斯金纳自己要这样说；要么斯金纳把有猫腻的说法当真。剩下的可能性只会是：我们被迫承认，"单是他的存在就让你觉得自己很蠢"。

接来下斯金纳就说到，为了对付来自共同体内部的"野心"，自由共同体必须做什么。他说马基雅维利说，"首要之务是制定正确的法律法令"，"防止任何人对国家的意志发挥不正当的或强制性的影响力"。这首先指把法律"用作一种节制手段，一种约束，以控制富人和贵族的利己野心"（《透视》，页111）。看来，笔者在前面真还猜错，以为给人民群众灌输种种平等的权利意识就行了。斯金纳说，他的马基雅维利想得更远，仅有平等的权利意识远远不够，还得落实到法律层面：人民群众必须制定法律管制"大人物们"。这不就是我们熟悉的……不用说，我们都知道是什么。

笔者不免惊讶，斯金纳说这还不够。如果要让公民"充当警觉的自由卫士"，还得培养公民具有"智慧"品质，"而且同样不是训练有素的贤哲（the professional sage）的智慧"。换言之，与抵御来自外部的"野心"一样，自由共同体同样需要培养公民具有"老练政治家的处世智慧（the worldly wisdom）或审慎"，对行动的最佳进程有敏锐洞识，这是"英明的政治领导所必备的品质"。斯金纳甚至强调，"马基雅维利政治学说的核心命题"是："所有渴望参与统治以维护共同体自由的公民，必须是深谋远虑之士"（《透视》，页111）。我们有"三个臭皮匠顶得上一个诸葛亮"的说法，从未听说只要个个臭皮匠"渴望参与统治"，他就能成为诸葛亮。如果只有在个个臭皮匠都能成为诸葛亮的条件下自由共同体才有可能，那么，这是不是乌托邦，笔者就不便说了，免得犯政治不正确的错误。笔者只能说，梁山泊算得上是斯金纳意义上的自由共同体吧，但深谋远虑之士又有几个？斯金纳真的相信，每个英国公民或美国公民都能成为拥有

"处世智慧或审慎"的"深谋远虑之士"？如果他凭常识也应该知道这不可能，那么，他的说法是在哄别人还是哄自己呢？

斯金纳还简要提到别的政治德性，不外乎谦虚谨慎戒骄戒躁等等。结束这一关键小节时，斯金纳才说到，马基雅维利为什么会对自己的看法那么有信心：因为他相信，"托斯卡纳诸城邦只要出现一个有识之士'运用古代治国术'去领导它们，'那就很容易带来自由生活'"（《透视》，页112）。原来如此！说来说去，自由共同体的建立，仍然需要 uno uomo prudente［一个有识之士］出头领导所有公民，而且还得"运用古代治国术"。我们不便说，斯金纳从我们的经验中得到过什么启发，因为他说，他是在表述马基雅维利的观点。我们至多可以说，我们的经验与马基雅维利的观点历史地偶然巧合，以至于我们不得不承认，剑桥学派史学特别强调偶然而且特殊的"历史时刻"有道理。剑桥学派或者其他西方激进民主理论的兴起，并非直接受到中国"文化大革命"的鼓励甚至启发。英美激进民主思潮在1960年代初已现端倪，到1960年代末才扩展为大学生运动和"大众传媒的狂轰滥炸"。毋宁说，"自上而下的启蒙与下层的政治自由"的赛跑，是现代性的长程内在逻辑，中国与西方不约而同在某个历史时刻碰头，纯属偶然。如果有人以缺乏"任何自我控制和自治"为依据，认为中国的"文革""与其说是萨特式的'群众联合'，不如说是集权主义操纵的杰作"，[1]那么，这种观点并不能让西方的激进民主运动与中国"文化大革命"划清界限。即便这部"杰作"受到"操纵"，也不等于它不再是激进民主的杰作。何况，西方世界的激进民主运动，也很难说不是一种"操纵的杰作"——受激

---

[1] 博耶，《论古代共和主义的现代意义》，应奇、刘训练编，《公民共和主义》，前揭，页16及注释24。

进哲学家操纵的杰作。操纵者的政治地位不同,不等于创制"杰作"的理念不同。问题在于,这样的"一个有识之士"一旦事业有成,难免成为"大人物",势必会被某些小人物怀疑为自由共同体的内部威胁。至少,斯金纳的中国朋友并非怀疑,而是认定如此。

说完这些后,斯金纳转过来批判霍布斯,指责他"未能理解古代共和观的要旨"。然后,根据当前关于"消极自由"的论争,他提出了为"积极自由"观的两点辩护,而且自信地认为辩护起来"没有什么困难"。第一个论点是,"只有全心全意为共同体服务(whole-heartedly in service of their community)的人,才能确保自己的自由"。斯金纳说,"这种说法并不自相矛盾,而恰恰是一个不言而喻的真理"。理由是,如马基雅维利所说,"时刻准备着自愿从军,投身军旅服兵役,就是维护(maintaining)个人自由、免遭奴役的必要条件"(《透视》,页113)。我们不免会想,斯金纳这样讲,是因为有人会说,既然人民群众的愿望是享有自己的安适家庭生活的个人自由,那么,让他们从军打仗,岂不是强制他们放弃自己的个人自由?斯金纳的这个辩驳在逻辑上恐怕说不通,除非他说,为了自由共同体免遭奴役,人民群众必须牺牲自己的个人自由。显然不能说,"维护"个人自由与牺牲个人自由是一回事。否则,为什么会有人——而且是斯金纳的中国朋友——认为抗美援朝战争牺牲那么多人不对呢?笔者曾亲耳听到一位当今著名文史家咬牙切齿地回忆,自己的父母当年作为大上海的技术青年,如何被剥夺了个人自由,到贵州山区建设三线军工厂。

更让笔者糊涂的是,斯金纳还说,

> 马基雅维利认为,个人自由还要依赖于防止大人物们强迫人民群众为他们的目的效劳。防止发生这种情况的唯一办法,

就是以这样的方式设计政体:让每个公民在决定整个国家的行动时都能平等地发挥作用。这就是说,时刻准备着担任公职,投身公共事业,履行自愿服务,构成了维护个人自由的又一个必要条件。(《透视》,页114)

笔者完整引用这段话,并非因为它让笔者想起自己半个世纪前就熟悉的道理,差异仅仅在于,我们被要求这样做,不是为了维护眼下的个人自由,而是为了在遥远的未来实现这样的自由。毋宁说,笔者的那个困惑始终没有得到斯金纳解答:人民群众的"自然品质"与自由政体设计的这一要求之间的矛盾没有解决。斯金纳始终对这一难题避而不谈。接下来他就说,"现在我要转向另一个问题",即"这些[公共]美德应该是每个公民个人为了有效投身公共事业所必备的品质,因而只有行为高尚的人才能确保自己的自由"(《透视》,页114)。在这里,"行为高尚"(behave virtuously)这个语词在我们听起来非常熟悉,但按照斯金纳从分析哲学那里学到的知识,我们就应该懂得,在不同的历史语境中,相同的语词会有不同的用法。在斯金纳看来,一个人按霍布斯—伯林式的"个人自由"观要求在法律状态下过上不受政府干涉的"自由"生活,就是行为不"高尚",我们应该积极参政决策甚至立法,这样才算"行为高尚",并称得上拥有"公民自由"。让人糊涂的是,如果我们积极参政决策甚至立法,不外乎是为了实现堪称无奇不有的个人欲望的目的,那么,我们仍然称得上"行为高尚"吗?笔者能够理解,斯金纳力图证明,个人自由的信念伦理与共同体的责任伦理,在马基雅维利那里是一体的,根本就没有伯林所谓的两种道德的分离和冲突这回事儿。问题是,斯金纳在这里已经表明,不积极参政等于行为不"高尚":"做个私生活中的[自由]公民"不对,做个对共同体负起政治

(公共)责任的公民才正确。

随后,斯金纳罗列了每个公民"应该具备的三种品质":"保卫自由的勇气;维护自由政府时的节制和有序;能使我们的政治和军事事业达到最高成就的审慎"。斯金纳说,古典的四枢德即"审慎、正义、勇敢和节制"中的三种都有了,但马基雅维利"悄悄""删除了正义的品质"。因为,"他断然否定了奉行这种美德将始终有助于增进共同利益的观点"。斯金纳强调,"正是这种标新立异的看法,使他的原创性和他作为权术理论家的颠覆特性,给我们留下了深刻印象"。毕竟,"为了保护自由共同体的生活与自由,往往不得不使用残忍手段,并且总会得到谅解"(《透视》,页114–116)。

这话让笔者感到诧异不已:如果马基雅维利是哲人,那么,他删除"正义"美德,算得上"行为高尚"?如果斯金纳说自己是哲学家,那么,他赞赏马基雅维利这样做,算得上"行为高尚"?哲人应该认为,有审慎、勇敢和节制德性,但缺乏正义德性,从而行为难免"残忍",算得上"行为高尚"?无论出于什么理由,马基雅维利"悄悄""删除了正义的品质",都证明施特劳斯说他"有意降低了政治的目标",并没有说错。

斯金纳说,这是马基雅维利思想的"原创性"(originality),"原创"意味着创新,有什么好诧异呢。笔者这才想起,伯林的那篇赞颂马基雅维利的长文标题即是《马基雅维利的原创性》。至少就为马基雅维利的"原创性"辩护这一点而言,斯金纳与伯林并无分歧。斯金纳在这里还承认,马基雅维利删除正义美德,"象征着与古代共和主义美德观的划时代决裂",也与伯林的观点一致。尽管如此,笔者仍然感到诧异:斯金纳不是一再强调马基雅维利的观点很"古典"吗?斯金纳显然意识到自己的说法至少在逻辑上捅了个大娄子,因为他马上说,"不过应当强调指出,这是马基雅维利和他的古典权威们(his classical authorities)的唯一分歧"。斯金纳让西塞罗出面帮忙,说马基雅维利"对 virtu[美德]及其与 liberta[自由]之关系的其他分析,与西塞罗几乎如出一辙"(《透视》,页116)。

有了这样的强调,笔者更加诧异不已。首先,唯一的分歧难道就不是分歧,就可以把马基雅维利说成"与他的古典权威们"一致?何况,这个分歧涉及极为重要的人世间的基本美德之一,甚至被古典权威们视为首要的美德,这个分歧难道还不够严重?"原创性"意味着创新,在这里意味着"和他的古典权威们"不一致,斯金纳怎么还能够说,马基雅维利的共和思想是"古典的"?

再说,西塞罗自视为柏拉图哲学的学生,斯金纳说到"古典权威"时用的是复数形式,其中不可能不包括柏拉图。要说与柏拉图的区别,马基雅维利删除的岂止是"正义"?在《普罗塔戈拉》中,苏格拉底与普罗塔戈拉还讨论到"虔敬",因为,《普罗塔戈拉》的问题语境与斯金纳在这里说到的问题完全一致:公民的政治美德有哪些,无论凭靠何种正确的方法,政治人的美德是否可教等等。斯金纳在这里没有提到《普罗塔戈拉》,他何以可能谈论马基雅维利与"他的古典权威们的唯一分歧"。斯金纳的中国朋友会为他辩护说,人家是研究近代思想史的专家,对古希腊思想不熟悉。斯金纳听见这样的辩护会脸红吗?古人希珀克拉底和普罗塔戈拉都会脸红哦!斯金纳会坦然接受这样的辩护吗?他一定会想到,人们称赞他是"人文学术研究中最卓越的那类研究者",这类学者至少应该在学识上尽可能做到滴水不漏吧。

还有,《普罗塔戈拉》讨论的关键点是,五种基本美德之间是否有不可分割的联系。普罗塔戈拉没法证明,五种基本美德是分离的关系,遑论悄悄删除"正义"德性。

最后,但并非不重要的是:在苏格拉底所讨论的政治美德中,既无"自由"观念,也没有"权利"观念。相比之下,马基雅维利也好,斯金纳也罢,他们与古典权威们的分歧难道还不够大?

斯金纳随后就不得不承认,他对马基雅维利的"德性/美德"观的解释并非正统,因为,通常认为,马基雅维利完全颠覆了古典的"德性/美德"观,把"德性/美德"视为具有"做出决定和采取行动的活力或能力",即"把它看作借以达到特定成果的手段"。其实,"正统"不"正统"倒无关紧要,重要的是,按哲学的要求来讲是否正确:不正统未必等于不正确。斯金纳难道想要通过说自己的解释未必正统,以便逃过他说什么东西会被怀疑不正确?果然,他说,马基雅维利所理解的"德性/美德",是一种实践政治的"能力、天赋、才具"。然后,他说了一段令人瞠目结舌的话:

> 一方面,只要为增进共同利益所必需,我们就应具备一副铁石心肠,甘愿鄙弃正义的要求,行动起来冷酷无情、背信弃义。但另一方面,我们仍然需要保持勇气、节制和审慎的品质。由此可见,马基雅维利政治学说的核心有这样一种纯古典的信息,那是由古典的共和理论家们(the classical republican theorists)无不利用的同一个双关语构成的。(《透视》,页117)

亏这位当今西方"人文学术研究中最卓越的"学者说得出口!他卓越吗?何谓卓越?笔者真没想到,斯金纳原来是这样"通古今之变"的。笔者并不惊诧斯金纳跟着马基雅维利认为,"鄙弃正义的要求,行动起来冷酷无情、背信弃义"理所当然,他的学人德性让他说出这种话,没有什么好惊诧的。笔者感到惊诧的是,他说这种学说的"核心有这样一种纯古典的信息"(a purely classical message)。剑桥大学的钦定教授就这样践踏古典的纯净?斯金纳接下来还大言不惭地说,他的论述已经足以表明,"当代的争论所使用的术语已经变得混乱不堪"(《透视》,页118)。难道我们不可以说,他已经使得"纯古典的信息"变得混乱不堪?斯金纳攻击霍布斯-伯林的"消极自由"观败坏了"公民品德",难道他没有干同样的事情,甚至干的是更坏的事情?如果今天人们"几乎在学术圈找不到对他心怀不满的人",那么,无论西方还是中国的学术圈已败坏成什么样子,就可想而知了。

研读斯金纳的这篇文章,笔者常常感到说不出的滋味,不时想到五十年前的经历。然而,尽管不难发现,斯金纳的说法与笔者在五十年前听到的好些说法有惊人的一致,笔者仍然隐约感到,总有什么关键性的地方不一致。读到文章结尾处,笔者才明白,这种根本性的不一致究竟是什么。斯金纳在文章结尾时强调,马基雅维利要求公民为共同利益效劳,"绝不是因为我们负有这种义务,而是因为它们碰巧成为我们为了自己而'好自为之'的最佳——实际上是唯一的——手段,尤其是确保任何程度的个人自由以追求既定目的的唯一手段"(《透视》,页119–120)。

显然,这是在呼应文章一开始的论点:马基雅维利绝没有否认"消极的"个人自由。这让笔者想起斯金纳在就职演讲结束时申言:"在这场[与伯林的]论辩中,双方都承认,国家的首要任务之一,应是尊重和保护(respect and preserve)其个体公民的自由"(《自由》,页83)。所谓"个体公民的自由"(the liberty of the individual citizens),显然包括甚至是为了实现霍布斯-伯林所谓的"消极自由",因此斯金纳才会说,他挑起的不过是"我们所承继的思想传统中的一场冲突"(a conflict within our inherited traditions of thought)。这意味着,冲突双方共同继承了"个人自由优先"的现代政治理念,正如英国共和派与霍布斯虽然有思想冲突,却分享了基于"自然状态"的自由"权利"的政治观念。借用潘戈的说法,剑桥学派与伯林之间的冲突,"只不过是自由传统内部的窝里斗"(《精神》,页74)。由此可以理解,斯金纳批判"消极自由"论,却不会批评"价值多元论"。① 毕竟,"共和派自由理论"主张,"每个人都能平等地参与制定法律",而每个公民的价值偏好实际上又不可能一致。既然如此,若不承认"价值多元",就没可能实现"政治平等"。然而,对于五十年前的我们来说,"个人自由优先"这个最低限度的"道德"根本不成立,我们也绝非为了获得或维护这种"道德"而平等地参与公共事务。

笔者必须再次强调,斯金纳直到文章结束都没有回答:既然马基雅维利乃至英国共和派的主要理论家都知道,绝大多数人民更愿意追求自己的个人利益,或者说追求"消极自由",甚至懂得"人民总是倾向于'败坏',而非'美德'",趋向于"过度邪门和行为过激",那么,为什么他们仍然要宣称,必须"强制人民自由"? 难道人们不可以说,相比之下,霍布斯的眼力反倒深刻得多:既然人性的自然品质就是如此,那么,在思考何谓最佳形式的共和国时,恐怕还是他设想的那种国家形式更为稳妥。

不过,当看到文章最后一个自然段结尾时,笔者禁不住想:这是否是斯金纳对上面那个问题的回答呢? 他说,马基雅维利"还因为冷峻地强调了这样一种思想而大受称道:人人皆恶(all men

---

① 参见 Quentin Skinner, "Who are 'we'? Ambiguities of the Modern Self",刊于 *Inquiry*, 34(1991),页 133 – 153;经修订后改题为 "Modernity and Disenchantment:Some Historical Reflections",收入 James Tully 编, *Philosophy in the Age of Pluralism*, Cambridge University Press, 1994,页 37 – 48。舒炜聪明地看到,在伯林自由主义观的诸要义中,"消极自由"论远不如"多元价值"论更为根本。舒炜,《"两种自由概念"与"竞技的公民自由观"》,见达巍等编,《消极自由有什么错》,前揭,页 8 – 11。

are evil），除非能看到事关自身利益，否则绝不会在任何事情上善始善终"。言下之意，马基雅维利明知"人民总是倾向于'败坏'，而非'美德'"，还是要让他们具有斯金纳所说的"积极自由"，根本原因就在于此。斯金纳用下面这段话来结束全文，堪称意味深长：

> 像他的古代权威一样，马基雅维利还相信，最为幸运的是，这一结论说出了全部道德真理。因为，对于恶人（evil men）来说，如果不能为高尚行为（behaving virtuously）提供利己的诸理由（selfish reasons），那就根本不可能做出任何高尚行为。（《透视》，页120）

真令人叹为观止！斯金纳说的是"全部道德真理"（all moral truths），用的是全称"陈述"。这意味着，所有"高尚行为"都需要靠利己理由来激发，由此激发的所有行为，即便"鄙弃正义的要求，行动起来冷酷无情、背信弃义"，也是"高尚行为"。如果斯金纳真的学富五车，那么，他能够给我们指出，哪个西方"古代权威"（classical authorities）像马基雅维利这样"相信"吗？如果斯金纳的这一断言为真，那么，他的马基雅维利就绝非"有意降低了政治的目标"，而是刻意勾销了道德政治。朝鲜战争初期，杜鲁门总统数次动念用原子弹打击中国军队，[①]不外乎因为他按照自己的道德传统认为，这是理所当然的"高尚行为"。如果我们这时想起施特劳斯在《关于马基雅维利的思考》"导言"中的说法，那么，我们就应该说，"美国主义"并非"偶尔"而是根本上就是马基雅维利主义。施特劳斯说，

---

① 华庆昭，《从雅尔塔到板门店》，北京：中国社会科学出版社，1992，页209。

马基雅维利是"邪恶的教诲师",错到哪里去了呢?斯金纳倒是可以说,美国1960年代激进民主运动的事由之一错了:"反越战"这个事由错了。1968年3月,美军第23步兵师在一个叫做"美莱"的小山村,一天之内屠杀"近五百名手无寸铁的越南平民"。① 按照斯金纳所说的"道德真理",这当然算得上"高尚行为"。

我们不应忘记,斯金纳是英国学者,波考克则是出自英联邦的学者,他们心底里是否残留着大英帝国的影子呢?笔者想到这个问题,是因为有美国学者提醒我们,美国接替大英帝国的全球领导权时,英国的政治生态也在发生变化——人们对"之前想要超越地理和精神边界的渴望"感到厌倦,于是,"用平等代替帝国时期的等级制"的"公民共和主义"理想应运而生:

> 斯金纳希望从马基雅维利的思想中独立出一套有关自由的共和理论,但是,他也承认,马基雅维利倡导大胆行动和扩张主义,对统治者和人民都是如此……马基雅维利的帝国主义和大胆行动真的能像斯金纳认为的那样,与他的共和主义自由理论分离吗?斯金纳想要避开这个问题,他笔下的马基雅维利不得不去解释,在一个后基督教的时代,英格兰丧失帝国到底意味着什么。②

阿伦特的"公民哲学"虽然包含邪恶的"马基雅维利主义"要素,但毕竟没有强调这一要素。1960年代的"反越战"让人们看到,当时的激进民主"共和主义"精神带有反帝国主义色彩。本世纪初的"9.11"事件之后,具有"共和主义"精神的智识人仍在指责美国

---

① 科兰斯基,《1968:撞击世界之年》,前揭,页143。
② 佩罗-索希内,《语境中的斯金纳》,前揭,页219,引文见页226-227。

的全球驻军是"新罗马"帝国主义行为。① 斯金纳在 1997 年以"新罗马理论"名义复兴原汁原味的"马基雅维利主义",并与美国使命勾连在一起,似乎想要提醒美利坚人民:既然美国代替大英帝国行使全球领导权,"马基雅维利主义"的担纲者角色就已经从大英帝国身上转移到美利坚帝国身上。倘若如此,我们就能够理解,在斯金纳和波考克眼里,"马基雅维利时刻"为何是西方现代文明优良传统的历史起点。

5. 作为道德哲学家的斯金纳

斯金纳批判伯林的文章标题已经在告诉人们,他不仅是史学家,也是哲学家。就职演讲最后部分的第二个有趣的看点是:他再次强调自己是哲学家,甚至是道德哲学家。我们应该关注这件事情:斯金纳如何让自己从史学家成为哲学家,而且是道德哲学家。我们更应该关注,斯金纳成了怎样的道德哲学家。

在就职演讲第三章第一部分结尾,斯金纳显得颇为大度地说:史学界有"多种史学","多种不同的史学探究的技艺",每一种史学旨趣都有自己的"严肃理由"。在史学领域,没有什么东西应该成为史学家们的"一般旨趣"。言下之意,若有史学家仅仅对"文史扒梳"感兴趣,也无可厚非。不过,如果史学家要无愧于自己的专业"良知",那么他就必须想清楚,支撑自己史学旨趣的那个东西"是什么"(《自由》,页76)。显然,斯金纳在这里提出的是哲学而非史

---

① 约翰逊,《帝国的悲哀:黩武主义、保密与共和国的终结》,任晓等译,上海:上海人民出版社,2005,页 16-41。

学的问题,而且是苏格拉底喜欢问的那类问题。

就职演讲第三章第二部分一开始,斯金纳就清楚回答了支撑他的史学研究的这个"是什么"问题。他说,自17世纪以来,代议制的国家观念一直是"现代西方政治的自我理解和实践的核心",但"代表国家和赋予其代表以权威"(representing the state and authorising its representatives)是什么意思?说"国家是施动者"(the state as an agent)是什么意思?显然,斯金纳提出的这个政治哲学问题无异于在质疑代议民主制是否好政制。我们还看得出来,这个问题带有为公民请愿的性质。因为,斯金纳进一步说,他想要搞清楚,代议民主制观念最初如何被定义,以及"被打算用来服务于什么目的,并用来支撑公共权力的什么观点"。不搞清这些问题,西方世界就不可能理解自己的"道德和政治世界"的各个方面。为了彻底搞清这些问题,斯金纳说,"我们需要成为思想史家"(《自由》,页77)。

作为这样的思想史家,思想史研究意味着,从现在"流行的假定和信念"抽身出来,重新"考察和反思历史上的记载"。所谓"流行的假定和信念"指流行的"消极自由"论,因为斯金纳马上就提到了他的伯林批判。他说,伯林的自由理论基于他的"纯哲学的探索"(purely philosophical exercise),主张必须把"自由"概念与"平等或独立"之类的概念隔离开来,否则会造成"非哲学的胡搅蛮缠"(unphilosophical muddles)。斯金纳对此提出质疑,并以思想史家的身份提出这样一个哲学问题:什么是真正的"自由"?他甚至用"那么,什么是唯一的真理"(What then is the truth)这样的问句来表达这个哲学问题(《自由》,页79)。这意味着,斯金纳让自己从思想史家转身为哲学家。

斯金纳接下来就说,伯林对"自由"概念的探索,并非真的是"纯哲学的探索",因为,"消极自由"就其意指免受强制性干涉而言,本身是一种政治宣称,或者说具有道德意涵。针对伯林的"自由"概念,斯金纳说,他自己所讲述的关于英国共和派自由理论的"故事",也"包含着一种道德意涵"(one moral implicit)。言下之意,如果伯林的自由理论算得上是"纯哲学的探索",那么,他通过思想史研究来呈现的自由理论,同样算得上是"纯哲学的探索"。所以,他有资格以思想史家的身份提出,什么是真正的"自由",甚至"什么是唯一的真理"这样的哲学问题。

严格来讲,伯林和斯金纳的自由理论都属于政治哲学问题,只不过,伯林在《两种自由的概念》中以哲学智辩来探究"自由"这个"唯一的真理",斯金纳则通过政治思想史研究来探究这个"唯一的真理"。无论是通过哲学智辩还是通过讲述思想史的"故事",伯林和斯金纳都致力于回答这样一个道德－政治哲学问题:人们应该凭靠什么样的"自由"理念来生活。

尽管如此,从性质上讲,伯林的哲学智辩与斯金纳讲述思想史"故事",仍然有一个根本差异。伯林对两种"自由"观念的区分,基于哲人天生就有的怀疑心性,并凭靠自己的智识,质疑现存的流行观念。至少从斯金纳批判伯林的那篇文章来看,通过讲述思想史"故事",斯金纳让自己显得预先就完全信服地接受了马基雅维利的"全部道德真理",并没有在其"故事"中展开好智的辩难。哲人追求真理,绝不轻易相信另一位哲人宣称的"真理",斯金纳当然有理由不相信,伯林的自由观是"唯一的真理",但他并没有致力于从哲学上证明,马基雅维利陈述的"全部道德真理"一定是"唯一的真理"。就思想史研究而言,如果斯金纳要从哲学上证明马基雅维利的自由观是"唯一的真理",那么,他必须面对太多历史上的伟大哲人的反驳。如果他没有与这些伟大的哲人展开智识上的搏斗,那么,他就算不上是哲学家。讲述思想史"故事",绝不意味着不能展开这样的智识搏斗,柏拉图笔下的苏格拉底与智术师的诸多对话,就属于这样的思想史"故事",更不用说,施特劳斯已经展开过这样的与马基雅维利的搏斗。斯金纳算不上西方传统意义上的哲学家,并非因为他搞的是思想史研究。毋宁说,他不过是史学领域中的某个"历史时刻"的弄潮儿。

当然,要说斯金纳不及伯林更具有哲人天生就有的怀疑心性,他自己绝不会同意。在就职演讲中,斯金纳接下来就告诉我们,他讲述的共和主义自由理论的"故事",包含着这样的"道德意涵":彻底打破"我们自己的思想遗产的魔咒"(the spell of our own intellectual heritage),即"臣民的自由"才是真正的个体公民的自由。

> 在分析和思考我们的一些标准概念时,我们很容易像中魔一样相信,这个我们的思想传统的主流所留给我们的思考这些概念的方式,必定就是思考它们的唯一(the)方式。在我们看来,这种中魔(bewitchment)甚至也有一点儿进入了伯林最近刚刚大受称誉的论述中。伯林认为自己在追求纯粹中立的任务,即他要让我们看到,对我们的一些概念的某种哲学分析,要求我们如何谈论自由的本质。但令人吃惊的是,至少可以这样讲:他还是完全遵循着经典自由理论家在力图贬抑新罗马自由国家理论时所走过的路径。(《自由》,页81)

斯金纳用"像中魔一样"这一说法来打击伯林,对于以脑子清醒自诩的伯林来说,当然相当致命。毕竟,斯金纳尖锐地指出,伯林的"两种自由概念"的分析,看似非常"纯哲学","追求纯粹中立",其实不过是拾霍布斯牙慧。言下之意,真正具有怀疑心性的,并非是伯林,而是斯金纳自己。但我们想象得到,机智的伯林会回敬说,你斯金纳信奉马基雅维利和英国共和派,难道不是"中魔"? 即便要说"中魔",咱俩难道不是半斤八两?斯金纳"完全遵循着"马基雅维利和英国共和派的"路径","力图贬抑"霍布斯-洛克的自由理论,要是斯金纳宣称自己"在追求纯粹中立的任务",那么,他等于也在反驳他自己。伯林这样回击斯金纳,我们会觉得他在理。因为我们记得,在《马基雅维利》一书结尾,斯金纳曾严辞谴责施特劳斯及其弟子研究马基雅维利时并非在"追求纯粹中立的任务",或做"记录的天使",坏了政治思想史这门史学学科的规矩。伯林让我们看到,斯金纳在逻辑上不能自洽。

不过,斯金纳把伯林的"消极自由"论说成"我们的思想传统的主流"(the mainstream of our intellectual traditions),想必伯林不会提出异议。斯金纳让伯林与他一起,置身现代政治哲学所开创的"思想传统",共同属于一个"我们",伯林也没法反对,因为,这毕竟符合现代政治思想史的史实,只不过,他们各自分别从属于马基雅维利和霍布斯这两个分支。但是,伯林仍然有理由说,就对马基雅维利的"原创性"的理解而言,他与斯金纳之间的分歧并非小事一桩。对伯林来说,马基雅维利的"原创性"在于与古典传统彻底决裂,对于斯金纳来说,其"原创性"在于以"悄悄"删除正义美德的方式复兴古典共和主义。从思辨逻辑上讲,斯金纳的说法无异于不顾逻辑常识的强词夺理;从政治思想史的实证知识层面上讲,伯林也有理由认为,他自己对马基雅维利的"原创性"的理解,经得起思想史的史实复验。伯林会赞同潘戈针对剑桥学派的共和理论的说法:"我们不能忘了,古典共和主义传统在很大程度上是一种贵族传统,普鲁塔克所培育的精神,是敬畏那些杰出的伟大人物的精神"(《精神》,页76)。剑桥学派罔顾思想史的史实,非把"古典共和精神"说成是一种人民传统,这种传统要培育的是每个公民的共和式"政治美德",明显是激进民主意识形态式的捏造。就此而言,斯金纳说,如今谁要是跟随伯林的自由理论就"像中魔一样",会让机智的伯林感到滑稽。对伯林来说,跟随斯金纳相信"古典共和精神"是一种人民传统,才是地地道道的"中魔"。

伯林会感到好笑的是,连我们中国学人都已经相信,普鲁塔克"推崇的是一种理性指导下的激情的生活,这激情必然是公共的、以人民的实际利益为旨归"。就拿普鲁塔克笔下的《亚历山大传》和《凯撒传》之类的帝王传来说,"既然希腊与罗马的共和向帝制转变的关键分别发生在这两人身上,读者当可以从中看到所谓'君主'、'共和'和'大众民主'之间的互动更为突出和戏剧化的写照"。① 这不就是斯金纳所谓的"像中魔一样相信",参与式直接民主与君主制或其他类型的共和制的斗争,是贯穿人类历史的两条路线斗争?进入新世纪以来,剑桥学派的"新罗马主义"已经往前推进到"新雅典主义"或"新希腊主义"。据说,"这更让人们看到今天倡导希腊民主的学者们的难能可贵:他们并不是重复常识,而是在挑战主流,知难而进,竭力为处于守势的古典民主平反"。② 如果伯林有幸看到这样的"中魔",那么,他八成不再会觉得那是滑稽,而会觉得匪夷所思。

不过,斯金纳接下来说的一段话会让伯林哑然。斯金纳说,他还能够给他讲述的共和派自由理论的历史"故事"增添"更为宏富的道德[意蕴]"(more imposing moral)是:

---

① 普鲁塔克,《古典共和精神的捍卫:普鲁塔克文选》,包利民等译,"中译者导言",北京:中国社会科学出版社,2005,页4,10。
② 包利民,《"西方古典政治思想新视野"丛书总序:古典政治意蕴的新探究》,前揭,页3及其注释。亦参包利民,《古典政治哲学史论》,北京:人民出版社,2010,"导论"。

哲学史，而且也许尤其是道德、社会和政治的哲学史，会让我们防止过于轻易地中魔。思想史家能帮助我们认识到，体现在我们今天的生活方式中的各种价值，以及我们今天思考这些价值的方式，在多大程度上反映了在不同的时间对不同的可能世界所作出的一系列选择。有了这种意识，我们就可以明白，对这些价值，对如何解释和理解这些价值，实际上存在着多种多样的论说，我们就不再受任何一种霸权式论说（any one hegemonal account）的掌控。一旦具备更广阔的意识，知道存在着多种多样的可能性，我们就可以从我们所继承的那些思想献身（the intellectual commitments）抽身而出，并且以一种新的探索精神叩问自己：对这些思想献身，我们应当作怎样的思考？（《自由》，页81）

这段说法真够厉害，可谓一箭双雕。首先，这一说法打击了伯林，因为，按照这种历史的"更广阔的意识"，所有"价值"观念都是相对的。这恰好符合伯林宣称的"价值多元论"。伯林不可能反驳世人"在不同的时间对不同的可能世界"会作出自己的选择，否则他就是在反驳自己的"价值多元论"。因此，斯金纳在这里用伯林的"价值多元论"来攻击伯林的"消极自由"论，会让伯林无言以对。

这一说法也打击了施特劳斯。这段引文的第一句说的是"哲学史"，尽管他补充说是"道德、社会和政治的哲学史"，因而也可以称为"思想史"。如果我们对比《自然正确与历史》的第一章"自然正确与历史探究"，那么，可以清楚看到，斯金纳在这里宣称的"道德意蕴"，正是施特劳斯所抨击的历史主义意识。斯金纳让自己显得根本无需与施特劳斯展开思想辩驳，而是径直宣称：历史意识本身就是一种"道德"。这样一来，斯金纳也就取消了他自己在前面提出的什么是真正的"自由"、"什么是唯一的真理"这样的问题，或者说,用思想史的历史意识取消了哲学。

现在,斯金纳正式宣称自己是研究思想史的道德哲学家。他说,由历史意识所主导的思想史研究,并不意味着我们应该"把[历史中的]过去当作相异的种种价值的库藏,不断偷换为令人深信不疑的现在",而是要在更深的层面上,对"我们现在的价值观念与我们的先辈的那些看似相异的假设"进行对比。因此,虽然不必主张"思想史家应该转变为道德家"(moralists),但是,如果史学家目睹"人类的罪行、愚蠢和不幸时"应该无动于衷,毫无义愤之心,那么,斯金纳表示,他自己不会做这样的史学家。他的信念是,思想史家应该"为自己的读者提供有助于他们对流行的种种价值和信念作出判断的信息,然后让他们去反刍"。笔者实在难以理解,无论凭靠历史意识的"道德",还是凭靠马基雅维利所理解的"全部道德真理",斯金纳何以可能辨识"人类的罪行、愚蠢和不幸",甚至还会产生"义愤之心"。

绝妙的是,斯金纳紧接着还说,他这样子讲,是因为他想起尼采在《道德的谱系》中曾告诫,"为了理解他的哲学,'你几乎需要是一头牛'"(《自由》,页81-82)。但"反刍"是什么意思呢?按斯金纳在别处的解释,意思应该按维特根斯坦式的语言哲学来理解,亦即"对哲学史研究者来说,谱系学之所以是一种有价值的方法,是由于我们所掌握的绝大多数高度概括和抽象的哲学概念,实际上无法被赋予一致认同的定义,这是因为,它们都混杂在我们的历史之中"。① 斯金纳没有想到另一种可能性:脾气不好的尼采听见斯金纳在就职演讲台上这样说,若不严辞痛斥,仅仅轻蔑地把他视为西

---

① 斯金纳,《把英雄和恶棍放一边,历史研究应该做什么?》(访谈),前揭。

方文明堕落的表征，就算相当客气了。① 的确，如果斯金纳在读过尼采《善恶的彼岸》之后，没有觉得第五章"论道德的自然史"格言202无异于在指着他的鼻子痛斥，那么，他真的就太缺乏道德敏感。

无可否认，斯金纳的思想史是一种道德哲学，正如伯林的自由主义以及他的思想史研究是一种道德哲学，但恰好都是尼采痛斥过的道德哲学。不过，伯林攻击施特劳斯的古典政治哲学在逻辑上能够自洽，因为他认为，这种政治哲学是一种"中魔"，即受柏拉图的"永恒理念"这个"魔咒"的支配。相反，斯金纳对施特劳斯的攻击在逻辑上则不能自洽。既然他明确宣称，自己的政治思想史研究具有"道德意蕴"，那么，他愤然指责施特劳斯研究马基雅维利时充当"道德法官"，似乎谁要研究政治思想史就得先把手洗干净，就明显自相矛盾。斯金纳在《马基雅维利》这本小册子结尾时说，史学家应该做"记录的天使"而非"执行绞刑的法官"，即便不算缺乏学术诚实，也得算自己说话前后不一。② 何况，在就职演讲中，斯金纳让我们看到，他并没有不充当"执行绞刑的法官"角色：他用自己的思想史功夫把霍布斯式的自由主义及其当代传人伯林的"消极自由"论送上了绞刑架。

不是哲学家，不等于不是道德哲学家。按照思想史的理解乃至日常的理解，道德哲学指宣称某种实践性的道德－政治主张，并希望这种道德主张能够引导世人的生活。斯金纳明显想让自己信奉的公民自由论成为占支配地位的道德－政治主张，因此，我们需要

---

① 参见拙文，《尼采的晚期著作与欧洲文明危机》，刘小枫，《比较古典学发凡》，前揭，页172－204。

② 在最近的访谈中斯金纳还说，他不认为《关于马基雅维里的思考》有多大学术性，因为"施特劳斯更是一位道德学家，而非历史学家"。斯金纳，《把英雄和恶棍放一边，历史研究应该做什么？》(访谈)，前揭。

进一步看清,斯金纳是怎样的道德哲学家。

最容易让我们看清这一点的,恐怕还是他提倡的史学方法论。在就职演讲的第三章,斯金纳首先谈到的就是剑桥学派在政治思想史研究方法上的创新,即斯金纳与波考克共同提出的"语言学语境论"(linguistic contextualism)。斯金纳和波考克都毫不讳言,他们要用这种研究方法替代施特劳斯践行并倡导的细读文本进而从笔法追究心法的哲学研究方法——他们称为"唯文本论"的方法。斯金纳在演讲中继续呼吁:必须改变过去仅仅"关注被称为经典文本的那些书目"的老习惯,应该同时关注经典文本所处的具体历史处境(《自由》,页71-72)。

按照我们以往的理解,这两种方法的差异是思想史研究的史学旨趣与哲学旨趣的差异。我们应该记得,我国学界最早介绍波考克的文章出自史学专业的学者,而且刊发在《世界历史》这样的史学专业学刊上。作者甚至用这样的标题来凸显波考克的思想史研究的品质:从"哲学方法"转向"史学方法"。① 斯金纳和波考克还经常强调他们是史学家,也经常以史学名义抨击施特劳斯学派的思想史研究不够"史学"。为了与施特劳斯提出的"政治哲学史"(the history of political philosophy)研究取向对抗,波考克刻意强调,他做的是"政治思想的史学"(The history of political thought)研究。②

斯金纳的思想史研究方法本身不难理解,无需长篇大论地解

---

① 张执中,《从哲学方法到历史方法》,载《世界历史》,1990年第6期,页114-118。

② John G. A. Pocock, "Virtues, Rights, and Manners: A Model for Historians of Political Thought",刊于 *Political Theory*,9(3),1981,页353-368;比较 John Gunnell/ John G. A. Pocock, "Political Theory, Methodology, and Myth", *Annals of Scholarship*,1(4),1984,页3-62。

释,重要的是理解这种方法论的精神品质。斯金纳提出其思想史研究方法论时,还不到三十岁,随着年齿渐长,斯金纳也在不断完善自己对其史学方法论的表述。比如,《现代政治思想的基础》"前言"对"历史语境"方法论的表述,尽管相当扼要,却非常清晰(《基础》,页3-8)。斯金纳径直告诉我们,他的思想史研究方法可称之为"历史语义学"(historical semantics)方法,即拒绝学界一直只看重思想史上的重要人物和"经典文本"的研究方法,转而关注这些文本得以产生的"更为一般的社会和思想母体"(intellectual matrix)。这意味着,思想史学者的研究目光,应该从"经典文本"挪到经典作家写作时"所处的和所服务的社会的有关特性"。如此转移视角的理由是,历史中的政治理论家的写作,无不是在回答当时的政治生活提出的实际问题,或就这些问题相互辩驳。所谓"思想语境"(intellectual context)就是政治斗争的语境:此前有谁提出过什么政治主张,同时代出现过哪些仅仅昙花一现的政治论说,这些论说的实际影响又如何等等。

由于"思想语境"也可以称为"意识形态",因此,斯金纳把自己的思想史[学]称为"意识形态史[学]"(history of ideologies)。应该注意到,斯金纳并没有抛开"经典文本",而是强调从仅仅关注"经典文本",转向关注"经典文本"与其赖以形成的社会"思想语境"之间的关系(《基础》,页3-4)。正是在这一意义上,他也把自己的方法称为"语境中的文本"(text in context)研究法。这种视域的转移,看起来的确像是让思想史从哲学回到史学,毕竟,作为史学的思想史应该关注思想的历史处境,而非在哲学上思考思想者所思考的问题本身。①

---

① 详参波考克,《德行、商业和历史:18 世纪政治思想与历史论辑》,前揭,页4-48。

斯金纳马上澄清，他的方法论与马克思主义式的上层建筑与社会基础的关系论不是一回事。这倒是真的，因为，仅仅从"历史语义学"这个术语来看，他的方法论与英国现代语言哲学中奥斯丁（John L. Austin）、斯特劳森（Peter F. Strawson）和塞尔（John Searle）的实用语义学有直接渊源。① 问题在于，斯金纳把实用语义学派的语言哲学技艺挪到思想史研究领域，难道真的仅仅是出于一种史学旨趣？

斯金纳告诉了我们两点理由。首先，"唯文本论者"（textualist）的思想史，仅仅盯住"经典文本"，没有能够提供"真正的史学"（geniune histories），没有能够"尽可能宽容地持同情态度去重新发现这些社会的不同精神状况"。斯金纳还说，导致这种情形的原因是：政治思想史的"唯文本论者"把注意力仅仅放在经典作家身上，而这些作家在讨论政治问题时所具有的"抽象和智识水平"（a level of abstraction and intelligence），"他们的任何同时代人都难以匹敌"（《基础》，页4）。言下之意，政治思想史研究与其说应该致力于理解"抽象和智识水平"很高的作家，不如说应该致力于理解"抽象和智识水平"不高的人们的论说。显然，这与其说是一种史学的理由，不如说是一种道德哲学的理由：这意味着，思想史研究的目光应该下移，从极少数哲人身上挪到大众式知识人身上。

我们难免感到好奇：为什么呢？学习或研究思想史，难道不是为了让我们的"抽象和智识水平"有所提高？如果我们这样想，那么，这仅仅表明，我们还没有理解斯金纳对思想史研究的道德哲学理解。果然，斯金纳进一步告诉我们，"历史语义学"方法有助于揭

---

① 斯金纳，《言语行动的诠释与理解》，丁耘主编，《什么是思想史》，前揭，页136-165；亦参扎科特，《政治哲学史中的借用与理解：论斯金纳的方法》，扎克特，《洛克政治哲学研究》，前揭，页75-79。

示"政治理论与实践之间"的联系。换言之,一旦我们把哲学理解为实践性活动,我们就能理解斯金纳的要求,这意味着,政治思想史研究必须重视历史中的政治观念,或思想对于历史中的政治行动所起到的引导作用。

斯金纳尤其提到,撰写政治史的史家(political historians)向来不重视"政治观念和原则"的指导作用。笔者难免想到,我们的情形刚好相反:撰写现代中国革命史,必定会强调观念的指导作用。一种"政治观念"(political idea)如何对政治行动起指导作用,对我们来说也绝不陌生。我们无需斯金纳提醒就知道:谁如果想要在"政治舞台上迫切希望采取某种行动",就表明他有某种强烈的政治动机,而为了实现自己的政治目的,他必须制造一些语汇,或利用社会中"已成规范"的语汇,让自己的"政治观念"具有行动能力,这叫作打造"意识形态"(《基础》,页5)。因此,我们应该能够理解,斯金纳提倡从关注"抽象和智识水平"很高的作家,转向关注"抽象和智识水平"不高的作家,不仅是出于道德哲学的理由,而且,这种道德哲学在品质上还是一种激进的实践哲学,即要让某种"政治观念"具有行动能力。

斯金纳甚至把意思说得非常坦率:"任何迫切希望使自己的行为被承认是一个正人君子的行为的人,都将发现自己受到限制,只能采取一定范围内的行动"(《基础》,页6)。这无异于说,任何迫切希望采取政治行动的"政治观念",在当下处境中,都是违法的、被限制或禁止的,反过来说,这种"政治观念"无不具有造反性质——难怪斯金纳会不遗余力地张扬马基雅维利和英国共和派的自由理论。现在我们更能够理解,斯金纳在就职演讲第三章第二部分一开始对支撑他的史学研究的这个"是什么"问题的回答。斯金纳的学生塔利说得没错,他把斯金纳的思想史准确地称为"利剑":the Pen is a Mighty Sword[笔为利剑])。①

斯金纳在《现代政治思想的基础》"前言"最后说,"历史语义学"方法最终还是为了"更有希望理解"经典文本,毕竟,"单靠阅读"这些文本,我们无法把握文本中的"意义",只有通过揭示"思想语境",才能"加深对作者意图的洞察"(《基础》,页7-8)。笔者难免感到纳闷:既然思想史研究的根本目的是要让某种"政治观念"具有行动能力,那么,理解经典文本干什么呢?但转念一想,这个问题很容易解答,关键在于:如何认定哪些文本是"经典"。如果"希望理解"经典文本的目的,不过是为了寻找某种可为现实政治斗争服务的"政治观念",那么,只要符合当前现实斗争的政治目的,历史上的某个文本就值得被指定为"经典"。比如,按沃格林的看法,哈灵顿没有"热爱智慧的天性"(philosophic nature),尽管他细致研究过亚里士多德和马基雅维利。由于酷爱史学,他对现实政治倒是不乏敏锐的眼力,其思想虽然缺乏哲学品质,却直接影响了洛克、孟德斯鸠尤其休谟(《新秩序》,页100,102)。出于哲学的理由,沃格林会看不上哈灵顿的作品,从而不会在自己的政治观念史中为他花费太多笔墨;而对于斯金纳的思想史研究旨趣来说,哈灵顿的著作恰好就是"经典"。

由此看来,人们断乎不能说,斯金纳提倡的研究方法的优长,是所谓史学的"客观性"。斯金纳让我们看到,他的所谓"历史语境"研究方法的实质是积极的行动性,反对陷于个人沉思式的思想史研究。如果我们认为,剑桥学派与施特劳斯派的差异,"庶几与'桐城'和'乾嘉'之分"相同,斯金纳肯定会说"No",否则,他在就职演

---

① James Tully 编, *Meaning and Context: Quentin Skinner and His Critics*, Polity Press,1988,页7。

讲临近结束时焕发出来的革命激情,就纯属荒谬。

就职演讲之后不到五年(2001),斯金纳就与《政治哲学学刊》合作,搞了一场座谈会,讨论如何在当前形势下"发现并阐明来自剑桥"的政治哲学主张。据说,要理解剑桥学派的史学何以是一种政治哲学,"很大程度上取决于人们如何理解政治哲学的目的"。① 三十多年来,斯金纳已经把剑桥学派的史学目的讲得那么清楚,还需要再讲吗?读过座谈会纪要才知道,斯金纳要人们讨论的是,如何在当前形势下与其他新近出现的激进理论一起,进一步推进继续革命。

如果要彻底看清斯金纳的思想史研究的心性品质,那么,我们必须理解,所谓关注"历史语境",还意味着关注历史中的具体知识状况,亦即关注普通智识人的书写,如斯金纳在就职演讲中还在呼吁的那样,应该把思想的目光投向"不知名的政治作家"(less well - known political writers)。《自由主义之前的自由》的中译者曾一针见血地指出:

> 在思想史的研究中,是否除了伟大的思想家之外就别无选择,在人类思想发展史上,哪些思想家真正体现或代表了一个时代的思想,在剑桥学派看来,一些二流的思想家才真正代表了一个时代的主要思想。(《自由》,页124)

斯金纳为何有这样的思想史观念,笔者一直百思不得其解。直到晚近,斯金纳在一篇访谈中说到自己早年崭露头角时的学界状况,笔者才恍然大悟。他在访谈中告诉我们,自1960年代以来,西

---

① 库珀,《政治哲学:来自剑桥的观点》,见丁耘主编,《什么是思想史》,前揭,页238。

方的思想史学界"越来越大众化",出现了一种引人注目的"思想史的民主化形式"(a democratized form of intellectual history),即不是关注"专业思想者"(professional thinkers),而是关注"普通人民"。① 真让人茅塞顿开!

笔者这才想起,在本世纪最初那些年,我国学界为何也曾一度流行这样一种说法:我国的古代思想史研究,不应该翻来覆去只读孔子、孟子、荀子、董子、朱子,也应该甚至首先应该关心"民间知识",发掘所谓中国文化的"小传统"。与此相应,政治史也不应该翻来覆去只讲我们民族的英雄人物或帝王将相,而是应该追寻平民的"历史记忆"。按照我国古代读书人的习俗,学问的基本道德原则是"见贤思齐"。半个多世纪以来,经过民主化的思想史教育,我们的文史家不仅自己已经洗心革面,养成"见民思齐"的心性,而且通过自己的教学和写作,让一届又一届大学生不再知道我国历史上还有"见贤思齐"的习俗。

斯金纳到北大演讲时,看到我国大学的这番新景象,肯定会欣喜不已。因为,在就职演讲中,他对欧美学界和教育界的民主化形势一片大好深表满意,对自己曾为思想史平民化作出过巨大贡献,他的骄傲和自豪则溢于言表:

> 在像我本人这样的思想史家中间,一种令人兴奋的发展显得是,能够把我们的研究更紧密地联系通常所谓的"实际"历史"("real" history);我想,这些发展的成效之一在于,思想史已显得是更普通的兴趣(more general interest)的主题。……当然,对许多[学习]道德和政治理论的学生来说,采用这样一种

---

① 参见"Ideas in Context: Conversation with Skinner", Interview conducted by Hansong Li,刊于 *The Chicago Journal of History*, Autumn(2016),页120。

史学进路显得是一种离经叛道。(《自由》,页74)

斯金纳何其自鸣得意地承认,剑桥学派史学的实际政治目的,就是教"[学习]道德和政治理论"的学生"离经叛道"(embody a betrayal)。显然,斯金纳感到兴奋的是,思想史成了"更普通的兴趣"(more general interest),即更多的普通人或更为普通的人也开始对思想史感兴趣。我们这代人都记得,在我们自己所经历的那个年代,人们被强制对思想史感兴趣——比如,对"儒法斗争史"感兴趣。如果需要引导和教育普通人,那么,用某种方式强制普通人对思想史感兴趣是必须的。但剑桥学派能够做到让普通人对思想史感兴趣,显然不是通过强制,而是通过迎合。不难设想,剑桥学派若引导人们思考经典思想家对正义、智慧、审慎、勇敢和节制的思考,更为普通的人会懒得听,因为他们觉得与自己的生活不相干。若斯金纳或波考克整天讲,为增进共同利益,人们应有一副铁石心肠,做事得冷酷无情、背信弃义,更多的普通人甚至会心起反感。如果天天讲人人有平等的参政决策的"个人权利"和积极的"个人自由",那么,更多的普通人或更为普通的人肯定会对思想史开始感兴趣。这样一来,剑桥学派当然必须得另起炉灶,搞出一种切合"大众意志"的思想史:从古到今的公民共和主义思想史。

斯金纳的思想史"进路",印证了施特劳斯在《自由教育与责任》中对西方近代以来的基本思想走向的观察。首先,马基雅维利的政治史学标志着西方哲人的心性蜕变:热爱智慧变成了热爱民主政治。斯金纳在1980年代末为《剑桥文艺复兴哲学史》写的"Political Philosophy"一章证实了这一点。此文经修订后收入自编文集时,分为两部分,分别题为"重新发现共和价值"(The Rediscovery of Republican Values)和"君主时代的共和价值"(Republican Virtues in an Age of

Princes)。① 斯金纳不遗余力地把热爱智慧变成热爱民主政治,表明他天生就没有热爱智慧的爱欲。就职演讲结束时,他要求听众"叩问自己,我们应该思考(think)些什么",仿佛他知道什么叫"思"——尼采听见了肯定会痛斥他不知羞耻。

第二,斯金纳或剑桥学派让我们看到,"自上而下的启蒙"与"来自下层的政治自由"的赛跑,终于追赶上了超前的后者,并与之彻底合流。如波考克所说,剑桥学派所要研究的,"显然就是男男女女们的思维活动;他们采用的言说具有自我批评和自我完善的性质,通常会上升到理论、哲学和科学的层次"。这意味着思想史的转向,即"不再强调思想(或更准确地称为'观念')史,转而重视另一些因素的运动,'言说史'(history of speech)或'话语史'(history of discourse)也许是迄今为止能为它们找到的最恰当的名称"。② 难怪斯金纳告诉我们,施特劳斯的《迫害与写作艺术》"想让我们认识到,许多哲学作品都是针对精英的",这样的政治哲学史研究"完全找错了目标"。因为,"通常而言,政治哲学作品都以社会中的各种问题为指向,并试图去解决这些问题"。③

现在我们能够理解,剑桥学派乃至德鲁里一类哲学教授所憎恶的"精英",不外乎是我国传统崇尚的"见贤思齐"心性和追求卓越的爱欲。按照剑桥学派的企望,我们应该养成新的习俗,向"男男女女们的思维活动"看齐,并憎恶追求高贵德性的"精英"。

第三,历史主义是现代西方思想的根本症结。斯金纳以及波考

---

① Charles B. Schmitt / Quentin Skinner 编,*The Cambridge History of Renaissance Philosophy*, Cambridge University Press, 1988, 页 389 – 452; 比较 Quentin Skinner, *Visions of Politics. Vol. 2*, *Renaissance Virtues*, 前揭, 页 10 – 38, 118 – 159。
② 波考克,《德行、商业和历史》, 前揭, 页 3 – 4。
③ 斯金纳,《把英雄和恶棍放一边,历史研究应该做什么?》(访谈), 前揭。

克愤然指责施特劳斯在"思考"马基雅维利研究时充当"先知"或"执行绞刑的法官"角色,不过是因为,施特劳斯凭靠在他们看来子虚乌有的超历史的永恒视野,判定马基雅维利是"邪恶的教诲师",而这一哲学判决又让剑桥学派成了"邪恶的教诲师"的学生。

凡此表明,剑桥学派的政治思想史与施特劳斯的政治哲学史的对立,是两种精神品质的对立。施特劳斯主张,通过政治哲学史研究恢复古老的政治争议,真正的短兵相接必然最终见于政治观念的哲学辩驳。施特劳斯提倡"政治哲学史"研究而非"思想史"研究,意在彰显哲学辩驳。换言之,研究过去的思想必须是一种哲学思考,这当然要求研究者去阅读历史上经典人物的"经典文本",并尽可能接近被研究对象的"抽象和思想水平"。

由此看来,从所谓方法论角度让两派辩理,反复纠缠一些半通不通的哲学概念,或者为施特劳斯辩护说,他的马基雅维利释读绝没有忽视历史语境,都无关宏旨。① 毕竟,对比伯林和斯金纳的思想史研究的着眼点,我们已经清楚看到,他们呈现的是完全不同的历史研究的精神品质。富有启发的毋宁是,我们应该学会辨识这些思想史研究各自的精神品格和哲学高度,否则,我们在学习思想史或哲学史时,将不会知道自己的德性追求是在走向高处,还是在走向"男男女女们的思维活动"。

---

① 扎科特,《洛克政治哲学研究》,前揭,页 65 – 74。亦参 Rafael Major, "The Cambridge School and Leo Strauss: Texts and Context of American Political Science",刊于 *Political Research Quarterly*, Vol. 58, No. 3 (September, 2005),页 477 – 485。

结语　历史意识与学人心性

已经很清楚，如果我们以为剑桥学派倡导客观且实证的史学研究，不像施特劳斯派那样，"以返回古典为号召，却是取历史文本为己用"，那就实在错待了剑桥学派。无论波考克还是斯金纳都让我们看到，他们无不以返回共和派自由理论为号召，取历史上的各色文本为己用。毋宁说，如已经有论者敏锐地看到的那样，"剑桥一派学人虽然也着力从遭到后人轻忽的历史文献中发掘新义，却表现出相当浓厚的历史主义倾向"。① 但问题仍然在于，这种历史主义倾向的性质究竟是什么，为什么它体现为思想史的激进民主化？搞清这个问题，对于理解我们自己所置身的历史时刻至为重要。

1960年代兴起的激进民主理论运动，首先而且主要在大学取得了显著成效，以至于布鲁姆在美国宪法诞生二百周年之际

---

① 冯克利，《波考克和他的思想史研究》，前揭，页2。

(1987),出版了带愤然情绪的《美国精神的封闭:高等教育如何导致民主的失败和大学生心灵的枯竭》。该书随即引发全国性大论战,这证明激进民主理论运动经过近二十年的发展已经成效显著。吊诡的是,布鲁姆并没有把大学教育的品质败坏归咎于激进民主理论运动,而是归咎于德意志历史主义阴魂不散:似乎败坏美国大学心灵的是尼采—海德格尔的德意志思想。

以布鲁姆的聪明和学养,他真的不知道谁在败坏美国大学教育?情形会不会是:他明知道是谁却不便挑明,否则就会触及自己的老师早已挑明的那个老问题?继《自然正确与历史》对历史主义发起挑战后,施特劳斯随即在《关于马基雅维利的思考》中把历史主义的"源头"追溯到"马基雅维利时刻"——布鲁姆对此当然心里清楚。然而,面对激进民主思潮的泛滥,布鲁姆为了拱卫美国的既有政制,只得把思想斗争矛头对准尼采-海德格尔的历史主义这个思想"外敌",而非坚持施特劳斯早就挑明的根本问题。布鲁姆去世前编过一部文集,其书名副标题挑明:美国政制受到的威胁来自功利主义、历史主义、马克思主义和弗洛伊德主义。① 施特劳斯当年挑战过的洛克,在这部文集中成了应受保护的对象。反过来看,剑桥学派倒理直气壮:为了把激进民主进行到底,他们从"马基雅维利时刻"再出发,非要踢开施特劳斯这块巨大绊脚石,再昂然高举马基雅维利的历史主义这面大旗前行。

我们有必要搞清这件事情:历史主义与美国政制危机究竟有怎样的关系。

---

① Allan Bloom / Steven J. Kautz 编,*Confronting the Constitution*: *The Challenge to Locke*, *Montesquieu*, *Jefferson*, *and the Federalists from Utilitarianism*, *Historicism*, *Marxism*, *Freudism*, Washington, DC, 1991。

1. 历史主义的词源和语义

克罗齐的得意门生安东尼说,"历史主义"这个语词第一次出现在 19 世纪末的德国——这个说法流传很广,却把这个语词乃至作为思想问题的历史主义的出现足足推迟了半个多世纪之久。①

按德国学界自己的考证,Historismus 这个语词是浪漫派哲人在 18 世纪末的发明,而 Historismus 成为德语思想界有争议的学术思想问题,则出现在 1850 年以前。1797 年,小施勒格尔(Fridrich Schlegel,1772-1829)在一则片段(生前未刊)的注释中说,哲学有"各种样式"(Arten),比如伦理论(Ethicismus)、政治论(Politicismus)、逻辑论(Logicismus)、诗论(Poeticismus)、史论(Historismus)。按照这种用法,Historismus 最初指一种哲学论说的"样式",即凭靠关于过去的知识来建构哲学。诺瓦利斯(1772-1801)在笔记中也用过这个语词,同样指一种哲学样式,即所谓"综合体系"(das Konfusions-System)的样式,与 Mystizismus[神秘论]对举。"主义"(mus/ism)的原义指"论说",一旦某种哲学"论说"被人们信奉,并产生意识形态作用,就成了我们所理解的"主义"。因此,Historismus[历史主义]也可译作"史论",指以政治/文化史或思想史的材料铺展哲学论说。

首次给 Historismus 这个语词下定义的是费尔巴哈(1804-1872),他在 1839 年写到:Historismus 指致力于科学地认识过去,这种认知会给当下正在创造性地型塑的实践生活带来损害。可见,这个最

---

① 安东尼,《历史主义》,黄艳红译,上海:格致出版社,2010,页 2。

初的定义带有批判含义。看来,当时的德意志知识界很可能已经开始使用这个语词,否则,费尔巴哈也用不着下这个定义。1848年,布拉尼斯(Christlieb Julius Braniss,1792 - 1873)用 Historismus 特指凭靠黑格尔哲学来建立的"历史形而上学",即一种关于持续进步的理性过程的历史哲学。但他把 Historismus 视为一种"思辨的历史哲学",未必是一种褒奖。1851年,史学家普朗特尔(Carl Prantl,1820 - 1888)用 Historismus 来界定要与自然科学相媲美的新史学,也就是所谓"历史学派",才让这个语词具有了褒义。随后,史学家德罗伊森(Johann Gustav Droysen,1808 - 1884)和布克哈特(1818 - 1897)都提出,应该注意学界出现了一种所谓"思想的史学化"(Historisierung des Denkens)趋势,这将引发哲学或科学在性质上发生令人意想不到的嬗变。从此,Historismus 的基本含义便指哲学思想的史学化倾向。①

1874年,尼采发表了《史学对于生活的利与弊》,对史学家布克哈特的历史教益论提出质疑,无异于挑起了哲学与史学的论争。在尼采看来,他关于史学的沉思不合时宜,乃因为当今的学术界无节制且盲目地以史学教养为傲,似乎史学才是最高学问,对史学的价值丧失了批判性的质疑能力。就西方智识传统而言,哲学所探究的东西才称得上"真理",如今,史学宣称它所探究的东西才是"真理"。尼采提出的辩驳是:既然史学服务于生活,那么,它永远不可能像数学那样成为一门精密科学,因而也不能按照精密科学的标准来评判"真理"。如果史学取得了关于何谓"真理"的裁决权,那么,"真理"必然陷入相对主义或多元文化价值主义。②

---

① Annette Wittkau,*Historismus*,Göttingen,1992/1994,页199,尤其页25 - 44。

② 参见尼采,《不合时宜的沉思》,李秋零译,Pütz 版编者说明,上海:华东师范大学出版社,2007,页131 - 240。

尼采发表自己的看法时才三十多岁，加上他离开巴塞尔大学的教席后，并未在其他大学继续执教，自然人微言轻。到了19世纪末，德国哲人开始大谈"历史中的意义"或"历史的世界观"，狄尔泰(1833－1911)和李凯尔特(1836－1936)的历史化哲学开始引领哲学潮流。① 从此，Historismus获得了这样的思想史含义：所谓"历史主义"乃是一种道德哲学立场，即把引导人世生活的道德视为历史情境甚至历史时刻的产物。

"历史主义"就是一种哲学立场，它会把概念和规范的有效性本身理解成历史上曾存在的东西：它代表了认识和道德领域的一种普遍的历史相对论。根据它的观点，"真理"或"伦理价值"这样的语汇，在不同的历史情境中具有不同的含义，而这一点也同样适用于人们自身对"真理"或"伦理"的可能理解。如此一来，这种立场在史学角度上就升级成了一种普遍的怀疑论和不可知论。历史主义的这一形态决定了第一次世界大战前后的哲学论辩：那时被视为应该超越的，正是那种历史上形成的相对论，这种相对论还被理解成是会在实践上导致方向迷失的一种情景。②

第一次世界大战结束之后不久，思想史家特洛尔奇(Ernst Troeltsch,1865－1923)打响了反历史主义的第一枪，而且就在英国伦敦：1920年，特洛尔奇应邀在伦敦大学神学院做了三场学术讲演，

---

① 狄尔泰，《历史中的意义》，艾彦译，南京：译林出版社，2011；李凯尔特，《李凯尔特的历史哲学》，涂纪亮译，北京：北京大学出版社，2007。
② 施耐德尔巴赫，《黑格尔之后的历史哲学：历史主义问题》，前揭，页13。

总题为"伦理学与历史哲学",讲稿结集成书时题为"历史主义及其克服"(1924)。①

特洛尔奇关注历史主义问题相当早,他在33岁那年(1898)发表的《神学中的史学和教义学方法》一文中已经提出,"现代的史学"首先是"一种理解既往和当今的方法",但绝非仅仅是"方法",毋宁说,"它自身体现着对一般精神生活的某种态度"。特洛尔奇虽然认为,"没有哪个视历史为一团混乱的人想以理性方式从历史中得到一种价值标准",但他也承认,"在历史上发挥作用并逐渐显示出的理性的信念",对基于神话的传统信仰构成的挑战,并非没有合理性。②

随着实证史学以及哲学的历史化趋向迅猛发展,特洛尔奇越来越感觉到,历史思维将引发宗教、政治和社会方面的论争甚至震荡,给欧洲伦理生活秩序带来的冲击"几乎令人惊恐不安"——尼采在《史学对于生活的利与弊》中表达的先见之明已经得到证明:欧洲的传统伦理价值观念将被历史意识冲刷得千疮百孔。因此,真正的历史哲学不应该是哲学的历史化,反倒应该是思考如何遏制日益汹涌的历史意识洪流,否则,历史相对主义作为其危险后果将不可避免。

去世前一年,特洛尔奇出版了思想史文集《历史主义及其问题:卷一,历史哲学的逻辑问题》(1922),第二卷未及出版,离世时年仅58岁。由于特洛尔奇主要关注历史意识和史学思维给基督教信仰及其

---

① 特洛尔奇,《克服历史主义》,刘小枫编、陈湛译,北京:华夏出版社(即出)。
② 特洛尔奇,《基督教理论与现代》,刘小枫编,朱雁冰等译,北京:华夏出版社,2004,页111,121。

神学带来的现代困境,①他打响的反历史主义第一枪,即便是德国学界也充耳不闻,遑论英语学界。毕竟,人们已经不在意基督教信仰及其神学的现代命运。布克哈特的学生迈内克甚至致力于消弭特洛尔奇发出的"克服历史主义"呼吁。②纳粹全盘掌控德国之后,迈内克出版了大著《历史主义的兴起》(1936年),为18世纪以来的德意志历史主义辩护。

第二次世界大战之后,施特劳斯的《自然正确与历史》在美国对历史主义发难,并与特洛尔奇的思考接上线索,才算真正打响反历史主义的思想之战:在《自然正确与历史》的简短"导言"一开始,施特劳斯就提到特洛尔奇关于德国思想与大西洋传统以及美国思想的差异的观点(《自然》,前揭,页1-2)。

一旦了解这样的思想史背景,我们就不会认为,伯林的"价值多元论"或剑桥学派的"历史语境"论是什么新东西,它们不过是19世纪就已经出现的历史主义强劲思潮的最新表现。只不过,无论伯林还是波考克和斯金纳,在宣称历史主义的道德哲学立场时,都显得比其前辈们更为张扬、更为理直气壮——斯金纳在就职演讲中的姿态,让我们清楚地领略到这种气势。

对我们中的不少人来说,伯林以及斯金纳和波考克说施特劳斯迷信柏拉图是一种"中魔",多多少少有些道理。因此,我们有必要考察一下,施特劳斯为何以及如何"中魔",以便我们自己反省何谓"中魔"。

---

① 参见拙文《特洛尔奇与神学的现代转型》,刊于刘小枫,《西学断章》,上海:华东师范大学出版社,2016,页198-224。

② Friedrich Meinecke,"Ernst Troeltsch und das Problem des Historismus",载于 *Deutsche Nation*,1933(3)。

2. 德意志思想与历史主义

施特劳斯的政治哲学史研究的基本特征，可以说是顽强抵制声势浩大的历史主义思潮，他关于何谓历史主义、为何必须克服以及如何克服历史主义的论述，见于多部论著、多篇文章、多次学术演讲、多次研读课程。最重要的文本当然是《自然正确与历史》第一章，不过，就眼下需要关注的问题而言，最值得重视的文本，当是他刚到美国不久做的一次学术报告。这是施特劳斯关于历史主义问题的最早论述，尤其难得的是，报告清楚展示了施特劳斯深入思考这个问题时的思想痕迹。

1940年4月底，Creighton 哲学俱乐部在纽约附近的一个小镇举办第39次聚会，施特劳斯应邀作了题为"德国战后哲学的现存问题"的学术报告，讲稿后来从未发表，直到晚近才由迈尔（Heinrich Meier）整理刊布。① 所谓"德国战后"指第一次世界大战之后。报告一开始，施特劳斯就说到公民自由：

> 德国人智识的荣耀和政治的不幸，也许可以追溯到一个相同的原因：德国文明比西方文明年轻得多。严格地说，德国人的文明化（civilized）赶不上英国人和法国人，即他们作为公民和自由公民（free citizens）的程度比较低。这是问题的一方面。另一方面，德国哲学比西方哲学（than western philosophy is）更

---

① 当年的 *Philosophical Review*（49, no. 4, 1940）刊登过聚会通知，中译见施特劳斯，《苏格拉底问题与现代性》，前揭，页66-87（凡引此文简称《问题》，并随文注页码）。

倾向于对文明、文明的传统持一种批评态度。我们可以夸张地说，一般而言，德国哲学或多或少暗示着一种对文明大观念，尤其是对现代文明大观念的彻底批判——在政治领域，这种批判是灾难性的，但在哲学领域、理论领域却必不可少。(《问题》，页66)

施特劳斯作这个学术报告时，英国和法国已经与德国处于战争状态。施特劳斯将"德国文明"与"西方文明"以及"德国哲学"与"西方哲学"区分开来，让人会觉得他的政治立场鲜明。这里的所谓"西方文明"指"现代文明"或者说"大西洋文明"，并不包括西方的古典文明。施特劳斯把"文明化"等同于"自由公民的程度"，听起来是在赞美大西洋文明的"公民"政制理想。他甚至说，"德国人渴望自己民族的过去"，德国哲人对"现代文明"的"彻底批判"，是"对现代文明深表不满的一种最粗鲁、最愚蠢和最荒唐的形式"。

可是，施特劳斯话头一转说：这种渴望也有一种"最开明的形式"，即"渴望古典的古代，尤其是渴望希腊的古代"——如尼采所描述的那样，这种渴望是一种"伟大的尝试"，"试图架构一条从现代世界返回希腊世界的桥梁"(《问题》，页67)。这一说法悄然推翻了前面的说法，转而宣称，从哲学上讲，德国哲学对"现代文明"的"彻底批判"有道理。① 可以看到，在当时的政治语境中，施特劳斯虽然小心翼翼，但仍大胆表明，不能因为眼下德国的不幸政治"灾

---

① "大西洋共和传统"的信仰者则会反过来说，德意志人对古希腊文明的迷拜，不过是德意志民族"那嫉妒危险的唯心情怀"的表达，反映出"作为一个整体的德意志人"不过是"观念的奴仆"，他们"不能也不愿意接纳不同的游戏规则"，不敢正视"海洋之本性"。巴特勒，《希腊对德意志的暴政》，林国荣译，北京：社会科学文献出版社，2017，第一章"概要"。

难",以及"最粗鲁、最愚蠢和最荒唐"的纳粹统治,就不加区分地否定德国哲人对"现代文明"的"彻底批判"。① 1956年,施特劳斯在关于"存在主义"问题的学术报告中把话说得稍微更清楚一些:

> 如果一个人像尼采那样,为了一种新贵族政制,富有激情地拒斥保守的立宪君主制以及民主政制,那么,比起新贵族(不用说什么金发野兽)品性的必然更为微妙的暗示,倒还是那一拒斥行为的激情产生了更大效果。(《重生》,页76)②

施特劳斯的这一说法以极为节制的措辞表示,尼采的贵族政制主张其实有两个面相。人们最容易看到的面相是,尼采"富有激情地拒斥保守的立宪君主制以及民主政制"。通常认为,德国在20世纪所经历的不幸的政治灾难,与尼采的这一面相直接相关。施特劳斯并不否认,这种流俗意见有道理,毕竟,一般人不可能认识到,尼采的贵族政制主张还有另一个面相,即哲学面相。因为,这一面相关涉哲人的心性品质,普通人不会对这样的问题感兴趣。

当然,这两个面相之间并非没有关联,施特劳斯在1956年的学术报告中接下来就说:反对德意志人"富有激情的政治行动完全合乎情理,但却不够充分","甚至在政治上也不够充分"。

> 难道不存在威胁民主制的危险,不仅无外患而且无内忧?民主制、工业大众民主制(industrial mass democracy)难道没有

---

① 比较施特劳斯在60年代的学术讲演《作为严格科学的哲学和政治哲学》,见施特劳斯,《柏拉图式政治哲学研究》,张缨等译,北京:华夏出版社,页43-44。

② 施特劳斯对尼采的"新贵族政制"激情更为详细的评述,见施特劳斯,《作为严格科学的哲学和政治哲学》,同上,页46-47。

问题？民主制那具有温情脉脉合理性的官方高级教士们恰恰不够合乎情理，以致无法应付我们当前的处境：欧洲的没落、西方乃至整个西方文明遗产面临的危险——这个危险至少与基督教纪元三百年左右地中海文明遭遇的威胁一样大，甚至较之更加严重。(《重生》，页76)

这一说法尽管非常节制，即便在今天的美国政治语境中，也会让人觉得太大胆。但是，如果我们仅仅是觉得这话听起来大胆，那么，我们仅仅是从政治正确的角度来理解这段话，而非首先关切其内涵。应该注意到，与1940年的学术报告中的说法相比，施特劳斯明显多少肯定了尼采对现代民主宪政"富有激情"的"拒斥"。因此，我们更应该关注施特劳斯的这一说法所体现出来的哲人心性品质：对何谓好政治问题较真儿，但较真儿时极为审慎，充分考虑到历代伟大的思想者的相关思考；在认识历史上的思想人物时，持审慎的辨析态度，而非简单地凭靠某种意识形态的政治正确评判其好坏对错。即便在日常生活中，要辨识某个人是好是坏、一件事情是对是错，也绝非易事。要获得对人对事的良好辨识能力，需要一个人付出道德和智识上的巨大努力。如果普通人个个愿意付出这样的努力，那么，人世实现好政治的可能性会大得多。如果智识人或读书人都不再愿意付出这样的努力，那么，尼采对现代民主宪政"富有激情"的"拒斥"就不无道理。想到这些，我们有理由怀疑，施特劳斯的美国弟子们与其说是由于惧怕自由民主知识人攻击施特劳斯是"纳粹分子"，不如说是由于担心质疑美国立国原则的道德品质，才不敢再提德国哲人对"现代文明"的"彻底批判"。

1940年学术报告的简要开场白已经提示听众：大西洋文明的"自由公民"政制理想与历史主义具有某种关系。因为，施特劳斯把德国哲学对"现代文明"的"彻底批判"表述为历史主义的"彻底化"。施特劳斯说,德国哲学对现代文明的批判起于18世纪末至19世纪初:黑格尔哲学使得这场哲学批判"达到了巅峰","其形式是,作为自由领域的历史与作为(数学或机械的)必然领域的自然相对立"(《问题》,页68)。这无异于告诉我们,黑格尔哲学就是一种历史主义,其含义是,以"作为自由领域的历史"对抗"自然",但这个"自然"并非古希腊哲学意义上的"自然",而是现代大西洋传统意义上的凭靠数学和物理学设定的"自然"——不妨称为人为设定的数理式自然。换言之,德意志哲人的史学化趋向,为的是抵制现代式的自然法观念。

不过,尽管黑格尔哲学抬出"历史"来对抗现代的数理式自然,并构造出一种"历史哲学",以至于哲学的真理最终会遭遇危难,黑格尔本人毕竟没有放弃作为"纯理论事业"的哲学本身。第一次世界大战之后,德国哲学界出现了"生存"论思潮,"与所有作为纯理论事业的科学相对立"。施特劳斯说,这就是所谓"历史主义"的激进形式,亦即将"历史"与数理式自然的对抗转换为"生存"与整个"纯理论事业"的对抗,而按照西方传统,这一事业本来"包括自然科学和史学"在内(《问题》,页68–69)。

我们需要记住两个要点:首先,"历史主义"是一种哲学,其特征是用"历史"来反驳数理式的自然观。这意味着,人世生活的道德秩序和政治秩序的依据是"历史",而非现代的数理式自然。尽管如此,在黑格尔的历史主义那里,"历史"还没有制约哲学或热爱智慧的活动本身。毋宁说,"历史"还仅仅是哲学活动的一个思考对象,正如数理式的自然首先是一个思辨的对象。第二,历史主义的彻底化或极端形式意味着,"历史"从一个哲学思考的对象,变成了支配热爱智慧的活动[哲学]本身的东西,或者说成了形而上学的基础。形而上学的本义是超历史的探究，现在，形而上学成了基于历史的探究。这样一来，热爱智慧的活动本身的传统品质就面临蜕变的危险。毕竟，关注或思考历史，与受历史制约地关注或思考一切，是完全不同的两回事。

施特劳斯说，历史主义的这种极端化形式肇始于尼采，并在海德格尔那里获得了最具哲学深度的表达。不过，在接下来具体论析这种历史主义的激进形式时，施特劳斯首先以斯宾格勒为代表，因为他"最不留情面地攻击了现代科学和哲学（确实攻击的是科学和哲学本身）的有效性和价值"。

让我们先问这样一个问题：斯宾格勒的史学为何是历史主义的一种极端化形式？施特劳斯给出的理由是：即便在启蒙哲人（比如伏尔泰）那里，"最初［也］曾宣称要教授唯一的（the）真理，对所有人，实际上是对所有有理智的动物都有效的真理"。与此截然不同的是，在斯宾格勒眼里，这种"唯一的真理"观不过是独特的浮士德精神即西方精神的表达，其实并没有这样的真理（《问题》，页69）。

如果任何科学或哲学都不过是某种民族性文化精神的表达——比如，我们会说，科学精神不过是西方民族精神的表达，那么，哲学的任务就变成了研究各民族的文化精神类型，而非死死抱住所谓"唯一的真理"不放。换言之，斯宾格勒本来想要说，现代西方（从笛卡尔到牛顿所确立）的科学逻辑"不过是一种独特精神的表达"，但他的结论却是，把科学或哲学本身视为西方民族精神的独特表达。于是，科学或哲学本身就成了一种民族文化的历史产物——这就是历史主义的激进含义：科学或哲学探究的"真理"，不是自然的"唯一的真理"，而是历史中生长出来的某种民族文化式的"真理"。

施特劳斯说，斯宾格勒的学说使得历史研究具有了"前所未有的重要性"。这并非是说,历史研究始于斯宾格勒。施特劳斯当然知道,历史研究兴于18世纪,随之就出现了历史主义。施特劳斯说的是历史主义的"极端化形式",这意味着哲学被"降格为对历史现象的理解":"研究过去的不再是史学家,而是哲学家"。从前,哲人的旨趣是探究超历史的自然,现在的旨趣是"理解过去"的历史。

但是,斯宾格勒的历史主义还缺乏哲学论证,完成这一论证的是海德格尔的《存在与时间》。由于"将人和人的生存精心描绘为本质上是历史性的存在者",海德格尔哲学表明,"人作为历史的存在,是一切意义的根源"。从而,真理不仅"本质上涉及人的生存",而且受制于人的生存历史。与此相应,哲学成了解释学,这意味着哲学被"降格为理解文本",或者说理解历史上曾有过的"其他人的思想"(《问题》,页70－71)。

斯宾格勒的史学和海德格尔的哲学表明:史学旨趣转化为哲学旨趣,哲学旨趣则转化为史学旨趣。如何理解这一点呢？斯宾格勒本质上是个史学家,但他的史学研究却在推导出一种哲学供人们使用,甚至在为人们提供一种"多元文化"的世界观;海德格尔本质上是个哲人,但他的哲学研究却把哲学思考引向了"解释"历史上的文本。这意味着,"哲学是处于其历史性中的人的自我知识"(《问题》,页72)。

讨论过斯宾格勒和海德格尔之后,施特劳斯提到了其对抗性思想:韦伯挺身而出,坚定地捍卫现代科学和哲学的有效性和价值。但奇怪的是,在捍卫这种有效性和价值的同时,韦伯也告诉正处于德国政制困境的历史时刻中的年轻人,"不要指望从科学或哲学那里得到关于人类生活的正确目的的真正知识"(《问题》,页77)。必须注意,施特劳斯说,韦伯本来是在表达对现代科学和哲学的看法,但与斯宾格勒一样，他实际上表达了对西方的科学和哲学精神本身的看法。这样一来，无论斯宾格勒－海德格尔还是韦伯，都抛弃了古典意义上的哲学或科学的品质。说到底，所谓"历史主义"的激进形式就是，让热爱智慧的活动本身屈从于"历史"。

我们值得回想《自然正确与历史》的前两章，它们分别指向历史主义和韦伯的社会学理论。可以说，早在发表"自然正确与历史"的六次演讲之前十年，施特劳斯对"自然正确"与"历史"的关系问题已经了然于胸。然而，《自然正确与历史》接下来的两章是阐述古希腊罗马政治哲学关于"自然正确"的观点，我们必须问：为什么施特劳斯没有阐述古希腊形而上学？这才是西方热爱智慧的活动本身的体现啊！也许，原因很简单：施特劳斯力图展示古典哲人如何面对人世的政治生活——正是这种生活本身自马基雅维利以来被视为"历史"，而后世的哲人让这种"历史"成了支配哲学思考的基础。反过来说，在古希腊罗马哲人眼里，并没有近代以来的哲人所说的这种"历史"，但这不等于古典哲人没有面对人世的政治生活。因此，依据"自然正确"抑或依据"历史"来看待人世的政治生活，就成了施特劳斯要挑明的古今哲学分野的关键。

3. 历史主义与马基雅维利时刻

可是，《自然正确与历史》接下来让古希腊罗马的"自然正确"观与大西洋传统的霍布斯－洛克对立，难免让我们感到费解，何况还与美国的立国原则扯在一起。为什么施特劳斯没有顺着德意志的历史主义及其激进形式继续往前，去追溯古今哲学分野的历史时刻，而是转而展示大西洋传统的政治哲学？这种现代的政治哲学与刚才说的历史主义及其激进形式是什么关系？进一步说，如果《关于马基雅维利的思考》把大西洋传统的政治哲学的心性起源追溯到马基雅维利时刻，那么这个"时刻"又与刚才说的德意志历史主义及其激进形式是什么关系？

要明白个中道理，就得回过头来说尼采。施特劳斯在报告一开始就说到尼采，并把他也算作历史主义的极端化形式。但是，在具体说到尼采时，施特劳斯没有说他是历史主义的极端化形式，反倒说尼采如何抵制历史主义（《问题》，页72–73）。在这一语境中，出现了一个非常重要的概念："历史意识"（historical consciousness）。施特劳斯说，尼采注意到哲学旨趣发生了根本变化：一直以来，热爱智慧的志趣"是对关于整全的真理的兴趣"，而非"历史的兴趣"（the historical interest）。这种"历史的兴趣"就是所谓"历史意识"。于是，尼采产生了这样一个问题："18世纪以前，历史从未具有哲学的重要性"，可为何如今不仅人们的政治生活，甚至哲学本身也"需要历史意识"？面对"历史意识"开始主宰世界甚至哲学本身的时代，尼采愤然反击，与"历史意识"或者说历史主义决斗，力图恢复哲学的形而上学（或超历史的）品质。从这一意义上讲，海德格尔说尼采是西方形而上学的最后一人没错。但这种说法本身，以及海德格尔对尼采形而上学的清除，又反过来证明，海德格尔的哲学取向是历史主义的激进化形式。

尼采对历史主义的批判绝非简单的批判，他首先致力于理解：为什么现代人需要"历史"。尼采通过对"人的天性"（human nature）的理解来解释这种需要，如果后人片面地逮着尼采在这一方面的思考往前跑，那就难免推进历史主义走向激进化。施特劳斯看重的是尼采对"历史旨趣"形成的"非历史的"亦即哲学的思考：尼采已经看到，18世纪的历史旨趣比更早前的历史旨趣更为激进，以至于两者"有一个基本差异"（《问题》，页73）。换言之，早在18世纪之前，对"历史的兴趣"就出现了。由此我们得到一个重要提示：历史主义这个标签虽然出现在18世纪末至19世纪初，但历史主义的实质是对"历史的兴趣"，而这种"兴趣"作为"历史意识"早就出现了。更明确地说，历史主义的出现，并非施特劳斯自己在报告开头说的那样，以黑格尔哲学对"历史的兴趣"为标志。毋宁说，黑格尔哲学是对早就出现的"历史意识"作出的哲学反应，尽管我们必须加上：这是一种*妥协性*反应。

说到底，历史主义的真正起源绝非德意志哲学，而是"大西洋传统"的哲学。由此顺藤摸瓜，施特劳斯就摸到了马基雅维利那里。施特劳斯在报告快到结尾时明确说到，启蒙思想已经具有*历史意识*，"浪漫派的历史意识仅仅是对启蒙运动的历史意识的一种修正"。毋宁说，在16世纪，"我们首次看到哲人们转向作为历史的历史（这里的历史不等于史家记载的事实）"（《问题》，页84）。虽然马基雅维利身上没有历史主义这个标签，但正是他让哲学转向了对"历史的兴趣"，从而开启了"历史意识"。波考克宣称马基雅维利的思想与历史主义同时出现，并非思想史上的一大发明，而他认为历史主义正确，理由正是历史主义会取消哲学本身，这恰好证明，他自己对哲学本身没有天生的爱欲。

尼采给施特劳斯带来的决定性启发有两点。首先，拒绝"历史意识"对哲学的支配权，或者说对"历史意识"绝不妥协。这意味着，拒绝凭靠"历史意识"来理解人世的生活："因为经验表明，几乎在所有时代的生活中，人类都没有"什么所谓的"*历史感*"（historical sense），仿佛它真是什么"第六感觉"。施特劳斯在这里没有说，但我们值得补充：与此相应，尼采毫不妥协地认为，古希腊人主张的德性优异者施行统治的政制,才是最佳政制。①

施特劳斯在这里所说的"第六感觉",出自尼采的说法:

> 历史意识(或者说一种敏锐地对民族、社会、个人作为生活依据的价值判断的等级秩序进行识别的能力,一种对这些价值判断之间的关系以及价值权威与效力权威之间关系的"预见本能"),我们欧洲人宣称,这种历史意识是我们的特权。民主使各阶层、各种族混杂在一起,欧洲因而坠入一种迷人而癫狂的半野蛮状态,这种历史意识也随之出现在我们身上了。(《善恶的彼岸》,格言224,前揭,页180)

按照尼采的洞见,历史意识与民主意识是一对孪生兄弟,因为,以"历史"及其时刻为"生活依据"——更不用说裁决真理的依据,意味着改变"价值判断的等级秩序",切割"价值权威与效力权威"之间的关系。用通俗的话来讲,所谓改变"价值判断的等级秩序",指没有道德和智识努力的人甚至天性上的"烂人"有了学术发言权,用尼采的话来讲,指"肮脏头脑"在价值判断问题上也有了说话的权利。所谓切割"价值权威与效力权威"之间的关系意味着,无论多么缺乏道德和智识水平的发言也有了"效力权威"。尼采的目光实在太过锐利,他让笔者彻底明白,为何福柯或伯林或剑桥学派

---

① 1872年底,尼采将一份题为"五篇未成文之书的前言"手稿赠送给瓦格纳夫人科西玛。这份礼物用了"豪华皮面",可见尼采非常珍惜这些手稿。这五篇未成文之书的"前言"中,《古希腊式国家》"前言"篇幅最长,它本来是《悲剧的诞生》中的一个核心章节,因心仪民主制的瓦格纳无法接受其中推崇贵族制的观点,尼采在付印《悲剧的诞生》时被迫删掉这个章节。参见吕尔,《〈王制〉1871:青年尼采论古代希腊城邦》,见彼肖普编,《尼采与古代》,田立年译,上海:华东师范大学出版社,2014,页103-110。

的道德哲学会既"迷人"又让人"癫狂",以至于欧洲的后现代文化会坠入"半野蛮状态"。①

尼采的这一说法还有让笔者感到震惊的见识:"我们欧洲人宣称,这种历史意识是我们的特权"!尼采自己就是"欧洲人",但他断然拒绝拥有这种意识的"特权",而我们虽非欧洲人,却竭尽全力要获得这种"特权"——除非我们中间也有人愿意像尼采那样,不顾自己出生的偶然机缘,非努力成为热爱智慧者不可。显然,要成为这样的热爱智慧者,实在太难,不如跟随福柯或阿伦特或伯林或剑桥学派轻省和惬意得多。毕竟,这样可以两全其美:既拥有了历史意识这样的"特权",又不失为世人眼中的哲学家。

尼采给施特劳斯带来的第二点决定性启发是,尼采虽然反对18世纪"彻底的历史旨趣",却没有充分理解,为何18世纪的历史旨趣必须比此前的更激进。沿着尼采的思路,施特劳斯重提尼采在《史学对生活的利与弊》中提出过的尖锐问题:

> 为什么现代人需要历史研究,为什么现代人被迫拥有历史的思想——其方式不同于更早时代的人们曾采用的方式?为什么我们需要历史?(《问题》,页 73–74)

施特劳斯自己尝试来回答这个问题:一方面,如果认为"人类生活本质上是历史的",那便意味着人类生活受偶然和特殊的事件支配;另一方面,人类生活又出自本能地需要摆脱偶然性和特殊性的支配,让自己能够生活在稳定的秩序之中。在近代之前,西方人一

---

① 比较 Marcel Gauchet/Gladis Swain, *La Pratique de l'esprit humain: l'institution asilaire et la révolution démocratique*, Paris: Gallimard, 1980(英译本 *Madness and Democrac: The Modern Psychiatry Universe*, Princeton University Press, 1999)。

直生活在基于"希腊科学和圣经宗教"建立起来的"稳定秩序之中"。施特劳斯与尼采一样，把这种"稳定秩序"称之为传统，虽然这个"传统"从未让人世生活摆脱战争和贫困，但毕竟没有让西方文明不讲美德和高贵。自16世纪以来，或者说自马基雅维利以来，现代哲人不断奋力摆脱这个"传统"，把它视之为"偏见"且弃如敝屣。

读到这里，笔者突然想起，施特劳斯在《自然正确与历史》中论析韦伯关于新教伦理与资本主义的关系的论点时说：韦伯没有看到，

> 在16世纪中，发生了一场有明确意识的与整个哲学传统的断裂，这一断裂发生在纯粹哲学或理性的或世俗的思想层面。断裂始自马基雅维利，引发了培根和霍布斯的道德教诲。（《自然》，页62注释22临近结尾）。

笔者现在才明白过来，韦伯社会学理论的品质为何如此，以及他为何会告诉正处于德国政制困境的历史时刻中的年轻人，"不要指望从科学或哲学那里得到关于人类生活的正确目的的真正知识"——因为，与其说韦伯没有看到这场"与整个哲学传统的断裂"，不如说他认为，自己得被迫接受这场断裂，并以此为出发点，寻求现代生活方式的可能性，哪怕这种生活的品质本身令人沮丧——既然是命运就得承受。无论如何，韦伯明智地决定，无需再关切尼采所关切的如下问题：取消哲学本身，"价值判断的等级秩序"必然崩溃，"价值权威与效力权威"之间的关系必遭切割，伯林或剑桥学派必然理直气壮。

可是，施特劳斯在学术报告中接下来说，现代人的生活仍然需要摆脱偶然性和特殊性的支配。既然否弃了"传统"，现代人也就

只有"被迫躲进历史的避难所",用历史或者说用"历史意识"替代传统,这种"历史感"也就是通常所说的"进步"意识;于是,"历史"就成了"传统的现代替代者"(《问题》,页 74),这就好像历史社会学成了传统文史的现代替代者。① 这意味着,现代人最终只有凭靠偶然性和特殊性来摆脱偶然性和特殊性的支配,因此,历史本身被理解为既是偶然性和特殊性的体现,又是摆脱偶然性和特殊性的场所。难怪我们会看到,波考克在赞美了"公民人文主义理想"之后,就把它扔给了历史的偶然命运:这种政制之所以好,不是因为它本身符合自然正确,而是因为历史的偶然"时刻"证明它正确(《时刻》,第三章)。

笔者不免想起,施特劳斯在美国激进民主运动年代(1967 年元月)写给洛维特的信中曾说:

> 为了克服历史主义,必须首先看一下在历史"被发现"以前,我们称之为历史的东西是怎样被理解的。换言之,人们如果不同时理解礼法,便不可能理解自然。(《回归》,页 456)

施特劳斯解释了现代人为何被迫需要历史研究或拥有历史的旨趣,但还没有解释,为何现代人的历史旨趣越来越需要"彻底"。施特劳斯接下来说,现代人其实已经逐渐形成了属于自己的"传统",即"反传统"的"传统"。任何传统都是一种习惯性力量,要破

---

① "历史感"与"进步"意识的关系,参见 Sidney Pollard, *The Idea of Progress: History and Society*, Baltimore, 1968/1971, 页 15 – 30。按萨洛蒙的看法,杜尔哥在 1750 年首次阐述的进步法则,成了社会学的基石。见 Albert Salomon, *The Tyranny of Progress: Reflections on the Origins of Sociology*, Noonday Press, 1955, 页 20。比较杜尔哥,《论人类精神进步提纲》,见刘小枫编,《从普遍历史到历史主义》,前揭,页 61 – 97。

除传统的"传统",就得彻底瓦解传统。换言之,仅仅把传统说成"偏见"还不够,还必须"从历史根源上去理解偏见"。笛卡尔在这方面迈出了决定性的一步:凭靠新的自然科学来建立一种"进步"信仰,由此确立起"一个新传统"。

> "进步"意味着某种问题或基本问题可以一劳永逸得到解决,因而可以将这些问题的答案教给孩子们,使后代人可以轻易地立足于前代人找到的答案,不再受到基本问题的烦扰。……相应地,智识在现代世纪中的发展进程指,每一代人回应而且仅仅回应前一代人,不必提出在讨论中出现的全部基础——奠基父辈们所发现的基础——是否有效的问题。……笛卡尔攻击并反驳后期经院哲学,洛克反驳笛卡尔,贝克莱反驳洛克,休谟反驳贝克莱,康德反驳休谟,黑格尔反驳康德,等等。但是,笛卡尔所奠定的基础从未受到真正的检验,因为,前现代立场——亚里士多德哲学——的根基并未得到彻底讨论,而现代哲学的基础就是对这一立场的拒斥。因为,关于亚里士多德的所有讨论都采用现代的概念,使用这些概念就预定了讨论的结果。(《问题》,页74-75)

施特劳斯的这段话表明,他与尼采一样,首先而且唯一关注的是哲学的本己要求,从而拒绝笛卡尔的知识方法论改变哲学的思考习性,否则,哲学思考凭靠的就不再是理性本身,而是"历史"——现代人建立起来的真理标准是相信"历史的裁决"。如果用现代哲学建立起来的这种"新传统"施行教育,现代的大学只会培育出一代又一代"反传统主义的传统的嗣子们"。到头来,一代代新生的年轻学子,断乎没可能知道何谓真正的热爱智慧的习性,无论他们本来天素何等优异——福柯或伯林或剑桥学派的才子们可谓活生生的证明：他们谁不聪明、谁缺乏才智天赋呢？

4. 如何克服历史主义

在这里——恰恰是在这里，施特劳斯提出了历史研究的必要性和紧迫性，这也意味着提出了如何克服"历史主义"的问题。让我们多少有些意想不到的是，施特劳斯不仅不反对历史研究，反倒认为，必须投身历史研究。前提是，必须首先清楚意识到：为了什么目的从事历史研究，应该从事怎样的历史研究。施特劳斯的说法让笔者感到震撼："由于现代人的沦丧，历史研究才必要"（《问题》，页75）。斯宾格勒的历史研究以"西方的没落"为标题，他的史学尽管体现了历史主义的激进形式，却提醒我们，为什么应该用历史研究来克服历史主义。

施特劳斯在报告开头不是说，斯宾格勒让史学旨趣转化成了哲学旨趣，海德格尔让哲学旨趣转化成了史学旨趣，两者都是历史主义的激进形式吗？他在这里提出历史研究的必要性和紧迫性，岂不是自己也在追随这种激进形式？

这个疑问把我们引向了这样一个问题：施特劳斯一生学术所确立的历史研究样式，为何是政治哲学史。如果施特劳斯的政治哲学史研究也是一种历史研究，那么，这种历史研究为什么不会使得哲学的任务变成研究各种民族的文化精神类型或社会类型，以致最终变成如今所谓的文化理论或社会理论，也不会让"作为历史的存在"的人成为哲学的根基，以至于哲学之思最终受制于人的生存历史？更进一步说，这种哲学史式的历史研究，为什么不会让哲学变成仅仅是理解历史上曾有过的"其他人的思想"的解释学，要么关注哲学观念的历史演化,要么关注思想文本所处的历史语境,甚至干脆去细读"不入流的政治作家"?

道理其实并不难理解:施特劳斯倡导的政治哲学史研究,首先要求悉心阅读古传经典——不仅要读古希腊罗马人的经典,也要用心研读自文艺复兴以来的大思想家的著作,因为,只有与伟大的思考者一起思考,才算得上真正的热爱智慧。换言之,施特劳斯与尼采一样关切:热爱智慧的爱欲本身是否会丧失自己的自由,受"历史"强制的奴役,最终导致人世中的高贵精神彻底泯灭。"由于现代人的沦丧,历史研究才必要"——这话的准确含义是:由于热爱智慧的爱欲的沦丧,历史研究才必要。毕竟,由于现代哲人的心性蜕变为信靠"历史意识",政治哲学史的研究才有必要。这意味着,政治哲学史研究作为历史研究的直接目的是:深入思考现代哲人用历史意识取代哲学传统的历史,或者说深入思考现代哲人心性蜕变的历史!更进一步说,政治哲学史研究作为历史研究意味着,与从马基雅维利到海德格尔这一现代传统链条的所有大思想家直接展开古今之辩。因此,施特劳斯在报告临近结束时说:

> 必须更新古今之争——必须以比 17 和 18 世纪所做的更为公正、有更多知识的方式重复这场古今之争。(《问题》,页 86–87)

由此可以说,施特劳斯指出的克服历史主义之路是:把"历史研究"变成哲学或热爱智慧的思考行为本身。在这种历史研究的过程中,热爱智慧的思考将会受到涉及热爱智慧的爱欲自身的"基本问题的烦扰":为何现代哲人会心性蜕变,热爱智慧者信靠"历史意识"究竟对还是不对?这意味着,政治哲学史研究被迫关注历史上的思想者的个体德性及其品位。在现代性的历史处境中,一个热爱思考者只要没有受到这一"基本问题的烦扰",就算不上真正的热爱思考者。

如果说历史主义意味着把哲学变成历史思考,那么,克服历史主义的唯一有效方略则是,把史学变成哲学思考,这就是政治 - 哲学史的根本含义。回想斯金纳在就职演讲中说,"在像我本人这样的思想史家中间,一种令人兴奋的发展显得是,能够把我们的研究更紧密地联系通常所谓的'实际'历史……"斯金纳对剑桥学派所取得的成就何其志得意满:毕竟,政治思想史如今成了普通知识人的普遍兴趣。由于这种政治思想史关切的是公民的平等参政权利,因此,作为这样的思想史家,斯金纳或波考克不可能不对施特劳斯提倡的政治哲学史恨之入骨。由此可以说,剑桥学派的政治思想史与施特劳斯派的政治哲学史的根本差异在于:前者把历史研究当作唤醒公民参政意识的有效工具,后者把历史研究当作热爱智慧者追求高贵德性的有效途径。哪一种历史研究的智性品质更好、更高贵,难道不是一目了然?

伯林和斯金纳或波考克关切的根本问题是公民的政治自由——积极的也好、消极的罢,总之是常人的政治自由,所以,他们必然把施特劳斯提倡的心系古典传统视为一种"中魔"。对于他们来说,历史主义是"唯一的真理",这个"真理"便是:历史已经证明,根本就没有永恒的、绝对的东西。施特劳斯还迷恋这种东西,不是"中魔"又是什么?

对于这样的责难,施特劳斯在1940年的学术报告中已经作出过回答:

> 历史主义者究竟证明了什么?顶多证明,迄今人们作出的努力,即试图发现那些关于宇宙、上帝、人类生活之正确目标的

最重要的真理,都未曾带来一套普遍接受的学说。这显然并非一个证据,表明关于宇宙、上帝、人类生活之正确目标的真理问题是一个没有意义的问题。历史主义者也许已经证明,尽管有最伟大的人作出的所有努力,我们还是没有知晓真理。但是,这除了意味着哲学——探索真理——永远必要之外,还意味着什么呢?它除了意味着没有谁是智慧的,更不用说没有哪群人是智慧的,顶多是个热爱智慧者,还意味着其他什么呢?历史主义拒绝所有的哲学体系——这样一来,它就给了哲学的导因最大的帮助:因为一套哲学体系,一套探寻真理的体系毫无意义。换言之,历史主义由于是一种对哲学意图的拒斥,因此而误解了所有哲人不可避免的命运(fate)——哲人作为人有犯错的倾向。历史主义充其量只是一种证明我们无知的证据——我们无需历史主义就能意识到这一无知,但是,这种证据并非源自这样的洞见,即正因我们无知,才迫切需要探寻知识,它暴露出一种可悲的或荒唐可笑的自满;它表明历史主义不过是众多也许已经被揭穿的教条主义之一。(《问题》,页82)

这就是施特劳斯的"中魔",与伯林和斯金纳或波考克的"中魔"相比,我们能够看到人之德性的巨大落差。难道我们不能说,历史主义问题说到底是哲人[热爱智慧者]心性品质的蜕变?

在《什么是自由教育》的演讲中,施特劳斯曾提到色诺芬记叙的一段苏格拉底言辞,并说自己从中看到了古人身上的那种"高贵的质朴和宁静的伟大"(the noble simplicity and quiet greatness)的心性品质(《危机》,页309)。接下来施特劳斯就讲了一段关于哲学意识的感人肺腑之言:

> 哲学必须提防那种要施行教化的愿望——哲学只能是内

在地教化。除非时不时地理解某些重要事物,否则我们不可能发挥自己的理解力。这种理解活动会伴随着对我们的理解的意识、伴随着对理解的理解、伴随着对思考的思考,而且,这是一种如此超迈、如此纯粹、如此高贵的经验,以至于亚里士多德会把它归之于自己的神。这种经验完全不依赖于我们最初理解的东西令人愉快还是令人不快,美丽抑或丑陋。这种经验引导我们意识到,如果[对恶]必须要有理解的话,那么,所有的恶在某种意义上都是必然的。这种经验使我们有能力以上帝之城的好公民的精神,去接受落到我们身上的恶,而且很可能是让我们心碎的恶。在意识到心智的尊严同时,我们也意识到人的尊严的真正基础,随之也意识到这个世界的好。无论我们把这个世界理解为被造的抑或不是被造的,它都是人的家园,因为它是人的心智的家园。(《危机》,页312)

每次读这段话,笔者都深受感动:施特劳斯从苏格拉底的言辞中看到的那种"高贵的质朴和宁静的伟大"心性,他自己身上就有。施特劳斯以身作则地表明,即便在今天,我们仍然可以努力趋近这种心性,即便我们个人及国家所遭遇的"落到我们身上的恶,而且很可能是让我们心碎的恶"绝不算少!

在美国激进民主理论思潮兴起的时刻,对于时代思想动向明察秋毫的施特劳斯在给洛维特的一封信(1964年7月)中写道:

> 我并不认为,我自己[应该]受我们时代的现代人的当今科学的束缚,因为我知道,我、您和其他每个人,不只是我们时代的现代人……我承认"时代的命运",而我又并不愚蠢,也不是幻想家,但我否认,命运可以合理合法地决定我内心最深层的思想。人类社会,特别是政治社会的一种非实证主义的科学

（即一种不使用构造式观念的科学，这类观念是政治社会及其建制、"运动"等等的固有性质），即一种根本上属于柏拉图－亚里士多德的政治科学的可能性，被数世纪以来各种截然不同的研究方法遮蔽了，我将揭示古典的研究方法视为我的首要任务。（《回归》，页446）

这种"高贵的质朴和宁静的伟大"的"中魔"，使得笔者有理由说，施特劳斯绝没有像波考克指责古典哲人时说的那样，排除了偶然而且特殊的历史际遇。施特劳斯向我们表明，即便个人或国家遭遇到让人心碎的恶，他仍然会相信，这个世界上有永恒的、美好的东西。在这段几乎是以袒露自己灵魂的方式来表达哲学意识的言辞中，作为犹太人的施特劳斯甚至用了"上帝之城的好公民"(good citizens of the city of God)这样的基督教语汇。如果有人说，施特劳斯最终想的是恢复犹太人的"荣耀"，那么，他的确错看了施特劳斯的哲人心性。

波考克说得没错：对待任何偶然而且特殊的命运，人凭靠的都是"德性/美德"。问题在于：什么样的德性/美德？施特劳斯相当佩服马基雅维利的理智德性，却并不佩服他的性情德性，正如他也相当佩服海德格尔的理智德性，却并不佩服他的性情德性：海德格尔"具有非凡的才智，这才智却依附于一个俗不可耐的灵魂"。① 施特劳斯还在给索勒姆的信中说过：

> 我无法同意您赞美哈曼的才智，我厌恶他的卑劣品格。……路德、哈曼和海德格尔似乎是高才智和低品格最明显的例证，与其他任何国家相比，这大概更为德国所特有。（《回

---

① 施特劳斯，《回归古典政治哲学》，前揭，页481，对观页349,400,463。

归》,页476)

审视一个哲人的德性,要看其灵魂的整体,而非仅仅看其才智。甚至于可以说,辨识哲人也好、政治人或常人也罢,性情德性远比理智德性更为根本。因为,一个人的才智最终受其性情支配。在哲人心性的诸品质中,自制尤其重要,而自制的含义不外乎凭靠理智克制自己的偶然性情。这些道理并非施特劳斯的发明,而是他向苏格拉底学习的结果:柏拉图让我们看到,智术师个个不缺乏才智。从日常经验中,我们也可以学到这样的"知识",这是自然正确的知识。在我们的日常生活中,绝顶聪明的才智依附于俗不可耐甚至卑劣龌龊的灵魂,难道还少见?

5. 学人心性的古今对决

《自然正确与历史》重新挑起"古今之争",并与美国政制的德性品质问题勾连起来——剑桥学派的真正大敌是施特劳斯学派,双方的冲突乃是涉及历史研究或与"实际的历史"相关联的两种精神品质的对决。斯金纳和波考克把他们与伯林的"冲突"打扮成一场"古今之争",让自己也显得是在捍卫一种"古代人的自由"观,即便不是试图以此躲过施特劳斯所挑起的"古今之争",至少也是在试图搅浑"古今之争"。这一斗争策略能否成功,取决于他们能否驳倒而非回避施特劳斯重新提起的对马基雅维利这个哲人的政治哲学史诉讼。

斯金纳和波考克把美国的立国原则溯源到哈灵顿,再连接到马基雅维利,以此证明,施特劳斯所说的霍布斯与马基雅维利的思想史关联,纯属无稽之谈。他们致力于把马基雅维利解释成古罗马

"共和理念"的传人,不外乎想要证明,施特劳斯说《李维史论》标志着与古典传统的彻底决裂,纯属无稽之谈。因此,剑桥学派与施特劳斯派的对决,最终会在如何解释马基雅维利的问题上短兵相接。① 可是,就反驳施特劳斯对《李维史论》的释读而言,无论波考克还是斯金纳,都未交出有"重大学术贡献"的答卷。对他们来说,提交这样的答卷没有意义,因为,施特劳斯对马基雅维利的解读,践行的是所谓隐微－显白双重修辞识读法——我们则应该说,是热爱智慧[哲学]的识读法。波考克和斯金纳的马基雅维利研究,拒绝与施特劳斯对马基雅维利的哲学思考正面交锋,其冠冕堂皇的理由是:施特劳斯的释读法并非规范的史学释读,根本不值得逐一反驳,仅需要展示一种合乎史学规范的释读就行了。

的确,如书名所示,施特劳斯对马基雅维利的释读是哲学思考,而非研究马基雅维利思想的"历史语境"。施特劳斯看到,西方古代大哲在写作时,往往采用隐微－显白双重修辞,因此,要理解马基雅维利这样的大哲,就得采用隐微－显白双重修辞识读法。波考克指责说,施特劳斯提倡的这种释读法,"已经构成对所有史学式注疏毫无节制的蔑视",并导致了"一种封闭的意识形态"(《先知与大法官》,页126,136)。波考克没有想到,他自己会受到同样的指责:剑桥学派的史学式释读,已经构成对传统哲人的心法和笔法毫无节制的蔑视,并导致了一种封闭的意识形态。施特劳斯受到的指责是,蔑视史学式疏解,剑桥学派受到的指责将是,蔑视哲人的心法和笔法。如果隐微－显白双重修辞的确是西方古代大哲的写作特征,②

---

① 在《马基雅维利时刻》新版"跋"中,波考克两度提到施特劳斯及其学生曼斯菲尔德的马基雅维利解释(《时刻》,页592,603)。

② 参见弗雷泽,《隐微写作古今》,郝兆宽主编,《逻辑与形而上学》,前揭,页233–268。

剑桥学派蔑视的，就不仅是马基雅维利的心法和笔法，更是史学研究的基本原则：如实地呈现历史中的思想。

斯金纳和波考克可以继续争辩说：哲人心法不是而且不应该是史学的关注对象，真正的思想史研究，应该关注哲人在历史的具体语境中如何修辞，搞清其语言用法的实际含义。这种辩解明显凭靠的是分析哲学的语言理论，这种理论的基本主张是：通过探究语言用法可以证明，大多数哲学问题本身并不能成立，因为它们不过出自对语词的误用。即便波考克和斯金纳的"历史语境"研究法凭靠的这种实用语用学有道理，这个道理也同样会摧毁他们自己的马基雅维利研究：他们所张扬的所谓"古典共和主义"论，纯属马基雅维利善用修辞的恶作剧，而他们竟然把这种在具体历史语境中用实用修辞搞出来的恶作剧当了真。这里的一个关键问题在于：马基雅维利是绝顶聪明的智者，有极高的精神才智，他明明知道民主政制是"坏的"，因为他清楚知道杂众的恒定品质是怎样的，却偏要让自己显得"热衷于杂众的统治"（《思考》，页186－187）。斯金纳和波考克的马基雅维利解释对这个问题避而不谈，始终回避，难道符合他们所倡导的"历史语境"研究法？

通过深入细致地思考马基雅维利的修辞，施特劳斯则发现，马基雅维利之所以如此，是因为他作为哲人要与启示宗教决一死战。① 所有真正的哲人都没法接受宗教的启示，但并非所有真正的哲人都非得公然与宗教势不两立。个中差异最终仍然得归咎于个体性情，施特劳斯喜欢对比的迈蒙尼德和斯宾诺莎就是典型例子。换言之，施特劳斯的马基雅维利研究尖起眼睛看其政治哲学的品质究竟怎样，说到底是在思考作为哲人的应是与所是。波考克说，施

---

① 迈尔，《政治哲学与启示宗教的挑战》，前揭，页60－61,87－88,101－102。

特劳斯的马基雅维利解读,"在某些方面不可思议地鞭辟入里,又在其他方面不可思议地执迷不悟"(《先知与大法官》,页120)。波考克知道自己这样说是什么意思吗?他压根儿没进入类似的哲学思考,怎么能够判断,什么是"不可思议地鞭辟入里",什么又是"不可思议地执迷不悟"?施特劳斯连接起来的洛克-霍布斯-马基雅维利链条,展示的恰恰是一条连接现代政治哲人心法的线索。波考克从不关切哲人自身的问题,对哲人心法一无所知,他怎么可能看明白施特劳斯的笔法?

即便剑桥学派与施特劳斯学派的交锋,不过是史学旨趣与哲学旨趣的不同,凡热爱思考的人通过比较也不难体会到,出自史学旨趣与出自哲学旨趣的探究所提供的思想营养,品质上截然不同。读书人乐于汲取何种思想营养,固然取决于个体性情的机运,或苏格拉底所谓的"命相神灵",但也与属于思想技艺的如何思考这个问题相关。比如,即便马基雅维利挪用了古罗马共和晚期的某些"共和"思想,也不等于他没有与西方文明的大传统决裂。有人认为,施特劳斯对《李维史论》的释读,的确证明了马基雅维利排斥柏拉图-亚里士多德和圣经的教诲,"改变了美德的一般意义以及实践智慧的特殊意义",但马基雅维利的这种排斥并非凭靠"17世纪之后有关物性与人性的概念",而是凭靠古代"星相自然哲学的人类学",因此,"马基雅维利算不上是个现代人"。[①] 这种观点倒是颇为典型的史学式思维:只见树木不见森林,对边角材料感兴趣,并以为凭此足以实证地推翻对整体性的哲学问题的思考。

[①] 参见帕雷尔,《马基雅维利与现代性问题》,见刘小枫/陈少明主编,《马基雅维利的喜剧》,前揭,页118。

问题还在于，波考克和斯金纳的马基雅维利解释，连这种实证式的史学思维都算不上。毕竟，他们仅仅关注"纯粹民主"的政治理想，及其对公民的"积极自由"美德的要求，并让马基雅维利替当代激进哲学家阿伦特的"公民美德"观念站台——用波考克的话说，"我让自己的语言变成阿伦特式的语言"。① 如果波考克和斯金纳真的是实证式的思想史家，那么，他们就应该告诉人们，早在18世纪初，马基雅维利的同胞维科就相信，他已经用《新科学》驳倒了伊壁鸠鲁的现代门徒马基雅维利和霍布斯。② 波考克和斯金纳盛赞文艺复兴时期的政治家复兴古罗马共和晚期的修辞学，以此为他们信奉的"公民共和主义"提供史学论证，却不敢告诉人们，维科早就严厉痛斥过古罗马共和晚期的修辞学：

> 哲学滥用修辞术，一如罗马的平民护民官滥用修辞术，当公民们不再满足于拿财富作为晋升阶梯时，平民护民官就把修辞术当作获取权力的工具。于是，就像狂暴的南风掀动大海，这些公民们在自己的国家里挑起内战，导致国家陷入全面无序状态。就这样，他们使国家从完全自由或自由人民的毫无约束的自由，沦落为无政府状态下的一种完全暴政，而这是暴政中最坏的那种。（《新科学》，同上，页570）

斯金纳和波考克为什么不敢把这些思想史上的实情告诉人们呢？原因很简单：因为，他们已经自豪地把自己视为"新罗马"的平民护民官。

---

① 波考克，《德行、权利与礼仪：提供给政治思想史研究者的一个新模式》，郝兆宽主编，《逻辑与形而上学》，前揭，页279。
② 维科，《新科学》，朱光潜译，北京：人民文学出版社，1986，页574。

斯金纳和波考克与施特劳斯的交锋，以释读法或方法论不同为由不了了之。作为中国学人，我们失去了一次难得的观战机会，却也面临着自己主动对比两种释读法的品质高低或优劣的思想考验，如果我们不至于在应该思考的严肃问题上偷懒的话。对斯金纳和波考克来说，马基雅维利关注公民生活的"积极自由"，所以他是正确的政治思想家——对施特劳斯来说，马基雅维利抛弃了古典的关于"好"政治的教诲，所以他是"邪恶的教诲师"。斯金纳和波考克必须先勾销关于政治生活的"好""坏"之分的古典教诲（所谓"永恒视野"），代之以政治生活的"自由"与"不自由"之分，然后才能说，马基雅维利的政治思想正确。可以设想，在日常生活中，他们也一定会用是否符合"积极自由"这一标准，来判断自己所交往的同事或熟人甚至亲人究竟是"好人"抑或"坏人"。按照这种逻辑，笔者十岁那年在大街上见到过的践行"积极自由"的各色人，无不是"好人"，因为，他们无不关心"国家大事"。

回到施特劳斯在1940年的那个学术报告，他说的第一句话值得我们三思：德国人有"智识上的荣耀"，但在政治上"不幸"。反过来说，无论个人还是一个文明民族，如果有追求高贵的热望，那么，任何政治上的不幸，都不应该成为放弃这种热望的理由。无论尼采有怎样的个人性格缺点，施特劳斯仍然肯定他，不仅因为尼采"以古典的名义批判现代文明"，更重要的是尼采相信：哲人"思考得最深的"应该是"哲学，而非政治"（《问题》，页66）。同样，施特劳斯十分敬重胡塞尔，因为，他坚守纯粹的哲学意识，没有掉进历史主义的"历史意识"泥潭（《问题》，页87）。从尼采和海德格尔这样的德意志思想前辈身上，施特劳斯吸取的是这样一个极为重要的思想教训：站在现代的历史地平线反抗历史主义，必然会被历史主义拖下水。哲人心性是学人品质的楷模，删除哲学视野（亦即永恒视野），像韦伯那样放弃作为一种人性类型的哲人心性这一精神高地,"大众文化统治"迟早会毁掉整个学人族的心性品质。

由于哲人品质的蜕变,现代哲人也就不能正确看待历史中的政治,或者说,自然而然会去与"下层的政治自由"赛跑。如果政治观念反映某种哲学观念,哲学观念反映某种哲人心性,那么,我们从剑桥学派推崇参与式直接民主,也就可以知道他们的个体心性。如果我们记得,现代性进程曾历史地展现出两种表面看来判然有别的激进民主,那么,两种"文革"有差异并不奇怪——这两种形式的激进民主,我们都碰巧赶上,才令笔者唏嘘再三。

历史的偶然无可避免,也无需抱怨,不可思议的仅是:我们走出一种形式进入另一种形式时,还以为自己已经洗心革面。

6. 我们的历史时刻

1868年,或者说欧美和中国的"文化大革命"最为火热之时的整整一百年前,史学大师布克哈特在题为"历史中的伟人"的演讲中预言:未来"几个拥有人类最伟大文化的民族,会在采取何种政治模式的问题上摇摆不定,或者正准备采用一个新的政治模式"。① 对于中国智识人来说,布克哈特在一百多年前说的未来,恰是我们的现在。

施特劳斯做"自然正确与历史"的讲座时(1949年10月),正是新中国成立的日子。新中国的诞生来源于一场现代革命,但这场革

---

① 布克哈特,《世界历史沉思录》,金寿福译,北京:北京大学出版社,2007,页257。

命发生在拥有至少三千年"不绝如缕"的德性传统的土地上。如果我们勇于面对施特劳斯提出的尖锐问题,那么就得承认:由于现代中国思想在相当程度上已经成为西方现代思想的一部分,我们无法回避学人——包括自以为仍在以儒家思想涵养自己的学人——的心性品质蜕变问题。

这场关于美国立国原则的是非之争迄今没有结论,本稿的描述和探究都还很粗浅,浮光掠影而已。尤其是,笔者没做到,也不可能做到不带偏心,否则就会不分优劣、对错、好坏、高低。毕竟,本稿考察这场"是非未定"的论争,目的在于敲开这样一个问题:在实现"繁荣富强"之梦的时候,我们应该以自己的传统美德来鉴照自己,还是用美国式的"自由美德"来鉴照自己?

如果这是属于我们的历史"时刻",那么,我们就有理由说:新中国不仅任重道远,而且危机四伏。

文献年表

[说明]本稿所涉文献,按出版时间或在学刊及公开讲座发表的时间顺序排列,以展示这场世纪性论争的历史印痕。这里列出的仅是本稿所涉文献,而非与论争相关的所有基本文献。

与论争无关的文献不入年表,已有中译的文献,仅著录中译本及出版年份,左栏年份则标明原文出版时间,以示激进民主思潮东渐的历史步伐。

前　奏

1922:贝克尔,《论〈独立宣言〉:政治思想史研究》(彭刚译),收于贝克尔,《18世纪哲学家的天城》,何兆武译,北京:三联书店,2001。

1923:特洛尔奇,《克服历史主义》,刘小枫编,陈湛译,北京:华夏出版社(即出)。

1927:比尔德,《美国文明的兴起》,两卷,许亚芬译,北京:商务印书馆,2011。

1936:迈尼克,《历史主义的兴起》,陆月宏译,南京:译林出版社,2009。

1940:施特劳斯,《德国战后哲学的现存问题》,收于施特劳斯,《苏格拉底问题与现代性》(增订版),刘小枫编,刘振、彭磊等译,北京:华夏出版社,2016。

1946:施特劳斯,《论柏拉图政治哲学新说之一种》,收于施特劳斯,《苏格拉底问题与现代性》(增订版),前揭。

1948:霍夫斯塔特,《美国政治传统及其缔造者》,崔永禄、王忠和译,北京:商务印书馆,2010。

五十年代

1952:施特劳斯,《进步还是回归》,收于施特劳斯,《古典政治理性主义的重生》,潘戈编,郭振华等译,叶然校,北京:华夏出版社,2011。

1952:加林,《意大利人文主义》,李玉成译,北京:三联书店,1998。

1953:施特劳斯,《自然权利与历史》,彭刚译,北京:三联书店,2003。

1954:阿伦特,《哲学与政治》,收于贺照田主编,《西方现代性的曲折与展开》,长春:吉林人民出版社,2002。

1954:阿伦特,《传统与现代》,收于贺照田主编,《西方现代性的曲折与展开》,前揭。

1955:马尔库塞,《爱欲与文明:对弗洛伊德思想的哲学探讨》,黄勇、薛明译,上海:上海译文出版社,1987。

1955: H. Baron, *The Crisis of the Early Italian Renaissance*, Princeton University Press。

1956:施特劳斯,《社会科学与人文学问》,收于施特劳斯,《古典政治理性主义的重生》,前揭。

1957: W. Berns, *Freedom, Virtue, and the First Amendment*, Baton Rouge: Louisiana State University Press。

1957: M. Diamond, "Democracy and *The Federalist*",收于 M. Diamond, *As Far as Republican Principles Will Admit: Essays*, W. A. Schambra 编, Washington, DC: American Enterprise Institute for Public Policy Research, 1992。

1958:施特劳斯,《关于马基雅维利的思考》,申彤译,南京:译林出版社,2003。

1958:伯林,《两种自由的概念》,收于伯林,《自由论:〈自由四论〉扩充版》,胡传胜译,南京:译林出版社,2003。

1958:阿伦特,《人的条件》,竺乾威等译,上海:上海人民出版社,1999。

1959:施特劳斯,《什么是自由教育》,收于施特劳斯,《古今自由主义》,马志娟译,南京:凤凰出版传媒集团,2010;刘小枫编,《西方民主与文明危机:施特劳斯读本》,北京:华夏出版社,2017。

1959:施特劳斯,《古典政治哲学中的自由主义》,施特劳斯,《古今自由主义》,前揭。

1959:雅法,《分裂之家危机:对林肯—道格拉斯论辩中诸问题的阐释》,韩锐译,赵雪纲校,上海:华东师范大学出版社,2007。

六十年代

1960:伯林,《历史是科学吗》,收于贺照田主编,《并非自明的知识与思想》,长春:吉林人民出版社,2003。

1960:阿伦特,《什么是自由》,收于贺照田主编,《西方现代性的曲折与展开》,前揭。

1961:施特劳斯,《"相对主义"》,收于施特劳斯,《古典政治理性主义的重生》,前揭。

1961:H. Baron, "Machiavelli: the Republican Citizen and the Author of *The Prince*", 见 *English Historical Review*, 76。

1962:施特劳斯,《自由教育与责任》,收于施特劳斯,《古今自由主义》,前揭;刘小枫编,《西方民主与文明危机:施特劳斯读本》,前揭。

1962:施特劳斯,《跋》,收于施特劳斯,《古今自由主义》,前揭。

1963:施特劳斯,《我们时代的危机》,收于施特劳斯,《苏格拉底问题与现代性》,前揭。

1963:戴蒙德,《联邦党人》,收于施特劳斯、克罗波西主编,《政治哲学史》,李洪润等译,北京:法律出版社,2009。

1963:阿伦特,《论革命》,陈周旺译,南京:译林出版社,2007。

1964:马尔库塞,《单面人》,左晓斯译,长沙:湖南人民出版社,1988。

1964:波考克,《礼、文与权:通论中国古代政治思想》,收于贺照田主编,《颠踬的行走:20世纪中国的知识与知识分子》,长春:吉林人民出版社,2004。

1965: J. G. A. Pocock, "Machiavelli, Harrington, and English Political Ideology in the Eighteenth Century",收入 J. G. A. Pocock, *Politics, Language, and Time*,1971。

1965: Q. Skinner, "History and Ideology in the English Revolution",见 *Historical Journal*, 8-2。

1966: Q. Skinner, "The Limits of Historical Explanations",见 *Philosophy*, 41。

1966:马尔库塞,《伦理与革命》,收于江天骥主编,《法兰克福学派:批判的社会理论》,上海:上海人民出版社,1980。

1967:马尔库塞,《暴力与激进的反对派问题》,收于涂纪亮编,《当代美国哲学论著选译》,第四集,北京:商务印书馆,1991。

1967:马尔库塞,《乌托邦的终结》,收于上海社会科学院哲学研究所外国哲学研究室编,《法兰克福学派论著选辑》(上卷),北京:商务印书馆,1998。

1967:阿伦特,《真理与政治》,收于贺照田主编,《西方现代性的曲折与展开》,前揭。

1967: Bernard Bailyn, *The Ideological Origins of the American Revolution*, Harvard University Press。

1968: Bernard Bailyn, *The Origins of the American Politics*, New York:

Knopf。

1968：阿伦特，《过去与未来之间》，王寅丽、张立立译，南京：译林出版社，2011。

1968：J. G. A. Pocock,"Civic Humanism and its Role in Anglo – American Thought", 收入 J. G. A. Pocock, *Politics, Language, and Time*, 1971。

1968：施特劳斯，《古今自由主义》，马志娟译，南京：凤凰出版传媒集团，2010。

1968：P. Eidelberg, *The Philosophy of the American Constitution: A Reinterpretation of the Intentions of the Founding Fathers*, New York: The Free Press。

1969：阿伦特，《论暴力》，收于阿伦特，《共和的危机》，1972。

1969：斯金纳，《观念史研究中的意义与认识》，收于贺照田主编，《并非自明的知识与思想》，前揭；亦见斯金纳，《观念史中的意涵与理解》，收于丁耘主编，《什么是思想史》，上海：上海人民出版社，2006。

1969：J. Dunn, *The Political Thought of John Locke: An Historical Account of the Argument of the "Two Treatises of Government"*, Cambridge University Press。

七十年代

1970：阿伦特，《公民不服从》，收于何怀宏编，《西方公民不服从的传统》，长春：吉林人民出版社，2001；阿伦特，《共和的危机》，1972。

1970：阿伦特，《康德政治哲学讲稿》，曹明、苏婉儿译，上海：上海人民出版社,2013。

1970:佩特曼,《参与和民主理论》,陈尧译,上海:上海人民出版社,2006。

1971:M. Diamond, "On the Study of Politics in a Liberal Education", M. Diamond, *As Far as Republican Principles Will Admit*: *Essays*,前揭。

1971:奥斯特罗姆,《复合共和制的政治理论》,毛寿龙译,上海:上海三联书店,1998。

1971:马尔库塞,《反革命和造反》,收于《法兰克福学派论著选辑》(上卷),1998。

1971:波考克,《语言及其含义:政治思想研究的转向》,收于丁耘主编,《什么是思想史》,前揭。

1971:J. G. A. Pocock, *Politics, Language, and Time*: *Essays on Political Thought and History*, New York: Athenaeum。

1972:阿伦特,《共和的危机》,郑辟瑞译,上海:上海人民出版社,2013。

1972:伯林,《马基雅维利的原创性》,收于伯林,《反潮流:观念史论文集》(1995),冯克利译,南京:译林出版社,2002。

1972:伍德,《美利坚共和国的缔造》,朱妍兰译,南京:译林出版社,2016。

1975:M. P. Zuckert, "The Recent Literature on Locke's Political Philosophy", in *The Political Science Reviewer*, 5;后经扩充改题为《几种成问题的洛克研究视角》,收于扎克特,《洛克政治哲学研究》,石碧球译,北京:人民出版社,2013。

1975:马尔库塞,《哲学与现实的关联》,收于江天骥主编,《法兰克福学派:批判的社会理论》,1980。

1975:波考克,《马基雅维利时刻:佛罗伦萨政治思想和大西洋共和主义传统》,冯克利、傅乾译,南京:译林出版社,2013。

1978:H. V. Jaffa, *How to Think about the American Revolution*: *A Bicenten-*

nial Cerebration, Durham: Carolina Academic Press。

1978: 斯金纳,《现代政治思想的基础》,段胜武译,北京:求实出版社,1989;《近代政治思想的基础》,奚瑞森、亚方译,北京:商务印书馆,2002。

1979: 曼斯菲尔德,《新的方式与制度:马基雅维利的〈论李维〉研究》,贺志刚译,北京:华夏出版社,2009。

1979: J. G. Gunnell, *Political Theory: Tradition and Interpretation*, Cambridge, MA: Winthrop Publishers。

八十年代

1980: 江天骥主编,《法兰克福学派:批判的社会理论》,上海:上海人民出版社。

1980: 史克拉,《两种自由在美国》,收于应奇、刘训练编,《第三种自由》,北京:东方出版社,2006。

1980: 塔利,《论财产权:约翰·洛克和他的对手》,王涛译,北京:商务印书馆,2014。

1981: 波考克,《德性、权利与风俗:政治思想史家的一种模式》,收于应奇、刘训练编,《公民共和主义》,北京:东方出版社,2006;《德行、权利与礼仪:提供给政治思想史研究者的一个新模式》,收于郝兆宽主编,《逻辑与形而上学》,上海:上海人民出版社,2008;波考克,《德行、商业和历史:18世纪政治思想与历史论辑》,北京:三联书店,2012。

1981: 斯金纳,《马基雅维利》,王锐生等译,北京:中国社会科学出版社,1992。

1981：雅法，《施特劳斯、圣经与政治哲学》，收于刘小枫选编，《施特劳斯与古今之争》，上海：华东师范大学出版社，2010。

1982：N. Tarcov, "Quentin Skinner's Method and Machiavelli's *Prince*", 见 *Ethics*, 92。

1982：塔克，《自然权利诸理论：起源与发展》，杨利敏、朱圣刚译，长春：吉林出版集团，2014。

1983：Q. Skinner, "Machiavelli on the Maintenance of Liberty", 见 *Politics*, 18-2。

1984：巴伯，《强势民主》，彭斌、吴润洲译，长春：吉林人民出版社，2006。

1984：Richard Rorty / Jerome B. Schneewind / Quentin Skinner 编, *Philosophy in History*: *Essays in the Historiography of Philosophy* (Ideas in Context), Cambridge University Press。罗蒂/施尼温德/斯金纳，《〈语境中的哲学〉导言》，收于贺照田主编，《并非自明的知识与思想》，前揭。

1984：D. M. Ricci, *The Tragedy of Political Science*: *Politics, Scholarship, and Democracy*, New Haven: Yale University Press。

1984：J. Gunnell / J. G. A. Pocock, "Political Theory, Methodology, and Myth", 见 *Annals of Scholarship*, 1-4。

1984：斯金纳，《消极自由观的哲学与历史透视》，收于达巍等编，《消极自由有什么错》，2001。

1985：H. V. Jaffa, "The Legacy of Leo Strauss Defended", 见 *Claremont Review of Books*, 4-1。

1985：M. Zuckert, "Appropriation and Understanding in the History of Political Philosophy: On Quentin Skinner's Method", 见 *Interpretation*, 13/3。

1985：波考克，《德行、商业和历史：18世纪政治思想与历史论辑》，冯克利译，北京：三联书店，2012。

1985：斯金纳编,《人文科学大理论的复归》,王绍光、张京媛译,香港：社会理论出版社,1991。

1985：柯林斯/波考克/斯金纳等,《什么是思想史?》,收于丁耘主编,《什么是思想史》,前揭。

1985：D. Boucher, *Texts in Context: Revisionist Methods for Studying the History of Ideas*, Dordrecht: Martinus Nijhoff。

1986：拉兹,《自由的道德》,孙晓春等译,长春：吉林人民出版社,2006。

1986：斯金纳,《政治自由的悖论》,收于应奇、刘训练编,《第三种自由》,前揭。

1987：H. V. Jaffa, "The American Founding as the Best Regime: The Bonding of Civil and Religious Liberty", Typescript, The Claremont Institute, California。

1987：H. V. Jaffa, "Equality, Liberty, Wisdom, Morality, and Consent in the Idea of Political Freedom", 见 *Interpretation*, 15/1。

1987：波考克,《众国、共和国与帝国：早期近代视野中的美利坚立国》,收于任军锋主编,《共和主义：古典与现代》,上海：上海人民出版社,2008。

1987：布鲁姆,《走向封闭的美国精神》,缪青等译,北京：中国社会科学出版社,1994。

1988：雅法,《人性化的信念与贫乏的质疑》,收于董成龙编/译,《大学与博雅教育》,2015。

1988：吉尔丁,《教养教育与自由民主制的危机》,刘小枫、陈少明主编,《古典传统与自由教育》,2005。

1988：Th. L. Pangle, *The Spirit of Modern Republicanism: The Moral Vision of the American Founders and the Philosophy of Locke*, The University of Chicago Press。

1988：加尔斯顿,《苏格拉底式的理性与洛克式的权利》,董成龙编译,

《大学与博雅教育》，2015。

1988：J. G. Gunnell, "American Political Science, Liberalism, and the Invention of Political Theory", 见 American Political Science Review, 82-1。

1988：Q. Skinner, "Political Philosophy", Ch. B. Schmitt / Q. Skinner 编, The Cambridge History of Renaissance Philosophy, Cambridge University Press。

1988：斯金纳,《言语行动的诠释与理解》，收于丁耘主编,《什么是思想史》，前揭。

1988：德鲁里,《列奥·施特劳斯的政治观念》，张新刚、张源译，王利校，北京：新星出版社,2010。

1988：J. B. Keane 编, Civil Society and the State: New European Perspectives, London: Verso Books。

1988：James Tully 编, Meaning and Context: Quentin Skinner and His Critics, Polity Press。

1988：鲍尔/波考克编,《概念变迁与美国宪法》，谈丽译，上海：华东师范大学出版社,2010。

1989：阿纳斯塔普罗,《美国1787年〈宪法〉讲疏》，赵雪纲译，北京：华夏出版社,2012。

1989：曼斯菲尔德,《驯化君主》，南京：译林出版社,2005。

九十年代

1990：C. H. Zuckert, Natural Right and the American Imagination: Political Philosophy in Novel Form, Lanham, MD: Rowman & Littlefield。

1990：Q. Skinner,"Machiavelli's *Discorsi* and the Pre–humanist Origins of Republican Ideas",见 G. Bock / Q. Skinner / M. Viroli 编,*Machiavelli and Republicanism*,Cambridge University Press。

1990：斯金纳,《共和主义的政治自由理想》,收于应奇、刘训练编,《公民共和主义》,前揭。

1990：E. A. Havelock,"Plato's Politics and the American Constitution",见 *Harvard Studies in Classical Philology*,93。

1990：张执中,《从哲学方法到历史方法》,《世界历史》,第6期。

1991：A. Bloom / S. J. Kautz 编,*Confronting the Constitution*: *The Challenge to Locke, Montesquieu, Jefferson, and the Federalists from Utilitarianism, Historicism, Marxism, Freudianism, Pragmatism, Existentialism*,Washington, DC: American Enterprise Institute for Public Policy Research。

1991：H. C. Mansfield,*America's Constitutional Soul*,Baltimore: The Johns Hopkins University Press。

1991：James M. McPherson,*Abraham Lincoln and the Second American Revolution*,Oxford University Press。

1991：帕雷尔,《马基雅维利与现代性问题》,收于刘小枫、陈少明主编,《马基雅维利的喜剧》,2006。

1991：Q. Skinner,"Who are 'we'? Ambiguities of the Modern Self",*Inquiry*,34-2。

1991：希特,《公民身份：世界史、政治学与教育学中的公民理想》,郭台辉、余慧元译,长春：吉林出版集团,2010。

1991：凯瑟琳·扎科特,《自然权利与美利坚想象：小说中的政治哲学》,李小均译,北京：华夏出版社,2018。

1992：Garry Wills,*Lincoln at Gettysburg*: *The Words That Remade America*,New York。

1992:波考克,《古典时期以降的公民理想》,载于许纪霖编,《知识分子论丛》(第二辑),南京:江苏人民出版社,2003。

1992:斯金纳,《论正义、共同善与自由的优先性》,收于达巍等编,《消极自由有什么错》,2001。

1992:福山,《历史的终结及最后的人》,陈高华译,孟凡礼校,桂林:广西师范大学出版社,2014。

1993:邓恩编,《民主的历程》,林猛等译,长春:吉林人民出版社,1999。

1993:J. G. A. Pocock / G. Schochet / L. G. Schwoerer 编,*The Varieties of British Political Thought: 1500 – 1800*,Cambridge University Press。

1993:塔克,《哲学与治术:1572—1651》,韩潮译,南京:译林出版社,2013。

1993:塔利,《语境中的洛克》,梅雪芹等译,上海:华东师范大学出版社,2005。

1993:麦考密克,《论政治例外:马基雅维利的"偶然事件"与混合政体》,收于韩潮主编,《谁是马基雅维利》,2010。

1994:雷森伯格,《西方公民身份传统:从柏拉图至卢梭》,郭台辉译,长春:吉林出版集团。

1994:里拉,《维科:反现代的创生》,张小勇译,北京:新星出版社,2008。

1994:Th. G. West, "Leo Strauss and the American Founding", K. L. Deutsch / W. Nicgorski 编, *Leo Strauss: Political Philosopher and Jewish Thinker*, Lanham, MD: Rowman & Littlefield。

1994:扎科特,《自然权利与新共和主义》,王崟兴译,长春:吉林出版集团,2008。

1994:伍顿编,《共和主义、自由与商业社会:1649—1776》,盛文沁、左敏译,北京:人民出版社,2014。

1995:里克特,《政治和社会概念史研究》,张智译,上海:华东师范大学出版社,2010。

1996:斯金纳,《霍布斯哲学思想中的理性和修辞》(1996),王加丰、郑崧译,上海:华东师范大学出版社,2005。

1996:M. P. Zuckert, *The Natural Rights Republic: Studies in the Foundation of the American Political Tradition*, University of Notre Dame Press。

1996:Q. Skinner, "The Ideological Context of Hobbes's Political Thought", *Historical Journal*, 9-3。

1997:佩迪特,《共和主义:一种关于自由与政府的理论》,刘训练译,南京:江苏人民出版社,2006。

1997:佩迪特,《共和主义的政治理论》,应奇、刘训练编,《公民共和主义》,前揭。

1997:德鲁里,《列奥·施特劳斯与美国右派》,刘华等译,刘擎校,北京:新星出版社,2006。

1998:上海社会科学院哲学研究所外国哲学研究室编,《法兰克福学派论著选辑》,北京:商务印书馆。

1998:斯金纳,《自由主义以前的自由》,李宏图译,上海:上海三联书店,2003。

1999:George Anastaplo, *Abraham Lincoln: A Constitutional Biography*, Lanham。

1999:K. L. Deutsch / J. A. Murley 编, *Leo Strauss, the Straussians, and the American Regime*, Lanham, MD: Rowman & Litterfield。

1999:Richard Rorty, *Achieving Our Country: Leftist Thought in Twentieth-Century America*, Harvard University Press。

新世纪以来

2000:雅法,《自由的新生》,谭安奎译,赵雪纲校,上海:华东师范大学出版社,2008。

2000：谢巴德,《美国法律与美国政体的过去、现在及未来》,收于刘小枫／陈少明主编,《美德可教吗》,2005。

2000：达诺夫,《林肯、马基雅维利与美国政治思想》,收于韩潮主编,《谁是马基雅维利》,2010。

2000：尼德尔曼,《修辞、理性与共和：古代、中世纪以及现代的共和主义早期》,收于任军锋主编,《共和主义：古典与现代》,前揭。

2001：达巍等编,《消极自由有什么错》,北京：文化艺术出版社。

2001：斯金纳,《第三种自由》,收于应奇／刘训练编,《第三种自由》,前揭。

2001：博耶,《论古代共和主义的现代意义》,应奇／刘训练编,《公民共和主义》,前揭。

2001：瓦斯特,《雅法对美国奠基的林肯式维护》,收于刘小枫／陈少明主编,《美德可教吗》,前揭。

2002：贺照田主编,《西方现代性的曲折与展开》,长春：吉林人民出版社。

2002：扎克特,《洛克政治哲学研究》,石碧球译,北京：人民出版社,2013。该书原题：*Launching Liberalism: On Lockean Political Philosophy*。

2003：森特那,《哲人与城邦：雅法与施特劳斯学派》,收于刘小枫／陈少明主编,《美德可教吗》,前揭。

2003：杨贞德,《历史、论述与"语言"分析：波卡克之政治思想研究方法述要》,收于贺照田主编,《并非自明的知识与思想》,前揭。

2003：瑞恩,《道德自负的美国：民主的危机与霸权的图谋》,程农译,上海：上海人民出版社,2008。

2003：斯金纳／斯特拉思主编,《国家与公民：历史、理论、展望》,彭利平译,上海：华东师范大学出版社,2005。

2003：帕罗内，《昆廷·斯金纳思想研究：历史·政治·修辞》，李宏图、胡传胜译，上海：华东师范大学出版社，2005。

2003：李宏图，《译后记：在历史中找寻自由的定义》，收于斯金纳，《自由主义以前的自由》，前揭。

2004：J. Scott, *Commonwealth Principles*：*Republican Writing of the English Revolution*, Cambridge University Press。

2004：赵晓力编，《宪法与公民》，上海：上海人民出版社。

2005：刘小枫／陈少明主编，《美德可教吗》，北京：华夏出版社。

2005：刘小枫／陈少明主编，《马基雅维利的喜剧》，北京：华夏出版社。

2005：R. Major,"The Cambridge School and Leo Strauss：Texts and Context of American Political Science", *Political Research Quarterly*, 58 – 3。

2005：邓恩，《让人民自由：民主的历史》，尹钛译，北京：新星出版社，2010。

2006：丁耘主编，《什么是思想史》，上海：上海人民出版社。

2006：盖雷泽，《孟德斯鸠自由共和国的马基雅维利精神》，收于韩潮主编，《谁是马基雅维利》，前揭。

2006：彭刚，《历史地理解思想：对斯金纳有关思想史研究的理论反思的考察》，收于丁耘主编，《什么是思想史》，前揭。

2006：应奇／刘训练编，《公民共和主义》，北京：东方出版社。

2006：应奇／刘训练编，《第三种自由》，北京：东方出版社。

2006：D. N. DeLuna 编, *The Political Imagination in History*：*Essays Concerning J. G. A. Pocock*, Baltimore：Owlworks。

2006：曼斯菲尔德，《男性气概》，刘玮译，南京：译林出版社，2009。

2006：凯瑟琳·扎科特／迈克尔·扎科特，《施特劳斯的真相：政治哲学与美国民主》，宋菲菲译，北京：商务印书馆，2013。

2006：布雷特／塔利等编，《重思〈近代政治思想的基础〉》，胡传胜等译，上海：华东师范大学出版社，2010。

2007：佩罗-索希内，《语境中的斯金纳》，郝兆宽主编，《逻辑与形而上学》，2008。

2007：熊文驰，《城邦统治权之争与混合政制：兼论现代共和主义与亚里士多德的差别》，收于洪涛主编，《经学、政治与现代中国》，上海：上海人民出版社。

2008：斯金纳，《霍布斯与共和主义自由》，管可秾译，上海：上海三联书店，2011。

2008：佩迪特，《语词的创造：霍布斯论语言、心智与政治》，于明译，北京：北京大学出版社，2010。

2008：任军锋主编，《共和主义：古典与现代》，上海：上海人民出版社。

2008：郝兆宽主编，《逻辑与形而上学》，上海：上海人民出版社。

2010：刘小枫选编，《施特劳斯与现代性危机》，上海：华东师范大学出版社。

2010：刘小枫选编，《施特劳斯与古今之争》，上海：华东师范大学出版社。

2010：包利民，《古典政治哲学史论》，北京：人民出版社。

2010：韩潮主编，《谁是马基雅维利》，上海：上海人民出版社。

2011：福山，《政治秩序的起源：从前人类时代到法国大革命》，毛俊杰译，桂林：广西师范大学出版社，2012。

2012：冯克利，《波考克和他的思想史研究》，见波考克，《德行、商业和历史：18世纪政治思想与历史论辑》，北京：三联书店。

2012：Harry Jaffa, *Crisis of the Strauss Divided*, Lanham。

2013：刘训练，《共和主义：从古典到当代》，北京：人民出版社。

2013：晏绍祥，《古典民主与共和传统》，上卷：《流变与再发现》，下卷：《现代的阐发》，北京：北京大学出版社。

2013：潘戈，《亚里士多德〈政治学〉的修辞》，李小均译，北京：华夏出版社，2017。

2013：迈尔,《政治哲学与启示宗教的挑战》,余明峰译,北京:华夏出版社,2014。

2015：董成龙编/译,《大学与博雅教育》,北京:华夏出版社。

2016：Q. Skinner, "Ideas in Context: Conversation with Quentin Skinner", an interview conducted by Hansong Li, *Chicago Journal of History*, 7。

2016：包利民,《"西方古典政治思想新视野"丛书总序:古典政治意蕴的新探究》,北京:华夏出版社。

2017：斯金纳,《把英雄和恶棍放一边,历史研究应该做什么?》(访谈),采访、翻译:罗宇维,《东方历史评论》,2017年5月,http://www.ohistory.org/aboutus.aspx。

图书在版编目（CIP）数据

以美为鉴：注意美国立国原则的是非未定之争/刘小枫著. --北京：华夏出版社，2017.10
（刘小枫集）
ISBN 978-7-5080-9299-7

Ⅰ.①以… Ⅱ.①刘… Ⅲ.①政治思想史－研究－西方国家 Ⅳ.①D091

中国版本图书馆CIP数据核字(2017)第219732号

以美为鉴——注意美国立国原则的是非未定之争

作 者	刘小枫
责任编辑	王霄翎　李安琴
责任印制	刘　洋
出版发行	华夏出版社
经　销	新华书店
印　装	北京汇林印务有限公司
版　次	2017年10月北京第1版 2017年10月北京第1次印刷
开　本	880×1230　1/32
印　张	14.5
字　数	377千字
定　价	98.00元

华夏出版社　地址:北京市东直门外香河园北里4号　邮编:100028
　　　　　　网址:www.hxph.com.cn　电话:(010)64663331(转)
若发现本版图书有印装质量问题，请与我社营销中心联系调换。

刘小枫集

以美为鉴：注意美国立国原则的是非未定之争
古典学与古今之争［增订本］
这一代人的怕和爱［第三版］
沉重的肉身［珍藏版］
圣灵降临的叙事［增订本］
罪与欠
儒教与民族国家
拣尽寒枝
施特劳斯的路标
重启古典诗学
共和与经纶
设计共和
现代性与现代中国：现代性社会理论绪论
诗化哲学［重订本］
拯救与逍遥［修订本］
走向十字架上的真
卢梭与我们
西学断章
现代人及其敌人
好智之罪：普罗米修斯神话通释
民主与爱欲：柏拉图《会饮》绎读
民主与教化：柏拉图《普罗塔戈拉》绎读
巫阳招魂：《诗术》绎读

编修［博雅读本］
凯若斯：古希腊语文读本［全二册］
古希腊语文学述要
雅努斯：古典拉丁语文读本
古典拉丁语文学述要
危微精一：政治法学原理九讲
琴瑟友之：钢琴与古典乐色十讲